Leo Scheffczyk

AUFERSTEHUNG

Prinzip des christlichen Glaubens

JOHANNES VERLAG EINSIEDELN

2. Auflage 1978
Mit kirchlicher Druckerlaubnis
© Johannes Verlag, Einsiedeln 1976
Alle Rechte vorbehalten
Hergestellt im Graphischen Betrieb Benziger Einsiedeln
ISBN 3 265 10170 3

Inhalt

Vorwort 9

DIE BLEIBENDE UND AKTUELLE BEDEUTUNG DER FRAGE NACH DER AUFERSTEHUNG

1. Die spezifisch christliche Wahrheit 15
   - a) Zentrum des christlichen Glaubens 15
   - b) Grundaussage der biblischen Verkündigung 18
   - c) Kernproblem der Theologie 24
   - d) Schnittpunkt der theologischen Disziplinen 29
2. Die geschichtlich gefährdete Wahrheit 38
   - a) Der Widerstand der alten Welt 38
   - b) Die Verfestigung in der Tradition 46
   - c) Die Wiederentdeckung der ursprünglichen Bedeutung . 49
3. Die in die Krise geratene Wahrheit 52
   - a) Der Einbruch des historisch-kritischen Denkens 52
   - b) Der Einspruch der positiven Theologie 58
   - c) Der unüberbrückbare Gegensatz 63

DER BIBLISCHE GRUND IM LICHTE DES SYSTEMATISCHEN DENKENS

1. Die Osterbotschaft der Evangelien 77
   - a) Der Osterbericht nach Markus 77
   - b) Die Ostererzählung nach Matthäus 81
   - c) Das Auferstehungskerygma des Lukasevangeliums ... 88
   - d) Die Erscheinungen nach Johannes 95
2. Probleme und Kritik der evangelischen Osterberichte ... 102
   - a) Die hermeneutische Grundoption 102
   - b) Die literarische Eigenart der Osterberichte und der historische Inhalt 104
   - c) Die Schwierigkeiten der historischen Erklärung 112
   - d) Die Realität des leeren Grabes und der Erscheinungen . 116
3. Das Osterkerygma des Apostels Paulus 129
   - a) Inhalt und Historizität des paulinischen Auferstehungszeugnisses 129

b) Bedeutung und Problematik des «er ist erschienen»
   als Auferstehungszeugnis 133
4. Das theologische Wesen und die Geschichtlichkeit
   der Auferstehung im Neuen Testament 141
   a) Der biblische Sinngehalt der «Auferstehung» 141
   b) Auferstehung und Erscheinungen des Auferstandenen . 148
   c) Das Wesen der Auferstehung Christi 152
   d) Historizität und Geschichtlichkeit der   157
      Auferstehung Jesu . . . .
   e) Glaube und Geschichte 163

DIE AUFERSTEHUNG ALS ERKLÄRUNGSPRINZIP CHRISTLICHEN GLAUBENS

1. Auferstehung und Weltbild 172
   a) Der Begriff «Weltbild» und seine Problematik 172
   b) Die relative Unabhängigkeit der Offenbarung
      vom Weltbild 177

2. Auferstehung und Wunder 183
   a) Der vieldeutige Begriff 183
   b) Das Wunderbare an der Auferstehung 190

3. Die Offenbarung der Trinität 200
   a) Die schöpferische Lebenstat des Vaters 200
   b) Die Offenbarung des Geistes 203

4. Die Auferstehung als Erhellung des Persongeheimnisses Jesu Christi 208
   a) Die Enthüllung des Kyrios 208
   b) Die soteriologische Bedeutung: Kreuz und
      Auferstehung 218

5. Die Auferstehung als Erhöhung der Schöpfung auf
   ihrem Vollendungsweg 227
   a) Die Heilszuwendung an die Welt 228
   b) Die Verwandlung der materiellen Schöpfung 235
   c) Die Sinnerhellung der Geschichte 244

6. Die Kirche als Reflex der Auferstehungswirklichkeit . . . 253
   a) Auferstehung und Kirche in historischer Betrachtung . 253
   b) Die Kirche als Herrschaftsbereich des Auferstandenen . 255
   c) Die Kirche als Leib des Auferstandenen 257

7. Die Auferstehung als Grundkraft der Sakramente 260
   a) Der geschichtliche Aspekt 260
   b) Das Wesen der Sakramente im Licht der Auferstehung . 261
   c) Auferstehung und Eucharistie 266

8. Auferstehung als Enthüllung des eschatologischen
   Vollendungszieles 283
   a) Die universale Vollendung im Licht der Auferstehung . 284
   b) Die Auferstehung als Erhellung der individuellen
      Vollendung 289

Register

Schriftstellenregister 295
Personenregister 297
Sachregister 300

Vorwort

Die Auferstehung Jesu Christi galt vormals in der Theologie als eine Wahrheit *unter anderen*. So konnte es geschehen, daß sie nur selten zum Gegenstand einer selbständigen und umfassenderen Glaubensreflexion erhoben wurde. Die neuere Zeit hat hierin einen Wandel gebracht: der stärker werdende Einfluß des biblischen Denkens, die Vertiefung in die *Geschichte* des Heils und in die Mysterien des Lebens Jesu, aber auch die klarere Erkenntnis der Bedeutung dieser Heilstat im liturgischen Leben der Kirche haben hier eine Änderung herbeigeführt, in deren Verlauf das Zentrale, das Grundlegende und Axiomatische der Auferstehung für Theologie und Glauben immer deutlicher in Erscheinung trat. So ist es verständlich, wenn die Theologie heute darangeht, die Auferstehung als Zentrum und Lichtquelle des Glaubens wie als «Organisationsprinzip» der Theologie eigens zu bedenken und die Urtatsache des Heils in ihrer vollen Bedeutung zu erschließen.

Das erweist sich aber noch aus einem anderen Grunde als notwendig. Es hängt an sich schon mit der genaueren Betrachtung eines Gegenstandes zusammen, daß die Erkenntnis seiner Eigenart, seiner Besonderheit und damit auch seiner Geheimnishaftigkeit wächst. Die einfachen Dinge erweisen sich bei schärferem Hinblick nicht selten als die schwierigsten und abgründigsten. Von daher schon war es in gewissem Sinne unvermeidbar, daß im Zuge des intensiveren Befassens mit der Auferstehung Jesu Christi dem gläubigen Denken auch die Problematik dieser Wahrheit deutlicher erkennbar wurde. Was ehedem als der Beweis und als das harte historische Fundament für die Echtheit des ganzen christlichen Glaubens erschien, das wurde mit einem Mal in den Prozeß eines sich selbst schärfer prüfenden Glaubens hineingenommen und sollte sich plötzlich selbst vor diesem Glauben ausweisen. So kam, im umfassenden Zusammenhang mit der neuzeitlichen Entdeckung der Subjektivität des gläubigen Menschen, auch bezüglich der Auferstehung als Tat und Wahrheit die tiefschürfende Frage auf: Begründet diese Wahrheit eigentlich so selbstverständlich den Glauben, wie ehedem angenommen, oder ist sie nicht vielleicht selbst ein Erzeugnis des Glaubens, gleichsam wie das Wunder (das sie ja auch war und ist) als «des Glaubens liebstes Kind»? In den Sog dieser so schlichten und doch auch in den Grund bohrenden Frage nach dem Verhältnis von Glaube und Geschichte geriet auch die Auferstehungswahrheit hinein, so daß sich heute diese zumal für das katholische Glaubensbewußtsein schicksalhafte Frage vor allem auf die Auferstehung konzentriert.

Aber der Blick für die Schwierigkeiten und Probleme, die die Auferstehungswahrheit bietet, wurde nicht zuletzt gerade auch von jener geistigen Kraft geschärft, die der Auferstehung in der Theologie wieder zu ihrer ursprünglichen Bedeutung verholfen hatte: es ist das geschichtliche Denken, das seine strengste Ausformung in der historisch-kritischen Methode der Exegese erreichte. Von dieser theologischen Disziplin, die heute im Verband der theologischen Fächer eine Autorität genießt, wie sie in diesem Ensemble in der zurückliegenden Theologiegeschichte ein Einzelfach niemals besaß, sind nicht nur einzigartige Leistungen zum tieferen Verständnis der Offenbarungszeugnisse erbracht worden, sondern auch nicht geringe Schwierigkeiten für einen Glauben aufgedeckt worden, der unabhängig von allen menschlich-geschichtlichen Zufälligkeiten in einem bleibenden Grunde Wurzel fassen möchte. Es scheint manchmal, als ob der gewaltige Berg der Erkenntnisse, den die historisch-kritische Exegese in einer imponierenden Gedankenarbeit aufrichtete, sich nun mit seiner Spitze über sich selbst zu neigen beginnt und unter seiner eigenen Last zusammensinkt. Oder ist es anders zu beurteilen, wenn man erwägt, daß heute gelegentlich der ganze reiche und differenzierte Ertrag der historisch-kritischen Erforschung (gerade auch der Auferstehungszeugnisse) auf die Erkenntnis reduziert wird: «Auferstehung» ist ein Ideogramm, ein Begriffszeichen für die Befreiung des Menschen?

Vor dem Hintergrund einer Situation, in der die Auferstehung einerseits in ihrer schlechthin zentralen Position erkannt ist, in der sie andererseits im Zuge der geschichtlich-hermeneutischen Neubesinnung auf den Glauben eine grundstürzende Fehlinterpretation erfahren kann, hat eine theologisch-systematische Arbeit über die Auferstehung vor allem drei Aufgaben aufzugreifen: die Verdeutlichung der Auferstehung als «specificum christianum», an dem sich seit jeher die Unterscheidung des Christlichen vollzog; die Erhebung des genuinen, theologischen Sinnes dieser Wahrheit aus der Heiligen Schrift und die Darstellung dieser Wahrheit als Schlüssel, als «Topos» oder als Zentrum aller anderen Glaubenswahrheiten, die von diesem Zentrum her Licht empfangen, aber es auch umgekehrt wieder reflektieren.

Eine dogmatische Besinnung, die Grundzüge einer Theologie der

Auferstehung aufzeigen möchte, wird natürlicherweise den Hauptnachdruck auf die dritte Teilaufgabe legen. Dies wird um so notwendiger, als der zweite Teil – die Aufarbeitung der Exegese und die Auseinandersetzung mit ihren Ergebnissen – leicht den Eindruck einer «Apologetik» erwecken könnte. Obgleich «Apologetik», zumal wenn man sie im Sinne von 1 Petr 3,15 als denkerische Verantwortung des Glaubens versteht, kein illegitimes Vorhaben der Theologie ist, sollte diese Aufgabe hier doch mehr in der Weise einer «eristischen» Theologie angegangen werden, die mit der Bibelwissenschaft und ihren vielfach nicht eindeutigen Ergebnissen um die Eindeutigkeit des biblischen Glaubenszeugnisses ringt. Dabei konnte eine gewisse Kritik an manchen Aufstellungen der «Historisch-Kritischen» nicht unterbleiben, die, wie es scheint, die Grenzen ihrer Methode zu wenig beachten. Dies aber geschieht nicht in der Absicht einer neuerlichen Verabsolutierung des Dogmatischen, sondern einer Bekräftigung der Glaubensverkündigung der ganzen Kirche, aus der auch die Schrift erwachsen ist und die sowohl der Exegese als auch der Dogmatik übergeordnet bleibt.

Die bleibende und aktuelle Bedeutung der Frage nach der Auferstehung

1. DIE SPEZIFISCH CHRISTLICHE WAHRHEIT

a) Zentrum des christlichen Glaubens

Der Glaube der Christen war sich immer bewußt, daß er in der Auferstehung oder (dem biblischen Sprachgebrauch näherliegend) in der Auferweckung Jesu Christi eine Kernwahrheit und einen Konzentrationspunkt besitze. Darunter aber wurde mehr verstanden als nur dies, daß die Auferstehung zum innersten Wesen des christlichen Glaubens gehöre. Zum Wesensbestand des christlichen Glaubens gehören nämlich eine Reihe von Wahrheiten, z. B. alle Artikel des Apostolischen Glaubensbekenntnisses, aber selbst solche Wahrheiten, die (wie etwa die Eucharistie) nicht in diesem urtümlichen Glaubensbekenntnis genannt sind. Das «geboren aus Maria der Jungfrau», das «abgestiegen in das Reich des Todes», das «sitzet zur Rechten des Vaters» haben zwar als wesentliche Wahrheiten zu gelten, die aus dem Glauben nicht herausgebrochen werden können. Aber sie stellen doch nicht solche «Kern»- und «Konzentrationspunkte» dieses Glaubens dar, wie das von der Aussage «am dritten Tage auferstanden von den Toten» behauptet werden darf[1]. Sie sind nämlich nicht von der Art, daß in ihnen andere wesentliche Glaubenswahrheiten eingeschlossen sind und sich aus ihnen entfalten lassen. Sie sind vielmehr entweder als Vorbereitungen (wie die Marienwahrheit) oder als Entfaltungen einer kernhafteren und schlechthin zentralen Wahrheit zu verstehen, in der sich alle diese Einzelwahrheiten zusammenziehen und zu einem Lichtbündel verknüpfen, das sich dann seinerseits zu einem Lichtkreis ausbildet. Das gilt auch von der Eucharistie, die, so wesentlich sie dem christlichen Glaubensleben ist, doch nicht in diesem Sinne als «Konzentrationspunkt» verstanden werden kann, weil sie selbst auf einen solchen Konzentrationspunkt zurückverweist. Das aber ist die Auferstehung.

Das heutige Glaubensdenken vermag diesen Sachverhalt tiefer zu erkennen, wenn es sich den Blick von der Aussage des Zweiten Vatikanischen Konzils über die «Hierarchie der Wahrheiten»[2] schärfen

---

[1] Vgl. dazu die Arbeit von K. Lehmann, Auferweckt am dritten Tag nach der Schrift (Quaest. disp. 38), Freiburg 1968. Der Nachdruck dieser Arbeit liegt allerdings auf der Bestimmung «am dritten Tage gemäß der Schrift», die hier im folgenden nicht thematisch wird.

[2] Dekret über den Ökumenismus (Unitatis redintegratio), 11.

läßt. Dieser Gedanke wird heute oft mißbraucht, indem man ihn etwa dazu verwendet, bestimmte Wahrheiten als nebensächlich oder peripher abzutun und sich an eine «Spitze» (nach dem Bild von der Hierarchie) zu halten, die, ohne ihren Untergrund gedacht, irgendwo in den Wolken schwebt. Von daher dürfte sogar kritisch gefragt werden, ob das dem heute verpönten hierarchischen Denken entstammende Bild von der «Hierarchie der Wahrheiten» so passend und so treffend ist, wie üblicherweise angenommen wird. Zweifellos ist das damit Gemeinte aufschlußreich und sinnerhellend: daß nämlich der christliche Glaube, der allen existentialistischen Verdünnungs- und Spiritualisierungsversuchen zum Trotz *auch* in geschichtlichen Fakten und Wahrheiten besteht, in sich einen Zusammenhang, eine gegliederte Ordnung und eine sinnvolle Einheit darstellt, die gleichsam in einer Spitze ausläuft. Und trotzdem ist der Eindruck unabweisbar, daß unter diesem Bild der Glaube doch mehr als ein architektonisches Gebäude mit dem Blick des Technikers erfaßt wird denn als ein lebendiges Ganzes, als ein organisches Wesen, in dem alles miteinander verbunden ist und von einer Kraft im Inneren durchseelt wird.

Dieser organischen Sichtweise, auf die ein lebendiger Glaube angewiesen ist, trägt das Bild vom «Kern» viel besser Rechnung. Es läßt erkennen, daß der Glaube aus einem einheitlichen Grunde wächst und doch kein starres System ist; daß er eine Vielfalt darstellt, die doch durch eine zentrale Kraft zusammengehalten wird; daß er ein weitverzweigtes Geäst bildet und doch aus einer einzigen Wurzel kommt. So verstanden, wird man nichts im Glauben als bedeutungslos oder nebensächlich erachten oder auf Kosten des anderen abtun. Wohl aber wird man unterscheiden und differenzieren, je nach dem Zusammenhang einer Wahrheit mit dem Kern in der Tiefe und je nach der Nähe zur verborgenen Wurzel. Von daher ergibt sich auch die Möglichkeit, das Ganze nicht nur besser zu verstehen, sondern es auch lebensmäßig tiefer zu erfassen, wie man eben ein Lebendiges erfaßt, wenn man seinen Grund entdeckt.

Es spricht vieles dafür, daß diese Kern- und Wurzelwahrheit des Christentums in der Auferstehung gelegen ist. Das ist nicht nur von seinem historischen Ursprung her zu erweisen und von der Tatsache aus, daß sich das Christentum (unbeschadet der Bedeutung des historischen Jesus) ohne die Auferstehungsbotschaft und das Auferstehungsereignis nicht hätte bilden und keine missionarische Kraft hätte entfalten können. (Auch das Kreuzesereignis allein, das heute vielfach auf Kosten der Auferstehung in den Vordergrund gerückt wird, hätte den Aufgang von Christentum und Kirche nicht zu erbringen vermocht.) Es ergibt sich wiederum aus dem Zusammenhang des Glaubens; denn viele Einzelwahrheiten, die, für sich selbst genommen und isoliert betrachtet, schwer verständlich sind und geradezu anstößig wirken können, weisen auf einen hintergründigen Bezugspunkt hin, von dem sie inneren Halt und Sinn empfangen: der Glaube an das Erscheinen eines Gottmenschen in der Welt, an sein Weiterleben in der Kirche, an seine dynamische Gegenwart in den Sakramenten, an seine personale Präsenz in der Eucharistie, die Überzeugung von der Vollendung der Welt wie des Einzellebens durch Ihn: all dies weist auf einen Verknüpfungspunkt und auf ein Urereignis hin, in dem die genannten Wahrheiten unentfaltet zusammenlagen und aus dem sie entlassen worden sind. Die Auferstehung, als Sieg des Gottmenschen über den Tod verstanden, kann alle diese Bildungen des Glaubens erklären und ihnen Licht spenden. Hier erweist sich dieser Kern nicht nur als Konzentrationspunkt, der zum Wesen der Sache und zum Grund aller Erscheinungen führt, sondern zugleich auch als Strahlungszentrum, das sich ins Weite und ins Universale ausdehnt. Deshalb ist das Wort von der Auferstehung kein Wort neben anderen. Es ist der Grundsatz der christlichen Botschaft, es ist «Kern» und «Stern» des christlichen Glaubens.

Die Auffindung und Freilegung dieses Kernes ist dem Glaubensverständnis, zumal heute, notwendig. In dieser Zeit drängt alles nach dem Wesentlichen, nach dem Kernhaften und Zentralen des Glaubens, um darauf die eigentliche, wesentliche Existenz zu gründen. Davon zeugt nicht nur das allgemeine Lebensgefühl, davon sprechen auch die vielen theologischen Versuche, das Wesen des Christlichen zu bestimmen, Einführungen oder Einübungen in das Christentum zu geben, seinen Sinn aufzuzeigen und seine Grundidee herauszustellen. Ein letzter handgreiflicher Ausdruck dieses Strebens ist das Bemühen um eine «Kurzformel des Glaubens»[3], die alles das in komprimierter Form zusammenfassen sollte, was die tradierten Glaubensformeln angeblich so weitläufig und verschnörkelt sagten. Dieses verständliche und weithin anerkennenswerte Bemühen führt aber oftmals dazu, daß aus dem Christentum eine Theorie entsteht (selbst wenn man dafür «Sache Jesu» sagt), daß es auf einen Gedanken reduziert wird und schließlich zu einer Idee verblaßt. Die Frage nach dem Kern und Wesen, als «Was-Frage» gestellt und ausgearbeitet, endet allzuoft in einer blutleeren Abstraktion, um die das Denken unauf-

[3] Das Problem erörtert u.a. K.Rahner, Reflexionen zur Problematik einer Kurzformel des Glaubens. Schriften zur Theologie IX, Einsiedeln 1970, 242–256.

hörlich kreisen, von der der Glaube aber nicht leben kann. Deshalb war es ein beachtliches Unternehmen, wenn ein moderner Theologe die abstrakte «Was-Frage» mit sicherem Griff umstellte und sie als konkrete «Wer-Frage» formulierte[4]. Die Frage «Wer ist ein Christ» zwingt zu einer Antwort, die auf eine Person und auf ihr Schicksal in der Welt geht. Das kann für den Christen zuletzt nur die Person Jesu Christi sein. Aber die Frage wäre nicht beantwortet, wenn sie nur auf den vorbildlichen Mann Jesus von Nazareth zielte, auf den «Menschen für andere»[5], auf den Erreger einer neuen Freiheit[6], auf den Revolutionär der Menschenliebe, selbst nicht auf den furchtlos Sterbenden[7] (der angeblich *so* den Tod überwand). Das alles sind menschliche Möglichkeiten, die auch ohne den Bezug auf Jesus von Nazareth zu erreichen wären. Es sind im Grunde auch keine eigentlichen Glaubensaussagen, weil in ihnen kein Geheimnis nahekommt. Das tritt erst dort hervor, wo die Aussage auf Jesus den «gekreuzigten und auferstandenen Herrn» geht. Der «auferstandene Herr», das ist die vollkommene personale und ereignishafte Konkretion des christlichen Glaubens. Hier erst findet das Glaubensverständnis die angemessenste «Kurzformel» des Christlichen, in der der Glaube seinen Halt, seine lebendig-personale Kraft und (was heute nicht minder wichtig ist) seine geistige Unterscheidungsfähigkeit gewinnen kann. Hier liegt dann freilich, wie sich leicht vermuten läßt, auch der «Knotenpunkt» des Glaubensverstehens, dem sich das menschliche Denken nur unter großen Mühen wie einem Unergründlichen nähern muß und den es nicht mit einem Streich der herrischen Vernunft durchhauen darf.

b) *Grundaussage der biblischen Verkündigung*

Eine solche «Ortsanweisung» für die Auferstehungswahrheit im Zentrum der Glaubenswirklichkeit könnte den Anschein erwecken, als ob hier vom theologischen Denken Zusammenhänge konstruiert würden. Indessen ist diese Position auch in der Heiligen Schrift begründet. Es ist eine nicht erst in der Gegenwart gewonnene Erkennt-

---

[4] Dies unternimmt H. Urs v. Balthasar, Wer ist ein Christ?, Einsiedeln ²1965.
[5] So D. Bonhoeffer, Widerstand und Ergebung (Neuausgabe), München 1970, 414.
[6] Diese Auffassung vertritt u. a. P. van Buren, Reden von Gott in der Sprache der Welt, Zürich 1965, 114.
[7] Vgl. zu dieser Interpretation etwa R. Pesch – H. A. Zwergel, Kontinuität in Jesus. Zugänge zu Leben, Tod und Auferstehung, Freiburg 1974.

nis, daß Jesu Auferweckung «das alles überstrahlende Zentrum des apostolischen Kerygmas ist»[8] wie auch die hermeneutische Antriebskraft, die den Prozeß zur vollen Erkenntnis des Christusereignisses in der Gemeinde entscheidend voranbrachte[9]. Die Zentralstellung dieses Ereignisses und der Kunde von ihm tritt schon in dem ältesten Zeugnis des Neuen Testamentes hervor, in dem aus dem Jahre 54 oder 55 stammenden ersten Korintherbrief des Apostels Paulus[9a]. Mit diesem Zeugnis wie mit den anderen Berichten der Evangelien wird sich diese dogmatische Erörterung immer wieder unter den verschiedenen Rücksichten zu befassen haben. Hier soll vorerst nur das Augenmerk auf die innere Bedeutung und auf das theologische Gewicht gelenkt werden, das der Apostel der Auferstehungsbotschaft zuweist. Er führt dazu an einer entscheidenden Stelle aus: «Wenn aber Christus nicht auferstanden ist, so ist eitel unsere Predigt, eitel auch euer Glaube» (1 Kor 15,14). Und den Gedanken nochmals abwandelnd, erklärt er weiter in Vers 17: «Wenn aber Christus nicht auferstanden ist, so ist euer Glaube nichtig, dann seid ihr noch in euren Sünden» (1 Kor 15,17). Paulus bringt damit unmißverständlich zum Ausdruck, welche fundamentale Bedeutung die Auferstehung Jesu für den Christusglauben und für die Existenz des Christen besitzt. Er tut es in einer mehr negativ gewendeten Aussageform, indem er nämlich eigentlich die Frage aufwirft und beantwortet: Was würde aus dem Christusglauben und aus der christlichen Existenz, wenn es die Auferstehung Jesu nicht gäbe, wenn Jesus nicht von den Toten auferstanden wäre? Die Antwort ist keine einfache, aber doch eine eindeutige. Sie besagt, daß ohne die Auferstehung Jesu zunächst die Verkündigung, die Predigt der Apostel, eitel, d. h. sinnlos wäre. Das schon ist ein folgenschwerer Satz, der eine Reihe von bedeutsamen Implikationen in sich schließt; denn das Kerygma, die Verkündigung, ist nach einer anderen Aussage des Apostels und nach grundlegender neutestamentlicher Überzeugung das «Aufleuchten des Evangeliums der Herrlichkeit Christi» (2 Kor 4,4), d.h. das Wort der Apostel ist die Entbergung und Veröffentlichung der Kraft des ganzen Christus.

[8] So J.R.Geiselmann, Jesus der Christus, Stuttgart 1951, 108.

[9] Vgl. dazu Fr.Mussner, Ursprünge und Entfaltung der neutestamentlichen Sohneschristologie. Versuch einer Rekonstruktion. Grundfragen der Christologie heute (hrsg. v. L.Scheffczyk), Freiburg 1975, 77–113.

[9a] Von den zahlreichen Arbeiten zu diesem Text seien hier u.a. genannt: H.Conzelmann, Der erste Brief an die Korinther, Göttingen 1969, 291–311; E.Güttgemanns, Der leidende Apostel und sein Herr, Göttingen 1966, 53–94; K.H.Schelkle, Theologie des NT II, Düsseldorf 1973, 129–132; J.Schmitt, Jésus ressuscité dans la prédication apostolique, Paris 1949, 120ff.

Ohne die Auferstehung aber, das will die Aussage nun besagen, wäre die Predigt über Jesus, über seine Worte und Taten, leer und inhaltslos. Wenn man diese Aussage konkret auf die Inhalte des paulinischen Kerygmas bezieht, so ist aus ihr strikt zu folgern: Ohne die Auferstehung wäre auch das Ereignis des Kreuzes leer und ohne Sinn, das Leiden und Sterben Jesu hätte genausowenig eine eigene Heilsbedeutung wie die im paulinischen Kerygma besonders betonte Erniedrigung des Christus, wie sein Gehorsam, seine für uns erbrachte Sühne. Diese Aussagen sind nicht nur geschichtlich für die historische Grundlegung des christlichen Glaubens bedeutsam. Sie sind auch ungemein aktuell, weil man sie ohne Sinnverschiebung direkt auch auf moderne Interpretationsversuche des Christusereignisses beziehen darf, die zwar an der religiös-existentiellen Bedeutung Jesu festhalten, aber doch von der problematischen, realistisch zu verstehenden Auferstehungsbotschaft absehen möchten. Für Paulus ist eine solche Trennung der Inhalte der Verkündigung unmöglich. Bei ihm steht und fällt mit der Auferstehung Christi auch jeder andere Inhalt der Verkündigung. Das ganze Leben und Sterben Christi, das in der Verkündigung weitergeht, wäre unwirksam und für das Heil bedeutungslos. Man kann dem Christusereignis nach Paulus ohne die Auferstehung keinerlei Heilssinn und keinerlei Heilskraft zusprechen. Das gilt auch heute noch gegenüber allen Versuchen, der christlichen Verkündigung eine heilshafte Bedeutung zu belassen, ohne sie an die anstößige Botschaft von der Auferstehung Christi zu binden.

Was hier von Paulus von der «Verkündigung» gesagt wird, hat seine nahezu vollständige Entsprechung auf seiten des Glaubens, die nochmals eigens hervorgehoben zu werden verdient. Verkündigung und Glauben entsprechen ja einander wie das objektive Wort und die darauf ergehende Antwort des Subjekts, des angeredeten Menschen. Deshalb gilt für Paulus ebenso: Wenn Christus nicht auferstanden ist, ist «eitel und nichtig auch euer Glaube» (1 Kor 15, 14 u. 17). Die erste Konsequenz für einen Christenglauben, der die Auferstehung Christi nicht erkennt oder anerkennt, ist das Verbleiben in den Sünden. Das heißt in etwas ausführlicherer Interpretation: ohne den Glauben an die Auferstehung Christi würde ein Christ, der sich trotz allem noch als solcher versteht, nicht mehr an der Nachlassung der Sünde festhalten können; es gibt für ihn eigentlich keine Gnade, keine Rechtfertigung des Sünders, kein irgendwie geartetes höheres Heil. So verliert ein Glaube, der sich nicht grundlegend als Auferstehungsglaube versteht, den Charakter eines Heilsglaubens.

Damit ist für Paulus ein weiterer unersetzbarer Verlust gegeben. Man darf diesen Verlust in der Einbuße der endzeitlichen Hoffnung und der eschatologischen Perspektive des Christentums gelegen sehen. Für Paulus, für den die Auferstehung Christi selbst schon ein eschatologisches Ereignis ist, nämlich der Anbruch der letzten Zeit der Heilsgeschichte, muß eine Nichtbeachtung oder gar Leugnung dieses Geschehens auch eine Preisgabe des eschatologischen Bezugs des christlichen Glaubens und der christlichen Existenz insgesamt zur Folge haben. Darauf weist der Satz hin: «Dann [d. h. ohne den Glauben an die Auferstehung] sind auch die in Christus Entschlafenen verloren» (1 Kor 15,19). D.h. es gibt keine individuelle Eschatologie mehr, keinen Ausblick auf eine Erfüllung des menschlichen Lebens jenseits der Todesgrenze und damit keinen absoluten Sinn des Lebens. Aber der weitere Zusammenhang dieser Aussagen weist auch darauf hin, daß ohne den Auferstehungsglauben das verunmöglicht ist, was man die «allgemeine Eschatologie» nennt, d.h. die Hoffnung auf eine übergeschichtliche Vollendung der Welt und des Kosmos. Paulus läßt nämlich in den Versen 23-28, in denen er von der Wiederkunft Christi spricht, keinen Zweifel daran, daß eine solche Wiederkunft mit der Verwandlung des Kosmos ohne den vorausgehenden Glauben an die Auferstehung Christi jeglichen Grundes entbehrt. Auch die allgemeine, universale Eschatologie könnte also nicht mehr als christlicher Glaubensgehalt festgehalten werden.

Nun gibt es allerdings die Möglichkeit, aus Gründen des Einvernehmens mit dem Zeitgeist eine auf die Transzendenz weisende Eschatologie nicht mehr zu urgieren, weil der moderne Mensch angeblich kein Bedürfnis mehr nach ihr empfinde. Sein Bedürfnis gehe vielmehr nach einer weltimmanenten Zukunft[10]. Ihr Kern bestehe in der Hoffnung auf eine zukünftige, aber diesseitige Vollendung der menschlichen Sozietät durch vollendete Humanisierung der Menschheit. Christus könne dabei als Vollendungsgestalt des Menschlichen, als ideale Norm des Humanum und als inspirierende Kraft durchaus noch eine Rolle spielen: Aber er wäre so doch wesentlich eine Kraft *in* diesem Leben – sie kommt aus seinem geschichtlichen Vorbild – wie auch eine Kraft *für* dieses Leben. Sie kann angeblich auch freigesetzt werden ohne die Annahme eines irgendwie «supranaturalen» und mythischen Auferstehungsgeschehens[11] an ihm selbst. Es ist ein Christus innerhalb der natürlichen Geschichte und für sie.

[10] So vor allem ausgearbeitet in dem auch auf die christliche Theologie einwirkenden Buch von E. Bloch, Prinzip Hoffnung, Frankfurt 1959.
[11] Die radikale Negierung des sogenannten «postmortalen Seelenheiles» findet

Nun ist es aber interessant und geradezu überraschend, wie ungemein zeitnah Paulus spricht, wenn er offensichtlich auch eine solche Möglichkeit ins Auge faßt und den Christen seiner Zeit eine solche Hoffnung auf einen Christus *in* diesem Leben und *für* dieses Leben zerstört[12]. Er sagt nämlich auch: «Wenn wir bloß in diesem Leben auf Christus unsre Hoffnung setzen, so sind wir bejammernswerter als alle Menschen» (1 Kor 15,19). Man muß diese Aussage ein wenig ausführlicher interpretieren, wenn man sie im Horizont der Gegenwart erfassen und für die heutige Problematik verstehbar machen will. Sie kann nichts anderes besagen, als daß eine christliche Hoffnung, die von der transzendenten Kraft der Auferstehung Jesu absieht und die Christus, d. h. den historischen Jesus, nur als Kraft oder als Impuls für dieses Leben, also für die reine Immanenz, begreift, eigentlich nichts austrägt. Noch einmal anders gewendet, heißt dies: Wenn Menschen nicht auf ein jenseitig-transzendentes Ziel hoffen können, das ihnen mit der Auferstehung Christi erschlossen wird, dann brauchen sie sich überhaupt nicht auf Christus zu berufen. Wenn er nur als Mensch eine Kraft *für dieses Leben* bedeuten soll, nützt er überhaupt nichts. Ja, mit einem solchen Festhalten an Christus als weltimmanentem Hoffnungsimpuls wären die Christen den Ungläubigen eindeutig unterlegen. Sie wären «bejammernswerter als diese», die nach all dem, was Paulus über die Welt- und Menschheitssituation außerhalb der Christusverbindung denkt (vgl. Röm 1,18 bis 2,16), schon wirklich tief bejammernswert sind.

Hier stellt sich allerdings eine weitere Frage, die Paulus nicht förmlich aufgreift, deren Inhalt und Antwort doch aber aus dem Zusammenhang zu erschließen ist: Wie kann der Apostel so negativ über einen Christenglauben denken, der vom Auferstehungsereignis absieht, daß er ihm jeden weltimmanenten Impuls bestreitet? Der Grund für diese negative Sicht eines rein weltimmanenten Christusglaubens liegt wohl in folgendem: Wenn man die Auferstehungswahrheit leugnet oder nicht ernst nimmt, nimmt man Christus selbst wie dem Christentum seine besondere Kraft und Würde, die es eben zuletzt aus etwas Übernatürlichem, Göttlichem bezieht: aus der Kraft und Macht der Auferstehung. Wenn man nun aber als Christ

sich u.a. bei D. Sölle, Stellvertretung. Ein Kapitel Theologie nach dem Tode Gottes, Stuttgart ³1966, 196.
[12] Vgl. zum folgenden H. Conzelmann, Der erste Brief an die Korinther, Göttingen 1969, 312ff. Zur Frage nach dem Charakter des Irrglaubens in Korinth vgl. B. Spörlein, Die Leugnung der Auferstehung (Bibl. Untersuchungen, hrsg. v. O. Kuss, Bd. 7), Regensburg 1971, 62.

trotzdem mit dem Anspruch auftritt, der Welt etwas Besonderes zu vermitteln, so ist dieser Anspruch hohl und jedenfalls sachlich nicht gedeckt. Ohne Auferstehung Christi sind Christus und das Christentum nichts, was die weltimmanenten Kräfte und Fähigkeiten überragte.

Trotzdem trat das Christentum von Anfang an bis zu seiner heutigen weltimmanenten Interpretation mit dem Anspruch vor der Welt auf, ihr etwas Besonderes zu bringen. Nach Paulus – so ist dieser Zusammenhang wohl zu erklären – ist das Besondere, Außergewöhnliche, Außerordentliche des Christentums ohne die Auferstehung Christi nicht zu halten. Der Anspruch wäre genauso eine Lüge, ein «falsches Zeugnis», wie die zuvor (1 Kor 15,15) genannte Predigt der Apostel, wenn Christus nicht auferstanden wäre; denn wer mit dem Anspruch auftritt, der rein immanenten Welt eine höhere Kraft zu vermitteln und eine neue Hoffnung aufzurichten, ohne aus einem transzendenten, weltüberlegenen Bereich schöpfen zu können, den die Auferstehung Jesu erschlossen hat, der betrügt sich selbst. Er ist schlimmer dran als die anderen; denn diese anderen geben wenigstens zu, daß sie allein auf ihre Kraft gestellt sind und mit dem Elend recht und schlecht fertig werden müssen. Das ist ehrlich und bewahrt sie vor Fehldeutungen und Illusionen. Der Christ dagegen, so darf man die abschließende Folgerung ziehen, der mit einem rein irdischen, geschichtlichen Christus, der *nicht* wahrhaft auferstanden ist, der Welt eine neue Hoffnung erwecken will, erzeugt nur Illusionen; denn ein rein irdischer Christus kann das gar nicht leisten. Die Erweckung von Illusionen ist aber schlimmer als ein illusionsloser, immanentistischer Realismus. Deshalb trifft Paulus die harte Feststellung: «Wenn wir bloß in diesem Leben auf Christus unsre Hoffnung setzen», wenn wir ihn also – modern gesprochen – nur als das Vorbild des Menschlichen, als den Inspirator der Freiheit oder als den Initiator einer politischen Weltveränderung verstehen – «sind wir bejammernswerter als alle Menschen.» Wir erheben hier einen besonderen Anspruch, für den uns die inhaltliche Deckung fehlt. Es ist wie der Vorweis eines ungedeckten Wertpapiers. Als das Fazit dieses Gedankenganges dürfte man deshalb die Aussage hinstellen: Auch für die christliche «Hoffnung auf Christus in diesem Leben», also für das, was in moderner Ausdrucksweise die Bedeutung des Christentums für die Welt oder seine diesseitige Potenz ausmacht, ist die Auferstehung Jesu Christi nicht zu entbehren. In ihr konzentrieren sich demnach schon nach biblischem Verständnis, das bei Paulus zusammengefaßt erscheint, Grundelemente des christlichen Glaubens: so etwa Heil und Sündenvergebung, Hoffnung auf eine übergeschichtliche Zukunft des individuellen wie des kosmischen Seins und nicht zuletzt auch die Diesseitsbedeutung und Weltmächtigkeit des christlichen Glaubens. Alles das ist nach biblischem Denken in der Auferstehungsbotschaft zentriert und komprimiert.

So bestätigt der biblische Befund die Annahme, daß es sich bei der Auferstehungswahrheit wirklich um eine Kernwahrheit und um einen Konzentrationspunkt des christlichen Glaubens handelt. Dasselbe darf dann natürlich auch von der Theologie und ihrem Verhältnis zur Auferstehungsbotschaft gesagt werden; denn Theologie und Glaube sind zwar miteinander nicht identisch, aber jedenfalls eng miteinander verbunden, insofern die Theologie die Verständnisbemühung um den Glauben ist und im Endergebnis den zum Verständnis gebrachten Glauben darbieten soll.

c) Kernproblem der Theologie

Die bisher skizzenhaft entworfene Grundaussage der Schrift stellt für eine «Theologie der Auferstehung» nicht schon ein Endergebnis dar, sondern ist erst eine der Theologie gestellte dornige Aufgabe. In diesem Zusammenhang kann erstmals aufgehen, was eine «Theologie der Auferstehung», die selbstverständlich auf der Schrift und ihrer Exegese aufruhen muß, darüber hinaus noch zu leisten hat.

Von der Theologie ist hier jedenfalls mehr gefordert als die Wiedergabe der Schriftaussagen und ihre ausführliche Exegese. Das hat seinen Grund in der Tatsache, daß die Schriftaussagen über die Auferstehung als Kernwahrheit des Glaubens das Problem des rechten Verstehens aufwerfen. Von der modernen Hermeneutik herkommend, weiß man, daß mit dem «Gesagten» nicht schon das eigentlich «Gemeinte» aufgedeckt sein muß und offen zutage liegt.

Aufgrund dieser hermeneutischen Konstellation, der sich die Theologie heute nicht entziehen kann, ist festzustellen, daß die Aussagen der Schrift über die Auferstehung den verschiedensten Interpretationen zugänglich sind. Was heute allgemein von der Interpretation der Schrift gilt, bestätigt sich hier in einem Sonderfall: die Schrift kann verbal oder historisch-kritisch, realistisch oder spiritualistisch, geschichtlich oder existential interpretiert werden, je nach dem vorgegebenen Auslegungshorizont des Exegeten, in dem meist schon ein systematisch-dogmatisches Moment mitbestimmend ist.

Das führt in der Auslegung der biblischen Aussagen über die Auferstehung Jesu Christi zu stark divergierenden Meinungen. Eigentlich ist heute im Bereich der christlichen Theologie nur das Wort «Auferstehung» allgemein anerkannt und allenfalls noch der Satz: «Jesus ist auferstanden»[13]. Aber auch er ist nur als reiner Satz anerkannt, d.h. in seiner logisch-grammatikalischen Struktur. Deshalb kann *W. Marxsen* seine kritische Untersuchung über «Die Auferstehung Jesu von Nazareth» u.a. mit der Feststellung einleiten: «In bezug auf den Satz ‹Jesus ist auferstanden› herrscht völlige Einmütigkeit. Es gibt keinen Christen, der diesen Satz nicht zustimmend nachsprechen könnte.» Jedoch fügt er sogleich hinzu: «Aber, was heißt das?» Und danach geht er die drei Worte dieses so knappen und zugleich so inhaltsschweren Satzes durch und fragt: «Was versteht man unter Jesus? Meint man hier den Menschen Jesus von Nazareth? Oder meint man Jesus Christus? Oder den Sohn Gottes? Hier wäre allerlei zu klären, was nicht unwichtig ist[14].» Aber das Fragen hört nicht auf. Marxsen führt das bohrende Fragen weiter und greift auch die unscheinbare Kopula «ist» auf. Hierzu erklärt er: «Daß auch im ‹ist› ein Problem liegt, ahnt man meistens nicht.» Hier wird auf das Problem verwiesen, das sich anmeldet, wenn man das «auferstanden» mit einer «ist-Aussage» verbindet. Dann entsteht nämlich die Frage, von welchem Sein oder von welcher Wirklichkeit man spricht, wenn man der Auferstehung Existenz zuspricht. Schließlich wird auch das Wort «auferstanden» in Frage gestellt. Hierzu meint der Autor: «Am schwierigsten wird es ohne Zweifel, wenn man nun angeben soll, was man unter ‹auferstanden› versteht. Ich nenne einige mögliche Antworten. Man kann z.B. ein Wort hinzufügen und ‹auferstanden› als ‹leibhaftig auferstanden› verstehen. Das wirft freilich sofort die Frage auf, was denn ‹leibhaftig› bedeutet?» Er benennt aber auch noch eine andere Möglichkeit und sagt: «Ein ganz anderer Einsatz wäre es, wenn man das ‹auferstanden› (wie man wohl sagt) ‹geistig› versteht. Das kann man dann auch mannigfach variieren. Ist von der Auferstehung in die Herzen seiner Jünger die Rede? Oder ist Jesus in die Verkündigung der Kirche hinein auferstanden[15]?»

An diesem ganzen Fragenzyklus ist zu ersehen, wie wenig damit gewonnen ist, wenn man nur den biblischen Satz von der Auferstehung annimmt. Dieser erweist sich nämlich heute in seinem Sinn und Gehalt durchaus als vieldeutig. Es ist nun die nicht leichte Aufgabe der Theologie, diesen Satz und die ganze auf ihm beruhende Lehre

---

[13] W. Marxsen, Die Auferstehung Jesu von Nazareth, Gütersloh 1968, 17.
[14] Ebd., 18.
[15] Ebd., 19.

eindeutig zu machen oder wenigstens die legitimen Deutungen von den illegitimen abzusondern.

Man kann aber noch genauer angeben, welche Probleme dieser neutestamentliche Satz und damit die Auferstehungslehre insgesamt aufwirft und vor welche Aufgaben er die Theologie im einzelnen stellt. Es ist zunächst die Frage nach der Faktizität der Auferstehung, nach ihrem Geschehens- oder Ereignischarakter. Man möchte meinen, daß sich schon an dieser Frage eine Klärung und Scheidung der verschiedenen Auffassungen und Interpretationen erreichen lasse. Aber bei genauerer Durchleuchtung des Zusammenhangs wird man feststellen, daß eigentlich die Faktizität der Auferstehung, das Moment des Ereignishaften und der Geschehenscharakter an ihr, in der heutigen innerchristlichen Diskussion auch nicht geradewegs geleugnet wird. Daß der Auferstehung Faktizität und Geschehenscharakter zukommt, braucht auf keiner Seite geleugnet zu werden und wird im Grunde auch von keiner Seite bestritten; denn sowohl diejenigen, die die Auferstehung als leibliches Geschehen *an* Jesus Christus verstehen, wie diejenigen – um bei der Einteilung W. Marxsens zu bleiben –, die sie als Geschehen im Herzen der Jünger fassen oder als Ereignis in der Verkündigung der Kirche, werden selbstverständlich und geflissentlich behaupten, daß es sich hierbei um ein Faktum, d.h. um ein Gewirktes und deshalb um eine Realität handelt.

Gerade *R. Bultmann*, der bezüglich der Auferstehung eine extreme Position einnimmt, die man mit dem von Marxsen gebrauchten Begriff in allerdings nur grober Weise als «geistige Auffassung» der Auferstehung bezeichnen könnte, hält daran fest, daß sich hierbei eine Tat Gottes ereignete, also ein «factum» von Gott gesetzt wurde, das selbstverständlich auch eine Realität hervorbrachte.

Man wird ja auch nicht bestreiten können, daß geistige Ereignisse wie etwa das Entstehen eines lebendigen Glaubens an den Herrn in den Herzen der Jünger eine Realität bedeuten. Bultmann erwähnt in diesem Zusammenhang immer auch, daß es sich sogar um eine transsubjektive Realität handelt und um ein Ereignis, das seinen Ursprung nicht im Inneren der Jünger hatte, sondern in einem von außen kommenden Handeln Gottes, oder wie er formuliert (um dem Vorwurf einer subjektivistischen Realitätsauffassung zu entgehen), um ein echtes «extra nos», das von Gott allein gewirkt wurde [16]. Daraus läßt sich entnehmen, daß die Frage nach der Faktizität, die selbstverständ-

---

[16] Vgl. dazu R. Bultmann, Kerygma und Mythos I (hrsg. von W. Bartsch), Hamburg 1960, 141.

lich gestellt werden muß, doch noch ein zu grober Raster ist, um den Sinn des Wortes «Auferstehung» zu erfassen und ihn gegenüber Sinnentstellungen abzugrenzen. Die Fragestellung muß noch verfeinert werden. Sie darf nicht nur auf Faktizität oder Ereignishaftigkeit im allgemeinen gehen. Sie muß die Art und Weise der Faktizität oder der Ereignishaftigkeit genauer zu erfassen suchen, d.h. sie muß die Weise oder den Grad der Wirklichkeit, der die Auferstehung zugehört, genauer zu bestimmen suchen. All das, was bisher als Tat, als Ereignis, als Faktum bezeichnet wurde, kann nämlich auch unter den allgemeinen Begriff der «Wirklichkeit» gefaßt werden. Dann entsteht aber eine neue und tiefere Problematik. Die meisten Interpreten der Auferstehung Jesu werden dem Satz nämlich auch noch ihre Zustimmung geben: Jesus ist «wirklich» auferstanden. Aber nun entsteht die tiefergehende Frage: Handelt es sich bei der Auferstehung um eine spirituelle Glaubenswirklichkeit, die, selbst wenn sie von Gott gewirkt ist, und also nicht autogen oder gar autosuggestiv aufgefaßt werden soll, doch ein unausweisbares Glaubensgeschehen bleibt und gänzlich in der inneren Relation zwischen Gott und dem Glaubenden verläuft? Oder handelt es sich um eine historische Wirklichkeit, bei der dem Glauben auch etwas Äußeres, etwas Geschichtliches oder Historisches vorgegeben ist, woran er ansetzen und worauf er sich zurückbeziehen kann? Es ist dies, enger gefaßt, die Frage, ob dieses Ereignis in der äußeren Wirklichkeit der Welt und der Geschichte ausgemacht und vorfindlich erwiesen werden kann oder ob es sich nur als geschichtlich unausweisbares gläubiges Bewußtseinsgeschehen halten läßt, was im Grunde die existentiale Position ist. Aber auch wenn man sich für eine dieser beiden Möglichkeiten entscheidet, ist das Fragen und Untersuchen noch nicht am Ende[17]. Man kann weiterhin bei jeder Entscheidung neue Probleme auftreten sehen.

Die Lösung der traditionellen Theologie, die im Grunde noch gar keine solche Alternative kannte, setzte resolut auf die realistisch-geschichtliche Auffassung und verstand unter Auferstehung einen mehr oder weniger ausweisbaren Vorgang der äußeren Wirklichkeit und Geschichte. Dabei aber wurde die Problematik des Verhältnisses zwischen Glaube und Geschichte nicht erkannt. Kann denn – so muß

---

[17] Gelegentlich wird dieser Gegensatz, nicht unzutreffend, auf die Alternative «objektivistisch – subjektivistisch» zurückgeführt. So bei P. Schoonenberg, Wege nach Emmaus. Unser Glaube an die Auferstehung Jesu, Graz 1974, 46; vgl. auch G. Friedrich, Die Auferstehung Jesu, eine Tat Gottes oder ein Interpretament der Jünger?, in: Kerygma und Dogma 17 (1971) 154–177.

man gegenüber dieser traditionellen Auffassung fragen – der Glaube überhaupt von zufälligen, kontingenten Fakten und Geschichtstatsachen abhängig gemacht werden, oder muß nicht umgekehrt erst der Glaube da sein, wenn einem geschichtlichen Faktum überhaupt eine heilshafte Bedeutung zukommen soll? Wenn aber der Glaube dem Faktum vorausgehen muß, um es als heilshaft anzunehmen, wozu bedarf es dann überhaupt des Faktums, das im Fall der Auferstehung wegen seiner Außergewöhnlichkeit dem modernen weltbildhaften Denken gar nicht leicht eingängig ist? Es stellt sich also für die Theologie hier auch die Aufgabe einer genauen Verhältnisbestimmung zwischen Glaube und äußerer Geschichte zum Zwecke der genauen Verifizierung des biblischen Satzes «Jesus ist wirklich auferstanden».

Weil die traditionelle Theologie diese Problematik wenig bedachte, hat die moderne existentiale Theologie es verhältnismäßig leicht, zu behaupten, daß die Auferstehung ein reines Glaubensereignis sei, das gar keinen Anhalt an der äußeren Geschichte haben könne und haben dürfe. Aber auch damit ist die Sache nicht erledigt; denn wenn man die Geschichte als gänzlich unnötig erklärt, muß man sich ja wohl am Ende der Problemerörterung die Frage gefallen lassen, warum man dann den Glauben an der geschichtlichen Erscheinung des Jesus von Nazareth ansetzen lasse und warum man nicht auch hier die Geschichte zugunsten eines reinen Glaubens streiche. Dazu findet man sich merkwürdigerweise nicht bereit. Man nimmt vielmehr die Historizität des Lebens und Sterbens als Voraussetzung für das sogenannte Auferstehungsgeschehen oder die Osterbotschaft an. Der Osterglaube bestünde dann nur in einer Bedeutungssteigerung rein natürlicher Ereignisse, an denen der Christ mehr zu ersehen vermag als der Ungläubige. Mit einer solchen Antwort aber wird ersichtlicherweise das Problem des Verhältnisses von Glaube und Geschichte nicht gelöst, sondern nur auf eine neue Ebene verlagert, auf der es dann um die Beziehung zwischen den Tatsachen und ihrer heilshaften Bedeutsamkeit geht. Es legt sich hier die (gefährliche) Möglichkeit nahe, «Tatsachen» einfach in «Bedeutungen» aufgehen zu lassen. Da die Ausarbeitung solcher Bedeutsamkeiten aus den Texten des Neuen Testamentes alles Gegenständliche und Geschichtliche abstreifen muß, dieses aber weitgehend mit dem Mythos gleichgesetzt wird, stellt sich dann angesichts des Auferstehungskerygmas noch die spezielle Frage nach dem Verhältnis von Mythos und Geschichte.

Daran wird deutlich, daß die schlichte biblische Aussage «Jesus ist wirklich auferstanden» heute einer theologischen Verifizierung bedarf, die von der Theologie die Lösung eines ganzen Bündels von Aufgaben verlangt, welche sehr verschiedenen Charakter besitzen. Es verknüpfen sich hier exegetische Probleme, hermeneutische Fragen, ontologische Fragen (wie die Frage nach dem Verständnis von Wirklichkeit) und naturwissenschaftlich-weltbildbedingte Fragestellungen (wie die Frage nach der Möglichkeit des Eingehens von etwas «Supranaturalem» in eine geschlossene Welt) miteinander. Die Verifizierung dieser schlichten biblischen Aussage erfordert eine Arbeit, die eigentlich alle Bereiche und Methoden der Theologie beansprucht, so daß man zur Lösung dieser Aufgabe tatsächlich das ganze theologische Instrumentarium heranziehen muß. So ist die Auferstehung als Kernpunkt des Glaubens für die Theologie ein Schnittpunkt der verschiedensten Gedankenlinien, deren Differenzierung und Kombination in Analyse und Synthese kein leichtes Unterfangen darstellt.

d) Schnittpunkt der theologischen Disziplinen

Da es sich bei der Lösung der Frage nach dem Sinn der Auferstehung um eine komplexe Aufgabe handelt, stellt sich sogleich auch das methodische Problem der Zuständigkeit der theologischen Disziplinen, vor allem bezüglich der Exegese und der Dogmatik. Bei der Autorität, die heute den Bibelwissenschaften zukommt, erscheint nichts natürlicher, als daß sie gerade in dieser Frage das entscheidende Wort zu sprechen hätten, dem sich nach landläufigem Verständnis die Dogmatik und der kirchliche Glaube anschließen müßten. So ist tatsächlich in vielen exegetischen Untersuchungen des Themas der Anspruch nicht zu überhören, «nach allen Regeln rational-historischer Kunst das biblische Auferstehungszeugnis in seinem ursprünglichen Sinn sichtbar und verständlich zu machen»[18], damit aber auch schon als verbindlich zu erklären; denn was durch die historisch-kritische Methode geprüft und erhärtet ist, das kann auch von bibelgläubigen Christen nicht abgelehnt werden.

Trotzdem wird man fragen müssen, ob eine «rational-historische Kunst» hinreicht, über Glaubensdinge endgültige und verbindliche Aussagen zu machen. Es spricht manches dafür, daß die historisch-kritische Methode hier ihr Vermögen überschätzt. Man hat freilich keinen Grund, sie als zur Erhebung von Glaubensaussagen ungeeig-

---

[18] So U. Wilckens, Auferstehung. Das biblische Auferstehungszeugnis historisch untersucht und erklärt, Stuttgart 1970, 7.

netes Instrument zu kritisieren[19]. Aber man muß, wozu gerade auch das durch die Naturwissenschaft geschärfte methodologische Denken anleitet, um ihre Grenzen wissen, die sich vor allem dort zeigen, wo es um Glaubensfragen geht. So ist zunächst schon nicht zu übersehen, daß die historisch-kritische Methode in ihrer Handhabung durch die Exegeten zu durchaus verschiedenen Ergebnissen führt. «Es gibt konservative Männer dieses Faches, die die Auferstehung Jesu für das bestbezeugte Ereignis der Antike halten»[20], ohne daß man ihnen einen falschen Gebrauch dieser Methode vorwerfen dürfte. Dabei handelt es sich nicht nur um sogenannte «Konservative». Aber bereits die Einführung dieses Merkmales durch einen Verfechter dieser Methode weist darauf hin, daß ihrem Gebrauch heute (und immer) offenbar eine geistige Grundeinstellung vorausliegt, die durch Vorentscheidungen weltanschaulicher, philosophischer und theologischer Art bestimmt ist, welche selbst von dieser Methode unabhängig sind. Darauf ist dann die große Variabilität und gelegentlich sogar die Gegensätzlichkeit in den Ergebnissen zurückzuführen, die einem modernen Exegeten gerade anläßlich der Auferstehungsdiskussion den Ausruf entlockte: «Sind wir Exegeten ‹noch zu retten›, solange wir weniger miteinander als gegeneinander streiten[21]?» Es ist schwer vorstellbar, wie sich aus einer solchen Variabilität und Gegensätzlichkeit der Meinungen, die offenbar auch von der historisch-kritischen Methode nicht fernzuhalten ist, ein Glaubensurteil ergeben kann, das doch ein wesentlich einheitliches sein muß. Aber auch darauf darf in diesem Zusammenhang hingewiesen werden (zumal es von exegetischer Seite selbst zur Sprache gebracht wurde), daß sich in manchen Anwendungen dieser Methode eine «kombinatorische Magie»[22] einstellt, die ihrer Nüchternheit und Discipliniertheit schnurstracks zuwiderläuft.

[19] Das tut neuerdings besonders scharf und einseitig G. Maier, Das Ende der historisch-kritischen Methode, Wuppertal 1974. Auf die Probleme dieser Methode und der modernen Hermeneutik besonders bezüglich des (oft fehlenden) «Einsatzes der Logik» weist hin Th. G. Bucher, Auferstehung Christi und Auferstehung der Toten, in: MThZ 27 (1976) 1–25.
[20] G. Harbsmeier, Historisch-kritische Exegese. Evangelium und Geschichte in einer rationalen Welt (hrsg. von Paul Ascher), Trier 1969, 102.
[21] So R. Pesch, Stellungnahme zu den Diskussionsbeiträgen, in: ThQ 153 (1973) 283. Dieses Heft ist insgesamt einer Diskussion des Auferstehungsglaubens gewidmet.
[22] Auf diese Kennzeichnung von M. Dibelius bezieht sich M. Hengel, Ist der Osterglaube noch zu retten?, in: ThQ 153 (1973) 260.

Aber diese Bedenken sind nicht einmal die entscheidenden; denn daß eine Methode aus partiellen Gründen auch Mißerfolge zeitigt, ist ein in jeder Wissenschaft zugegebener natürlicher Befund. Die Frage wird dringlicher, wenn man in Erwägung zieht, ob eine «rational-historische Kunst» überhaupt ein Glaubensdatum oder ein Heilsfaktum als solches und vollständig zu erfassen vermag. Es hat den Anschein, als ob diese Problematik, zumal in der Auferstehungsfrage, von der Exegese nicht mit ganzer Schärfe reflektiert würde. Manche Exegeten bewegen sich hier in einem ihnen häufig gar nicht bewußt werdenden Widerspruch. Gehen sie etwa von der Grundannahme aus, die aus der strengen Fassung der historisch-kritischen Methode abzuleiten ist, daß die Heilige Schrift nichts anderes sei als «eine ehrwürdige und aufschlußreiche historische Urkunde»[23], dann haben sie, strenggenommen, den Glaubensstandpunkt aufgegeben und sich von der Theologie distanziert; denn von diesem Standpunkt aus könnte auch jeder nichtchristliche Philologe an die Schrift herangehen. Das Ergebnis eines von diesem Grundsatz ausgehenden wissenschaftlichen Bemühens kann dann auch nur so ausfallen, daß aus diesem Buch nichts erhoben werden kann, was dem Analogieprinzip rational-historischer Forschung widerspricht. Zu demselben Schluß muß ein Vertreter der historisch-kritischen Exegese kommen, der sich auf dem Erkenntniswege zum biblischen Phänomen der Auferstehung durch keine «Vorurteile, sei es des Glaubens, sei es des Unglaubens, beirren lassen»[24] möchte. Von dieser Position «jenseits von Glauben und Unglauben» kann es ersichtlicherweise zu keiner für den Glauben verbindlichen Aussage kommen. Eine sich so verstehende historisch-kritische Exegese steht in Gefahr, sich aus der Theologie wie aus dem Glauben hinauszumanövrieren.

In Wirklichkeit sind die Vertreter der historisch-kritischen Exegese (und das sind heute alle Exegeten) natürlich am Glauben nicht uninteressiert und geben vor allem bezüglich ihrer letzten Intention und Zielvorstellung zu, daß sie den christlichen Glauben fördern, ihn läutern und ihn durch neue Interpretation für den modernen Menschen retten möchten[25]. Sie gehen auch, was sie vielfach zugeben, vom Glauben aus. Dann aber geben sie sich häufig keine Rechenschaft

---

[23] E. Käsemann, Exegetische Versuche und Besinnungen I, Göttingen 1960, 232.
[24] U. Wilckens, a.a.O., 7.
[25] Vgl. dazu auch die Beiträge der Sammelwerke: La résurrection du Christ et l'exégèse moderne (P. de Surgy u.a.) Paris 1969; Dossier sur la résurrection = Lettre Nr. 163-164 (X. Léon - Dufour u.a.) Paris 1972.

darüber, ob eine mit dem Glauben zusammengehende wissenschaftliche Methode noch eine ausschließlich und eindeutig «historisch-kritische Methode» sein kann und ob eine solche Methode sich dann nicht bestimmte Einschränkungen gefallen lassen muß. Weil die eindeutige Bestimmung des Verhältnisses zwischen dem Glauben und der historisch-kritischen Methode fehlt, kommt es dann häufig bei der Durchführung des Verfahrens zu einer unbegründeten und unkontrollierten Dominanz einer der beiden Momente: sei es, daß der Glaube (als privater Glaube des Exegeten) die absolute Vorherrschaft gewinnt, sei es, daß das historisch-kritische Moment jeden echten Glaubensansatz eliminiert.

Das letztgenannte Phänomen läßt sich beispielhaft an der *Wunderfrage* herausstellen, die im Zusammenhang mit der Auferstehungsproblematik noch immer ihre legitime Rolle spielt. Man macht sich sicher keiner ungebührlichen Vereinfachung schuldig, wenn man als die repräsentative Antwort der Exegese auf die Wunderfrage die Aussage R. Bultmanns hinstellt: «Man kann nicht elektrisches Licht und Radioapparat benutzen, in Krankheitsfällen moderne medizinische Mittel in Anspruch nehmen und gleichzeitig an die Geister- und Wunderwelt des Neuen Testaments glauben[26].» Deshalb gilt nach ihm auch: «Erledigt sind damit die Geschichten von der Himmel- und Höllenfahrt Christi[27].» Es ist nun offensichtlich, daß die Ablehnung des Wunders durch diesen der historisch-kritischen Methode besonders verpflichteten Exegeten nicht aus den Texten der Bibel stammt und also nicht auf historisch-kritischem Wege gewonnen ist. Ein lupenreiner kritischer Historiker wird angesichts der biblischen Wunderberichte nur feststellen können, daß sie diese außerordentlichen Aussagen über einzigartige Geschehnisse enthalten, er wird aber, sofern er die Ebene des Historikers nicht verläßt, nicht sagen können, daß solche Geschehnisse unmöglich seien.

Deshalb ist heute auch zu bemerken, daß die reinen Historiker merkwürdiger- oder bezeichnenderweise im ganzen den Berichten des Neuen Testamentes viel positiver gegenüberstehen als die eben doch nicht als reine Historiker verfahrenden Exegeten[28]. (Es hat sich unter manchen von ihnen sogar das scherzhafte, aber doch charakteristische Wort gebildet, daß sich für sie, wenn sie in der gleichen Weise an die profanen Texte herangingen wie die Exegeten an die

[26] Kerygma und Mythos I, a.a.O., 18.
[27] Ebd., 17.
[28] Ein Beispiel dieser Haltung bietet H. Staudinger, Gott: Fehlanzeige? Überlegungen eines Historikers zu Grenzfragen seiner Wissenschaft, Trier 1968, 109ff.

Texte der Bibel, alle Ereignisse der alten Geschichte auch in Mythen auflösen könnten.) Das liegt daran, daß sie wirklich ohne den Glauben der Theologen an ihre Texte herangehen können und müssen; denn das Verdikt dieser Exegeten gegen das Wunder kommt tatsächlich weder aus der Schrift noch aus der Naturwissenschaft (die, soweit sie seriös bleibt, ein solches Urteil auch nicht wagen wird)[29], sondern es resultiert aus einem gewissen «Glauben», der nur das Fatale an sich hat, daß er nicht der Glaube der Kirche ist; denn die Kirche als Glaubensgemeinschaft hält ja doch wohl noch an Wundern fest. Es handelt sich also hier nur um einen privaten, «weltanschaulich» bestimmten natürlichen Glauben, der aber offenbar die Kraft besitzt, das Ergebnis des historisch-kritischen Beweisganges von vornherein zu bestimmen und vorwegzunehmen.

So darf man dann in einer etwas zugespitzten Form sagen: Diese Einstellung zum Wunder hat weder etwas mit der historisch-kritischen Methode noch mit dem übernatürlichen Glauben zu tun. Sie ist ein merkwürdig unstabiles Zwitterding zwischen einem fideistisch verkümmerten Glauben und einer kritiklosen Handhabung der kritischen Methode. Man kann darum verstehen (wenn auch nicht gänzlich billigen), daß heute Stimmen laut werden, die aus einem tieferen Vertrautsein mit dieser Problematik die Besorgnis äußern, daß sich gegenwärtig «alle Bemühungen *für* die Bibel *wider* sie gewandt»[30] haben. «Heute stehen nicht mehr nur die Auslegungen gegeneinander wie in der Scholastik! Heute steht die Bibel gegen sich selbst»[31] (nämlich im Gebrauch einer bestimmten Exegese).

Mit diesen Erwägungen sollen nicht die historisch-kritische Methode als solche und die sie verwendende Exegese kritisiert werden, sondern nur auf die Grenzen dieser Methode hingewiesen werden. Solche Grenzen können dem unvoreingenommenen Betrachter deutlicher erkennbar werden, wenn man die beiden Teilelemente im Begriff des «Historisch-Kritischen» einmal gesondert betrachtet und auf die von der Schrift berichteten Ereignisse oder (Heils-) Tatsachen bezieht. Da ergibt sich bezüglich des Momentes des «Historischen» und seiner Bedeutung: Der Historiker muß zwar bis zu den Berichten und den hinter ihnen liegenden Ereignissen vordringen; er wird dabei den historischen Sinn der Texte aufdecken und sie auf ihre Richtigkeit in bezug auf die mitgeteilten Fakten überprüfen, wobei sich dies-

---

[29] Vgl. dazu P. Jordan, Der Naturwissenschaftler vor der religiösen Frage, Oldenburg 1963, 11 u. ö.
[30] P. Schütz, Freiheit, Hoffnung, Prophetie, Hamburg 1974, 98.
[31] Ebd., 99.

bezüglich eine moralische Sicherheit ergeben kann, manchmal aber auch nur eine Wahrscheinlichkeit.

Diese Arbeit des Historikers an der Schrift ist für die Theologie und den Glauben wesentlich, weil nur so die menschlich-geschichtliche Verwurzelung der göttlichen Offenbarung gewahrt werden und der Gläubige sein Glaubensurteil als der Vernunft entsprechend erweisen kann, welches hier die historische Vernunft ist. Aber es liegt nicht in der Reichweite des historischen Instrumentariums, die eigentliche Wesens- und Wahrheitsfrage zu stellen. Kein Historiker vermag hinsichtlich eines geschichtlichen Berichtes, der eine wesentliche philosophische oder religiöse Wahrheit ausdrücken will, die letzte Wahrheitsfrage zu stellen, er müßte dann selbst zum Philosophen oder zum homo religiosus werden. Er ist für die Tatsachen- und die Sinnfrage zuständig, nicht aber für die bis auf den letztmöglichen Erkenntnisgrund dringende Wahrheitsfrage.

Das gilt auch für den Exegeten *als Historiker* bezüglich der Auferstehungsberichte. Auch er wird zwar den Sinn dieser Berichte eruieren und ihren Tatsachencharakter erarbeiten. Aber selbst wenn er dabei im positiven Falle zur Feststellung eines historischen Ereignisses kommt, so ist damit die Verifizierung der Auferstehungsbotschaft noch nicht geleistet; denn dazu müßte eine Reihe von Fragen gestellt werden, die über das Medium des Historikers hinausgehen und in den Bereich des Systematischen weisen. Dazu gehören etwa die Fragen: Ist ein solches außerordentliches Ereignis von seiten Gottes möglich? Ist es von seiten des Menschen als solches außerordentliches Ereignis zu erkennen? Wie verhält es sich dann, ohne Widersprüchliches zu provozieren, zur natürlichen Wirklichkeit des Menschen? Was ist diese natürliche Wirklichkeit überhaupt? Was ist der bleibende Glaubensgehalt dieses Zeugnisses? Die Beantwortung dieser Fragen ist dem Historiker nicht möglich. Sie verlangt den Einsatz eines systematischen Denkens, das sowohl die Philosophie wie die Tradition und das Dogma der Kirche zu berücksichtigen hat. Natürlich kann nicht übersehen werden, daß viele Exegeten heute faktisch diese Fragen stellen und (häufig in einer negativen Richtung) beantworten. Das geschieht dann aber in einer eindeutigen Grenzüberschreitung, in deren Konsequenz die Verwischung zwischen historischem und systematischem Denken liegt. In solchen Fällen verläßt die Exegese eben den Boden der historischen Forschung und wird zu einer Art Dogmatik, was heute vielfach zu beobachten ist.

Die Grenzen der historisch-kritischen Methode treten aber noch deutlicher in Erscheinung, wenn man über die Bedeutung des Momentes des «Kritischen» in ihr reflektiert. Versteht man die kritischen Elemente im Sinne der obigen Auffassung als «rationale Kunst», die alles ausscheidet, was der menschlichen Ratio nicht entspricht und nicht in ihren Netzen bleibt, so stellt sich schließlich die Frage, ob eine solche Exegese sich selbst nicht von vornherein den Zugang zu etwas «Über-Rationalem», zu etwas Theologischem und Göttlichem versperrt. Es ist dann nicht zu verwundern, wenn die Ergebnisse ihrer Arbeit so rational ausfallen, daß sie von jedem natürlichen Denken, sei es positivistischer, idealistischer oder existentialistischer Provenienz, auch erreicht werden können. Das gilt etwa von dem Endergebnis der existentialistischen Exegese bezüglich der Auferstehung, das da heißt: Das Letzte ist die Liebe [32]. Man ist angesichts eines solchen Ergebnisses sogar geneigt zu fragen, welchen Wert die ganze kunst- und mühevolle Arbeit an den Texten besitzt: Die Berge kreißen, und geboren wird eine Maus!

Das Moment des «Kritischen» kann in der Exegese, sofern sie eine theologische Disziplin bleiben will, nur in einem formalen Sinne verstanden werden: nämlich als vergleichendes, unterscheidendes und scheidendes Verfahren an den menschlichen Zeugnissen, das mit den Mitteln der Religions-, der Text-, der Form- und der Traditionsgeschichte vorgeht, um das Entstehen, den Werdegang und die Eigenart dieser Zeugnisse vor allem nach ihrer menschlich-natürlichen Seite hin verstehen zu lehren. Dabei kann der Exeget, unter dem Vorverständnis des Glaubens arbeitend und mit dem Bewußtsein, daß es sich hier um Zeugnisse des Glaubens handelt, auch schon den Zugang zum gläubigen Verständnis dieser Texte eröffnen, er kann den Blick für das «Gotteswort im Menschenwort» der Schrift schärfen [33]. Er vermag aber mit seinem natürlich-kritischen Verfahren «Gotteswort» nicht definitiv zu bestimmen und als Glaubenswort vorzulegen. Sonst wäre er mehr als der Prophet und der Hagiograph. Er würde in die Position des Glaubensgründers einrücken. Der Glaube kommt aber nicht aus der Exegese, nicht einmal aus der Schrift allein, sondern aus der lebendig verkündenden Kirche.

Die Auslegung dieses Glaubens im ganzen und seine denkerische Vertiefung bis hin zur letzten Wahrheitsfrage kann nur in den Bereich eines theologisch-systematischen Denkens fallen, d.h. letztlich in den Bereich der Dogmatik. Freilich ist hier nach den kritischen

---

[32] So E. Fuchs, in: E. Fuchs – W. Künneth, Die Auferstehung Jesu Christi von den Toten. Die Disputation von Sittensen, Neukirchen 1973, 33.

[33] Vgl. dazu L. Scheffczyk, Dogma der Kirche – heute noch verstehbar? Grundzüge einer dogmatischen Hermeneutik, Berlin 1973, 76.

Grenzsetzungen bezüglich der Exegese mit Betonung hinzuzufügen, daß die Dogmatik diese ihre Aufgabe nicht ohne Aufnahme aller positiven Ergebnisse der Exegese erfüllen kann und jedenfalls nicht an diesen gesicherten Ergebnissen vorbeioperieren darf. Und auch dies ist zur Behebung des Verdachtes eines übertriebenen Anspruches der Dogmatik hinzuzufügen: Als Wissenschaft ist auch die Dogmatik keine verbindliche, normgebende Instanz für den Glauben: Das ist allein die Kirche, die aus der Schrift schöpft und sie letztgültig vorlegt, weil sie aus ihrem Leben erwachsen ist.

Dabei wird die dogmatische Arbeit zur Verifizierung der biblischen Botschaft, insbesondere der Auferstehungsbotschaft, auch inhaltlich und material noch mehr erbringen müssen, als es die Exegese zu tun vermag. Dieses Mehr, dieses inhaltliche Plus soll in dieser Untersuchung dadurch erreicht werden, daß die Auferstehung, die zuvor als Kern und Zentrum des christlichen Glaubens bezeichnet wurde, dementsprechend auch als Erklärungsgröße, als Verstehensgrund und als «Topos» aller anderen Glaubenswahrheiten angenommen wird. Weil sie eine Zentralstellung im Gefüge des Glaubens besitzt, kann sie auch andere wesentliche Glaubenswahrheiten erhellen, und zwar weit über das Maß hinaus, das bei Paulus erkennbar wird, der von der Auferstehung her die Eschatologie beleuchtet und erhellt. Diese Beleuchtung und Erhellung kann die Dogmatik im Grunde auf alle entscheidenden Glaubenswahrheiten ausdehnen, z.B. vor allem auf die Christologie, auf die Lehre von den Sakramenten, besonders auf die Eucharistie; denn gerade etwa der Eucharistieglaube als Glaube an die Gegenwart des lebendigen, ganzen Christus unter den sakramentalen Zeichen ist eine Funktion des Auferstehungsglaubens. So kann das dogmatische Denken aufzeigen, wie die Wahrheiten des Glaubens mit der Auferstehung korrespondieren, wie sie von der Auferstehung getragen werden, aber auch umgekehrt: wie sie die Auferstehungswahrheit stützen und bestätigen. Eine solche systematische Betrachtung, die in Konsequenz auch zu einem tieferen Wesensverständnis des ganzen christlichen Glaubens führen kann, ist verständlicherweise von der Exegese nicht zu erbringen, weil sie zwar die grundlegende Urkunde des Glaubens auslegt, nämlich die Heilige Schrift, aber weil sie doch nicht die ganze Geschichte des Glaubens reflektiert und nicht den gesamten Bewußtseinsraum des Glaubens ausmessen kann.

So vermag die theologische Systematik aus der Auferstehungswahrheit das Wesensverständnis des Christentums im ganzen zu erheben. In einer Zeit, da Christentum und Kirche ihre Identität zu verlieren drohen, ist der Versuch zu einer Selbstidentifikation vermittels der Erschließung des Kerns eine wichtige Aufgabe.

Um die Bedeutung, aber auch die Schwierigkeit dieser Aufgabe vollauf ermessen zu können, ist ein Blick in die Geschichte der Auferstehungswahrheit angebracht, die sich als eine Geschichte beständigen Widerspruchs und vielfacher Auseinandersetzung erweist.

2. DIE GESCHICHTLICH GEFÄHRDETE WAHRHEIT

a) Der Widerstand der alten Welt

Der zeitgenössische Betrachter der Szenerie in Theologie und Kirche muß in der Diskussion um die Auferstehung häufig den Eindruck gewinnen, als ob es sich bei den heute aufgekommenen Schwierigkeiten bezüglich dieser Wahrheit um gänzlich neuartige Erscheinungen handle und als ob erst die moderne Zeit an diesem Glaubenssatz Anstoß nehme. Der beinah monotone Einleitungsvers vieler kritischer Stellungnahmen: «dem modernen Menschen nicht mehr nachvollziehbar», erweckt den Anschein, als ob die Auferstehungsbotschaft in der Vergangenheit leicht nachvollziehbar gewesen wäre und den Menschen mühelos eingegangen sei. Die in dieser Kritik vorschnelle Berufung auf das «moderne Weltbild» begünstigt die weitere Fehleinschätzung, wonach die Auferstehung wesentlich mit dem alten Weltbild verbunden war oder sogar diesem mythischen Weltbild entstammte. Dann wäre schon nicht zu erklären, warum die Menschen der alten Welt diese Botschaft nicht bereitwilliger annahmen und sie allein im Glauben kleiner Christengemeinden Wurzeln schlug.

In Wahrheit handelt es sich bei der Auferstehung um eine so außerordentliche, einmalige und anspruchsvolle Botschaft, daß sie das natürliche Denken der Menschen, ja sogar der Christen, immer herausforderte und deshalb auch immer angefochten war. Das gilt schon für die biblische Epoche des Christentums. Was Paulus über das Anstößige der christlichen Botschaft vom Kreuze sagt: «den Juden ein Ärgernis, den Heiden eine Torheit» (1 Kor 1,23), gilt genauso auch für die Auferstehung, was bei der wesentlichen Zusammengehörigkeit von Kreuz und Auferstehung im urchristlichen Kerygma verständlich wird.

Dabei ist die negative Reaktion des *Judentums* auf diese Botschaft nicht verwunderlich. Aber sie ist nicht nur aus äußeren Gründen abzuleiten, die etwa nur in der aus religiös-politischen Erwägungen erfolgenden Ablehnung des Gesamtphänomens des Christentums gelegen wären. Das Judentum konnte speziell zur Auferstehungsbotschaft auch innerlich nur schwer Zugang finden, weil sie in den Grundlagen des allgemeinen jüdischen Glaubens keine sichtbaren und deutlich hervortretenden Anhaltspunkte hatte.

Diese Aussage ist so vorsichtig formuliert und mit einigen Bedingungen versehen, weil sich in der heutigen exegetischen Forschung hier ein neues Problem aufgetan hat, an dem man nicht gänzlich vorbeigehen kann. Gleichwohl kann die Beantwortung dieses Problems die gemachte Aussage nicht wesentlich beeinträchtigen. Bis vor kurzem war die Auffassung verbreitet, daß «die Lehre von der Auferstehung der Toten keine genuin jüdische Lehre aus dem Alten Testament» war, «sondern durch Einfluß von außen in das Judentum eingedrungen sei»[34]. Diese Auffassung hat sich freilich in der jüngsten Zeit manche Korrekturen gefallen lassen müssen. Sie machten deutlich, daß der Jahweglauben aus sich heraus eine Zukunftserwartung entwickelte, in der Vorstellungen von der Entrückung (des Gerechten) zu Gott, von Unsterblichkeit und gerechtem Ausgleich nach dem Tode und von Totenerweckungen am Ende der Zeiten (Jes 26,7ff; Dan 12,1–3) eingeschlossen waren[35]. Vor allem die spätjüdische Apokalyptik (Henoch 51; 4 Esr 7,29ff; Syr Bar 50,2ff; Ps Salomonis 3,12) baute die Vorstellung von einer kommenden Auferweckung von Toten so aus, daß sie zur Zeit Jesu schon weit verbreitet, aber doch nicht von allen angenommen war, wie das Beispiel der Sadduzäer zeigt (Apg 23,8).

Bei all diesen in mancher Hinsicht unvollkommenen und nicht zur Klarheit gebrachten Elementen für einen Auferstehungsglauben ist jedoch zu beachten, daß in ihrem Zielpunkt die allgemeine Auferstehung am Ende der Zeiten steht, nicht aber die Auferstehung eines einzelnen inmitten der Geschichte. Zwar hat man auch solche Hinweise finden wollen, etwa an Stellen wie Ps 16,8–11; Ez 17–24 oder in der Aussage des Propheten Jesaja über den leidenden Gottesknecht. Was aber gerade diese Aussage über den Gottesknecht angeht, dessen Los nicht in der trüben Unterwelt enden werde, so ist sie nur in ganz vagem Sinne auf die in Christus begründete Auferstehungshoffnung des Neuen Testamentes zu beziehen. Neuerdings hat man in den Qumrantexten eine Weiterentwicklung des jüdischen Auferstehungsglaubens feststellen wollen, aber doch ohne durchschlagenden Erfolg. So findet sich hier z. B. hinsichtlich der Sünder die Vorstellung, daß sie beim Gericht einer gänzlich psycho-physischen Vernichtung anheimfallen, also gerade keine Auferstehung erleben würden. An einer Stelle findet sich allerdings eine Andeutung bezüglich einer besonderen Auferstehung des «Lehrers der Gerech-

---

[34] So noch W. Marxsen, a.a.O., 137.
[35] Vgl. dazu Fr. Mussner, Die Auferstehung Jesu, München 1969, 45ff.

tigkeit» (1Q M 11,12f). Darüber aber lautet eine begründete Auffassung der Forschung, daß diese Aussage wegen ihrer Dunkelheit kaum als positives theologisches Argument gewertet werden kann[36].

In allerjüngster Zeit ist schließlich ein noch energischerer Vorstoß erfolgt in Richtung auf den Erweis einer förmlichen Vorbereitung und einer Verwurzelung der neutestamentlich-christologischen Auferstehungsbotschaft im Boden des alttestamentlich-jüdischen Glaubens zur Zeit Christi[37]. Dieser Versuch, der etwas von dem vielschichtigen und differenzierten Argumentationsverfahren der modernen Exegese erkennen läßt, steht bezeichnenderweise (und für die Tendenz zu Grenzüberschreitungen charakteristisch) unter dem fundamentaltheologischen Leitmotiv, die Begründung des Auferstehungs- und des ganzen Christenglaubens von äußeren, angeblich «supranaturalen» Tatsachen wie den Erscheinungen des Auferstandenen zu befreien und sie allein beim historischen Jesus und seiner menschlich-geschichtlichen Vorstellungswelt ansetzen zu lassen. Zu dieser religiösen Vorstellungswelt, in der dann der christliche Auferstehungsglaube seine letzten Wurzeln hätte, gehört nach *R. Pesch* vor allem die Tradition über das Martyrium eschatologisch-prophetischer Gestalten wie Elias und Henoch, besonders aber die Überlieferung über Johannes den Täufer, der angeblich nach Mk 6, 14-16 *in Jesus* wiederauferstanden sein soll[38]. Diese These hat aber seitens einer nüchternen Exegese eine eindeutige Widerlegung gefunden. «Mk 6,14ff und 8,28 sollte man in diesem Zusammenhang gerade nicht anführen, denn hier geht es ja nicht um den ‹auferweckten Täufer› als messianische Heilsgestalt, sondern um eine volkstümliche Beurteilung der Wirksamkeit Jesu, der in den Augen des Volkes das endzeitliche Wirken des Täufers weiterführt[39].» Das hat offensichtlich mit einer Wiedererweckung der Person des Täufers nichts zu tun. Hier übernimmt ein kritischer moderner Exeget offensichtlich eine metaphorische oder mythische Aussage des Neuen Testamentes, um darauf den mündigen Glauben des modernen Menschen aufzu-

---

[36] Darüber ausführlicher K. Schubert, Das Problem der Auferstehungshoffnung in den Qumrantexten und in der Frührabbinischen Literatur, in: Wiener Zeitschrift für die Kunde des Morgenlandes 56 (1960) 154-167. Über den andersgearteten Befund bezüglich des Phänomens der Entrückung unterrichtet A. Schmitt, Entrückung – Aufnahme – Himmelfahrt. Untersuchungen zu einem Vorstellungsbereich im Alten Testament, Stuttgart 1973.

[37] R. Pesch, Zur Entstehung des Glaubens an die Auferstehung, in: ThQ 153 (1973) 201-228.

[38] Ebd., 223.

[39] M. Hengel, Ist der Osterglaube noch zu retten?, in: ThQ 153 (1973) 258.

setzen. Zur Sache selbst erklärt K. H. Schelkle eindeutig: «... nirgendwo ist eine jüdische Erwartung bezeugt, daß Gott den Gerechten das irdisch zeitliche Leben zurückgibt. Und nirgendwo ist die Erwartung bekundet, daß ein gescheiterter Messias auferweckt wird.» So ist zwar zuzugeben, daß der «alttestamentliche Glaube wohl Erfahrungs- und Deutungshorizont des Kerygmas der Auferstehung Jesu (wie in der Petruspredigt Apg 2,22–36)»[40] gewesen sei, nicht aber der Wurzelboden des christlichen Glaubens.

Dieser Glaube, der sich streng an die Person des Jesus von Nazareth richtet, bleibt etwas Einzigartiges und Unableitbares, weshalb er auch dem Judentum als ganzem unerschwinglich blieb. Die These Peschs kann auch nicht erklären, warum dann der Glaube an Christus vom Judentum nicht angenommen wurde, sondern von seiner Seite die härteste Ablehnung erfuhr und nur bei wenigen auserwählten Zeugen Wurzeln faßte. Er war ein «proprium christianum», dem das Judentum feindlich gegenüberstand.

Eine ähnliche Einstellung, wenn auch aus anderen Gründen, bezeigte zu dieser Wahrheit die *nichtjüdische Geisteswelt des Altertums*. Von der Warte der vergleichenden Religionswissenschaft aus betrachtet, könnte es scheinen, daß die Auferstehungsbotschaft des Christentums eine gewisse Nähe oder gar Abkünftigkeit gegenüber bestimmten Ideen und Unsterblichkeitsvorstellungen der alten orientalischen oder griechischen Welt bezeuge. Eine solche Einschätzung legte sich früher vor allem im Hinblick auf gewisse Vorstellungen der ägyptischen Volksreligion und des Parsismus nahe. Was gewisse Volksüberlieferungen Ägyptens angeht, so hat R. Bultmann in der Absicht, die Originalität des neutestamentlichen Auferstehungsglaubens in Zweifel zu ziehen, entsprechende Vorstellungen über die Wiederherstellung des Stofflichen aus diesem Bereich stark hervorgekehrt[41]. Aber es werden dabei die Unterschiede zum Christlichen doch zu gering geachtet. So ist z. B. nicht zu verkennen, daß es sich bei den auferstehenden Göttern in Ägypten um Vegetationsgottheiten handelt und daß die ganze Vorstellung von der Auferstehung auch der Menschen auf der Idee der fortlaufenden Erneuerung der Natur basiert. Das gilt besonders auch vom iranischen Religionsbereich. Die Grundlagen dieses Auferstehungsglaubens sind also naturalistisch und mythisch, was man in bezug auf die vom Christen-

---

[40] K. H. Schelkle, Schöpfung des Glaubens?, in: ThQ 153 (1973) 243; ders., Theologie des Neuen Testaments II, 132.
[41] R. Bultmann, Mythos und Mythologie im Neuen Testament: RGG IV, ³1960, 1278ff.

tum behauptete Auferstehung Christi und (im Anschluß an ihn) aller
Menschen gerade nicht sagen kann. Die religionsgeschichtlichen
Parallelen übersehen häufig das Eigenständige und Spezifische des
christlichen Auferstehungsglaubens, der geschichtlich und über-
natürlich gedacht ist, insofern es sich um eine einzigartige Tat Gottes
handelt.

Ähnliches ist im Vergleich zum *Griechentum* festzustellen. Ihm war
die Idee des Fortlebens der Seele nach dem Tode durchaus geläufig.
Die Vorstellung eines Weiterlebens der leibfreien Seele nach dem
Tode wurde vor allem vom platonischen Denken gestützt und zu
großer Bedeutung erhoben. Aber es ist doch auch leicht ersichtlich,
daß dieser Gedanke nicht identisch ist mit dem christlichen von der
Auferstehung von den Toten, wie sie sich an Jesus Christus prototypisch ereignet und an allen, die in die Nachfolge Christi eintreten,
wiederereignen soll. Es ist deshalb auch nicht ohne Bedeutung und
für das Spezifische des Christentums von historischem Gewicht, wenn
in der Apostelgeschichte in der Areopagrede berichtet wird (Apg 17,
22–34), daß die griechischen Zuhörer des Paulus den Gedanken von
der *anastasis nekrōn* nicht verstanden und den Apostel darob verlachten. Dieser christliche Gedanke stand der griechischen Ideenwelt
offenbar fremd gegenüber. Er kann deshalb aus ihr auch nicht abgeleitet werden. Er konnte sich ihr aber, was noch bedeutsamer ist,
auch niemals assimilieren. Das beweist aus späterer Zeit, näherhin
aus der Epoche um die Mitte des 2. Jh.s, die Stellungnahme des *Celsus*
gegen das Christentum, wie sie von Origenes auszugsweise überliefert ist. Celsus macht den Christen u.a. auch den Vorwurf, daß ihre
Lehre von der Auferstehung töricht sei. «Denn welche menschliche
Seele dürfte sich wohl nach einem verwesten Leibe sehnen? ... Wie
diese Lehre ganz abscheulich und verwerflich ist, so kann sie auch
unmöglich bewiesen werden ... denn für die Seele könnte Gott wohl
ewiges Leben gewähren; ‹die Leichname aber›, sagt Heraklit, ‹sind
eher wegzuwerfen als Mist›. Das Fleisch nun, voll von Dingen, die
man anständigerweise nicht nennen kann, wider die Vernunft als
ewig darzustellen, wird Gott weder willens noch imstande sein. Denn
er selbst ist die Vernunft alles Seienden; er kann daher nichts tun,
was der Vernunft oder seinem eigenen Wesen widerspricht[42].» Dieses
Zeugnis ist in mancher Hinsicht interessant. Es zeigt nicht nur, wie
sehr das Griechentum aus seinem leibfeindlichen Dualismus heraus
die Zentrallehre des Christentums philosophisch bekämpfen mußte,

---

[42] Origenes, Contra Celsum V, 14.

es zeigt ebenso, daß diese Lehre als vernunftwidrig und sogar als gotteslästerlich angesehen wurde. Trotzdem – und das ist auch für die gegenwärtige Situation der Anpassung des Glaubens an die Zeitbedürfnisse des Menschen interessant – hat das Christentum sich hier dem damals modernen Griechentum nicht angepaßt. So ist das geschichtlich durchaus merkwürdige Ereignis eingetreten, daß das Christentum sich der Zeit nicht akkommodierte und sich dennoch durchsetzte.

Etwas von der Unbegreiflichkeit dieser Tatsache, daß das Christentum sich mit seiner aufreizenden Lehre von der Auferstehung gegenüber dem Griechentum durchsetzte, spiegelt sich in den noch bedeutend polemischer gehaltenen und bissigen Angriffen wider, die im 3. Jahrhundert der neuplatonische Philosoph *Porphyrius* († um 305) in seiner Schrift «Kata Christianōn» unternahm. Auch hier ist nicht zuletzt die christliche Auferstehungswahrheit ein wesentlicher Angriffspunkt des griechisch-neuplatonischen Denkers. *A.v.Harnack,* der die Fragmente der fünfzehn Bücher des Porphyrius «Gegen die Christen» herausgegeben hat, urteilte über dieses Werk: «Das Werk ist vielleicht die reichste und gründlichste Schrift, die jemals gegen das Christentum geschrieben worden ist ... Dort, wohin Porphyrius den Streit zwischen religionsphilosophischer Wissenschaft und Christentum versetzt hat, liegt er noch heute.» Darauf folgt die lapidare Feststellung des liberalen Theologen: «Auch heute noch ist Porphyrius nicht widerlegt[43].» Porphyrius hat schon im 3. Jh. die Behauptung aufgestellt, daß die Evangelisten keine Geschichtsdarstellungen von objektiven Begebenheiten böten, sondern nur Erfindungen und Mythen enthielten. Er weist das besonders nachdrücklich an der Kindheitsgeschichte bei Matthäus und Lukas nach, ferner an den bei den Evangelisten divergierenden Passionsberichten und nicht zuletzt an den Ungereimtheiten der Berichte über die Erscheinungen Jesu vor den Jüngern. Daraufhin kommt er zu dem Ergebnis, daß diese Berichte von einem aufgeklärten Denken abgelehnt werden müßten. Das Beispiel ist deshalb so aufschlußreich, weil an ihm abzulesen ist, wie urtümlich und geradezu archaisch die Auferstehungsproblematik ist und daß die Einwände der Moderne durchaus nicht neu sind. Historisch betrachtet, bietet das Beispiel den Beweis dafür, daß die aufgeklärte griechische Religiosität auch im Zeitalter des Neuplatonismus in der christlichen Auferstehungsbotschaft ein

---

[43] A.v.Harnack, Die Mission und Ausbreitung des Christentums in den ersten drei Jahrhunderten, Leipzig 1902, 353.

«specificum christianum» sah, dem das damals moderne philosophische Denken aufs entschiedenste widersprechen mußte.

Welcher Widerstand diesem anspruchsvollen Geheimnis in der alten Welt entgegengesetzt wurde, wird aber wohl am deutlichsten durch die Tatsache demonstriert, daß sich gegensätzliche Auffassungen auch innerhalb des jungen Christentums und der christlichen Gemeinde ausbildeten. Hierfür ist der *Streitfall von Korinth* (1 Kor 15) ein bemerkenswertes, wenn auch nicht ganz durchsichtiges Beispiel. Daß Paulus sich mit seiner Verteidigung der Auferstehungsbotschaft gegen Leugner gerade dieser Glaubenswahrheit wendet, ist nicht zu bestreiten. Allerdings wird mit einem gewissen Recht daran gezweifelt, daß die Irrtümer in der Gemeinde sich förmlich auf die Auferstehung Jesu Christi bezogen. Manches scheint nach exegetischer Beurteilung dafür zu sprechen, daß der vom Apostel direkt ins Auge gefaßte Irrtum die Leugnung der Auferstehung der Verstorbenen, d.h. der Toten ist und daß die Bezugnahme auf die Auferstehung Christi nur wegen des unauflösbaren Zusammenhanges der beiden Heilstatsachen erfolgt. Paulus wollte damit die Korinther darauf aufmerksam machen, daß es inkonsequent sei, an der Auferweckung der Toten zu zweifeln und die Auferweckung Christi zu vertreten. So könnte dann die Auseinandersetzung nicht förmlich für eine Leugnung der Auferstehung Christi unter den Korinthern herangezogen werden. Andererseits ist vom Zusammenhang her nicht gänzlich auszuschließen, daß nicht nur der Apostel diese Zusammengehörigkeit zwischen Auferstehung der Toten und Auferweckung Christi sah, sondern daß sie auch den Gläubigen in Korinth bewußt geworden sei. Wie man hier auch die Gründe und Gegengründe für eine Leugnung der Auferstehung Christi in Korinth verteilt, so kommt man doch offenbar um die Annahme nicht herum, daß die volle Bedeutung der Auferstehung Christi von manchen Gläubigen nicht erfaßt und daß auch der Glaube an die Auferstehung Christi bei ihnen objektiv gefährdet und subjektiv unausgereift war [44].

Die Gefährdungen des Auferstehungsglaubens und der Widerstand gegen ihn traten im Einflußbereich gnostischen Denkens um die Mitte des 2. Jh.s stärker zutage. Nach dem dualistischen Grundkonzept des *Gnostizismus* konnte sich der als höherer Äon gedachte Erlöser nur mit einem Scheinleib (Doketismus) umgeben, den er vor

---

[44] Vgl. dazu B. Spörlein, Die Leugnung der Auferstehung, Regensburg 1971, 55 ff. Über den Zusammenhang von Christi Auferstehung und Totenauferstehung vgl. Th. G. Bucher, in: MThZ 27 (1976) 1–25, der nachweist, daß für Paulus die Auferstehung Christi der Grund für die Auferstehung der Toten ist.

dem Kreuzestod auch wieder verließ. Daraus ergab sich eine ganz eigentümliche Deutung der Auferstehung, die zwar die alten Begriffe und Worte beibehielt, sie aber doch ihres realistisch-geschichtlichen Sinnes entkleidete. In dem berühmten Brief an Rheginus von Nag Hammadi (wahrscheinlich der valentinianischen Gnosis zugehörig) heißt es zwar vom Erlöser, daß er «den Tod verschlang». Aber das geschah dadurch, daß er «die vergängliche Welt ablegte» und «sich in einen unvergänglichen Äon verwandelte und auferstand, nachdem er das Sichtbare durch das Unsichtbare verschlungen hatte»[45]. Hier ist die Auferstehung in einer mystizistischen und idealisierenden Weise als Verwandlung des Erlösers interpretiert unter Ablösung von den objektiven Gegebenheiten der Geschichte und unter Überführung in eine subjektivistische Spekulation. Es ist wohl keine zwanghafte Verknüpfung, wenn man solche Züge (ungeachtet ihrer geschichtlichen Abwandlung) auch heute wieder in der Diskussion um die Auferstehung aufkommen sieht; denn die Abkehr von der geschichtlichen Realität muß immer bei einer Abstraktion landen: sei es bei einer hypostasierten Idee, bei einem naturhaften Prinzip oder bei einer existentialen Bedeutsamkeit.

Die Alte Kirche und ihre junge Theologie sahen in der Auseinandersetzung mit dieser grundstürzenden Irrlehre geradezu eine Lebensnotwendigkeit, was die harten und polemischen Reaktionen der frühen Kirchenschriftsteller erklärt, wie etwa an dem Wort des Irenäus greifbar wird: «Das also sind ihre Lehren; ein vielköpfiges Ungeheuer gleich der lernäischen Schlange, das aus der Schule des Valentinus entstanden ist[46].»

Und doch begnügte man sich nicht allein mit entschiedener Abwehr des Irrtums. Das lebendige Gespür für die Größe des Geheimnisses und seiner Anforderungen an das menschliche Denken bestimmte die kirchliche Verkündigung auch dazu, positive Verständnismöglichkeiten zu erarbeiten, in denen den Menschen der Sinn des Mysteriums erschlossen wurde. Hier traten bereits Gedanken zutage, die für das Ringen der menschlichen Vernunft nach gläubiger Erkenntnis des Geheimnisses bleibende Bedeutung gewonnen haben, so der Gedanke *Tertullians* († um 220), daß Christus «den ganzen

---

[45] M. Lee Peel, Gnosis und Auferstehung. Der Brief an Rheginus von Nag Hammadi, Neukirchen 1974, 40f. Zur Erforschung der Gnosis und ihrer «ebionitischen» Christologie vgl. H. J. Schoeps, Urgemeinde, Judenchristentum, Gnosis, Tübingen 1956, 23ff; R. Haardt, Die Gnosis, Wesen und Zeugnisse, Salzburg 1967; W. E. Eltester, Christentum und Gnosis, Berlin 1969.
[46] Adversus haereses I, 30, 15.

Menschen erlösen will, nicht nur die Seele»[47] und daß «Gott will, daß nichts von dem vernichtet werde, was er geschaffen hat»[48]. So wurde der Auferstehungsgedanke als Schnittpunkt aller Linien der christlichen Schöpfungs- und Heilslehre erkannt. Bezeichnend für diese Auffassung ist das Wort des hl. *Augustinus:* «Nimm die Auferstehung hinweg, und auf der Stelle zerstörst du das Christentum[49].»

Die Überzeugung von der fundamentalen Bedeutung dieser Wahrheit macht auch das Bemühen verständlich, das Geheimnishafte (vornehmlich der eigenen Auferstehung) durch Analogien aus der Natur aufzuhellen und dabei auch schon besonderen Nachdruck auf die Identität des Auferstehungsleibes zu legen. «Man sammelt Argumente aus der Natur, zieht sogar die Lehre von der Unvergänglichkeit der Atome ins Christentum herein oder die von der Kontinuität aller Ordnungen und Gattungen (und) beruft sich auf medizinische Aussagen»[50], Argumente, die zwar nicht die theologischen Tiefen ausloten, aber doch von der Festigkeit dieses Denkens in bezug auf den christologischen und soteriologischen Kernsatz des Glaubens zeugen.

b) Die Verfestigung in der Tradition

Diese Festigkeit des gläubigen Denkens führte dazu, daß auch gewisse spiritualistische Abirrungen im *Origenismus* keinen größeren Einfluß zu gewinnen vermochten. Überhaupt war diese bestimmte theologische Haltung der Grund dafür, daß die Wahrheit von der Auferstehung Christi (unter Einschluß ihres anthropologischen und soteriologischen Aspektes) einen starken Traditionsstrom ausbildete, der auch im Mittelalter kaum einmal wesentlich geschwächt werden konnte. Allerdings gab es doch auch gewisse Ausnahmen, deren Beachtung wiederum etwas von dem dauernden Problemgehalt dieser Wahrheit aufdecken und die bleibende Anfälligkeit des Menschengeistes zur Spiritualisierung und Entgeschichtlichung der Osterbotschaft beweisen kann.

Eine solche Spiritualisierung ergab sich in der Lehre der Sekte der *Katharer* (der «Reinen»), in der altes gnostisches Ideengut wieder

---

[47] Tertullian, De resurrectione mortuorum, 2, 11–14.
[48] Tertullian, ebd., 5, 9.
[49] Augustinus, in ps. 101,2, n. 7. Daß auch die Inkarnationslehre der Väter auf die Auferstehung bezogen war, zeigt J.-P. Jossua, Le salut, Incarnation ou mystère pascal, Paris 1968.
[50] C. Schneider, Geistesgeschichte der christlichen Antike, München 1970, 276.

emporgetragen wurde. Auf dem Hintergrund einer dualistischen Heilslehre wurde hier wiederum das Leibliche am historischen Jesus verflüchtigt und das Geschichtliche überhaupt in seiner Bedeutung verkannt. In einem Protokoll des 14. Jh.s über die Lehrauffassungen der Katharer finden sich die Behauptungen, daß Christus aus Maria einen himmlischen Leib angenommen hätte, der frei von allen menschlichen Bedürfnissen war. Dementsprechend erfolgten auch sein Leiden und Sterben nur zum Schein. So konnte auch die Auferstehung nur zum Schein erfolgen [51]. Insgesamt ergab sich daraus eine ganz drastische Mythisierung der Geschichte des Heils, der gegenüber die heute herausgestellten mythischen Züge der Heiligen Schrift geradezu harmlos anmuten [52].

An dem eindeutigen Widerstand der *mittelalterlichen Theologie* wie der kirchlichen Lehrverkündigung [53] gegen die Leugnung der Auferstehungswahrheit wurde allerdings etwas deutlich, das für die Vertiefung und innere Aneignung dieser Wahrheit als Heilswahrheit nicht von Vorteil sein konnte. Es war das zu gering entwickelte geschichtliche Verständnis der Heilstaten Jesu und zumal der vollendenden Tat der Auferstehung. Die theologischen Erörterungen der damaligen Zeit zeigen ein deutliches Überwiegen der metaphysisch-spekulativen Argumentation, in der (freilich in einem Grenzfall) die Auferstehung des Fleisches bei *Petrus von Capua* († nach 1219) ohne Rückgriff auf die Christologie als rein natürliches Geschehen gedeutet wurde, das selbst dann eintreten würde, wenn Christus nicht auferstanden wäre [54]. Im Verfolg dieses Denkansatzes trat bezeichnenderweise überhaupt die Erörterung der Auferstehung Christi thematisch zurück zugunsten einer spekulativen Ausarbeitung der Lehre von der Gottheit Christi und der hypostatischen Union. Einem metaphysisch-statischen Denken mußte die Klärung des gottmenschlichen Seins Christi naheliegender vorkommen und gewichtiger erscheinen als

---

[51] Vgl. dazu I. v. Döllinger, Beiträge zur Sektengeschichte des Mittelalters, 2 Bde, München 1890 (Neudruck New York 1960) II, 224, 613.

[52] Vgl. dazu die gehaltvolle Untersuchung von G. Schmitz – Valckenberg, Grundlehren katharischer Sekten des 13. Jahrhunderts (Veröffentlichungen des Grabmann-Institutes, hrsg. von M. Schmaus, W. Dettloff, R. Heinzmann) München 1971, 207 ff.

[53] Marksteine auf dem Wege der kirchlichen Lehrentwicklung sind u. a. DS 11 ff 13 72 76 125 150 502 801 852 1338 1862 3484.

[54] Vgl. dazu H. J. Weber, Die Lehre von der Auferstehung der Toten in den Haupttraktaten der scholastischen Theologie, Freiburg 1973, 81. Zur Lehre der Frühscholastik vgl. R. Heinzmann, Die Unsterblichkeit der Seele und die Auferstehung des Leibes (BGPhMA XL, 3) Münster 1965.

die Reflexion über eine Tat und ein Geschehen. Im Grunde war mit der Feststellung über das Sein die Frage nach dem Geschehen und dem Ereignis schon vorentschieden. Wo die Gottheit und die Aufnahme des Menschen Jesus in die göttliche Person des Logos den Vorrang des christologischen Interesses beanspruchten, konnte die Frage nach der Auferstehung Christi nicht mehr besonders problematisch empfunden werden. So zeigt etwa die Christologie und Soteriologie des *Thomas v. Aquin*, die als gültiges Beispiel für diese Denkrichtung genommen werden kann, daß der Auferstehung Christi in seinem Hauptwerk nur vier Fragen gewidmet sind[55], während die Inkarnationslehre mit ihren Folgerungen für die Menschheit Christi in über zwanzig Quaestionen abgehandelt ist. Dabei ist noch zu bedenken, daß die Fragerichtung stärker auf die ontologische Beschaffenheit der Auferstehung zielt als auf ihre Heilsbedeutung.

Im Grunde blieb diese grundsätzliche Einstellung und diese Anordnung noch bis zur Zeit der *Neuscholastik* in Geltung, in deren Kompendien die Auferstehung Christi und das Osterereignis häufig nur unter den Folgen der Erlösungstat Christi am Kreuz aufgeführt und vornehmlich unter dem Aspekt der Belohnung Christi für seine Verdienste entwickelt wurden. Die (in einer Hinsicht sicher zu Recht bestehende) glaubenstheoretische Bedeutung der Auferstehung als höchstes Kriterium für die Wahrheit des Christenglaubens wirkte sich schließlich dahin aus, daß das Osterereignis immer ausschließlicher in den Bereich der Apologetik und Fundamentaltheologie einbezogen wurde und seine heilstheologische Auswertung durch die Dogmatik weitgehend unterblieb. So ist eine moderne kritische Stellungnahme bezüglich dieses Befundes nicht ganz unberechtigt, die feststellt: «Die Auferstehung Jesu ist von der dogmatischen Theologie fast zu jeder Zeit sehr stiefmütterlich behandelt worden[56].»

Auch wenn diese Aussage mehr als Tatsachenfeststellung (denn als Vorwurf) zu nehmen ist, die die Notwendigkeit gewisser geistes- und theologiegeschichtlicher Konstellationen nicht verkennen darf (z. B. das Überwiegen der Verdienstlehre bezüglich des Kreuzestodes bei den Lateinern und die Dominanz der an die Inkarnation angeschlossenen Vergöttlichungslehre der Griechen)[57], so ist doch andererseits nicht zu bestreiten, daß dieser theologiegeschichtliche «Ausfall» für die Vermittlung der Auferstehungsbotschaft in der Neuzeit nach-

---

[55] S. th. III q. 53–56.
[56] A. Gesché, Die Auferstehung Jesu in der dogmatischen Theologie: Theologische Berichte 2, Einsiedeln 1973, 275.
[57] Ebd., 279.

teilige Folgen hatte. Das faktische Zurücktreten der Auferstehungslehre in der traditionellen Dogmatik und das Bewußtsein ihres ruhigen Besitzes schufen eine Situation, von der aus dem Einbruch des modernen kritischen Denkens in die Theologie, der sich sofort auch auf diese Glaubenswahrheit richtete, nicht begegnet werden konnte. Auch wenn man das Problematische an der traditionellen Auferstehungstheologie erst aufgrund der Erfahrungen der Gegenwart erkennen und als Fehler begreifen konnte, mußte man doch an eine Korrektur herangehen. Diese wurde von der katholischen Theologie im Sinne einer Wiederentdeckung der ursprünglichen Bedeutung dieser Wahrheit tatsächlich in neuerer Zeit unternommen.

c) Die Wiederentdeckung der ursprünglichen Bedeutung

Diese war zu einem nicht geringen Teil beeinflußt von den Impulsen, die sich, im Zusammenhang mit dem Aufkommen *geschichtlichen Denkens*, von der Vertiefung in die Heilige Schrift wie in die Liturgie auch auf die katholische Dogmatik auswirkten. Das biblische Denken, das ein vorzugsweise heilsgeschichtliches Denken ist, vermochte das Christusereignis, anders als die in Resultats- und Gegenstandskategorien vorgehende traditionelle Theologie, konkret geschichtlich zu erfassen, das heißt z. B. unter genauerer Eigenbewertung seiner Phasen, seiner Entwicklung und seiner Vollendung. Ein geschichtliches oder (besser) ein heilsgeschichtliches Denken richtet sein Augenmerk nicht nur auf das Wesen und den Anfang eines Ereignisses, sondern auch auf seinen Ablauf und schließlich besonders auch auf sein Ziel. Im Zuge solchen geschichtlichen Denkens entwickelte die dogmatische Theologie von neuem die Lehre von den «Mysterien des Lebens Jesu», an denen sich das Heilsgeheimnis geradezu im geschichtlichen Vollzug erkennen ließ. So konnte die heilsgeschichtliche und erlöserische Bedeutung auch solcher Einzelheiten des Lebens Jesu wie der Taufe, der Versuchung und der Verklärung aufgewiesen werden. Aus einem solchen Ansatz aber ergab sich wie von selbst das besondere Interesse an den entscheidenden Endereignissen des Lebens Jesu, nämlich an Kreuz und Auferstehung. Deshalb ist es nicht verwunderlich, daß nun in der Theologie dem Ostergeschehen eine besonders ausführliche, auch monographische Darstellung zuteil wurde, die ihm die ursprünglich zentrale Bedeutung wiedergab [58].

[58] Beispielhaft dafür ist das neue dogmatische Handbuch Mysterium Salutis (hrsg. v. J. Feiner u. M. Löhrer) III/2, Einsiedeln 1969.

Als Beispiel für diese positive Wendung darf das französische Werk von *F. X. Durrwell* über «Die Auferstehung Jesu» gelten, von dem man rühmend sagte, es sei im Theologischen mit der Revolution Galileis vergleichbar. Tatsächlich wurde hier das Auferstehungsgeheimnis als Ostermysterium nicht mehr nur als Trabant einer theoretisch entwickelten Erlösungslehre verstanden, sondern als das Zentrum, um das alle anderen Heilswahrheiten kreisten. An diesem Werk ersah man wieder: «Das Sonnengestirn des Christentums ist der auferstandene Herr.» Mit Recht sah man in diesem Versuch auch die Grundlagen für eine spezielle «Osterfrömmigkeit» gelegt, die danach noch ausführlicher entwickelt wurde [59].

Trotzdem waren solche Versuche, die den heute oft als «problemlos» bezeichneten fünfziger Jahren entstammten, mehr positiv ausgerichtet, weshalb in ihnen die kritische Reflexion über die biblischen wie auch über die dogmatischen Verstehensfragen, also die ganze schwierige Problematik der Hermeneutik in bezug auf die Auferstehungsbotschaft zu kurz kam. Sie entstammten mehr einer kontemplativ-verinnerten Sichtweise auf das im Glauben angenommene Mysterium als einer kritischen Befragung der Möglichkeiten einer neuen Übersetzung des Geheimnisses in den Verstehenshorizont der Neuzeit. Bezeichnenderweise ist Bultmann in dem Buch Durrwells nur zweimal erwähnt, und zwar in problemloser Weise.

Es war nicht zuletzt das Hinüberschlagen der Wogen der Entmythologisierungsdebatte aus dem evangelischen in den katholischen Bereich, das hier zu einer Weiterentwicklung führte, die sich im deutschen Bereich besonders an *J. R. Geiselmanns* Christusbuch ersehen ließ [60]. In ihm wurde bereits die neue hermeneutische Problematik um das Auferstehungskerygma aufgenommen und einer sauberen Lösung zugeführt, die der Gefahr einer extremen «Vergeschichtlichung» des Mysteriums, wie sie in der existentialistischen Theologie gegeben war, begegnete.

Inzwischen aber hat die unter positiven Auspizien begonnene Entwicklung einen Weg genommen, der sie über ihren Zenit hinausge-

---

[59] So bei F. X. Durrwell, Die Auferstehung Jesu als Heilsmysterium, Salzburg 1958; den exegetischen Befund faßte, von den Fragen der Kritik absehend, zusammen P. Benoit, Passion et résurrection du Seigneur, Paris 1966; dagegen nahm auf diese Fragen stark Bedacht unter Anlehnung an die protestantische Exegese X. Léon-Dufour, Résurrection de Jesus et Message Pascal, Paris 1971.

[60] J. R. Geiselmann, Jesus der Christus, Stuttgart 1951.; W. Kasper, Jesus der Christus, Mainz 1974, 145 ff; K. Rahner, Jesu Auferstehung: Schriften zur Theologie XII, Zürich 1975, 344–352 (vgl. auch die vorhergehenden Beiträge zum Thema im Bd. II, VII).

tragen zu haben scheint und sie jenseits ihres Scheitelpunktes wieder abstürzen läßt. Es liegt zuletzt an der Ambivalenz der Grundkategorie der Geschichtlichkeit und des geschichtlichen Denkens, daß es sich den Bedingtheiten des Historischen völlig ausliefern und mit seiner Absolutsetzung die Vergangenheit und selbst den Ursprung verlieren kann. Die Ambivalenz des Geschichtlichen tritt besonders darin zutage, daß die Geschichte ständig auch an der Aufhebung des Vergangenen arbeitet und so zu ihrer Selbstaufhebung als geformte und verbindliche Gestalt führen kann. Von diesem Sog ist auch das heilsgeschichtliche Ereignis der Auferstehung erfaßt und im geschichtlichen Denken der Neuzeit in eine Krise geführt worden. Man darf diese Problematik nicht übergehen, wenn man die Auferstehungswahrheit unter dem Horizont des modernen Weltverständnisses als reales Zentrum des Heilsglaubens wieder zur Geltung bringen will.

3. DIE IN DIE KRISE GERATENE WAHRHEIT

a) Der Einbruch des historisch-kritischen Denkens

Der Glaube an die Auferstehung Jesu Christi und die theologische Interpretation dieses Glaubens waren bis in die Neuzeit unter den Christen etwas wesentlich Einheitliches. An dieser Einheit hat auch die Reformation und die sich an die Reformatoren anschließende Theologie nichts geändert. Bezeichnend ist der Anspruch Luthers, nach dem auf diesem Artikel «das ganze Evangelium stehet»[61], und zwar in einem objektiv-realistischen Verständnis gefaßt. Gleichwohl wird man heute im Rückblick auf Luthers Theologie sagen können, daß seine überstarke Betonung des «pro me» aller Heilstatsachen und seine Zurückstellung des ontologischen Ausdrucks sehr wohl eine Möglichkeit bot, das «An-sich-Sein» der objektiven Fakten zugunsten ihrer Bedeutung für den Menschen zu vernachlässigen. Aber die Erschütterung dieses einheitlichen Glaubens, zunächst im Protestantismus, erfolgte nicht von der theologischen Position Luthers her, sondern durch den Einfluß außertheologischer Faktoren.

Heute setzt man die Schwierigkeiten, die sich der traditionellen und einheitlichen Deutung der Auferstehung entgegenstellen, gemeinhin auf das Konto des naturwissenschaftlichen Weltbildes, in das z.B. angeblich keine Wunder mehr eingehen, ferner auf das Konto eines monistischen philosophischen Bewußtseins, das alles Außernatürliche als supranaturalistisch ansehen und ablehnen müsse. Aber am Ursprung der Entwicklung zur Auflösung des einheitlichen Auferstehungsverständnisses war das naturwissenschaftliche Denken noch nicht maßgebend und zunächst nicht entscheidend.

Die Wendung vollzog sich in der Theologie nicht zuerst unter dem Einfluß der Naturwissenschaft, der neuen Kosmologie und der modernen Philosophie, sondern mehr unter dem Einfluß der historischen Forschung und ihrer Kritik. Es ist verständlich, daß sich dieses Denken mit seinem kritisch-historischen Wirklichkeitsverständnis zuerst in der Exegese entfaltete. Hier verstand man, wie besonders gut an einem Wegbereiter dieser historisch-kritischen Theologie zu sehen ist, an dem Aufklärungstheologen *Johann Salomo Semler* (†1791), die Aufgabe der Theologie und der Exegese in dem Sinne, daß sie streng

---
[61] Der große Katechismus, 1529: WA 30, 1, 187.

auf die historischen Tatsachen dringen sollte und diese von den Fabeln, Legenden und Mythen, die sich in die Schrift als Menschenwerk eingeschlichen hätten, unterscheiden müsse [62].

Schon zu dieser Zeit erhob sich die Forderung nach einer Entmythologisierung der neutestamentlichen Verkündigung, die allerdings die entscheidenden Heilstaten der biblischen Geschichte, etwa die Menschwerdung, die Versöhnung durch das Kreuz und die Auferstehung Christi nicht angriff, sondern sie von dem mythischen Rankenwerk reinigen wollte. Semler sah in der Mythologie nur eine übertrieben anthropomorphe Darstellungsweise des Metaphysischen und Göttlichen, die er zurückdrängen wollte. Das zeigt, daß er die sinnliche, irdisch-empirische Wirklichkeit nicht als die einzige verstand und die darüber hinausreichende Wirklichkeit Gottes anerkannte. Wo sich diese beiden Wirklichkeiten aber durchdrangen, sollte die Theologie nicht in mythischen Bildern sprechen, nicht in anthropomorphen Historisierungen, sondern in schlichten und der historischen Darstellung entsprechenden nüchternen Aussagen. Deshalb hat Semler die Auferstehung Christi als Eingreifen Gottes in die Geschichte verteidigt und sich gegen die reine Mythentheorie, die zu seiner Zeit schon Reimarus vertrat, verwahrt.

Aber es ist die Frage, ob man die historisch-kritische Forschung als einzigen Ausdruck der Wirklichkeitserfassung annehmen und dann doch eine zweite Wirklichkeit konzedieren kann, die göttlich-metaphysische, aus der z. B. auch das Ereignis der Auferstehung kommt. Strenger gefaßt, zielt die Frage dahin, ob man die Entmythologisierung auf die Randerscheinungen der Taten Gottes beschränken darf und den Kern von diesen Randerscheinungen abheben kann. Darf man die Aussagen der Schrift über den Himmel, die Engel und über die Wunder Jesu als Mythen ablehnen und die Aussagen über Menschwerdung, Erlösung am Kreuz und Auferstehung als historische Tatsache stehenlassen? Bei Semler wird die Aporie ganz deutlich in der verschiedenartigen Einstellung zur Auferstehung und zur Himmelfahrt Christi. Die Berichte über die Himmelfahrt lehnt er als mythologisch ab; die Berichte über die Auferstehung dagegen erkennt er als historisch an. Es zeigt sich hier ein Nebeneinander von historisch-kritischem Beweisverfahren und theologischem Geschichtsglauben, das nicht reflektiert ist und das als bloßes Nebeneinander nicht gehalten werden kann.

[62] Vgl. hierzu G. Hornig, Die Anfänge der historisch-kritischen Theologie. Johann Salomo Semlers Schriftverständnis und seine Stellung zu Luther, Göttingen 1961.

Das haben schon die Zeitgenossen Semlers gespürt und seine Ansätze konsequent weiterverfolgt. Am entschiedensten tat dies *Hermann Samuel Reimarus* († 1768), der sich als evangelischer Theologe der Aufklärung verstand. Persönlich ein frommer Mann, der Kirchenchrist bleiben wollte und das Abendmahl empfing, vertrat er doch als Theologe eine natürliche Religion und erkannte als das einzige Übervernünftige nur das *Wunder der Schöpfung* an. Demzufolge sah er das Wesen des Christentums und den Kern des Evangeliums in der einfachen religiös-praktischen Predigt Jesu von der Liebe. In dem 6. Fragment der von Lessing 1788 herausgegebenen «Wolffenbütteler Fragmente eines Ungenannten» (betitelt «Über die Auferstehungsgeschichte») vertrat er die Auffassung von der Ungeschichtlichkeit aller Auferstehungsberichte und erklärte ihr Entstehen so, daß die Jünger in ihrer Enttäuschung über den Fehlschlag der Bewegung Jesu ein mythisches Erlösungssystem erfunden hätten. Es handelt sich um einen förmlichen Betrug, der von den Jüngern durch den Diebstahl des Leichnams Jesu aus dem Grabe untermauert wurde. Die diesbezügliche These des Reimarus ist unter dem Titel der «Betrugshypothese» in die Problemgeschichte der Auferstehung eingegangen.

Reimarus hatte nicht nur deutlich gemacht, daß ein unreflektiertes Nebeneinander von historisch-kritischer Forschung und heilshaftem christlichem Glauben an geschichtliche Fakten nicht möglich sei, sondern er hatte indirekt auch erkennen lassen, daß an der Wahrheit von der Auferstehung Jesu im Christentum schlechterdings alles hängt, daß mit ihr alles steht und fällt. Darin wurde er ein Jahrhundert später besonders von *D. Fr. Strauss* († 1874) bestätigt, der als evangelischer Theologe begann, und zwar zunächst im Gefolge Hegels. In einer seiner späteren Schriften tat er den zutreffenden Ausspruch: «Das eigentliche Herz des Christentums bildet die Auferstehung[63].» Aber da die Evangelien nach ihm in der Hauptsache Mythen enthalten, die sich um die nicht mehr erkennbare Gestalt Jesu ranken, kann man den christlichen Glauben nur noch als philosophische Interpretation einer Idee wahrer Humanität halten. Ursprünglich bestimmte er diese Idee als eine von der «Gottmenschheit», später aber nur noch als Gedanken an eine schlichte Menschlichkeit, weshalb ihn Nietzsche als bürgerlichen Bildungsphilister verspottete.

Die negativen Wirkungen der historisch-kritischen Theologie zeigten sich im 19. Jh. selbst dort, wo man den sich auftuenden geisti-

---

[63] Die Halben und die Ganzen, Berlin 1865, 125.

gen Hohlraum auf neue Weise zu füllen suchte, sei es mit den innerlichen Kräften einer romantischen Gefühlstheologie (wie bei *D. Fr. Schleiermacher*), sei es mit der ethischen Dynamik eines Vernunftglaubens (wie bei *A. Ritschl*). In beiden Fällen ergab sich aus dem Desinteresse an der Geschichte eine Umdeutung der Auferstehungswahrheit, die ihr nahezu jeden Wert raubte. Für D. Fr. Schleiermacher († 1834), den «Herrnhuter höherer Ordnung» und «einflußreichen Kirchenvater des 19. Jahrhunderts», ereignet sich das entscheidend Christliche allein im religiös-innerlichen Bewußtsein, weshalb bei ihm die Auferstehung Jesu als geschichtliches Ereignis und als Tat Gottes in der Welt keine besondere Bedeutung erhalten konnte. Schleiermacher äußert sich bezeichnenderweise über Auferstehung und Himmelfahrt Christi nahezu ablehnend, wenn er erklärte: «Die von Jesus verheißene geistige Gegenwart und alles, was er von seinem fortwährenden Einfluß auf die Zurückbleibenden sagt, wird durch keine von den beiden Tatsachen vermittelt[64].» Daraus folgerte er weiter, daß «der richtige Eindruck von Christus vollständig vorhanden sein kann und auch gewesen ist, ohne eine Kunde von diesen Tatsachen»[65]. So erklärt sich schließlich auch das Fazit Schleiermachers betreffs des Auferstehungsglaubens, das er in die Worte faßte: «Der Glaube an diese Tatsachen ist sonach kein selbständiger, zu den ursprünglichen Elementen des Glaubens an Christum gehöriger».[66]

Ein ähnlicher Indifferentismus läßt sich bei dem einflußreichen Vertreter eines rational-ethizistischen Christentums nachweisen, bei *Albrecht Ritschl* († 1889). Ihm galt als wesentlicher Grund des Christentums allein die historische Erscheinung Jesu, an der die Liebe und die Treue zu Gott als höchste Werte für die Menschheit aufleuchteten. Einer solchen Gestalt kann man auch den höchsten Wert der «Gottheit» zubilligen. Aber damit ist keinesfalls ein gottheitliches Sein gemeint, sondern nur ein höchster menschlicher Wertbegriff anerkannt. Verständlicherweise kann im Rahmen einer solchen Christologie die Auferstehung und alles, was hinter dem Tode Jesu liegt, keine eigentliche Bedeutung empfangen. «Auferstehung», im Sinne der traditionellen Theologie als Erweis der Gottheit Christi verstanden, wird unnötig, weil «Gottheit» eben nur ein höchster Wert ist, der sich schon im Leben Jesu vollgültig ausprägte. Über Auferste-

---

[64] D. Fr. Schleiermacher, Der christliche Glaube (hrsg. v. M. Redeker), Berlin 1960, II, 82.
[65] Ebd., 83.
[66] Ebd., 84.

hung und Erhöhung Christi konnte Ritschl deshalb sagen: «Die Formel des zur Rechten Gottes erhöhten Christus (ist) für uns entweder inhaltslos, weil Christus als erhöhter direkt für uns verborgen ist, oder sie (kann) für uns den Anlaß aller möglichen Schwärmerei abgeben [67].» Was für den Christen allein verbindlich erachtet werden kann, ist das Weiterwirken der geschichtlichen Gestalt Jesu Christi. Das Fundament dieses Christentums ist dann vor allem Gottvertrauen und treue Erfüllung des weltlichen Berufes.

Ähnliche Folgen der radikalen historischen Kritik zeigten sich im Übergang vom 19. zum 20. Jahrhundert in der liberalen Theologie, vor allem bei den Vertretern der sogenannten religionsgeschichtlichen Schule. Diese, wie *Joh. Weiss* († 1914), *Albert Schweitzer* († 1965), *Wilhelm Bousset* († 1920) u. a. sahen in der neutestamentlichen Christologie überhaupt nur eine Weiterführung, wenn nicht gar ein Plagiat des mythisch-religiösen Denkens der vorderorientalischen Umwelt des Christentums. In dieser Umwelt wimmelte es von wunderbar geborenen Gottessöhnen, von vom Himmel herabgekommenen und wieder aufgefahrenen Erlösergestalten, von sterbenden und auferstehenden Göttern. Dieser Mythologisierung wurde auch das Leben Jesu und zwar schon von den Autoren des Neuen Testamentes unterworfen. Ein besonders charakteristisches Mythologumenon liegt in der Auferstehung Christi. Wenn man sie einmal religionsgeschichtlich als solche erkannt habe, könne sie natürlich nicht mehr als Grund und Zentrum des christlichen Erlösungsglaubens anerkannt werden. Soweit dieser Glaube sich überhaupt noch auf Christus bezieht, kann er sich nur an das schlichte geschichtliche Vorbild des historischen Jesus halten. Dabei ahnen die liberalen Theologen in ihrem unkritischen Vertrauen auf die historische Forschung nicht, daß das Bild des «historischen Jesus» kaum aus den Quellen herausgearbeitet werden kann.

Trotzdem erfuhr das neuzeitliche Geschichtsbewußtsein eine neuerliche Verschärfung zum Historismus, dessen Bedeutung vor allem von *E. Troeltsch* formuliert wurde [68]. Die für alles historische Verstehen wesentlichen Grundsätze der Kritik, der Analogie und der Korrelation mußten, auf die Bibel übertragen, zu einer Einbeziehung allen Heilsgeschehens in immanente Zusammenhänge führen wie auch zu ihrer Erklärung aus rein immanenten Zusammenhängen, die einen Rekurs auf andere Ursachen verunmöglichten. Hier deutete

[67] A. Ritschl, Rechtfertigung und Versöhnung, Bonn III, 1889, 383 f.
[68] Vgl. dazu E. Troeltsch, Der Historismus und seine Überwindung, Berlin 1924.

sich bereits die Verbindung des Historismus mit dem naturwissenschaftlichen Denken und dem Naturismus an, so daß nun auch die Probleme des modernen Weltbildes an die Auferstehungswahrheit herangetragen wurden. In der Theorie, daß auch die Geschichte ein lückenloser Kausalnexus und ein determinierter Zusammenhang von Wirkursachen sei, war keine außernatürliche Ursache mehr unterzubringen. Damit war der Weg zu einem weltanschaulichen Monismus beschritten, für den es nur diese eine natürliche Wirklichkeit gibt, besonders deutlich faßbar an dem Satz Renans († 1892): Il n'y a pas de surnaturel.

Was das in Sonderheit für die Deutung der Auferstehungsbotschaft erbrachte, läßt sich an einem noch bin in unsere Zeit hineinragenden liberalen Theologen ersehen, an *E. Hirsch*. Obwohl Hirsch sich zeitlebens als lutherischer Theologe verstand, betrachtete er die Auferstehungsbotschaft als «Ostermythus» und als «Osterlegende», die einem rein subjektiven Erlebnis entstammte. Es handelt sich um das Erlebnis der Sündenvergebung [69]. Jesus gilt hier wesentlich als der «am Kreuz Erhöhte» [70]; er ist die Urgestalt des christlichen Heiligen, ein Urtypus für das christliche Erleben des Heiligen. Was eine solche Christusauffassung, in der die Auferstehung nur noch als ein Ereignis des Herzens gelten konnte, für das Gesamtverständnis des Christentums bedeutete, kam bei Hirsch besonders deutlich in der Eschatologie zum Austrag. Aus dem rein mythischen Charakter der evangelischen Osterlegenden und der offiziellen Kirchenlehre folgerte er, daß, nicht ohne eine innere Konsequenz, auch das «alte Hoffnungsbild von der leibhaften Auferstehung der Christen» aufgegeben werden müsse, ebenso wie «die Vorstellung einer vom Leib sich im Tode trennenden unsterblichen Seele» [71]. Es fällt aber auch der Glaube an ein endzeitliches Gericht, an eine Vollendung der Geschichte, an eine Umwandlung des Kosmos, ja sogar der doch wesentlich unmythologisch gefaßte Glaube der Bibel an ein vollendetes Gottesreich. So konnte der liberale Theologe speziell bezüglich der Hoffnung auf das Gottesreich erklären: «Die der christlichen Überlieferung eigene Verbindung der Verheißung vom Gottesreich mit einer Lehre vom Weltende gehört einer für uns untergegangenen christlichen Epoche an und kann auch durch die Beobachtung, daß sie Jesus zum Gefäß

---

[69] E. Hirsch, Die Auferstehungsgeschichten und der christliche Glaube, Tübingen 1940, 70.
[70] E. Hirsch, Das Wesen des reformatorischen Christentums, Berlin 1963, 78.
[71] Ders., Die Auferstehungsgeschichten und der christliche Glaube, 70.

seiner Gedanken gedient hat, nicht zur Wahrheit für uns werden [72].»
Die Eschatologie des Christentums wird infolge der Leugnung der
Auferstehung Christi auf einen ganz schmalen individuellen Rest zusammengedrängt. Aber bei genauerer Betrachtung verdünnt sich
auch dieser Rest noch einmal und wird zu einem hauchartigen, ätherischen Fluidum einer Gläubigkeit oder eines Vertrauens darauf, daß
sich der Glaube im Tode vollende. Es ist die letzte Spur einer Ewigkeitshoffnung, die aber überhaupt keine Begründung und keinen Inhalt
mehr in sich selbst benennen kann. Was gewiß ist, ist allein das Ende
des Lebens im Tod. Auch diese Gewißheit würde entstellt, wenn man
von einem «ewigen Leben» spräche. Was an christlicher Substanz
bleibt, ist allein ein «Spüren des Göttlichen» in diesem Leben. Von
dieser christlichen Weltanschauung (denn ein Ausdruck übernatürlichen Glaubens liegt hier wohl nicht mehr vor) sagt Hirsch bezeichnenderweise in einem Nebensatz, der aber grammatikalisch als Hauptsatz geschrieben ist: «Wie auch tiefere Nichtchristen gewußt haben
und wissen» [73]. Damit ist zugegeben, daß das Christentum dem heidnischen Denken und Hoffen im Grunde nichts voraus hat. Hier ist die
Behauptung vollauf bestätigt, daß die Preisgabe der Auferstehung
Jesu zur Preisgabe aller Implikationen des Christentums führen muß
und das Christentum sein proprium und specificum nicht mehr aufweisen kann.

Es ist verständlich, daß gegen eine solche Auffassung von der Auferstehung, die schon mehr einer Preisgabe dieser Wahrheit gleichkommt, ein nicht geringer Teil der evangelischen Theologie Einspruch erhob. Der Widerspruch kam von seiten einer positiv gerichteten Offenbarungstheologie, die sich zwar der historisch-kritischen
Forschung nicht gänzlich verschloß, aber doch ihre einseitige Anwendung auf die biblische Wahrheit ablehnte.

b) Der Einspruch der positiven Theologie

Die radikal-kritische und liberale Auffassung von der Auferstehung
Christi entfaltete, zumal im 19. Jahrhundert, einen solchen Einfluß,
daß ein Beurteiler dieser Epoche sagen kann: «Die Selbstbehauptung
des Menschen, die sich in den drei Grundelementen des Subjektivismus, des Idealismus und des Traditionalismus widerspiegelt, konnte
keinen Zugang zu einer tieferen Erkenntnis der Dimension der Auf-

---

[72] Ders., Leitfaden zur christlichen Lehre, Tübingen 1938, 198.
[73] Ders., Die Auferstehungsgeschichten und der christliche Glaube, 74.

erstehung finden[74].» Trotzdem kam von seiten einer positiven Offenbarungstheologie ein nicht unerheblicher Widerstand. Er machte sich besonders am Ausgang des Jahrhunderts bemerkbar, wo der Erlanger Theologe *R. Frank* gegen Schleiermacher schrieb: «Es kann gar nichts dem Schriftzeugnis Widerstreitenderes gedacht werden als jene Behauptungen, daß die Tatsache der Auferstehung Christi nicht als eigentlicher Bestandteil der Lehre von der Person Christi zu betrachten sei. So wird man den Versuch einer christlichen Glaubenslehre, ... ohne jene Tatsache herauszustellen, als sinnlos bezeichnen müssen[75].»

Der Einspruch wurde zu Beginn des 20. Jahrhunderts noch stärker, was u.a. das Urteil *L. Ihmels* zeigt: An der Auferstehung Jesu hängt «nichts Geringeres als das ganze Verständnis des Christentums». Man dürfe «ohne Übertreibung sagen: an dem Felsengrab von Jerusalem wird zuletzt zwischen zwei verschiedenen Weltanschauungen die Entscheidung fallen»[76]. Allerdings gingen diese Einwände weder auf die tieferliegenden Probleme und Anfragen der historisch-kritischen Theologie ein, noch vermochten sie auch eine theologische Vertiefung der Auferstehungslehre zu erbringen. Dies gelang erst der nach dem Ersten Weltkrieg aufkommenden dialektischen Theologie, deren Wortführer schließlich *K. Barth* war. Von seiner positiv-offenbarungsgläubigen Grundposition her mußte er bald zu dem umstrittenen Auferstehungsthema Stellung nehmen. Er bezeichnete es als einen Punkt von schlechthin «zentraler Bedeutung», von dem her «Licht auf das Ganze fällt». Seine Bestreitung sei «ein Angriff auf die Christenheit»[77] überhaupt. Er identifiziert die Auferstehung Christi so stark mit der Verkündigung, daß es sogar heißen kann: «Der Inhalt der Verkündigung ist der, daß er (Christus) von den Toten erweckt ist[78].» Dieser Auffassung fühlten sich auch die anderen Vertreter der «dialektischen Theologie», wie *E. Brunner* und Fr. Gogarten, verpflichtet, die in ihrer Christologie dem Ostergeschehen eine entscheidende Bedeutung für die christliche Wahrheit wie für das christliche Leben zuerkannten. Charakteristisch für diese Einstellung ist etwa der Satz E. Brunners: «Aller Christusglaube ist eitel, wenn nicht Christus auferstanden, wirklich auferstanden ist ... Alles andere

---

[74] W. Reissinger, Die Auferstehung Jesu Christi in der evangelischen Theologie des 19. Jahrhunderts, Erlangen 1967 (Mskr.: IV, 1614f).
[75] R. Frank, System der christlichen Wahrheit, Erlangen 1880, II, 208f.
[76] L. Ihmels, Die Auferstehung Jesu Christi, Leipzig 1917.
[77] K. Barth, Die Auferstehung der Toten, Zürich 1924, 1ff; 86ff.
[78] K. Barth, Die Kirchliche Dogmatik, Zürich 1948, I, 275.

ist Spiegelfechterei: Sachlich wie historisch – die Koinzidenz ist eine notwendige – ist Ostern die Grundlegung des Christenglaubens und der Christengemeinde ... Nimm dieses Eine weg, und es bleibt auch nicht etwas [79].»

Aber bei einem dieser letztgenannten Theologen, bei *Fr. Gogarten*, begab sich eine merkwürdige Verschiebung der inneren Gewichte, mit denen diese «Ostertheologie» ausgestattet war: Es ist die immer deutlichere Verlagerung des Gedankens von der Auferstehung als einem äußeren Geschehen der Geschichte oder als einem historischen Ereignis zum Interesse an der Auferstehung als Geschehen der Verkündigung, als «Wort von der Auferstehung» oder als kerygmatischem Vorgang, der mit den Jüngern Jesu nach Ostern beginnt. Diese Gewichtsverlagerung vom «äußeren Faktum» auf das «innere Wort», wie man auch sagen könnte, deutet sich bei Fr. Gogarten schon früh an, wenn er erklärt: Die christliche Verkündigung ist «als Wort von der Auferstehung das Wort Gottes» und hinzufügt: Die Auferstehung ist «das erste und das letzte Wort der Verkündigung»[80]. An solchen Aussagen wird deutlich, daß hier die Bedeutung und Wichtigkeit der Auferstehung für den christlichen Glauben zwar noch als wesentlich anerkannt wird. Aber diese Anerkennung gilt, streng genommen, nicht mehr dem geschichtlichen Ereignis als solchem, sondern mehr dem *Wort* und der Botschaft *von ihm*. Es handelt sich hier zunächst nur um eine geringfügige Akzentverschiebung, die später aber äußerst folgenreich werden sollte.

Wenn so auch die «dialektische Theologie» die Wahrheit von der Auferstehung wieder mit ihrer inneren Bedeutungsfülle ausstattete, so vermochte sie doch die gegen sie *von außen* kommenden Angriffe nicht zu widerlegen, da sie an der durch die historisch-kritische Theologie aufgeworfenen Problematik ein relativ geringes Interesse bezeigte. K. Barth trat zwar mit seinem berühmten Wort «Kritischer müßten mir die Historisch-Kritischen sein»[81] einer unreflektierten Verwendung der historisch-kritischen Methode entgegen. Aber seine Forderung, daß die Exegese nicht bei den «historischen Blöcken» des Textes stehenbleiben dürfe, sondern daß sie «die Beziehung der Wörter auf das Wort in den Wörtern» aufdecken müsse[82], konnte von den «Historisch-Kritischen» nicht als Gegensatz zu ihrer eigenen Auffassung empfunden werden. Auch sein späteres Urteil, «daß man den

---

[79] E. Brunner, Der Mittler, Zürich ⁴1947, 511.
[80] Fr. Gogarten, Ich glaube an den Dreieinigen Gott, Jena 1926, 164.
[81] K. Barth, Der Römerbrief, München ³1923, XIII.
[82] Ebd., XIII.

Texten des Neuen Testamentes höchste Gewalt antun»[83] müsse, wenn man sie etwa im Sinne Bultmanns deute, konnte nicht als Eingehen auf die Problematik der historisch-kritischen Exegese gewertet werden. Allerdings vermochte K. Barth doch zu zeigen, daß die kritischen Exegeten (in Sonderheit R. Bultmann) die Schrift viel mehr als Systematiker behandelten, als sie zugaben und als der historisch-kritischen Methode zuträglich war.

Diesen Nachweis haben in späterer Zeit andere protestantische und katholische Exegeten und Systematiker geführt, deren Arbeit es auch gelang, der biblisch-geschichtlichen Begründung des Ostergeschehens – auch in Auseinandersetzung mit der neuen Hermeneutik – wieder mehr Anerkennung zu verschaffen[84]. Darüber hinaus führten diese Arbeiten zu einem neuen Interesse an der theologischen Vertiefung des Osterglaubens als dem Zentrum christlicher Theologie[85] und als dem Impuls eines der Zukunft der Welt geöffneten Glaubens[86]. Dabei ergaben sich auch in Einzelheiten überraschend positive Wendungen in Richtung auf ein real-historisches Verständnis der Auferstehung Jesu Christi. So kommt *W. Pannenberg* aufgrund eines universal-geschichtlichen Konzeptes des Christusereignisses zu dem Schluß, daß das Ostergeschehen in seiner Faktizität und Historizität der historischen Erkenntnis durchaus nicht unzugänglich ist. Von der Erkenntnis ausgehend, daß die Auferstehung eine bestimmte jüdisch-apokalyptische Tradition als ihren Verstehenshorizont hinter sich hat, erklärt Pannenberg, vorsichtig differenzierend: Es ist zwar nicht Sache der historischen Wissenschaft, die innere Wirklichkeit der Auf-

[83] K. Barth, Die Kirchliche Dogmatik III/2, Zürich 1948, 53/4.
[84] Hier sind u.a. zu nennen: E. Dinkler, Bibelautorität und Bibelkritik, in: Ztschr.f. Theologie und Kirche 47 (1950) 70f; R. Schnackenburg, Der Weg der katholischen Exegese. in: Bibl. Ztschr. N.F. 2 (1958) 171; O. Cullmann, Heil als Geschichte, Tübingen 1965; A. Vögtle, Hermeneutische Grundfragen der neutestamentlichen Exegese, in: Freiburger Dies universitatis 14 (1967) 23–41; F. Hahn, Probleme historischer Kritik, in: Ztschr.f. die neutest. Wissenschaft 63 (1972) 1–17; H. Kösler – James M. Robinson, Entwicklungslinien durch die Welt des frühen Christentums, Tübingen 1971; P. Stuhlmacher, Neues Testament und Hermeneutik – Versuch einer Bestandesaufnahme, in: Ztschr.f. Theologie und Kirche, 68 (1971) 121–161; M. Hengel, Historische Methoden und theologische Auslegung des Neuen Testaments, in: Kerygma und Dogma 19 (1973) 85–90; H. Schlier, Über die Auferstehung Jesu Christi, Einsiedeln 1968.
[85] So besonders bei W. Künneth, Theologie der Auferstehung, München ⁵1968.
[86] Vgl. dazu J. Moltmann, Theologie der Hoffnung, München ⁴1965; G. Koch, Die Auferstehung Christi, Tübingen ²1965; B. Klappert, Die Auferweckung des Gekreuzigten, Neukirchen 1971; von katholischer Seite ist als Zusammenfassung heutiger Problematik zu nennen: H. Urs v. Balthasar, Der Gang zum Vater: Mysterium Salutis III/2, Einsiedeln 1969.

erstehung aufzuweisen, weil sie sich als göttliche Wirklichkeit jeder menschlichen Bestimmung entzieht. Man kann die Auferstehung selbstverständlich nicht wie einen physikalischen Vorgang erfassen und beweisen. Es ist deshalb auch kein wissenschaftlich-historischer Aufweis der Auferstehung Christi im modernen Sinne möglich. Aber die Geschichtswissenschaft kann an den biblischen Erscheinungsberichten erkennen, daß die Jünger überzeugt waren, den Auferstandenen zu sehen. Die historische Wissenschaft kann die Echtheit dieser Zeugnisse bestätigen und damit indirekt auch schon über die Tatsache der Auferstehung etwas ausmachen. Damit nimmt Pannenberg auch auf die aus der Bultmann-Schule kommende Bezeichnung der Auferstehung als eines «Ereignisses» Bezug, mit der man der Auferstehungsbotschaft doch eine gewisse reale Bedeutung belassen möchte, ohne sie jedoch als vorgegeben und als objektives, selbständiges Geschehen anzuerkennen. Er vermerkt dazu mit Recht: «Es gibt keinen Rechtsgrund, die Auferweckung Jesu (bzw. die Erscheinungen des Auferweckten) als ein wirklich geschehenes Ereignis zu behaupten, wenn sie nicht als solche historisch zu behaupten ist[87].» «Wenn wir auf den Begriff eines historischen Ereignisses hier verzichten würden, dann ließe sich überhaupt nicht mehr behaupten, daß die Auferweckung Jesu bzw. die Erscheinungen des auferweckten Jesus in dieser unserer Welt zu bestimmter Zeit wirklich geschehen sind[88].» Das ist eine ganz klare Stellungnahme, die den Nachweis erbringt, daß man nicht gut von «Ereignis» sprechen kann, ohne eine gewisse Historizität zu meinen.

Allerdings hat diese Auffassung verständlicherweise auch Widerspruch gefunden. Man hat u.a. gegen sie eingewandt, daß die historische Auffassung der Auferstehung dem modernen Menschen nicht mehr klargemacht werden könnte[89]. Aber das ist offensichtlich kein zwingendes Argument. Seine Schwäche liegt nicht nur darin, daß der «moderne Mensch», unter welcher Formel man alles und nichts unterbringen kann, kein Maßstab sein kann für die Entscheidung von Wesens- und Wahrheitsfragen, sondern auch deshalb, weil die Auf-

---

[87] W. Pannenberg, Grundzüge der Christologie, Gütersloh 1964, 96.
[88] Ebd., 96. Zur Auseinandersetzung mit Pannenberg vgl. J. Berten, Histoire, révélation et foi, Brüssel 1969, 80ff; ders., Bulletin de théologie protestante II, La mort et la résurrection de Jésus, in: RevScPhTh 55 (1971) 520–527.
[89] Diese Kritik trägt u.a. vor W. Hamilton, Die Eigenart der Theologie Pannenbergs: Theologie als Geschichte III (hrsg. von James M. Robinson u. John B. Cobb, Jr.) Zürich 1967, 229.

fassung des «Historischen» nicht rein positivistisch oder gar physizistisch determiniert werden darf.

Aber die Hinweise auf solche eindeutige Stellungnahmen für die Bedeutung der Auferstehung und ihre Historizität dürfen den Blick nicht an der Tatsache vorbeigehen lassen, daß heute die evangelische Theologie (aber nicht sie allein) von einer tiefen Ambivalenz bezüglich der Deutung der Auferstehung gezeichnet ist, die durch den Gegensatz zwischen einer hermeneutisch-existentialistischen Richtung und einer biblisch-positiven Grundeinstellung gekennzeichnet ist. Dieser Gegensatz ist vor allem aus den Wirkungen der Theologie R. Bultmanns zu erklären.

c) Der unüberbrückbare Gegensatz

Die Ergebnisse der historisch-kritischen Evangelienforschung erfuhren vor der Mitte des Jahrhunderts eine neue Bestätigung, die allerdings zugleich eine gewisse Umwandlung darstellte, durch das Aufkommen einer hermeneutisch gewendeten Exegese, deren einflußreichster Verfechter *R. Bultmann* wurde. Ursprünglich zum Kreis der Vertreter der «dialektischen Theologie» gehörend, doch schließlich von deren «Offenbarungspositivismus» Abstand nehmend, versuchte er das Erbe der liberalen Theologie mit einem radikalen Glauben zu verbinden, der an spröden, historisch angeblich nicht ausweisbaren mythologischen «Heilstatsachen» keinen Anhalt zu suchen brauchte. Mit einem vom Existentialismus geprägten «Vor»- und «Selbstverständnis» an die Texte herangehend, vermochte er ihren objektiven Anspruch nicht mehr zu halten, so daß sie sich schließlich zu einer existentialen «Bedeutsamkeit» verflüchtigten. Diese schon oft dargestellte anthropozentrische Wende der Theologie[90] trieb gerade auch in der Auferstehungsproblematik zu radikalen Folgerungen. Bemerkenswert ist dabei der Umstand, daß bei Bultmann das Heilsgeschehen von Kreuz und Auferstehung die schlechthin zentrale Bedeutung besitzt. Vor allem an der paulinischen Theologie ging ihm auf, daß Tod und Auferstehung Jesu das entscheidende Heilsereignis für den Gläubigen bilden. «Klar ist, daß das Heilsgeschehen von Tod und Auferstehung Christi die Tat der zuvorkommenden Gnade Got-

[90] Vgl. die neueren Arbeiten von G. Greshake, Auferstehung der Toten, Essen 1969; K. Hollmann, Existenz und Glaube. Entwicklung der Ergebnisse der Bultmann-Diskussion in der katholischen Theologie, Paderborn 1972; M. Boutin, Relationalität als Verstehensprinzip bei R. Bultmann, München 1974.

tes ist und daß die verschiedenen Wendungen, in denen diese Tat beschrieben wird, das Unerhörte dieses Ereignisses und seine die menschliche Situation radikal umgestaltende Macht zum Ausdruck bringen wollen.» Allerdings gilt auch: «Es ist ein Geschehen, rein von Gott aus gewirkt, für den Menschen nichts als Gabe, durch deren Empfang er von dem pervertierten Streben, sein Leben, sein Selbst zu gewinnen – in dem er es gerade verliert – erlöst wird, um es ... als Geschenk zu empfangen [91].» Solche positiven Aussagen über die Heilsbedeutung der Auferstehung finden sich bei Bultmann zahlreich. Aber sie sind nicht im realistischen Sinne zu verstehen; denn historisch ist für uns «nur der Osterglaube der ersten Jünger faßbar»[92], der in der Verkündigung der Kirche oder im Wort weitergeht. Das Wort von der Auferstehung, das gläubig angenommen wird, ist damit das eigentliche Heilsgeschehen, das in der Predigt je neu ergehen kann. Folgerichtig mußte Bultmann die geschichtlich-historische Interpretation der Auferstehung in der Grundaussage 1 Kor 15,17ff als «fatal»[93] bezeichnen, ein drastischer Hinweis darauf, wie in einer existentialen Interpretation die Bibel gegen die Bibel angeführt werden kann.

Genauer besehen, beinhaltet das Wort von der Auferstehung nur eine genauere Sinnbestimmung des Kreuzgeschehens. «Kann die Rede von der Auferstehung etwas anderes sein als der Ausdruck für die Bedeutsamkeit des Kreuzes?[94]» Sie kann tatsächlich nichts anderes sein. Sie besitzt gleichsam nur eine methodische Funktion zur Erschließung des Sinngehaltes des Kreuzes, das dem Menschen Befreiung von der Sünde verheißt.

Die Ansätze Bultmanns sind von Theologen seiner Richtung sowohl exegetisch wie systematisch weiterentwickelt worden. So versteht *W. Marxsen* die Auferstehung nur noch als «ein Interpretament» des Kreuzes oder der ganzen sogenannten «Sache Jesu»[95]. Am weitesten schritt in dieser Richtung wohl der Bultmannschüler *E. Fuchs* aus, der auch die Ostererscheinungen der Jünger für den Glauben an den Gekreuzigten als unwichtig und wertlos erachtete. Darauf hätte vielleicht Petrus seinen Glauben an Jesus begründet. Aber eine solche fides historica, die sich auf geschichtliche Fakten stützt, sei überhaupt kein wahrer Glaube. So kommt E. Fuchs dann

---

[91] R. Bultmann, Theologie des Neuen Testaments, Tübingen ³1958, 294.
[92] Kerygma und Mythos II, Hamburg 1952, 47.
[93] Kerygma und Mythos I, Hamburg 1960, 45.
[94] Ebd., 44.
[95] W. Marxsen, Die Auferstehung Jesu von Nazareth, Gütersloh 1968, 150.

zu der erstaunlichen Folgerung, daß die Ostererscheinungen dem Glauben der Jünger sogar hinderlich waren. Die Jünger Jesu hätten an ihn «nicht wegen, sondern trotz ihres Gesehenhabens» geglaubt[96]. Es ist verständlich, daß diese rein existiale Deutung der Auferstehung (die auch eine gewisse «idealistische» Abzweckung ermöglicht) auf den harten Widerstand der positiv-biblisch orientierten Theologie stieß. Auf die grundstürzende Konsequenz dieses Ansatzes wies vor allem *W. Künneth*[97] hin, der so zugleich zum Initiator einer umfassenden Auferstehungstheologie wurde. Gegen den Liberalismus gewandt, führte er den Nachweis, daß es sich bei der Auferstehung Christi um das Fundament jeglichen christlichen Glaubens und jeglicher Theologie handle. Gegen den theologischen Existialismus Stellung nehmend, machte er klar, daß dem Ereignis der Auferstehung eine objektive Wirklichkeit entspreche (sowohl auf seiten Jesu Christi wie auch auf seiten der ersten Jünger). Trotzdem äußerte er gegenüber der Erfassung dieses Geschehens in der Kategorie des Historischen Bedenken; denn die Auferstehung bedeutet «ein Ereignis, das die Grenzen des Historischen wesensgenau sprengt»[98]. So versuchte er dieses Ereignis – ob ganz überzeugend sei hier dahingestellt – «aus dem lähmenden Bann geschichtswissenschaftlicher Methoden»[99] freizuhalten.

Es kann kaum wundernehmen, daß diese scharfen Gegensätze innerhalb der evangelischen Theologie sich immer eindeutiger profilierten und nahezu zu theologischen Fronten wurden. Diese Frontstellungen führten dazu, daß die Auferstehungswahrheit heute vielfach als Anlaß gesehen wird, innerhalb der evangelischen Kirche die Frage nach Orthodoxie oder Häresie zu stellen.

Da eine Orientierung über die Bedeutung der Auferstehung heute von diesem Tatbestand nicht absehen kann, seien im folgenden zwei exemplarische Ereignisse der «theologischen Zeitgeschichte» angeführt. Es ist einmal die Auseinandersetzung zwischen dem Göttinger evangelischen Theologen *G. Harbsmeier* und *W. Künneth*, die anläßlich einer Tagung des «Deutschen Instituts für Bildung und Wissen» im Jahre 1968 in Trier stattfand und sich nachher literarisch fortsetzte. Harbsmeier stellte in einem Referat die alte, von Bultmann kommende Behauptung auf, daß die entscheidenden Wahrheiten des Neuen

---

[96] E. Fuchs, Gesammelte Aufsätze. Zum hermeneutischen Problem in der Theologie, I, Tübingen 1959, I, 302f.
[97] W. Künneth, Theologie der Auferstehung, München ⁵1968.
[98] So in der ersten Auflage des Werkes vom Jahre 1933, 16.
[99] Ebd., 17.

Testamentes, als da sind: Gottessohnschaft Jesu, Auferstehung, Himmelfahrt, aber auch die Wiederkunft Christi keine historischen Wahrheiten seien, sondern nur sogenannte Existenzwahrheiten, in denen die Bedeutung Jesu «für uns» interpretiert werde. Sie besteht näherhin darin, daß dem Menschen an Jesus von Nazareth in seiner personalen Existenz die Barmherzigkeit Gottes aufgehen könne[100]. W. Künneth bezeichnete in seinem Referat über «Die Krise des religiösen Lebens angesichts der modernen Theologie» diese theologische Auffassung als «eine Demontage der biblisch-reformatorischen Glaubenssubstanz». Er wies dann auf, daß infolge der Eliminierung dieses Kerns der Botschaft, nämlich der Auferstehung, das ganze Gefüge des Glaubens auseinandergerät, bis hin zum Gottesglauben und zum Gebet, das von einem Vertreter dieses Existentialismus als «Telephongespräch des Menschen mit sich selbst» bezeichnet wurde[101]. Er sprach zum Schluß seines Beitrags von der inneren Krisenlage der Kirche, die den Mut erfordere, zwischen «Lehre» und «Irrlehre» klar zu unterscheiden. Er sah in dieser Frage also den von evangelischen Christen relativ selten berufenen «status confessionis» gegeben (zuletzt wohl in der Nazizeit bei der Auseinandersetzung der bekenntnistreuen Protestanten mit den Deutschen Christen).

An diesen beiden Stellungnahmen wie auch der anschließenden Diskussion ist manches für die heutige Situation wie für die Diskussionslage, für ihre Verschlungenheit und auch für ihre Verschwommenheit durchaus interessant. So erwiderte G. Harbsmeier auf den Angriff Künneths gegen die existentialistische Umdeutung, daß Bultmann und seine Schüler sich über das «daß» der Auferstehung einig seien und an diesem «daß» unbestritten festhielten. Es war für Künneth ein leichtes, seinen Kontrahenten hier auf einen eklatanten Irrtum aufmerksam machen zu können, insofern Bultmann nämlich dieses «daß» immer nur mit dem schlichten «Gekommensein» Jesu verbindet, niemals aber mit der Auferstehung. In den weiteren Auslassungen betonte Harbsmeier, daß es sich auch bei den Erscheinungsberichten nicht um historische Berichte handle. Sie würden im übrigen den Glauben an Jesus zum Festhalten an einem geschichtlich erschienenen Halbgott machen, zu einem «Zwittergebilde aus Unterwerfung unter unmittelbar eingreifende Göttergewalt und

---

[100] G. Harbsmeier, Historisch-kritische Exegese und personale Existenz: Evangelium und Geschichte in einer rationalisierten Welt (hrsg. v. P. Ascher) Trier 1969, 110.
[101] Ebd., 132.

Gefolgschaftstreue gegenüber einem schlichten Menschenwesen»[102]. Das Festhalten an solchen Auffassungen sei angesichts der modernen Welt kein Glaube mehr, sondern «Glaubenstrotz». Die Warnung, daß dem gläubigen Volk der gesuchte Glaube erhalten bleiben müsse, bezeichnete er als «stupide und völlig ignorante Offiziers-Kasino-Parole»[103]. Am Schluß stand die an seinen Kontrahenten gerichtete Feststellung: «Wir haben uns nichts mehr zu sagen», ein Ausdruck für die Polarisierung der Kräfte im christlich-evangelischen Raum.

Einen ähnlichen Eindruck vermittelt auch die Wiedergabe der Disputation von Sittensen vom Jahre 1964[104]. Sie wurde vor einer evangelischen Zuhörerschaft von 2000 Menschen von E. *Fuchs* und W. *Künneth* bestritten. Nach E. Fuchs' Ausführungen ist die Auferstehung Jesu eine Aussage darüber, daß in Jesus Christus die «Einheit von Leben und Tod in der Liebe» erschienen sei[105]. Gegenüber dieser nicht ganz klaren Formulierung stellte ein Zuhörer die schlichte Frage, woher denn der Exeget zu dieser außergewöhnlichen und doch in etwa auch nichtssagenden Verbindung von Auferstehung und Liebe komme. Um Jesus als Beispiel der Liebe zu erkennen, bedürfte es doch weder der Sache noch auch des Wortes «Auferstehung». Die Antwort Fuchs' lautet: Weil 1 Kor 15, wo von der Auferstehung die Rede sei, im Licht von 1 Kor 13 interpretiert werden müsse, wo das «Hohe Lied der Liebe» gesungen werde. Dazu gibt Fuchs den nicht weiter belegten Hinweis, daß in einigen Handschriften diese beiden Kapitel auch vertauscht seien und 1 Kor 13 auf Kap. 15 folge, so daß auf Kap. 13 der ganze Nachdruck liege. Aber dagegen ist doch zu sagen: Selbst wenn dies zuträfe, kann man doch den Inhalt eines Kapitels nicht gänzlich abtun und dann behaupten, daß dieses Kapitel im Licht des anderen gedeutet werde. In Wirklichkeit argumentiert Fuchs so, als ob es die gravierenden Sachaussagen von Kap. 15 gar nicht gäbe.

Man machte Fuchs auch darauf aufmerksam, daß er geschrieben hätte, «den Glauben geht Kreuz und Auferstehung gar nichts an». Demnach könne er auch dem Kreuze Christi nicht mehr seine zentrale Stellung bewahren. Am schärfsten war der Widerspruch gegenüber dem Satz von E. Fuchs: «Wir können Christus (den Auferstandenen)

---

[102] Ebd., 281.
[103] Ebd., 282.
[104] E. Fuchs – W. Künneth, Die Auferstehung Jesu von den Toten. Dokumente eines Streitgesprächs, Neukirchen 1973.
[105] Ebd., 33.

nicht wiederlieben und sollen es auch nicht»[106]. Hier zeigt sich, daß die Liebe, die der Inhalt der Auferstehung ist, jedenfalls *keine Christusliebe* sein kann, weil Christus offenbar als Person nicht mehr lebt. Es ist die allgemeine existentiale Haltung der Liebe. Im übrigen verstanden die Zuhörer, unter denen sich auch Vertreter anderer wissenschaftlicher Disziplinen befanden, auch die Berufung auf die Naturwissenschaften nicht. Ein Naturwissenschaftler reagierte auf die dauernde Berufung des modernen Weltbildes durch den Theologen und die angebliche Unvereinbarkeit mit dem Auferstehungsglauben mit der Erklärung, er könne sich als Physiker durchaus einen anderen Leib als den gegenwärtigen irdischen vorstellen, womit er die Möglichkeit eines verklärten Leibes gegen die Theologie behauptete[107].

W. Künneth stellte in seiner abschließenden Antwort die Behauptung auf, daß die Existentialtheologie in dem Worte «Auferstehung» nur ein Ideogramm sehe, eine Chiffre für das Festhalten an der Liebe oder für den Glauben an die Liebe, der aber ohne Anhalt an einer vorgegebenen Heilstatsache eigentlich zu einem «Glauben an den Glauben» werde. Der sachliche Gegensatz trat besonders auch an der Stelle hervor, an der Künneth als klare Konsequenz der existentialistischen Grundhaltung die Unmöglichkeit herausstellte, zum Auferstandenen eine persönliche Beziehung etwa der Verehrung, der Hingabe oder der Liebe herzustellen. Er verdeutlichte damit, daß für Fuchs die «Chiffre» «Auferstehung» nicht etwa für «die Liebe zu Christus» stehe, sondern für das allgemein menschliche Verhalten der Liebe, zu dem der Mensch immer aufgerufen sei. Abschließend zitierte er ein Wort Rudolf Alexander Schröders, der durch die Begegnung mit der Auferstehungsbotschaft einen Wandel seines Lebens durchmachte und der darüber einmal erklären konnte: «Ich habe mich in vielen Weisheitslehren der Welt umgesehen und bin in jeder bis auf die Tiefen ihrer Rat- und Trostlosigkeit durchgedrungen. Ich lasse mir von den Ostergeschichten nichts abdingen und möchte mir eine Kirche, die sie fallenlassen würde, lieber erst gar nicht vorstellen[108].»

Dem pflichtete ein junger lutherischer Theologiestudent mit der Feststellung bei: «Durch die existentiale Interpretation von Ernst Fuchs wird die genaue neutestamentliche Botschaft von der Auf-

[106] Ebd., 61.
[107] Ebd., 87. Interessant ist die negative Beurteilung der «Logik» von E. Fuchs durch einen Vertreter des «kritischen Rationalismus»: H. Albert, Traktat über kritische Vernunft, Tübingen ³1975, 209.
[108] Ebd., 122.

erstehung Christi faktisch vernichtet ... So bleibt lediglich die Frage, wie lange es sich die (lutherische) Kirche noch wird leisten können, die Stellungnahme zu einer solchen Theologie, sofern sie überhaupt erfolgt, zu einer Ermessensfrage einzelner zu machen [109].» Dahinter wird wiederum die Überzeugung sichtbar, daß heute in dieser Frage der status confessionis gegeben sei und die Kirche bekennen sollte, was sie nun eigentlich glaubt.

Diese Auseinandersetzungen in der evangelischen Kirche und Theologie lassen den Schluß nicht unbegründet erscheinen, daß die Auferstehung Jesu Christi, anders als in der Vergangenheit, heute zu einer Unterscheidungs- und Entscheidungsfrage auch innerhalb des Christentums geworden ist. In der zurückliegenden Geschichte kamen die Kritiker dieser Wahrheit vorwiegend von außen her, oder sie bildeten, wie gewisse mittelalterliche Sekten, Randerscheinungen *an* der Kirche, die bald, einer geistigen Zentrifugalkraft folgend, von der Einheit der Kirche abgesprengt wurden. Die heutigen Phänomene sind aber mit den vergangenen nicht in Parallele zu setzen; denn weder kommt diese Kritik von außen, noch ist sie als Randerscheinung sektiererischen Charakters zu verstehen. Hinter ihr steht die Macht eines sich selbst verabsolutierenden wissenschaftlichen Denkens, ferner die Neigung des Zeitgeistes und die Verheißung einer radikalen Bewältigung der Unterbilanz des Christlichen in der modernen Welt, die auf viele Glieder der Kirche geradezu faszinierend wirkt.

Da diese Divergenz mitten in der Kirche aufgebrochen ist und nicht mehr nur Splittergruppen gegeneinander treibt, sondern zu umfassenden Fraktionsbildungen führt, ist es verständlich, daß die Kirchenleitung (hier ist zunächst an das betreffende evangelische Amt gedacht) um die Erhaltung der Einheit bemüht ist. Dieses Bemühen trat in Sittensen in dem Versuch eines Amtsträgers zutage, die Theologie vor einem Auseinanderfall in Skeptiker und Zeloten zu warnen, die Gemeinde aber an das unergründbare Geheimnis der Auferstehung zu erinnern, das alle Fragen nach dem Wie, dem Wo, dem Wann dieses Ereignisses unstatthaft mache [110]. Die entscheidende positive Aussage des kirchlichen Verkünders lag in dem Hinweis auf die notwendige Erhaltung der Auferstehungsbotschaft in der Kirche als Kraft zum «Trost an den Gräbern» und als «Gewißheit, die noch über das brutum factum des Todes hinausreicht» [111].

[109] Ebd., 164.
[110] Ebd., 129.
[111] Ebd., 134.

Dem Betrachter, der die theologische Szenerie verfolgt, wird diese Auskunft merkwürdig bekannt erscheinen, weil er sie ähnlich aus dem Munde eines evangelischen Theologen gehört hat, der als Quintessenz des Glaubens an die Auferstehung auf seinem Sterbebett die Wahrheit ausgab: «Ich werde geborgen sein[112].» Mit Recht bemerkte dazu ein katholischer Exeget: «... so ließen sich leicht Legionen von Namen vorchristlicher und auch nachchristlicher Heiden nennen, welche glaubwürdig in der gleichen Gesinnung gestorben sind. Was ist dann nun das spezifisch Christliche?»[113] Man kann das Urteil kaum zurückhalten, daß die amtliche Kirche (wenigstens in dieser für die Verkündigung immerhin nicht unwichtigen Situation) der Entscheidung über den Kern des Auferstehungsglaubens auswich und (vielleicht nichtsahnend) dem Anliegen der existentialistischen Theologie zum Ausdruck verhalf, die ja vielfach am Ende ihrer subtilen rationalen Bemühungen bei einem schlichten Pietismus landet. Man darf das Ganze als Versuch zur Erhaltung einer rein formalen Einheit der Kirche ansehen, die den theologischen Glauben nicht mehr urgiert und ihre Zuflucht zu Erbaulichkeiten nimmt.

Gegenüber dem Ausweichen vor der theologischen Wahrheitsfrage ist ein anderer Versuch wenigstens theoretisch bedenkenswerter, der im Zusammenhang mit dem «Ereignis von Sittensen» gemacht wurde und von dem man sagen kann, daß er zur Kennzeichnung der Situation des kirchlichen Glaubens paradigmatische Bedeutung hat. Er liegt in dem Vorschlag, in der Frage nach der Auferstehung keine Gegensätze zu konstruieren, sondern sich zu der Annahme zu verstehen, daß es sich hier nur um verschiedene Sichtweisen, um andersgeartete Aussageformen und um variierende «façons de parler» handle, unter denen letztlich doch die gleiche Sache gemeint sei[114]. Das in diesem Zusammenhang naheliegende *Pluralismusargument*, das auch auf den Gesamtbefund des Neuen Testamentes bezogen wird, kann ein übriges tun, um die Entscheidungssituation zu entschärfen und den Eindruck hervorzurufen, als ob es sich bei der heutigen Auseinandersetzung um den Auferstehungsglauben nur um einen Streit um Worte handle. Aber damit ist der theologische Tiefgang der Auseinandersetzung verkannt. Schon von der semantischen Funktion der Sprache her bleibt dem denkenden

---

[112] Dies berichtet W. Marxsen, Die Auferstehung Jesu von Nazareth, 190 über Heinrich Rendtorff.
[113] So O. Kuss, Neuere Literatur zum Neuen Testament, in: MThZ 21 (1970) 62.
[114] A.a.O., 163.

Glauben die Rückfrage nicht erspart, auf welche Sachen oder Wirklichkeiten die Worte hinweisen. Bei der realistisch-heilsgeschichtlichen Interpretation ist diese «Sache» eine Befreiung des ganzen Jesus Christus vom leiblichen Tode und eine Verklärung durch die Herrlichkeit des Vaters. In der existentialistischen Deutung ist diese «Sache» (unter den verschiedensten Abwandlungen) «das Einlassen auf Gott in diesem Leben, die Befreiung zum Lieben, das Sich-Verlieren um des Nächsten willen»[115] oder die universale zwischenmenschliche Liebe (da eine Liebe zum Auferstandenen selbst nach existentialistischer Deutung nicht möglich ist). Hier handelt es sich um Unterschiede bezüglich der Realität und Wirklichkeit selbst.

Diese Unterschiedenheit wird zwar nicht von allen Vertretern der existentialistischen Interpretation und nicht immer mit der wünschenswerten Deutlichkeit hervorgehoben, aber sie tritt gelegentlich doch in schonungsloser Offenheit hervor. So in der Aussage: Auferstehung ist ein Name für die «Wirkkraft des historischen Jesus», für «seine Liebe». «Auferweckung» besagt nicht eine «Verwandlung», wie sie sich «im Märchen» zuträgt, sondern «eine Bestätigung Jesu», gerade «in seiner Armut». Nicht Gott hat Jesus «erhöht», «aber die Kirche hat ihn in die Höhe» gebracht, «hat ihn emporgejubelt und auf Gottes Thron gesetzt»[116]. Hier wird der «modus significandi» des Wortes «Auferstehung» eindeutig bestimmt und so entschieden auf eine zwischenmenschlich-personale Haltung festgelegt, daß man sich fragen muß, ob denn dafür Begriff und Wort «Auferstehung» noch signifikant sein könnten. Wie ist denn zu erweisen, daß «Auferstehung» und «Liebe» Wechselbegriffe sind? An diesem Punkte ist auch erkennbar, daß die existentiale Interpretation nicht nur die spezifische «Sache» der Auferstehung verloren hat, sondern im Begriffe ist, auch das Wort aufzugeben; denn auf die Dauer wird sich eine solch zwanghafte Identifikation «Auferstehung = Liebe» vor der Vernunft nicht vertreten und halten lassen. Der moderne Christ dürfte dann bald, statt das Wort «Auferstehung» zu gebrauchen, «Liebe» oder «Vertrauen» sagen. An diesem Punkte der Entwicklung würde dann noch deutlicher, daß es sich bei der Neuinterpretation der Auferstehungsbotschaft keineswegs um die Einführung neuer Worte handelt, sondern um (relativ) neue «Sachen», die so wenig mit der Auferstehung Christi zu tun haben, daß dieser Wortgebrauch schließlich einmal gänzlich aus der Übung kommen

---

[115] O. Kuss, a. a. O., 62.
[116] So H. Zahrnt, Wozu ist das Christentum gut?, München 1972, 112f; 36; vgl. auch J. Moltmann, Der gekreuzigte Gott, München 1972.

könnte; denn wo die Sachen entschwinden, gehen auch die Worte verloren.

So ist es wohl nicht möglich, die Entscheidungssituation des Christentums in bezug auf die zentrale Auferstehungsbotschaft zu entschärfen. Es ist Sache der Theologie (wenn auch nicht ihrer allein), diese Herausforderung anzunehmen und für sich die Entscheidung zu fällen. Das ist freilich nicht möglich ohne den Rückgang auf das in Frage gestellte Schriftzeugnis selbst. Dabei soll die Frage nicht aus dem Blick verloren werden, ob sich nicht doch eine Verbindung zwischen «realistischer» und «existentialistischer» Auffassung der Auferstehung finden lasse. Sie dürfte aber nicht in der Weise eines schlechten Kompromisses erfolgen, sondern auf dem Boden einer heilsgeschichtlichen Theologie, die das objektive Heilsgeschehen ernst nimmt und aus ihm die existentiale Bedeutung erschließt.

Der biblische Grund im Lichte des
systematischen Denkens

Ein von der systematischen Theologie bestimmter Denkweg zum Ereignis der Auferstehung hin kann auf die Erörterung des fundamentalen Schriftzeugnisses nicht verzichten. Trotzdem kann diese Erörterung nicht in der völlig gleichen Weise erfolgen, wie sie von der Exegese vorgenommen wird. Dann wäre ja die Besonderheit des systematischen Denkens von vornherein preisgegeben, der Dogmatiker müßte sich dem Vorwurf aussetzen, ein besserer Exeget sein zu wollen. Eine solche Ambition wäre nicht sachgemäß. Es gilt im Gegenteil sogar, daß die systematische Theologie angesichts der unbestreitbaren Kompetenz der Exegese das Schriftzeugnis nicht kraft eigener Autorität interpretieren kann, sondern die Interpretation grundsätzlich von der Exegese übernehmen und weithin ihren Spuren folgen wird.

Und doch kann es sich dabei nicht um das gänzlich gleiche Verfahren handeln. Die hier auftretenden Unterschiede liegen nicht nur im Äußeren, wie etwa in dem gleich am Beginn zu benennenden Umstand (der der Exegese einen ersten Vorzug einräumt), daß eine systematische Bemühung den Schriftbefund nicht in der intensiven, differenzierten und umfänglichen Weise erheben kann wie eine exegetische Bearbeitung. Deshalb können auch im folgenden nicht alle Fragen der Traditions-, der Form- oder der (heute in einer gewissen Gegensätzlichkeit dazu bevorzugten) Redaktionsgeschichte, der Text- und Literarkritik behandelt werden, wie das in den beachtlichen modernen exegetischen Monographien geschieht, obgleich es für den Systematiker ein leitender Gesichtspunkt bleiben muß, die wesentlichen Ergebnisse dieser Forschungen nicht unbedacht zu lassen.

Tiefergehend ist der Unterschied, der in dem andersgearteten Ausgangspunkt des systematischen Weges gelegen ist. Der Systematiker, der vom Glauben der Kirche (und sogar vom Dogma) herkommt, kann von diesem Glauben nicht abstrahieren und nicht in das Gewand eines reinen Historikers schlüpfen. Dazu gehört insbesondere auch der Glaube an die Schrift als einem geistbeseelten Buch der Kirche, das nicht einfach unter andere literarische Größen und historische Urkunden gerechnet und so auch nicht behandelt werden kann. Eine Einstellung, wie sie der Exeget E. Fuchs bekundet, der «die apostolische Botschaft – exegetisch gesehen – eine ganz unsichere Größe»[1] nannte, ist der dogmatischen Theologie verwehrt. Sie darf deshalb auch – ohne Verkennung der Berechtigung des exegetischen

---

[1] E. Fuchs – W. Künneth, Die Auferstehung Jesu von den Toten, 158.

Insistierens auf den Unterschieden und Widersprüchlichkeiten der Auferstehungs- (bzw. Erscheinungs-)berichte – mehr auf das Zentrale und auf das Einigende dieser Berichte dringen, wie es die Kirche offensichtlich tat, als sie den Kanon bildete.

Die Hervorhebung solcher Unterschiede, die in gewisser Hinsicht sogar den Eindruck von einer möglichen Überfremdung des Schriftzeugnisses durch die Systematik hervorrufen könnte, sind der hermeneutischen Eindeutigkeit wegen unerläßlich. Die Offenlegung des leitenden systematischen Interesses, das freilich sicheren Ergebnissen der Exegese (wie aller anderen Wissenschaften) nicht widersprechen darf, erbringt aber auch einen Vorteil, den die Systematik in der Zusammenarbeit mit der Exegese nützen darf. Ein vom systematischen Interesse bestimmtes Denken wird auch in den Aussagen einer historisch-kritischen Disziplin, zumal wenn sie, wie die heutige Exegese, einen deutlichen Zug zur Herausarbeitung normativer Glaubensvorstellungen beweist, den Einfluß «systematischer» Gesichtspunkte und Vorentscheidungen erspüren können. Sie wird dann auch gegenüber manchen Ergebnissen der Exegese kritischer verfahren dürfen, als die «Historisch-Kritischen» es gemeinhin tun. Gerade weil die Dogmatik weiß, was das Dogma ist, wird sie sich vor dem Nachweis nicht scheuen, daß bei der exegetischen Interpretation der Texte, die angeblich allein nach den Regeln der historischen Kritik erfolgt, bereits dogmatische Vorentscheidungen zur Auswirkung gelangen, die freilich oftmals nur Setzungen der Ratio oder eines ideologisch bestimmten Zeitgeistes sind.

Deshalb sollen im folgenden bei der Aufnahme der exegetischen Forschung an bedeutsam erscheinenden Punkten auch kritische Fragen an die Exegese gestellt werden, die von der der Systematik zuletzt aufgegebenen Frage nach dem Wesen des christlichen Glaubens bewegt sind.

1. DIE OSTERBOTSCHAFT DER EVANGELIEN

a) Der Osterbericht nach Markus

Obgleich das ältest-datierbare neutestamentliche Auferstehungszeugnis beim Apostel Paulus vorliegt (1 Kor 15), kommt doch den in den synoptischen Evangelien enthaltenen Berichten eine spezifische Bedeutung zu, insofern sie die ursprünglichen Geschehnisse selbst erzählen wollen. Unter den Evangelien ist der *Markusbericht* 16, 1–8 (der weitere unechte Markusschluß kann zunächst außer Betracht bleiben) nicht nur der älteste, sondern auch der einfachste und knappste. Der Bericht erzählt noch ohne jede Polemik gegen die Juden und ohne ein spürbares theologisches Sonderinteresse davon, daß einige Frauen, die die Kreuzigung Jesu erlebt hatten (Maria Magdalena, Maria, die Mutter des Jakobus, und Salome), am Tage nach dem Sabbat mit Spezereien zum Grabe Jesu gehen, um den Leichnam zu salben. Sie finden den Stein zu ihrer Überraschung hinweggewälzt und begegnen in dem Felsengrabe einem Jüngling, nach der ganzen Darstellung einem Engel, der ihnen erklärt: «Erschreckt nicht, ihr sucht Jesus, den Nazarener, den Gekreuzigten. Er ist auferweckt worden. Er ist nicht hier. Siehe, dort ist der Ort, wo sie ihn hingelegt haben» (Mk 16,6). Die Frauen erhalten darauf die Weisung, den Jüngern, mit besonderer Hervorhebung des Petrus, zu sagen, daß Jesus ihnen allen nach Galiläa vorausgehen werde und daß die Jünger ihn dort sehen würden, «wie er euch gesagt hat» (V 7). Merkwürdigerweise aber fliehen die Frauen nach dieser Darstellung in «Furcht und Zittern» vom Grabe und «sagen vor lauter Furcht niemand etwas davon» (16, 8).

Offensichtlich stehen V 7 und 8 in Spannung zueinander; denn es ist nicht leicht verständlich, daß die Frauen einer himmlischen Erscheinung gewürdigt wurden und einen damit verbundenen Auftrag empfingen, ohne davon anderen zu berichten und den Auftrag zu erfüllen. Die Exegese macht zur Überwindung dieser Spannung den Vorschlag, V 7, der den Befehl des Engels an die Frauen zur Weitergabe des Gehörten an die Jünger und den charakteristischen Verweis auf eine Vorhersage Jesu enthält, als redaktionellen Zusatz des Markus zu einer ursprünglicheren Ostermorgen-Perikope, die diesen Vers nicht hatte, anzusehen. Tatsächlich berichtet Mk 14, 28, daß Jesus den Jüngern nach seiner Auferstehung nach Galiläa vorausgehen werde. Daraus ließe sich in etwa ableiten, daß Mk in V 7 noch einmal die Aussage von 14,28 in Erinnerung rufen und das mit einer Anweisung an die Frauen bekräftigen wollte. Deshalb ist die Annahme nicht unbegründet, daß Mk hier die Tendenz verfolge, den Blick von der Mittlerschaft der Frauen bezüglich des Osterereignisses abzulenken. Es soll vielmehr der Nachdruck auf die Begegnung der Jünger mit Jesus in Galiläa gelenkt werden. So ist auch die Annahme möglich, daß das Markus-Evangelium in seinem ursprünglichen Schluß, der nicht mehr erhalten ist, eine solche Erscheinung vor den Jüngern in Galiläa berichtete[2]. Über den Grund des Wegfalles eines solchen abschließenden Berichtes können nur Vermutungen angestellt werden[3].

Daran zeigt sich, daß der kurze und schlichte Text manche histo-

[2] Vgl. u.a. Ph. Seidensticker, Die Auferstehung Jesu in der Botschaft der Evangelien, Stuttgart ²1968, 85. Gegen die Annahme eines nicht mehr erhaltenen Schlusses des Mk-Evangeliums wenden sich L. Brun in seiner Analyse der Auferstehungsberichte: Die Auferstehung Jesu Christi in der urchristlichen Überlieferung, Oslo 1925, 9ff; ebenso W. Michaelis, Die Erscheinungen des Auferstandenen, Basel 1944, 8 (gegen E. Hirsch). H. Grass, Ostergeschehen und Osterberichte, Göttingen 1970, 16ff diskutiert die erheblichen Bedenken, die gegen die Annahme eines verlorengegangenen Schlusses des Mk-Evangeliums sprechen. Er spricht von einer «Beliebtheit» der Beseitigungshypothese in der kritischen Forschung (a.a.O., 18). Bei Ph. Seidensticker wird aus der Möglichkeit eines fehlenden Schlusses, gegen die aber – wie angemerkt – erhebliche Bedenken erhoben werden können, bereits eine zwingende Annahme. Das Evangelium des Markus muß demnach (gemeint ist Vers 7) von dieser Erscheinung Jesu vor den Jüngern und besonders dem Petrus berichtet haben. Im Gegensatz zu Seidensticker bemerkt Grass: «Daß Markus den Vers 7 frei gebildet habe, um einen Übergang zu seiner jetzt verlorengegangenen Schlußgeschichte mit den Erscheinungen in Galiläa zu haben, ist allerdings unwahrscheinlich» (a.a.O., 21). Zu der Tendenz der Arbeit von Seidensticker vgl. die Beurteilung von O. Kuss: «Die von Seidensticker auf Grund der umfangreichen kritischen Literatur zu dem Fragenkomplex vorgenommene oder doch immer wieder unmißverständlich angedeutete Reduktion der sich ‹historisch› gebenden und von den ersten Autoren jeweils auch historisch gemeinten Einzelheiten in der Umgebung des als solchen zweifellos unzugänglichen Auferstehungsereignisses ist nahezu total: es bleibt die Erkenntnis: ‹Der österliche Herr› – aber wer oder was ist das? – ‹selbst trägt und sichert die Osterverkündigung der Kirche› – aber was heißt hier ‹trägt› und ‹sichert›? Und was ist denn exakt der ‹eigentliche›, ‹unaufgebbare› Inhalt der ‹Osterverkündigung der Kirche›?» O. Kuss, Neuere Literatur zum Neuen Testament, in: MThZ 21 (1970) 62f. Dieses Urteil eines kompetenten Exegeten deckt die Aporien einer die höchste wissenschaftliche Stringenz beanspruchenden Exegese auf, die doch in ihren fundamentalen Begriffen völlig unklar bleibt.

[3] Vgl. u.a. K.H. Schelkle, Das Neue Testament. Eine Einführung, Kevelaer 1963, 61. H. Grass, a.a.O., 16. G.W. Tromph, The first resurrection appearance and the ending of Mark's Gospel, in: New Testament Studies 18 (1971/72) 308–330.

rischen Probleme bietet, die die Exegese aufdeckt, wenn sie u. a. feststellt, daß die Erzählung nicht aus einem Guß sei, daß sie verschiedenen Traditionen entstamme und daß schon in ihr allein – und nicht erst im Vergleich mit den anderen Evangelienberichten – Unausgeglichenheiten zum Vorschein kämen (z.B. die verschiedenen Zeitangaben)[4]. Aber diese Einwendungen, die nur dokumentieren, daß diese Erzählung nicht im Sinne eines exakten Geschichtsberichtes verstanden werden kann, können die Glaubwürdigkeit der Aussagen in geschichtlicher und theologischer Hinsicht nicht schmälern.

Theologisch bedeutsam ist an diesem Bericht zunächst die Überzeugung des Evangelisten, daß Jesus auferstanden ist und lebt, wie es das Wort besagt: «Er wurde auferweckt, Er ist nicht hier.» Hier wird die Tatsache der Auferweckung eindeutig ausgedrückt. Wichtig ist ferner die Identifizierung des Auferstandenen mit dem Gekreuzigten und ins Grab Gelegten, also mit dem historischen Jesus von Nazareth. Dieser Jesus ist nicht der Verwesung preisgegeben, sondern er lebt. Auf welche Weise und in welcher Art er lebt, wird allerdings nicht gesagt. Ebensowenig gibt es eine Auskunft über die Art und Weise der Auferweckung, über den Vorgang als solchen. Auf jeden Fall ist die Auferweckung so geartet, daß Jesus nach dem Verständnis des Evangelisten den Seinen nach Galiläa vorausgehen und ihnen erscheinen kann.

Das ist der Inhalt der Osterbotschaft, die zuerst den Frauen zuteil wurde. Die Engelerscheinung, über deren Historizität oder Nichthistorizität im Zusammenhang mit den anderen Synoptikern zu sprechen sein wird, enthält auch ein theologisches Motiv. In ihm soll ausgedrückt werden, daß das Wissen um die Auferstehung der Gemeinde und den Jüngern durch eine Offenbarung zukommt und nicht auf Grund menschlicher Erfindung oder Überlegung entstanden ist.

In diesem Zusammenhang ist auch dem Moment des Erschreckens der Frauen ein theologisches Motiv zu entnehmen, welches auf das Einzigartige und geradezu Ungeheuerliche dieser Botschaft deutet, das nicht ohne weiteres in die Vorstellungen und Erwartungen der

---

[4] Näheres bei J. Kremer, Die Osterbotschaft der vier Evangelien, Stuttgart ³1969, 20f. Eine traditionsgeschichtliche Untersuchung bietet (allerdings auch mit einigen fragwürdigen Hypothesen) L. Schenke, Auferstehungsverkündigung und leeres Grab, Stuttgart ²1969. Zu der Frage des Zusammenhangs der VV 7 und 8 a.a.O., 43 ff; 84f. Zu den Unausgeglichenheiten vgl. H. Grass a.a.O., 20; viel behutsamer und exegetisch eindringender verfährt die Analyse von G. Koch, Die Auferstehung Jesu Christi, Tübingen 1959, 28 ff; vgl. auch E. L. Bode, The first Easter Morning: The Gospel Accounts of the Women's Visit of the Tomb of Jesus, Rom 1970.

Gefolgsleute Jesu eingeht. Die Herausarbeitung noch anderer Motive dagegen ist problematisch. Wenn z. B. hinter der Beauftragung von Frauen zur Überbringung der Auferstehungsbotschaft (die ja nach jüdischem Recht als zeugnisunfähig galten) die Absicht vermutet wird, dadurch sollten Petrus und die geflohenen Jünger trotz ihres Versagens vom Auferstandenen als seine berufenen Zeugen anerkannt werden[5], so wäre das theoretisch eine mögliche Intention der Darstellung, die jedoch trotz ihrer Möglichkeit und Angemessenheit nicht aus dem Text zu ersehen ist. Noch weniger scheint ein anderes in Vorschlag gebrachtes Motiv am Text zu erhärten zu sein, das aus dem Schweigen der Frauen abgeleitet wird. Daß die Frauen ihr Erlebnis für sich behielten, solle besagen: ihr Zeugnis blieb für die Kirche unwirksam. «Daraus ist zu ersehen, daß Markus das Ostererlebnis der Frauen nicht als konstitutiv für den Osterglauben der Kirche betrachtet hat», sondern nur das der später mit Erscheinungen des Auferstandenen ausgezeichneten Jünger[6]. Aber das ist ein Ausschließlichkeitsstandpunkt und ein Aufreißen von Alternativen, die jedenfalls aus dem Text nicht zu ersehen sind.

Daß dieser Bericht im ganzen (und zwar auch unter Einschluß des Anteiles der Frauen, die ja das Erlebte bald nicht mehr für sich behalten haben werden) eine Bedeutung für die Versicherung des Osterglaubens hatte, zeigt vor allem der Hinweis auf das leere Grab. Die vielerörterte Problematik um die Bedeutung des leeren Grabes soll hier nur vorbereitend erörtert werden unter Hervorhebung der Tatsache, daß Markus das leere Grab ohne jeden apologetischen Anflug erwähnt, offenbar weil es ihm als sichtbarer Erweis für die Wahrheit der Aussage über die Auferstehung galt. «Nach Markus gehört zur Vorstellung von der Auferstehung Jesu das leere Grab dazu[7].» Es ist

---

[5] So J. Kremer, a.a.O., 30.

[6] So Ph. Seidensticker, a.a.O., 86. Nicht so künstlich und viel eher begründet ist die folgende Erklärung: «Es ist ... auch nicht verwunderlich, daß die Frauen entsetzt sind und schweigen. Erst wenn man weiß, was Auferweckung Jesu bedeutet, kann man sich über das Schweigen wundern.» G. Koch, a.a.O., 30.

[7] So W. Marxsen, Die Auferstehung Jesu von Nazareth, a.a.O., 46; vgl. auch G. Koch, a.a.O., 21 f. H. Grass, a.a.O., 21. Grass zitiert zustimmend ein Wort von Hieronymus: «Wenn ihr meinen Worten nicht glaubt, so glaubt dem leeren Grab.» Zum fundamentaltheologischen Standpunkt vgl. E. Gutwenger, Zur Geschichtlichkeit der Auferstehung Jesu, in: ZKTh 88 (1966) 257–282; dagegen P. Gaechter, Die Engelerscheinungen in den Auferstehungsberichten, in: ZKTh 89 (1967) 191–202. Eine unentschiedene Stellungnahme neuestens bei J. Broer, Die Urgemeinde und das Grab Jesu. Eine Analyse der Grablegungsgeschichte im NT, München 1972; positiv W. Nauck, Die Bedeutung des leeren Grabes für den Glauben an den Auferstandenen, in: Zt.f.ntl.Wiss. 47 (1956) 243–267.

auch kein Beweis gegen die historische Zuverlässigkeit dieser Angabe zu führen. Sie kann deshalb auch nicht mit dem im heutigen Sprachgebrauch negativ bestimmten Ausdruck einer «Legende» gekennzeichnet werden, auch wenn die Ausgestaltung dieser Angabe von «legendären Zügen» umrankt sein mag.

b) Die Ostererzählung nach Matthäus

Die Darstellung der Osterereignisse bei *Matthäus* ist nicht nur reicher und vielgestaltiger als die bei Markus, sie erfolgt offensichtlich auch schon unter anderen Voraussetzungen und in anderer Absicht. Der Osterbericht füllt eigentlich das ganze Schlußkapitel (c. 28) des Evangeliums aus; denn auch der Aussendungs- oder Missionsbefehl (Mt 28,19ff), mit dem das Evangelium schließt, ist noch in eine Ostererscheinung eingebettet, die zweite und letzte, die der Evangelist berichtet.

Die Absicht dieses Berichtes ist besonders deutlich an den VV 11-15 zu ersehen, die über die von den Juden verbreitete Diebstahlsbehauptung sprechen. Von diesem Gerücht wird in V 15 gesagt: «Es verbreitete sich unter den Juden bis auf den heutigen Tag.» Das läßt erkennen, daß die Darstellung der Matthäus bereits in der Auseinandersetzung mit den Leugnern der Auferstehung unter den Juden steht und diese Verleumdung widerlegen will.

Von daher ist es erklärlich, daß der Bericht noch ausführlicher auf die Tatsachen eingeht, die die Diebstahllegende widerlegen könnten. So berichtet Matthäus nicht nur wie Markus vom leeren Grab, sondern beschreibt auch den Vorgang der Öffnung des Grabes, dessen Zeugen die Frauen – es sind nur zwei: Maria Magdalena und die andere Maria – und die Wächter werden. Das besagen die VV 2-4: «Und siehe, es entstand ein großes Erdbeben. Denn ein Engel des Herrn stieg vom Himmel nieder, trat hinzu und wälzte den Stein weg und setzte sich darauf. Sein Anblick war wie der Blitz und sein Gewand weiß wie Schnee. Die Wächter erbebten aus Furcht vor ihm und wurden wie tot.» Dieser Textteil findet sich sonst in keinem der anderen biblischen Osterberichte. Danach geht Matthäus aber in den VV 5-7 wieder auf Markus 16,5-8 zurück, auf die Engelerscheinung vor den Frauen, die er nur ein wenig kürzt.

Die Darstellung des sich öffnenden Grabes gab und gibt Anlaß zu manchen kritischen Fragen. Die traditionelle Theologie und noch mehr die Frömmigkeit haben oft den Eindruck erweckt, daß mit dieser Szene das Aufgehen des gestorbenen Jesus aus dem Grabe gemeint sei und ausgesagt werden solle, also die genaue Terminierung der Auferstehung gegeben und dann entsprechend auch der Vorgang in seiner Eigenart beschrieben werden solle: nämlich als Durchgang des Auferstandenen durch die Felsen des Grabes. Dieser Eindruck wurde durch bildliche Darstellungen – man denke nur an den Isenheimer Altar – noch bekräftigt.

Aber in Wirklichkeit spricht der erste Evangelist nicht vom Vorgang der Auferstehung Jesu, sondern nur von der Öffnung des Grabes als einer besonderen himmlischen Machttat. Mit dieser Tat ist bezeichnenderweise keine Erscheinung Jesu verbunden. Es bleibt auch nach diesen drei nicht unproblematischen Versen des Matthäus, die bereits Vergangenes nachtragen, so, daß das Geschehen der Auferstehung selbst keine Zeugen hatte und der Vorgang als solcher nicht beschrieben wird.

Das Problematische dieser drei Verse liegt näherhin in dem Umstand, daß sie offenbar den Bericht über das leere Grab, dem von den Juden eine Diebstahlshypothese entgegengesetzt wird, ausschmücken und dramatisieren. Nun läßt sich aber annehmen und begründen, daß ein solches dramatisches Geschehen wohl nicht stattgefunden habe; denn sonst hätte es Markus, der auf das leere Grab auch Wert legt, offenbar auch berichtet und nicht ausgelassen. Eine nüchterne Exegese wird deshalb der Annahme zuneigen, daß hier tatsächlich unter Verwendung apokalyptischer Stilmittel die dramatische Ausschmückung eines undramatischen Faktums vorgenommen ist, die keine Historizität beansprucht. Nur ist das Prekäre einer solchen Annahme darin gelegen, daß die Gegner der Historizität der Osterereignisse von diesem einen Punkte auf das Ganze schließen und etwa folgern: Wenn hier eine solche bildliche Ausschmückung und eine apokalyptische Dramatisierung erfolgt, wenn an dieser Stelle also etwas «hinzugedichtet» wird, warum kann nicht vieles andere oder gar alles an den Ostererzählungen Dichtung sein: also vor allem das leere Grab selbst und die Erscheinungen des Auferstandenen, an denen ja vor allem die Wirklichkeit der Auferstehung hängt? So ist es nicht verwunderlich, wenn *E. Hirsch* zu dieser Dramatisierung des Matthäus kritisch vermerkt, es zeige sich hier schon, daß die Auferstehung Jesu im ganzen die «kirchliche Osterlegende» sei. Diese sei aber ein Stück «religiöser Phantastik» und könne von der «Wissenschaft zerstört werden»[8].

[8] E. Hirsch, Die Auferstehungslegenden und der christliche Glaube, Tübingen 1940, 32.

In Wirklichkeit ist aber die Sache nicht so einfach, wie sie E. Hirsch hinstellt; denn man kann zwar eine Tatsache ausschmücken und dramatisieren, wie es Matthäus mit der Tatsache des leeren Grabes offenbar tut. Aber das «leere Grab» selbst ist doch offenbar keine Dramatisierung oder Ausschmückung einer anderen Tatsache. Wenn man das annimmt, übersieht man in dem ganzen Zusammenhang, daß auch die Wächter und der Hohe Rat an der Tatsache des leeren Grabes nicht zweifeln, sondern sie bestätigen, wenn sie auch eine bösartige Erklärung dafür geben. Daß Matthäus diesen Anwurf nicht verschweigt, sondern sich ihm stellt und ihm durch Insistieren auf dem leeren Grabe standhält, zeigt, daß für ihn das leere Grab eine Tatsache und eine Wahrheit ist. Daß er diese Tatsache dramatisiert, ist aus seiner apologetischen Tendenz heraus erklärlich. Aber das besagt nichts gegen den Realitätsgehalt des leeren Grabes wie auch der Erscheinungen.

Von diesen Erscheinungen berichtet Matthäus zwei: die eine vor den beiden Frauen bei ihrem Rückweg vom Grabe, die andere vor den elf Jüngern in Galiläa. Matthäus schließt an die Vorlage des Markusberichtes über die Beauftragung der Frauen zur Weitergabe der Auferstehungsbotschaft, die diese Frauen entgegen der Markusfassung nun wirklich an die Jünger bringen wollen – aber, daß sie es ausführen, wird merkwürdigerweise nicht gesagt –, einen Bericht über die erste Begegnung des Auferstandenen mit den Frauen an, die erste Ostererscheinung, die so bei den anderen Evangelisten nicht berichtet wird. Die Exegese hebt einige für diese Erscheinung charakteristische Züge hervor[9]. Der Bericht hat den folgenden Wortlaut: «Siehe, da kam Jesus ihnen entgegen und sagte: Seid gegrüßt! Sie gingen auf ihn zu, umfaßten seine Füße und beteten ihn an. Hierauf sagte Jesus zu ihnen: Fürchtet euch nicht. Geht und kündet meinen Brüdern, sie sollen nach Galiläa gehen, dort werden sie mich sehen» (Mt 28,9.10). An dieser Darstellung ist an Einzelheiten beachtenswert: Die Frauen empfinden keinerlei Schrecken und Scheu vor Jesus. Sie erkennen ihn sofort und begrüßen ihn in besonders ehrfürchtiger Weise; denn das Umfassen seiner Füße hat nicht die Bedeutung einer Vergewisserung über seine leibliche Gegenwart, sondern hat den Charakter der freudigen Ergriffenheit und der Proskynese; es ist eine Huldigung gegenüber dem Messias.

[9] Vgl. J. Kremer, a.a.O., 42ff; Ph. Seidensticker, a.a.O., 87f; W. Marxsen, a.a.O., 47ff; H. Grass, a.a.O., 23ff; G. Koch, a.a.O., 30f; U. Wilckens, a.a.O., 65ff.

Die zweite Erscheinung (Mt 28,16–20) geschieht vor den elf Jüngern in Galiläa. Auch hier ist die Reaktion auf seiten der Jünger ähnlich wie bei den Frauen. Es heißt nämlich im V 17: «Als sie ihn sahen, beteten sie ihn an.» Bemerkenswert und problemreich ist aber der Zusatz: «Einige aber zweifelten», wobei wohl zu ersehen ist, daß sie zweifelten, ob der Erscheinende wirklich Jesus sei[10]. Dieses «distazein» (= zweifeln) wird von manchen Exegeten sehr stark herausgehoben und zu einem Angelpunkt der ganzen Osterproblematik gemacht, wie sie sich angeblich bei Matthäus abzeichne. Man sagt dazu etwa, daß mit dieser Aussage, die gleichsam als ein Ausrufungszeichen gesetzt ist, «die ganze Atmosphäre des machtvollen Kommens des österlichen Herrn zerstört»[11] sei. Damit sei angedeutet, daß diese Erscheinung wie auch die andere nach dem Verständnis des Mt doch nicht so mächtig waren und daß sie nicht jeden Zweifel auszuschließen vermochten. Damit verbindet man auch die Behauptung, daß der Evangelist zwar versuche, mit Hilfe dieser Erscheinung den Osterglauben der Jünger auf eine solide Basis zu stellen, aber daß ihm dies offenbar nicht ganz gelinge. Daraus ergibt sich schließlich die Schlußfolgerung, daß auch die Erscheinungen den Osterglauben der Kirche nicht begründen könnten. «Wenn aber Christus in seiner göttlichen Vollmacht nicht mehr zwingend vor die Menschheit tritt, sie in persönlicher Begegnung durch die Fülle seiner Macht bezwingt, kann diese Erscheinung nicht mehr die Grundlage des Osterglaubens sein, auf den die Kirche gründet und das Heil der Menschen trägt. Die Mt 28,17 vom Endredaktor zugegebene Möglichkeit des Zweifels gegenüber einer nach der ursprünglichen Auffassung des Evangelisten doch konstitutiven Osterbegegnung entwertet die Erscheinung Jesu für den Osterglauben[12].»

Aber man darf zu dieser exegetischen Stellungnahme kritisch bemerken: Sie ist offensichtlich mehr eine Reflexion über die Zusammenhänge, eine mögliche Deutung, als eine strenge Interpretation. Vor allem ist sie theologisch deshalb problematisch, weil sie einen Gegensatz aufrichtet, der theologisch nicht haltbar ist. Sie setzt nämlich voraus, daß Christus nach der ursprünglichen Tradition mit seiner göttlichen Vollmacht zwingend vor die Menschen getreten sei, daß also nach *anfänglichem* Verständnis die Erscheinungen die Menschen bezwungen hätten und also den Glauben erzwungen hätten.

---

[10] Vgl. J.Kremer, a.a.O., 46f; Ph.Seidensticker, a.a.O., 91f; H.Grass, a.a.O., 29.
[11] Ph.Seidensticker, a.a.O., 91.
[12] Ebd., 91f; vgl. dagegen J.Kremer, a.a.O., 46.

Diese Argumentation ist bei richtiger theologischer Wertung des Glaubens unmöglich; denn auch die Anerkennung des Erscheinenden war ein Akt des Glaubens, deshalb innerlich frei und ungezwungen und immer auch mit der theoretischen Möglichkeit der Ablehnung verbunden. D.h. auch die Erscheinungen erzwangen den Glauben nicht, sondern ließen immer auch die Möglichkeit offen, sich ihrem Anspruch und damit dem Glauben zu versagen. Diese Freiheit, die die Erscheinungen wie alle Wunder Jesu den Menschen beließen, indem sie sowohl Zustimmung als auch Ablehnung möglich machten, besagt aber nichts gegen die Bedeutung der Erscheinungen als Grundlagen des Osterglaubens. Nach Seidensticker und anderen Exegeten wären für das Entstehen des Osterglaubens weder das leere Grab noch die Erscheinungen grundlegend gewesen. Dann könnte der Osterglaube nur noch freischwebend als ein paradoxes Geschehen im Geiste der Jünger erklärt werden. Gerade das will aber Matthäus nicht sagen! Er will zeigen, daß der Osterglaube der Kirche an den Erscheinungen Halt fand und sich an ihnen festigte, an ihnen auch ausweisbar ist. Wenn er dabei bemerkte, daß einige der Jünger kritisch waren, so ist das auch ganz anders zu deuten, nämlich im Sinne der Annahme, daß der Glaube nicht mit Leichtgläubigkeit zu verwechseln ist, daß ihm sehr wohl ein prüfender und auch distanzierender Blick eignet, daß er sich durch den Zweifel hindurchringen kann. Deshalb läßt Matthäus auch in nichts erkennen, daß etwa die Schlußaussage des Auferstandenen über die Aussendung der Elf von einigen nicht angenommen worden wäre. Die spätere Geschichte zeigt, daß sie den Aussendungsbefehl selbstverständlich alle annehmen. Dann konnte aber keiner der Elf an seinem Zweifel an der Erscheinung des Auferstandenen festgehalten haben.

Was das Moment des Zweifelns betrifft, so ist dieses Motiv in irgendeiner Art in allen Osterevangelien vorhanden. Es ist aber nie so ausgeführt und betont, daß je gesagt würde, die Jünger wären bei dem Zweifel geblieben. Es wird einfach vorausgesetzt, daß sie ihren Zweifel überwanden. So kann man nicht wie *Seidensticker* die Tatsache des Zweifels, zumal sie von den Evangelisten unbeschönigt berichtet wird, zum Argument gegen die Bedeutung der Erscheinungen für das Entstehen des Osterglaubens machen. Das widerspricht zu eindeutig der Absicht der Evangelisten.

Seidensticker verfolgt bei seiner Exegese offensichtlich ein modernes Interesse, das nicht von vornherein als illegitim erachtet werden kann. Die Frage ist nur, ob er es in der rechten Dosierung und Temperierung an die Texte heranbringt. Man kann zeigen, daß dieses

Interesse dahin geht, an Hand des Missionsbefehls das Eingehen der Christusbotschaft in die Welt zu demonstrieren oder den Auftrag des Christentums zur Gestaltung der Welt hervorzuheben. An den letzten Vers des Matthäusevangeliums «Seht, ich bin bei euch bis ans Ende der Welt» knüpft er die Bemerkung: «In dieser Frucht weltumspannender Jüngerschaft zeigt sich das Weiterleben und Weiterwirken des Herren.» Dieser Satz wäre natürlich nicht zu beanstanden, obgleich man gegen seine Ausschließlichkeit angehen könnte und den Autor zurückfragen könnte: Ist das rein aktualistisch, geschichtlich, gemeindetheologisch gemeint, etwa im Sinne Hegels oder Bonhoeffers, daß Christus nur noch in der Gemeinde existiert und etwa nicht mehr im Wort, in der Gnade oder im Sakrament? Aber abgesehen von diesem möglichen Einwand ist ein anderer noch gravierender, der sich im Zusammenhang der Aussagen dieses Autors über die Grundtendenz des Auferstehungskerygmas des Matthäusevangeliums ergibt. Seidensticker setzt nämlich dieses Interesse an der weltumspannenden Jüngerschaft und an der Verbreitung der Botschaft Christi in einen merkbaren Gegensatz zu der Erscheinung des Herrn. Er behauptet förmlich: «Schon das Interesse des Evangelisten hatte sich von der Erscheinung selbst abgewendet und nur noch das herausgestellt, was diese Begegnung mit dem Herrn für die Kirche bedeutet hat. Es ist nicht die Botschaft: ‹Ich war tot. Aber siehe, ich lebe› (Apk 1,18), sondern der Auftrag, den die Kirche durch den Erhöhten erhalten hat. Seine Erscheinung war Anruf[13].» Diese Aussage zeigt deutlich, daß die Relevanz der Erscheinung herabgemindert werden soll, ja, daß es fast zu ihrer Aufhebung in dem Begriff des «Anrufes» durch den erhöhten Herrn kommt. Wenn man diesen Gedanken weiterverfolgt und auch seine Konsequenzen bedenkt – was das Recht der Systematik ist –, dann reicht er auch an die Möglichkeit heran, die Auferstehung Christi gänzlich als Anruf des Erhöhten zu verstehen, ein Anruf, der sich gänzlich in der inneren Glaubenssphäre ereignet und gar keines äußeren geschichtlichen Ereignisses bedarf. Daß diese Tendenz tatsächlich vorhanden ist, zeigen die abschließenden Sätze Seidenstickers zur Exegese der zweiten Erscheinung bei Matthäus, die besagen: «So gibt das letzte Wort im Matthäusevangelium die einzige noch verbleibende Gewißheit und Sicherheit für den Osterglauben: Leeres Grab und Ostererscheinung in Galiläa haben zwar immer noch ihre Bedeutung, aber beides ist nicht mehr tragfähig genug, denn beides kann man anders deuten, als es die Kirche

---

[13] Ebd., 92.

tut. Nur das Wort des Auferstandenen ‹Ich bin bei euch bis ans Ende der Welt› gibt der Kirche die notwendige Sicherheit. Sie ist eine Sicherheit nicht des Beweises, sondern des Glaubens an das Wort des Herrn, das durch die Kirche vermittelt wird [14].» Hier ist deutlich die Erscheinung und damit die Auferstehung gegen das Wort des Herrn gestellt, das allein den Glauben begründet und bringt.

Auch diese Argumentation ist, systematisch betrachtet, anfechtbar. Sie läßt sich nämlich genau so auch auf das Wort «Ich bin bei euch bis ans Ende der Welt» anwenden. Dann ergibt sich die Frage: Hat Christus dieses Wort gesprochen? Und hat es den von der Kirche angenommenen Sinn? Man kann also auch an diesem Wort zweifeln und müßte dann nach solcher Interpretation auch diesen Grund des Glaubens verlieren. Der Grundsatz also, daß das, woran man zweifeln kann, minderer Bedeutung sei, stimmt von Anfang bis zum Ende nicht.

Wegen der Bedeutung dieser Behauptungen darf die Frage abschließend noch einmal gestellt werden: Ist Matthäus tatsächlich an den Erscheinungen desinteressiert, so daß die Kirche es dann auch sein dürfte, und verlegt er alles auf den Anruf, auf den Auftrag zur Gefolgschaft? Kann man diese Antithetik, in deren Konsequenz schließlich eine Preisgabe der Erscheinungen läge, *so* dem Text entnehmen? Hier sind andere Exegeten viel zurückhaltender, weil sie offenbar kein bestimmtes theologisches Interesse mit der Interpretation verbinden. So urteilt *J. Kremer*, daß für Matthäus (wie bezeichnenderweise auch für Paulus) Auferstehung und Erhöhung («Himmelfahrt») eine Einheit bilden, die vom Evangelisten ereignishaft verstanden wird und an das leere Grab wie an die Erscheinungen gebunden ist. Auch wenn bezüglich der ersten Erscheinung Jesu vor den Frauen festzustellen sei, daß sie historisch manche Rätsel aufgebe, so könne sie doch andererseits «nicht absolut bestritten werden» [15], was besonders auch im Hinblick auf den ähnlichen Bericht Joh 20, 14–17 verständlich wird. Auch bezüglich Mt 28, 16–20 «besteht kein ernsthafter Grund, an der Tatsache einer solchen Erscheinung vor den Elf in Galiläa zu zweifeln» [16]. Wenn auch das Motiv der Sendung der Apostel hier stark betont ist, so ist doch eben nicht zu verkennen, daß diese Sendung und die damit gegebene Autorität *von den Erscheinungen* abhängt und von der Tatsache, daß die Apostel den Herrn «gesehen»

---

[14] Ebd., 92.
[15] J. Kremer, a.a.O., 43.
[16] Ebd., 51. Ebenso G. Koch: «Zusammenfassend können wir sagen, daß den Erscheinungen in Galiläa historische Ursprünglichkeit zukommt»: a.a.O., 51.

haben (obgleich der Evangelist über die Art und Weise dieses «Sehens» keine Aussage macht). Jedenfalls müßte eine Bestreitung der These, daß nach Matthäus Auferstehung, leeres Grab und Erscheinungen innerlich zusammengehören, einen schwer zu führenden Gegenbeweis liefern, der nicht erbracht ist, wenn man etwa darauf hinweist, daß dem Evangelisten oder dem Endredaktor an der Behebung des Zweifels der Jünger (und damit auch an den Erscheinungen) nichts gelegen sei und sein Interesse allein an dem Sendungsmotiv haftet. Hier wäre auch zu bedenken, daß es Sendungsbefehle doch schon im Leben des historischen Jesus gab. Die Behauptung, daß Matthäus kein Interesse mehr an den Erscheinungen bezeige (und daß dies dann auch für die Kirche bis heute zu gelten habe), ist offensichtlich nicht der Skopus dieser Erzählung, sondern eine moderne Eis-egese. Deshalb ist hier dem sonst ganz kritischen *W. Marxsen* zuzustimmen: «Was Matthäus sagen will, wird ... ziemlich klar: Wenn man heute Jünger Jesu werden will – werden soll –, dann hat das seinen Grund darin, daß Jesus aus dem leergewordenen Grab heraus auferstanden, dann erst zwei Frauen und schließlich seinen elf Jüngern erschienen ist[17].» Freilich ist bezüglich der Gesamtauffassung W. Marxsens seine eigentümliche Auffassung vom «Sehen des Herrn» durch die Jünger zu beachten[18], die noch eigens erörtert werden muß.

c) *Das Auferstehungskerygma des Lukasevangeliums*

Lukas hatte bei seiner Komposition der Erscheinungsberichte, denn um eine genaue historische Abfolge und Darstellung handelt es sich bei ihm tatsächlich nicht, den echten Markusschluß zur Vorlage. Es ist aber auch wahrscheinlich, daß Lukas einige von Matthäus verarbeitete Traditionen kannte. Lukas führt in seinem letzten Kapitel drei Ostererzählungen auf, von denen sich die erste (Lk 24, 1–12) als Bericht und Deutung des leeren Grabes deutlich an Markus anlehnt. Auch hier finden die Frauen, deren Namen erst im V 10 genannt werden (aber es sind mehr als zwei), das Grab geöffnet und leer. Anders als Markus und Matthäus berichtet Lukas nur von der Ratlosigkeit der Frauen. In diese ihre bedrängte Situation hinein erscheinen «zwei Männer in strahlendem Gewande», also zwei Engelwesen, die ihnen die Tatsache des leeren Grabes interpretieren und erklären, und

---

[17] W. Marxsen, 51.
[18] Vgl. dazu E. Ruckstuhl – J. Pfammatter, Die Auferstehung Jesu Christi. Heilsgeschichtliche Tatsache und Brennpunkt des Glaubens, Luzern 1968, 77ff.

zwar zunächst in Frageform. Es heißt nämlich Lk 24,5: «Was sucht ihr den Lebenden bei den Toten?» Diese Worte lassen einen Anklang an ein jüdisches Sprichwort erkennen, das besagt: «Pflegt man die Toten unter den Lebenden zu suchen, etwa auch die Lebenden unter den Toten?» Die Frage läßt im Hintergrund die Überzeugung erkennen, daß die Frauen, die zum Grabe kommen, eigentlich schon hätten mit der Auferstehung Jesu rechnen müssen[19].

Die Tatsache der Auferstehung als solche wird in V 6 förmlich ausgedrückt in den Worten: «Er ist nicht hier. Er ist auferstanden.» Das ist nahezu wörtlich identisch mit Mk 16,6 und Mt 28,6. Das Folgende ist eine Erweiterung des betreffenden Verweises bei Markus: «Erinnert euch, wie er zu euch geredet hat, als er noch in Galiläa war.» Aber diese Erinnerung wird inhaltlich weiter ausgeführt als bei Markus. Sie besagt nämlich inhaltlich: «Er sagte: Der Menschensohn muß in die Hände sündiger Menschen ausgeliefert und gekreuzigt werden, aber am dritten Tage auferstehen. Da erinnerten sie sich seiner Worte» (VV 7 und 8).

Die Reaktion der Frauen ist nun wieder anders als bei Markus. Obgleich die Engel ihnen keinen förmlichen Auftrag zur Weitergabe des Erlebten und Gehörten an die Jünger geben, erzählen sie es von sich aus den anderen, was eigentlich die natürlichste Reaktion ist. «Sie kehrten vom Grabe zurück und erzählten dies alles den Elfen und allen übrigen.» Die Reaktion der Jünger aber ist negativ. In V 11 heißt es bezeichnenderweise: «Doch diese Mitteilungen kamen ihnen wie leeres Gerede vor, und sie glaubten ihnen nicht.» Es wird also auch hier ein Zweifel laut, wenn auch nicht Zweifel an einer Erscheinung des Auferstandenen, die ja noch nicht erfolgt ist, so doch Zweifel an dem Inhalt einer solchen Botschaft. Lukas verfolgt mit diesem Zweifelsmotiv offenbar die Absicht, die kritische Einstellung der Jünger gegenüber der Auferstehungsbotschaft hervorzuheben. Darüber hinaus möchte er wohl auch die kritische Einstellung seiner heidenchristlichen Leser in Rechnung stellen. Er will ihnen bedeuten, daß die Jünger nicht gleich auf das erste Gerücht hin glaubten, vor allem nicht, weil es von den im Judentum zeugnisunfähigen Frauen kam, sondern daß sie sich prüfend und kritisch verhielten. Der Osterglaube entsprang also nicht einem religiösen Enthusiasmus, sondern er war offenbar von Tatsachen begründet, deren Eindruck sich die Jünger, trotz anfänglicher Skepsis, schließlich doch nicht entziehen konnten.

---

[19] J. Kremer, 56.

In diesen Zusammenhang ist bei Lukas auch der Gedanke einbezogen, daß selbst die Jünger die Botschaft von der Auferstehung als etwas Unerhörtes empfanden, das nicht in ihre Erwartungen und in ihren geistigen Horizont hineinpaßte. Dies alles gilt und hat Bestand, obgleich die Auferstehung gerade auch bei Lukas als Erfüllung einer von Jesus gegebenen Verheißung deklariert ist. Die Jünger hätten sie also leichter annehmen können. Und trotzdem herrscht bei ihnen eine kritische Einstellung vor. Diese Tatsache bietet Anlaß zu dem Schluß: «Deshalb ist sein (des Lukas) Zeugnis gerade für kritische Leser unserer Tage so bedeutsam. Wir brauchen uns nicht zu wundern, wenn die Osterbotschaft auch heute auf Widerstand stößt und als ‹Geschwätz› abgetan wird[20].» Für Lukas ist der Zweifel im Zusammenhang mit den Osterereignissen kein Grund für die Schwäche eines realistischen Osterglaubens oder für die Bedeutungslosigkeit der Erscheinungen, sondern ein positives Argument für einen prüfenden, bewußten Glauben, den der Evangelist den griechischen Lesern auch nahebringen möchte.

Dafür bietet der zweite Ostertext bei Lukas eine wertvolle Ergänzung und Stütze. Es ist die Lk 24,13–35 berichtete Erscheinung vor den Emmausjüngern, die allein im 3. Evangelium berichtet wird[21]. Die zum weiteren Kreis der Jünger zählenden zwei Männer, die am Ostertag nach Emmaus gehen, sind, wie das Gespräch mit dem Wanderer, der sich zu ihnen gesellt, ergibt, durch den Tod Jesu in ihren Hoffnungen enttäuscht. Sie haben am Ende vom Messias eine große Befreiungstat nach Art der Errettung des Volkes durch Moses erwartet. Diese ist aber ausgeblieben. Sie können sie auch nicht in der von einigen Frauen berichteten Engelerscheinung am Grabe und in der Botschaft vom leeren Grabe wie vom auferstandenen Jesus verwirklicht sehen. Also sind auch sie, obwohl sie die Berichte der Frauen kennen, durch diese doch nicht zum Glauben an die Auferstehung gekommen. Auch die Begegnung mit dem Fremden, der ihnen die Schrift aufschließt, so daß ihnen, wie sie nachher bekennen, «das Herz brannte», führt sie zunächst nicht zum Glauben an die Auferstehung. Erst beim Brotbrechen «gingen ihnen die Augen auf, und sie erkannten ihn» (Lk 24,31).

Die Bedeutung der Emmausperikope für das Auferstehungskerygma ist nicht zu unterschätzen. Sie bedarf aber einer behutsamen theologischen Interpretation. In ihr nimmt zunächst wieder die Tatsache eine wichtige Stellung ein, daß der Auferstandene identisch ist

[20] Ders., 59.
[21] Ders., 70.

mit dem historischen Jesus und daß er in seiner ganzen realistischen Leiblichkeit bei den Jüngern erscheint. Trotzdem erkennen sie ihn nicht, so daß sich hier notwendig die Annahme einstellt: Um die Leiblichkeit des Auferstandenen ist es ein Geheimnis, das nicht mit den Sinnen oder mit den Augen allein geklärt werden kann. Damit ist wiederum gesagt, daß es zur Erfassung einer Erscheinung des Auferstandenen und damit zur Annahme der Osterbotschaft des Aufschließens der Augen, d. h. einer Erleuchtung bzw. des Glaubens bedarf. Aber es ist natürlich nicht schon der Glaube an die Auferstehung und an die Erscheinung als solche; denn das Entstehen dieses Auferstehungsglaubens soll ja bei Lukas gerade erklärt werden. Dem Glauben an die Erscheinung als Auferstehungswirklichkeit geht also ein anderer Glaube voraus, der sich in einigen besonderen Verhaltensweisen oder Aktivitäten realisiert: einmal im Hören und Verstehen des Wortes des Herrn, in der Annahme der Heiligen Schriften, in der gläubigen Erfassung des Sinnes der Heilsgeschichte und der Bedeutung des historischen Christusereignisses; und schließlich – für Lukas spezifisch – nicht zuletzt in der kirchlichen Gemeinschaft des Brotbrechens. Wer diese Voraussetzungen besitzt und anerkennt, der kann nach Lukas den erschienenen Herrn als den Auferstandenen erkennen und an die Auferstehung vermittels der Erscheinungen glauben. Der Glaube an den Auferstandenen setzt also schon eine gewisse vorösterliche Gläubigkeit an die Bedeutung und die Größe Christi voraus. Trotzdem bedarf es zum spezifischen Osterglauben der Begegnung mit dem auferstandenen Herrn in seiner Leiblichkeit, es bedarf seiner Erscheinung. So ist von Lukas hier bezüglich des Glaubens der Jünger dreierlei gesagt: Sie zweifelten; sie werden aber von Jesus in die Haltung einer gläubigen Erwartung gebracht; in dieser Haltung vermögen sie dann die Begegnung mit dem Auferstandenen, die wesentlich ist, als solche zu erfassen und zum Glauben an die Auferstehung zu kommen.

Natürlich stehen diese theologischen Aussagen des Textes für den heutigen Betrachter sehr stark unter dem Gewicht der Entscheidung der historischen Vorfrage, ob der Emmaus-Perikope ein historischer Kern zugebilligt werden könne. Die heutige Exegese neigt einer verneinenden Antwort zu, für die eine ganze Reihe von Argumenten ins Feld geführt werden: Ungenauigkeiten im Detail, Widerspruch zu Mk und Mt (die die ersten Erscheinungen vor den Jüngern in Galiläa lokalisieren), Parallelen zu alttestamentlichen Engelerscheinungen, ja sogar zu antiken Theophanien (Jupiter vor Philemon und Baucis). So wird diese Erzählung weithin als «Legende» ausgegeben, wobei gelegentlich noch offengelassen wird, wieweit eine gewisse Historizität anzunehmen sei. Eine vermittelnde Haltung liegt in der Aussage vor: «Die belehrende Absicht überwiegt gegenüber der informierenden. Das ist der Grund, warum es für uns heute nicht mehr möglich ist, sichere Aussagen (sowohl positiver wie negativer Art) über die in diesen Erzählungen berichteten Ereignisse zu machen[22].» Trotzdem ist diese Auskunft nicht ganz einsichtig; denn warum soll eine Erzählung mit überwiegender Lehrtendenz nicht an einem historischen Kern haften können? Auch wenn man sagt, daß Lukas hier einfach eine vorliegende Tradition übernommen habe, ohne Interesse an ihrer Historizität zu zeigen, so ist das nicht beweisbar; ja es widerspricht einer besonderen Grundtendenz der Evangelisten, die darauf gerichtet ist, die Wahrhaftigkeit der Auferstehung Jesu zu betonen. Deshalb fügt Lukas zu der Bekenntnisformel: «Christus wurde auferweckt und erschien dem Simon» das Wort «wahrhaftig» hinzu (Lk 24,33). So wird man zwar manche Bedenken der Exegese würdigen und zugeben, daß die Einzelheiten dieses Berichtes nicht vollauf zu klären sind. Aber man darf hier und an anderen Stellen doch auch die Frage aufwerfen, ob ein einseitig gegen die Historizität gerichtetes Urteil wirklich historisch begründet ist oder ob hier nicht eine philosophische Vorentscheidung wirksam ist, die ein solches Geschehen einfach nicht für möglich hält.

Bedeutungsvoll für die theologische Deutung der Auferstehung ist auch der dritte lukanische Ostertext, der wiederum unter einer anderen Perspektive steht und neue Verstehensmomente darbietet. Es ist die Erscheinung des Auferstandenen am Osterabend in Jerusalem, die bei Lk 24,36–53 erzählt wird. Zuvor ist in Vers 34 berichtet, daß die Elf und ihre Gefährten die zurückkommenden Emmausjünger, die ihre Erscheinung kundtun wollen, mit den Worten empfangen: «Der

---

[22] Ders., 70. Den «katechetischen Gehalt» der Perikope betont P. Benoit, Passion et Résurrection du Seigneur, Paris 1966, 318, den Charakter der «Erzählung» mit «belehrender Absicht» J. Wanke, Die Emmauserzählung, Leipzig 1973, 126; J. Ernst erkennt darin aber «historische Reminiszenzen»: Schriftauslegung und Auferstehungsglaube: Schriftauslegung (hrsg. von J. Ernst) Paderborn 1972, 177; G. Lohfink, Die Himmelfahrt Jesu. Untersuchungen zu den Himmelfahrts- und Erhöhungstexten bei Lukas, München 1971, 283, spricht von «Dingen, die man nicht abstrakt sagen, sondern nur als Erzählung ins Wort bringen kann». Aber die Frage bleibt dann, was diese «Dinge» oder die «Wirklichkeit» sind; dagegen denkt J. Schmitt, Le récit de la résurrection dans l'évangile de Luc (Rev. de Sc. Relig. 25 [1951] 240) an einen Augenzeugenbericht. Abzulehnen ist die Auffassung von Léon-Dufour (a.a.O. 163 ff), nach der diese Erzählung nur das Entstehen des christlichen Glaubens aus Wort und Sakrament lehrt.

Herr ist wahrhaft auferstanden und dem Simon erschienen.» Inzwischen hat also nach Lukas auch Petrus eine Erscheinung des Auferstandenen erlebt, über deren Verlauf nichts weiter berichtet wird[23]. Die Schilderung der nun folgenden Erscheinung ist mit der bei Joh 20, 19-23 überlieferten Perikope verwandt. Charakteristisch ist hier wie dort der *Realismus*, mit dem die Leiblichkeit des Erscheinenden gezeichnet und hervorgehoben ist. Die Jünger selbst sind beim Anblick des Auferstandenen verwirrt und erschrocken. Sie erkennen ihn zunächst nicht. Sie glauben, einen Geist oder ein Gespenst zu sehen. Lukas sagt damit etwas über eine spiritualistische Vorstellungsweise des Auferstandenen bei den Jüngern, die er nun aber in der folgenden Darstellung gerade korrigieren will; denn nach ihm versucht Jesus die Jünger davon zu überzeugen, daß sie keinen Geist sähen. Deshalb verweist er auf seine Hände und Füße, d.h. wohl vor allem auf seine Wundmale. Ferner fordert er die Jünger auf, ihn zu betasten. Aber auch dies vermag den Unglauben der Jünger nicht zu überwinden. Sie konnten vor «Freude» immer noch nicht glauben. Damit entschuldigt Lukas ihren Zweifel ein wenig. So nimmt Jesus schließlich eine Speise, die er von den Jüngern erbittet, einen gebratenen Fisch, um durch das Essen die Jünger von seiner Leibhaftigkeit endlich zu überzeugen. Diese letzte Szene hat ebenfalls wieder eine gewisse Verwandtschaft mit der bei Joh berichteten Erscheinung Jesu am See Tiberias (Joh 21, 1-14), wo Jesus auch um Speise bittet, wo allerdings nicht gesagt wird, daß er sie auch gegessen habe. In der folgenden Belehrung VV 44-49, die Jesus den Jüngern gibt, ist besonders von Bedeutung, daß er ihnen wiederum wie den Emmausjüngern das Verständnis für seine Auferstehung aus den Schriften aufschließt und daß er sie als Zeugen dieser Auferstehung bestellt. Das auch hier vorhandene und mit der Himmelfahrt verbundene Sendungsmotiv tritt in dem Wort hervor: «Ihr seid dafür Zeugen» (Lk 24,48).

Dem heutigen Denken bereitet an dieser Darstellung vor allem die realistische Kennzeichnung der Leiblichkeit des Auferstandenen Schwierigkeiten. Die traditionelle Auslegung hat diese Schwierig-

---

[23] Die von W.Marxsen, a.a.O., 56, aufgestellte Behauptung, daß zuletzt der Auferstehungsglaube allein an der Erscheinung des Petrus haftete (die es aber objektiv auch nicht gab), ist wiederum eine freischwebende dogmatische Hypothese des Exegeten. Ähnliches gilt von der Erklärung Ph.Seidenstickers, a.a.O., 98, daß es sich bei der Petruserscheinung «nur um eine ekklesiale Formel von kerygmatischer Bedeutung» handle, die den Petrus «rein formal» als Kronzeugen der Auferstehung aufführt, der er offenbar *material* gar nicht gewesen ist.

keiten weniger empfunden und die Perikope im ganzen als Schilderung eines auch in den Einzelheiten zutreffenden äußeren Vorgangs verstanden, sie hat ihn gänzlich historisch aufgefaßt.

Das braucht gegenüber solchen Einzelheiten nicht zu geschehen, wenn man annehmen kann, daß es sich hier um Ausgestaltungen, um Darstellungsweisen für eine dahinterliegende, eigentliche Wirklichkeit handelt. Diese eigentliche Wirklichkeit und Wahrheit, von der der Evangelist auch offensichtlich ausgeht, ist die Erscheinung als solche. Sie ist für Lukas jedenfalls eine Realität. Aber offensichtlich ist er bemüht, diese Realität nicht nur in schlichter positiver Weise auszusagen. Er ist vielmehr bestrebt, sie zu verteidigen, sie gegen Leugner zu sichern, wie etwa Matthäus die Auferstehung gegen die Legende vom gestohlenen Leichnam zu sichern sucht. Zu diesem Zweck ist eine gewisse Apologetik unvermeidlich. Man kann auch genauer angeben, gegen wen Lukas hier apologetisch argumentiert. Es sind unter den Griechen, den Heidenchristen, für die sein Evangelium bestimmt ist, solche Leute, die sich den erscheinenden Jesus nur als Geist, d. h. rein spirituell und ohne Leibhaftigkeit denken können. Dazu mußten griechische Menschen hinneigen, weil sie an der Möglichkeit der Fortexistenz des Geistes als reinem Geiste festhielten. Für jüdisch-hebräische Menschen wiederum war eine solche Vorstellung nicht aktuell. Für sie war die Trennung von Geistigem und Leiblichem keine geläufige Vorstellung, so daß ihnen die Gefahr einer spiritualistischen Auffassung des erscheinenden Herrn nicht direkt nahekam. Lukas möchte deshalb durch die drastische Darstellung der Art und Weise, wie Jesus seine Leiblichkeit bewies und wie die Jünger sich davon überzeugen konnten, die Wirklichkeit der Auferstehung und des Auferstehungsleibes gegenüber griechischen Spiritualisten besonders nachdrücklich betonen[24]. Hier kann wirklich der Aussageinhalt von der Aussageform unterschieden werden. Vieles von den Einzelheiten, so wird man begründet annehmen können, gehört zur literarischen Aussageform, die die Realität des Erscheinenden anschaulich machen will. Dabei darf man noch einen Schritt weitergehen und sagen: Es zeigt sich hier schon beim Evangelisten, daß er etwas anschaulich darstellen will und muß, was an sich nicht anschaulich dargestellt werden kann; denn der Auferstehungsleib muß ein anderer Leib gewesen sein, als ihn der historische Jesus besaß. Das ist nicht nur eine Folgerung, die im Nachhinein aufgrund theologischer Reflexion gewonnen werden kann. Sie ist biblisch zu

[24] J. Kremer, a.a.O., 81; vgl. auch J. Schmitt, Jésus ressuscité dans la prédication apostolique, Paris 1949, 153.

begründen aufgrund der Aussagen des ersten Korintherbriefes über den Auferstehungsleib (1 Kor 15,15-44), der kein verweslicher, sondern ein unverweslicher Leib ist, kein sinnlicher, sondern ein geistiger Leib. Daß damit die Art dieses Leibes noch weiterhin im Geheimnis eines Unerklärlichen bleibt, kann nicht bestritten werden. Auch Paulus kann keine letzte Erklärung geben. Warum das so ist, muß eine systematische Betrachtung erhellen, die später geboten werden soll.

Auch angesichts der für das rationale Denken verbleibenden Schwierigkeiten erscheint es doch einer sachgemäßen Textauslegung nicht möglich, das von Lukas Berichtete gänzlich in reine kerygmatische Formeln aufzulösen. Besonders «warnt uns der von Lukas gerade in unserem Text betonte Begriff ‹Zeuge› davor, dem Erzählten jede Geschichtlichkeit abzusprechen»[25]. Trotzdem hindert dieser Tatbestand andere Exegeten nicht zu behaupten, daß diese Berichte ohne geschichtlichen Kern seien. In welche Widersprüche sich eine solche Exegese verwickelt, zeigt die Erklärung, wonach hier (bei Lukas) mit den Erscheinungen des Auferstandenen vor den Jüngern keine «Begründung» des Osterglaubens gegeben werden sollte, sondern nur eine «Vergewisserung»[26]. Es müßte sich gemäß dieser Argumentation also um eine Vergewisserung ohne Begründung handeln, d. h. um einen gewissen Selbstzuspruch der Jünger, die sich aufgrund ihres eigenen Glaubens zu Zeugen erklärten.

d) Die Erscheinungen nach Johannes

Das 4. Evangelium bietet als jüngste Evangelienschrift, wohl im letzten Jahrzehnt des 1. Jahrhunderts entstanden, die letzte neutestamentliche Darstellung des Ostergeschehens, die wieder unter neuen Aspekten steht, wenn sie auch z. T. das von den Synoptikern Bekannte wiederholt. Es enthält im Kapitel 20 zunächst in den VV 1-18 eine Schilderung der Auffindung des leeren Grabes durch Maria von Magdala wie durch Petrus und Johannes. Es bietet im Zusammenhang damit eine Erscheinung vor dieser einen Frau, während die Frauen bei den Synoptikern nur Empfängerinnen einer Engelbotschaft sind und das leere Grab sehen. Johannes berichtet ferner eine Erscheinung

---

[25] J. Kremer, 80. Zur Bedeutung des Begriffes «martys» in den Auferstehungsberichten bei Lukas, besonders auch in den Auferstehungsreden der Apg vgl. H. Marshall, The resurrection in the Acts of the Apostles, in: Apostolic History and the gospel, Michigan 1970, 105 ff.
[26] Ph. Seidensticker, 99.

des auferstandenen Jesus vor den Aposteln in Jerusalem in den VV 19–23, am Abend des ersten Wochentages mit dem Geistempfang und der Sündennachlassungsgewalt, und er berichtet am Oktavtag der Auferstehung VV 20–29 die nach dem ungläubigen Thomas benannte Perikope, die eine gewisse Ähnlichkeit mit dem Bericht bei Lukas 24, 36–43 hat. Zuletzt erzählt Joh noch eine Erscheinung im sogenannten Nachtragskapitel 21, 1–23, die in Galiläa am See Tiberias spielt und mit der besonderen Beauftragung des Petrus zum Hirtendienst endet.

Was die Erzählung vom leeren Grab angeht, so nennt Johannes allein Maria als Zeugin. Die hier gemachte Zeitangabe «früh, als es noch dunkel war» steht im Widerspruch zu dem von Markus 16, 2 genannten Termin: «eben als die Sonne aufgegangen war». Das leere Grab und der weggewälzte Stein bringen Maria in Unruhe, so daß sie zurückkehrt und dem Simon wie dem Lieblingsjünger von ihrer Entdeckung berichtet. Interessant ist die Einzelheit, daß Maria angesichts des leeren Grabes nicht an die Auferstehung denkt, sondern mit einer Hinwegnahme des Leichnams rechnet. Sie sagt ja: «Man hat den Herrn aus dem Grabe weggenommen, und wir wissen nicht, wohin man ihn gelegt hat.» Das «wir» steht in dem Zusammenhang etwas unorganisch da, weil ja Maria allein beim Grabe war. Die Exegese bietet hierzu verschiedene Erklärungen, bei denen es jedoch um keine gravierende Frage geht[27].

Die folgenden Verse 20, 3–10 bringen den in der Exegese gelegentlich so bezeichneten «Wettlauf zum Grabe»[28] zwischen Johannes und Petrus, bei dem der Lieblingsjünger als erster zum Ziel kommt, aber nicht selbst zuerst in das Grab hineingeht, sondern dem Petrus den Vorrang läßt. Die Reaktion des Johannes, der nach Petrus in das Grab hineingeht, wird mit den Worten beschrieben: «Er sah und glaubte.» Der nächste V 9 aber sagt von beiden in einer Spannung zu jener Aussage: «Denn sie hatten die Schrift noch nicht verstanden, daß er von

---

[27] Vgl. dazu J. Kremer, a.a.O., 89; H. Grass, a.a.O., 54. Über den Gesamtbefund des vierten Evangeliums unterrichten weiter: F. X. Durrwell, a.a.O., 29ff; Ph. Seidensticker, a.a.O., 107ff; C. H. Dodd, Historical Tradition in the Fourth Gospel, Cambridge 1963; F. M. Braun, Jean le Théologien et son Evangile dans l'église ancienne, Paris 1959; E. Gutwenger, Zur Geschichtlichkeit der Auferstehung Jesu, a.a.O., 257–282. A. Feuillet, Les christophanies pascales du quatrième évangile sont-elles des signes?, in: Nouv. Rev. Th. 107 (1975) 577–592.

[28] Der Exeget E. Fuchs will in diesem «Wettlauf zum Grabe» sogar eine Ironisierung aller Versuche zur geschichtlichen Begründung des Auferstehungsglaubens durch den vierten Evangelisten selbst sehen! Vgl. W. Künneth – E. Fuchs, a.a.O., 149.

den Toten auferstehen müsse.» Zum Ausgleich der Spannung dieser beiden sich in etwa widersprechenden Aussagen wird von der Exegese der Vorschlag gemacht, das von Johannes behauptete «er glaubte» in einer unspezifischen Weise zu verstehen, nämlich in dem Sinne: er vergewisserte sich über den Befund des leeren Grabes. Mit dieser Deutung würde der auch aus den Synoptikern zu entnehmende Befund bestätigt und noch erweitert, daß die Bedeutung des leeren Grabes den Evangelisten doch wichtig erscheint. Hier bei Johannes wird diese Wichtigkeit noch gesteigert; denn das Grab wird nicht nur von der Frau, sondern auch von den Jüngern als leer bezeugt. Hier findet sich auch keine Kritik mehr an dem Zeugnis der Frauen. Zugleich liegt dann auch für die Interpretation dieses Textes die Annahme nahe, daß die Jünger nicht förmlich durch die Tatsache des leeren Grabes zum Glauben an die Auferstehung kamen. Das wirkliche Entstehen dieses Glaubens ist in die Erscheinung Jesu vor Maria hineinverlegt, die nach einer kurzen Begegnung mit zwei Engeln (12–14) Jesus hinter sich stehen sieht, ihn aber zuerst nicht erkennt. Jesus redet sie nach einem kurzen Zwischengespräch mit ihrem aramäischen Namen «Marjam» an. Auf Grund dieser Anrede erkennt Maria den Herrn und spricht ihn ihrerseits mit der Hoheitsformel «Meister», «Rabbuni» an. Das ist ein Bekenntnis zur Hoheit Jesu. Dieses Bekenntnis ist mit dem des Thomas verwandt: «Mein Herr und mein Gott» (Joh 20,22). Im folgenden scheint Jesus Maria mit der Aufforderung abzuwehren: «Halte mich nicht fest» (= «noli me tangere»), ein Wort, dessen Sinn in diesem Zusammenhang nicht ganz eindeutig auszumachen ist, ebenso wie die Begründung: «denn ich bin noch nicht zu meinem Vater aufgefahren». Man deutet diese Aufforderung Jesu aus dem theologischen Zusammenhang des 4. Evangeliums, wo das «Noch-Nicht» für das Erreichen des Zieles der Sendung Jesu eine durchgehende Rolle spielt. Hier könnte es besagen, daß der Auftrag Jesu an die Jünger noch nicht vollendet ist. Mit diesem Auftrag hängt es auch zusammen, daß Maria den Jüngern die Kunde von der Auferstehung bringen soll, was sie auch wirklich tut.

Die darauf in den VV 19–29 erzählten zwei Erscheinungen vor den Jüngern haben ihren Kulminationspunkt und wohl auch ihre größte Schwierigkeit in der Darstellung des zweifelnden Thomas, der bei der ersten Erscheinung nicht anwesend war, der für seinen Glauben an den Auferstandenen sinnliche Beweise fordert, die ihm dann auch von Jesus dargeboten werden. Der Auferstandene spricht: «Lege deinen Finger hierher und sieh meine Hände; und reiche deine Hand und lege sie in meine Seite, und sei nicht ungläubig, sondern gläubig.» Thomas bekennt darauf seinen Glauben in dem Ausruf «mein Herr und mein Gott», worauf Jesus abschließend antwortet: «Weil du mich gesehen hast, hast du geglaubt. Selig, die nicht sehen und doch glauben.» Man darf bei der Interpretation dieser Verse von der Parallele bei Lk 24, 39-41 ausgehen und feststellen, daß hier zunächst einmal die Realität und Objektivität der Erscheinung ausgedrückt werden soll, zu der auch die Leiblichkeit Jesu gehört. Das objektive, leibhaftige Geschehen wird von den Jüngern «gesehen», so daß sie nach Joh 20, 20 in Freude geraten. Die Parallelität zu Lukas wird aber an diesem Punkt auch aufgehoben, insofern die Jünger keinen Schrecken mehr empfinden (vgl. dagegen Lk 24, 37-38). Nun könnte man annehmen, daß mit dem «Sehen» ein rein sinnenhaftes Wahrnehmen gemeint sei, so daß an dieser Stelle die an Lukas verifizierte Behauptung widerlegt würde, wonach die Anerkennung der Erscheinung des Auferstandenen nicht durch die Sinne, sondern durch den Glauben erfolgte. Aber dieser Einwand ist doch nicht stichhaltig; denn «Sehen» ist nach dem ganzen Johannesevangelium, das stark von theologischen Strukturen bestimmt ist, immer ein gläubiges Schauen, ein Erkennen mit dem erleuchteten Auge des Geistes, so wie es etwa auch in den Abschiedsreden gemeint ist, wenn Jesus dort sagt: «und wieder eine kleine Weile, und ihr werdet mich wiedersehen» (Joh 16, 16)[29]. Unter dieser Voraussetzung ist auch die Erscheinung vor dem sogenannten «ungläubigen Thomas» bezüglich des Unglaubens ähnlich zu interpretieren wie die vor den Emmausjüngern[30]. Auch Thomas ist nicht völlig ungläubig, sondern kritisch, aber glaubenswillig. Er macht seinen Glauben abhängig von einem Zeichen. Diese Forderung klingt ähnlich, wie sie im Johannesevangelium die Juden öfter vorbringen, die von Jesus durch Zeichen überzeugt werden möchten (so Joh 2, 18; 4, 48; 6, 30). Damit scheint Thomas sich von der Haltung der übrigen Apostel zu unterscheiden, die wörtlich nicht auf solchen Zeichen insistieren. Aber der Unterschied ist doch nur ein scheinbarer. In Wirklichkeit glaubten die Apostel den bloßen Berichten der Frauen über das leere Grab und die Auferstehung ja auch nicht. Und in der zweiten Erscheinung bei Matthäus glauben einige zunächst auch zum Zeitpunkt der erfolgenden Erscheinung noch nicht. Das besagt im Grunde: Die Haltung des Thomas ist im ganzen nicht so sehr unterschieden von der der übrigen Apostel,

---

[29] Vgl. hierzu Fr. Mussner, Die johanneische Sehweise und die Frage nach dem historischen Jesus, Freiburg 1965.
[30] Vgl. J. Kremer, a.a.O., 107.

die auch erst glauben, als sie Zeugen der sichtbaren Erscheinung werden. Auch bei Johannes ist hier nur wieder das Zweifelsmotiv verstärkt ausgeführt, das auch bei Lk 24,11.37 und Mt 28,17 anklingt.

Der Unterschied liegt nur in der geradezu derb-realistischen Art, wie Jesus bei der nach acht Tagen erfolgenden zweiten Erscheinung vor den Jüngern, bei der Thomas anwesend ist, diesen auffordert, sich von der Realität des Auferstehungsleibes Jesu zu überzeugen. Es heißt da: «Lege deinen Finger hierher und sieh meine Hände, reiche deine Hand her und lege sie in meine Seite, und sei nicht ungläubig, sondern gläubig» (Joh 20,27). Nun ist es in bezug auf die weitere Folge des Textes merkwürdig, daß nicht berichtet wird, ob Thomas tatsächlich diese Berührung der Seite und der Wundmale Jesu vornahm. Dem vierten Evangelisten erscheint die Ausführung dieser Aufforderung Jesu offenbar weniger wichtig als der sofort angeschlossene Ausruf des Thomas: «Mein Herr und mein Gott», mit dem er seinen Glauben an den Auferstandenen bezeugt. Der Ausdruck ist auch deshalb bedeutsam, weil nirgendwo in den Evangelien Jesus so deutlich als «Gott» benannt wird wie an dieser Stelle. Es ist hier eine Entsprechung zwischen dem Ende und dem Anfang des 4. Evangeliums zu vermuten, ein Zusammenschluß von Epilog und Prolog, der ja auch ein eindeutiges Bekenntnis zum göttlichen Sein Jesu bringt.

Zur Bedeutung dieser Szene für das johanneische Auferstehungskerygma ist allerdings noch einiges Weitere anzufügen. Es ist nämlich trotz der Realistik, mit der der Auferstandene sich zu erkennen gibt und sich sinnenhaft greifbar darbietet, was an die ähnliche Szene Lk 24,39 erinnert, nicht zu verkennen, daß auch bei Johannes um diesen Leib des Auferstandenen ein Geheimnis waltet, etwas Außergewöhnliches und Wunderbares, das durch das «Kommen bei verschlossenen Türen» angedeutet wird. Aber auch hierin unterscheidet sich Johannes nicht wesentlich von den Synoptikern. Was nun aber den Realismus der Vergewisserung durch die Aufforderung an Thomas angeht, so spielt hier der Gedanke an die Realität des Auferstehungsleibes nicht die einzig ausschlaggebende Rolle. Johannes betont zwar auch diesen Gedanken, aber er steht unter einer anderen theologischen Perspektive als Lk 24,39. Es ist nämlich aus dem Geist und der Ausrichtung des ganzen 4. Evangeliums zu entnehmen, daß Jesus mit dem Hinweis auf seine geöffnete Seite und auf seine Wundmale etwas Besonderes aufzeigen und offenbaren wollte: nämlich daß er durch seinen Tod der leben- und geistspendende Herr der

Jünger geworden ist. Dem korrespondiert die Betonung der Öffnung der Seite durch den Lanzenstich (Joh 19,34). Der Hinweis auf die Realität des Leibes Christi ist hier also nicht unterdrückt, aber er ist zugleich, wie es die historischen Geschehnisse bei Johannes oft sind, in eine theologische Konzeption aufgenommen, die ihrerseits der historischen Situation nicht widerspricht, sondern sie nur in einem höheren Lichte deutet.

Das darf deshalb betont werden, weil man unter dieser Voraussetzung nun auch erst die volle Bedeutung der Thomasszene für das Auferstehungskerygma des Johannes im ganzen richtig werten kann. An sich könnte man nämlich gerade aus dieser Szene einen Gegensatz zu der früheren Behauptung herauslesen, wonach es zur Annahme der Auferstehung nur durch den Glauben kommt, durch einen in gewisser Hinsicht sogar vorgängigen Glauben, nicht aber durch die Gewalt sinnenhafter Eindrücke und physikalischer Phänomene. Thomas aber scheint doch zum Glauben zu kommen durch das direkte Berühren des Leibes des Auferstandenen, wenn man einmal annimmt (was nicht unmöglich ist), daß er der Aufforderung Jesu vollkommen nachgekommen ist. Dieser Auffassung scheint auch die Aussage Jesu zu entsprechen, die am Ende lautet: «Selig, die nicht sehen und doch glauben.» Damit scheint gemeint zu sein, Thomas habe durch sinnenhaftes, physikalisches Sehen und Berühren den Glauben an den Auferstandenen gefunden, oder anders ausgedrückt, er sei nach den Gesetzen der Optik und der Mechanik zum Glauben an den Auferstandenen gekommen.

Schon diese etwas zugespitzte Formulierung deutet an, daß das so nicht gemeint sein kann. «Sehen» meint auch an dieser Stelle, wie immer im 4. Evangelium, ein vom Geist erfülltes Aufnehmen eines göttlichen Zeichens, als welches auch die Erscheinung Jesu anzusprechen ist. Dieses Sehen ist also auf ein Zeichen gerichtet und vermag kraft innerer Erleuchtung das Zeichen als göttliches Zeichen anzuerkennen, was z. B. die Juden nach dem 4. Evangelium nicht können. In diesem Sehen schwingt also schon ein Moment des *Glaubens* mit. Thomas sieht auf diese gläubige Weise die Erscheinung und kommt daraufhin zum *vollendeten Glauben* an den Auferstandenen und sogar zum Glauben an Jesu göttliche Sohnschaft. Das besagt im ganzen, daß hier im Grunde die Verifizierung der Erscheinung als Erscheinung des Auferstandenen auch nicht wesentlich anders erfolgt als bei allen Erscheinungen, auch bei denen der Synoptiker.

Wenn man die Thomasszene so interpretiert, ergibt sich allerdings noch eine Schwierigkeit, die in dem Worte Jesu Vers 29 liegt: «Selig, die nicht sehen und doch glauben.» Hierin sieht man allgemein einen Tadel an die Adresse des nur durch handfeste Beweise zum Glauben kommenden Thomas eingeschlossen. Allerdings erscheint eine solche Ausdeutung des Wortes doch vordergründig. Sie berücksichtigt nicht, daß sich ein solcher Tadel eigentlich an alle Jünger gerichtet hätte, weil sie alle erst auf Grund von Erscheinungen zum vollkommenen Osterglauben kamen. Deshalb ist die Erklärung überzeugender: «Die zweite Hälfte des letzten Wortes Jesu richtet sich im Grunde kaum mehr an Thomas, sondern über Thomas hinaus an die Leser, für die nach Joh 20, 31 die Zeichen aufgeschrieben sind. Sie werden nämlich diese Zeichen nicht mehr haben und empfangen[31].» Sie sind allein auf das Wort des Herrn, weiterhin auf das Evangelium, konkret auf das Evangelium des Johannes angewiesen. Darauf will der vierte Evangelist hier noch einmal aufmerksam machen.

Auch wenn der vierte Evangelist mehr als seine Vorgänger an der Heraushebung der theologischen Bedeutung der Begebnisse nach Ostern interessiert ist und wenn es daraufhin nicht möglich ist, das von ihm Berichtete nach allen Einzelheiten historisch genau zu verifizieren, so will er doch andererseits wirklich Geschehenes berichten. Darin wie in dem Gehalt des Berichteten unterscheidet er sich nicht wesentlich von den synoptischen Berichten[32].

[31] Ders., 110. Daß die Ostererscheinungen zu den johanneischen «Zeichen» gehören, weist nach A. Feuillet, a.a.O., 581. Zur Bedeutung der johanneischen «Zeichen» selbst vgl. R. Schnackenburg, Das Johannesevangelium I, Freiburg 1965, 344–356.

[32] Das gilt auch von der Erscheinung im sogenannten Nachtragskapitel (21), das den anderen Osterberichten des vierten Evangeliums gleichzustellen ist. Vgl. auch J. Kremer, a.a.O., 128ff; so auch A. Feuillet, a.a.O., 591.

2. PROBLEME UND KRITIK DER EVANGELISCHEN OSTERBERICHTE

Die Osterberichte der Evangelien wurden im Vorhergehenden zunächst so ausgelegt, wie sie an sich selbst erscheinen. Der Betrachter stellt sich gleichsam auf ihren eigenen Standpunkt und fragt zunächst nur, was sie selber sagen und wie sie sich verstehen wollen. Darum wurde noch nicht die kritische Frage gestellt, was die dort gemachten Aussagen etwa *heute* bedeuten können, ob etwa nach heutigen Naturkenntnissen diese Erscheinungen als Halluzinationen oder Visionen zu gelten hätten.

Diesem Vorgehen liegt eine gewisse hermeneutische Grundauffassung zugrunde, die verdeutlicht werden muß, bevor die kritischen Fragen des heutigen Verständnisses bezüglich der Auferstehungsbotschaft und der Erscheinungsberichte aufgenommen werden.

a) Die hermeneutische Grundoption

Der hier gewählte Ausgangspunkt ist identisch mit der Überzeugung, daß man die Texte zunächst nach ihrem eigenen Verständnis befragen und sie das sagen lassen müsse, was sie selbst sagen wollen[33]. Dabei konnten eine ganze Reihe von bedeutsamen Tatbeständen zutage gefördert werden. Aber diese Tatbestände werden von einer anderen hermeneutischen Konzeption mit einer Handbewegung abgetan. Hier liegt die Ausgangsbasis in der Behauptung: Die Interpretation der Texte darf nicht unter der Frage stehen: Was meinte etwa der biblische Hagiograph unter «Auferstehung» oder «Erscheinung», sondern was bedeutet *heute für uns* «Auferstehung»[34].

Es läßt sich unschwer zeigen, daß unter einem solchen eingeengten Aspekt eine sachgemäße Schriftinterpretation nicht zustande kommt. Hier wird das gegenwärtige Interesse und der gegenwärtige Verständnishorizont zur absoluten Herrschaft über den Text erhoben. Bei Ansatz eines solchen Blickwinkels könnte es geschehen, daß man an einem Text unter Umständen und in gewissen geistesgeschicht-

---

[33] Vgl. dazu auch H. Urs von Balthasar, Der Gang zum Vater: Mysterium Salutis III/2, 257.

[34] Deutlich wird diese Grundkonzeption u.a. bei H. Ebert, Die Krise des Osterglaubens, in: Hochland 60 (1967/68) 305-331.

lichen Situationen überhaupt nichts mehr für die Gegenwart Interessantes vorfindet; d.h., daß dann die Schrift beliebig ausgewählt, aber vielleicht auch gänzlich unbeachtet gelassen werden könnte. Das ist nicht nur vom Glauben her undenkbar, sondern auch hermeneutisch nicht zu rechtfertigen; denn wenn allein das Gegenwartsinteresse die Textbefragung und Interpretation leitet, ist das Interesse an dem, was der Text selbst sagen will, bereits ausgeschaltet. Der Text als solcher ist gar nicht mehr ernst genommen. Deshalb ergibt eine solche Textinterpretation am Ende eigentlich niemals etwas Neues. Sie fördert das vielleicht etwas deutlicher zutage, was der Interpret schon dunkel in sich trägt. Von einem solchen Ausgangspunkt muß der Exeget am Schluß etwa zu der Meinung gelangen, daß in den Osterberichten eine Ausgestaltung der Idee der Freiheit intendiert sei. Diese Idee werde realisiert in den Freiheitstaten des Menschen während seines Lebens. Mehr kann heute «Auferstehung» nicht mehr besagen wollen.

Die Antwort auf diese aus einem unzureichenden hermeneutischen Prinzip kommende Interpretation darf heißen: Zum Gewinn dieser Erkenntnis bedürfte es weder des Wortes «Auferstehung» noch auch der Berichte der Heiligen Schrift. Im Grunde kommt diese Erkenntnis auch nicht aus der Schrift. Sie ist vom Interpreten vorher schon gewußt und zwar zusammen mit jedem denkenden Menschen, der nur etwas von Freiheit weiß. Hier geschieht eine deutliche Entkerygmatisierung, die der Schrift und Jesu Christi im Grunde gar nicht mehr bedarf.

So läßt sich zeigen, daß das «Gegenwartsinteresse» kein legitimes hermeneutisches Prinzip für eine historisch-kritische Forschung ist. Zu ihr gehört gerade auch das Interesse an dem «Damals», an der Frage im Sinne L.v.Rankes, «wie es wirklich gewesen ist». Das sagt nicht, daß das Interesse an der Gegenwart bei der Interpretation der Schrift keine Rolle spielen sollte oder dürfte. Es wird natürlich bei der Interpretation immer mit im Spiele sein, sonst würde der Mensch wahrscheinlich gar nicht zu einem alten historischen Text und zu einer geschichtlichen Quellenschrift greifen. Er tut es tatsächlich immer auch unter Anleitung der Frage: «Was hat diese Schrift uns heute und jetzt zu sagen?» Er tut es deshalb immer im Horizont der eigenen Zeit und ihrer Bewußtseinssituation. Aber dieser Horizont darf nicht der einzige sein. Die hermeneutische Kunst besteht gerade darin, daß der Exeget das Fremde in sein eigenes Bewußtsein hebt, das heißt: daß der Interpret den vergangenen Horizont erfaßt und in seinen eigenen Horizont einfügt. Das ist die von H.G.Gadamer so genannte

«Horizontverschmelzung» im hermeneutischen Verfahren. Sie erst garantiert, daß der Interpret einen Text der Vergangenheit ganz ernst nimmt und ihn dann auch ganz in seine Zeit hineinstellt. Bei dieser Übernahme kann und wird das Weltbildbedingte der damaligen Zeit selbstverständlich vom heutigen Weltverständnis aufgehoben oder verwandelt werden. Aber das damals Gemeinte wird beständig bleiben und nicht durch die heutige Erkenntnis ersetzt werden; denn dazu bedürfte es überhaupt keines Rückganges in die Vergangenheit und zum alten Text.

Dieser hermeneutische Exkurs sollte auf die Problematik einer Exegese hinweisen, die als erstes die Frage nach dem eigenen Nutzen oder Interesse bei der Interpretation stellt. Was die positive Forderung der sogenannten «Horizontverschmelzung» im Punkte der Exegese der Auferstehungsberichte zu leisten vermag, sei im folgenden angedeutet.

b) Die literarische Eigenart der Osterberichte und der historische Inhalt

Es muß heute nicht mehr besonders hervorgehoben werden, daß die Osterberichte der vier Evangelien keine historischen Darstellungen über die Vorgänge an Ostern und danach sind, daß sie also keine Berichte im Sinne der modernen Geschichtsschreibung darstellen. Aber man braucht nicht einmal gleich auf die moderne Geschichtsschreibung zu verweisen, um die Eigenart dieser Berichte herauszustellen. Man darf auch sagen, daß diese Erzählungen selbst keine historischen Berichte im Sinne der *alten Geschichtsschreibung* sind, etwa, um ungefähr Zeitgenossen der Jesusgeschichte zu nennen, des Flavius Josephus († nach 100) und des Tacitus († 120 n. Chr.); denn alle Evangelien sind Glaubenszeugnisse über Heilsereignisse. Sie berichten weder eine profane Geschichte noch verstehen sie ihre Aussagen als Vermittlung rein historischen Wissens. Es sind Bekenntnisaussagen, die *vom* Glauben *zum* Glauben gehen. Die Vorgänge, von denen die Evangelisten überzeugt waren, sind deshalb nicht in isolierter Distanz dargestellt. Vielmehr sind sie unlösbar mit dem Glaubenszeugnis verbunden. Sie sind kerygmatische Zeugnisse einer heilsbedeutsamen Geschichte.

Das ist allerdings noch eine sehr allgemeine Kennzeichnung der literarischen Eigenart der Erscheinungsberichte. Einzelne Theologen haben solche genaueren Fixierungen versucht. So spricht E. Hirsch einfach von kirchlichen Legenden, was auch heute noch nachgesprochen wird. Von diesem Verständnis zeugt der Satz: «Alle Geschichten von Erscheinungen in Jerusalem oder gar am Grabe haben sich als freie Erzeugnisse der Legende der zweiten christlichen Generation erwiesen[35].» Unter «Legenden» aber sind Erzeugnisse des religiösen Enthusiasmus verstanden, wie sie die Geschichte aller Religionen, die voll von Seltsamkeiten ist, immer zeigt. Dabei ist nicht beachtet, daß der wissenschaftliche Gebrauch von «Legende» keineswegs besagt, es müsse sich dabei um reine Erfindungen der Phantasie handeln. «Im wissenschaftlichen Begriff der Legende liegt eine Erweiterung eines historischen Kerns durch unhistorische bzw. phantastische Elemente[36].» Es müßte also selbst bei der Verwendung des Genus der Legende nach einem historischen Kern gefragt werden.

Heute hat sich seit Bultmann eine andere Angabe des literarischen Genus eingebürgert, die auch schon bei E. Hirsch anklingt. Das ist die Kennzeichnung dieser Berichte als «*Mythen*». So behauptet R. Bultmann: Wie das Christentum im ganzen auf die zeitgeschichtliche Mythologie der jüdischen Apokalyptik und auf den gnostischen Erlösungsmythos zurückzuführen sei, so habe besonders auch das Zeugnis von der Auferstehung «das Gepräge des Mythos»[37]. Aber im ganzen zeigen doch diese Geschichten, daß sie allein schon in formalen Zügen von Mythen wesentlich unterschieden sind: der Mythos berichtet von allgemeinen religiösen Ideen und Wahrheiten, die nur für die leichtere Faßlichkeit des Menschen historisiert und veranschaulicht werden. Die Evangelien berichten von einer historischen Person und ihren einmaligen Taten. Sie schließen z.B. die Auferstehungsgeschichten gleich an die Passionsgeschichte und an die Grablegung an. Wenn man auf das eine – die Auferstehung – den Begriff des Mythos überträgt, müßte man das gegenüber dem anderen – der Passion – auch tun, was natürlich kein Theologe und Exeget tut. Aber das geschieht dann eben doch um den Preis einer Inkonsequenz. Auch die spezielle Konkretheit, mit der die Erscheinungen als in Raum und Zeit fixierbare Ereignisse beschrieben werden, steht gegen die Annahme, daß es sich hier um mythische Aussagen handelt.

Man könnte auch noch verschiedene andere innere Kriterien aufzeigen, die es unmöglich machen, diese Erzählungen als Mythen zu bezeichnen, z.B. auch den Umstand, daß Mythen immer anthropozentrisch fundiert und ausgerichtet sind, also phantasievolle Ausschmückungen menschlicher Grundbefindlichkeiten darstellen. Dem

---

[35] E. Hirsch, Die Auferstehungsgeschichten und der christliche Glaube, Tübingen 1940, 27.
[36] Sagen und Legenden: RGG V, 1301 (E. Jacob).
[37] Kerygma und Mythos I, 15; 20.

widerspricht aber die Eigenart dieser Berichte, aus denen immer wieder die Tatsache hervortritt, daß hier nicht die Jünger handeln, sondern daß sie rein passiv von außen betroffen werden. Auch zeigt nichts an diesen Berichten, daß die Jünger mit besonderer Phantasie ausgestattet und begabt gewesen wären.

Damit aber kommt auch ein äußeres Kriterium in Sicht, das genauer auf das Wesen und Entstehen von Mythen eingeht und das den nichtmythischen Charakter der Ostergeschichten dartun kann. Es ist die Feststellung, daß Mythen nicht in ein paar Jahren entstehen und von ein paar Menschen erzeugt werden können. Das Werden und Wachsen von Mythen geschieht wie das der Naturreligionen, zu denen sie gehören, in Jahrhunderten. Diese Erkenntnis erlaubt eine genauere Nutzanwendung auf die Ostergeschichte. Sie besagt: Wenn es sich hier um Mythen handelte, wäre ihr Entstehen nicht zu erklären durch die wenigen Mitglieder der Urgemeinde und auch nicht in den wenigen Jahren, die zwischen dem Tod Jesu und der Abfassung der ersten Traditionsstücke über die Auferstehung in den Gemeinden lagen. Falls man an den Ostergeschichten als Mythen festhält, müßte man sich, wenn man den Erkenntnissen der Religionsgeschichte nicht widersprechen will, wenigstens zu der Konsequenz bequemen und zugeben: Es gab in der jüdischen Umwelt einen solchen alten Mythos über die Auferstehung eines verstorbenen Gemeindegründers, an den die Urgemeinde hätte anknüpfen können, unter dessen Einfluß sie stand und den sie nur hätte übernehmen und auf Jesus übertragen müssen. Aber zu dieser an sich möglichen Hypothese hat schon *A.v. Harnack* festgestellt: «Es führt keine Überlieferung auf die Annahme, daß in den Kreisen, aus welchen Petrus und die ersten Jünger stammten, bzw. in dem damaligen frommen Judentum Palästinas, ein solcher Mythos überhaupt bekannt gewesen ist, der gar innerhalb der Religion eine Stelle gehabt hätte[38].» Harnack fügte dem eine Beobachtung hinzu, die auch heute noch Geltung besitzt: Daß die Jünger hier nichts erfunden und mythologisch gedeutet haben, zeigt sich auch in der «vollkommenen Überraschung, mit welcher das Ostererlebnis bei den Zwölfen auftrat». In dieser Hinsicht ist das Ostererleben in nichts mit dem Entstehen oder dem Weiterführen eines Mythos zu vergleichen.

Aber die Problematik ist heute doch noch um eine Nuance reicher und differenzierter geworden. Man hat nicht zuletzt aus Gründen einer geschichtlichen Verifizierung der Auferstehungsbotschaft erkannt,

[38] A.v. Harnack, Die Entstehung der kirchlichen Theologie und des kirchlichen Dogmas, Gotha 1927, 46.

daß sie trotz ihres unerwarteten Charakters und ihrer Überraschung in ihrem inneren Verständnis in gewisser Hinsicht doch im geschichtlichen Dasein der Jünger oder der ersten Christen vorbereitet gewesen sein müsse. Man darf nämlich die folgende Voraussetzung konzedieren: Wäre den Jüngern überhaupt kein natürliches Vorverständnis von «Auferstehung» zu eigen gewesen, so hätten sie eine «Auferstehungsbotschaft» kaum annehmen und begreifen können. Sie hätten eigentlich gar nicht wissen können, was damit gemeint und gesagt werden sollte. Ein allgemeineres Vorverständnis von dem, was Auferstehung bedeutet, muß deshalb nicht nur für die Erklärung des Verhaltens der Jünger angenommen werden, sondern auch für ein geschichtlich-vernünftiges, aus der Situation verstehbares Ankommen der Osterbotschaft. Es muß zum geschichtlichen Verständnis dieser Botschaft zwar nicht das Vorhandensein eines Mythos angenommen werden – das ist sogar auszuschließen –, aber es ist doch das Vorhandensein eines gewissen geistigen Hintergrundes anzunehmen, einer ideengeschichtlichen Tradition. Sie bot sozusagen den Verständnishorizont, in den die Auferstehungsbotschaft eingehen konnte und ohne den sie tatsächlich nicht hätte verstanden werden können.

Die Existenz eines solchen Verständnishorizontes ist heute seitens der Forschung anerkannt. Es ist *die spätjüdische Apokalyptik* mit ihrem Glauben an eine endzeitliche Auferstehung der Toten, eine Tradition, in der auch Jesus selbst stand. Dieser Glaube war in den beiden letzten vorchristlichen Jahrhunderten im Judentum, im Pharisäismus und in der Apokalyptik verbreitet. Er bestand näherhin in der Erwartung einer Neuerweckung jedes individuellen Lebens am Ende der Zeiten unter Einbeziehung auch des Schicksals des Leibes. Diese spätjüdische Apokalyptik war im Ausdruck zwar stark bildlich gefaßt und anschaulich gehalten, aber sie enthält in ihrem Kern nichts dem späteren christlichen Glauben Unannehmbares [39].

[39] Vgl. dazu W. Pannenberg, Grundzüge der Christologie, Gütersloh 1964, 74ff. Es ist verständlich, daß die Verfechter eines gänzlich aus der Geschichte, näherhin vom historischen Jesus abzuleitenden Osterglaubens, die Existenz einer Tradition vom «auferstandenen Gerechten» im Spätjudentum (Elias, der Täufer) nachweisen möchten. Aber diese Konstruktion scheitert an zwei Tatbeständen: einmal an der gänzlich sachlichen Verschiedenheit zwischen den jeweils als auferstanden Gedachten (der Täufer – Jesus), zum anderen an dem Umstand, daß diese Tradition so wirkungslos blieb. Die Hypothese kam m.a.W. nicht erklären, warum das Judentum die Auferstehungsbotschaft nicht annahm, wo sie ihr doch angeblich so vertraut war. Vgl. dazu die Auseinandersetzung um «Die Entstehung des Auferstehungsglaubens», in: ThQ 153 (1973) 201–294, bes. die Beiträge von P. Stuhlmacher und M. Hengel.

Die Annahme eines solchen vorgegebenen Verständnishorizontes ist für ein geschichtliches Denken von der Auferstehung, das auch die natürlich-geschichtlichen Komponenten der Heilsgeschichte und des Heilsglaubens ernst nimmt, nicht zu entbehren. Diese Annahme könnte jedoch von den Kritikern des christlichen Auferstehungsglaubens sofort ins Negative gewandt und daraus gefolgert werden: Damit sei ja doch erwiesen, daß der Auferstehungsglaube aus der jüdischen Apokalyptik kam und eine christliche Weiterbildung dieser Apokalyptik darstelle. Aber das wäre doch ein voreiliger Schluß; denn zunächst ist ein Verständnishorizont, ein Verständnismodus, eine Auffassungskategorie immer nur die Bedingung und Voraussetzung für das Verstehen, niemals die Ursache und die hervorbringende Kraft für die Erkenntnis von Wahrheiten und Fakten. Eine solche Bedingung kann keine Erkenntnis von Fakten und Wahrheiten hervorbringen, sie kann nur erklären, wie solche Wahrheiten vernünftig und geschichtlich erfaßt werden können. Ferner aber ist auch noch der inhaltliche Unterschied zwischen spätjüdischer Apokalyptik und dem christlichen Auferstehungsglauben zu beachten: Dort ging es um eine allgemeine Auferstehung von den Toten in der Endzeit; hier ging und geht es um die Auferstehung eines einzelnen geschichtlichen Menschen mitten in der Welt. Also war der Inhalt der christlichen Auferstehungsbotschaft nicht aus dem Inhalt der jüdischen Apokalyptik abzuleiten. Wohl aber konnte dieser Inhalt unter der Voraussetzung der jüdischen Apokalyptik als möglich angenommen und geglaubt werden. Dies geschah dann freilich so, daß darin immer noch etwas Überraschendes und Einmaliges zum Ausdruck kam. So wichtig deshalb der Verstehenshorizont der jüdischen Apokalyptik für die Annahme der Auferstehungsbotschaft und ihrer organisch-geschichtlichen Vermittlung auch war, so wenig kann sie als die treibende Kraft des christlichen Auferstehungsglaubens ausgegeben werden. Es ist deshalb auch charakteristisch, daß heute zur Kennzeichnung der literarischen Eigenart der Auferstehungsberichte die Gattungen der Legende, des Mythos und der apokalyptischen Rede nicht mehr so bevorzugt herangezogen werden. Statt dessen ist eine moderne Typisierung in den Vordergrund gerückt, die allerdings den Nachteil hat, daß sie historisch nicht im Denkbereich der alten Welt und in der historischen Bewußtseinslage angesiedelt ist. Es ist die moderne Aussage über das «*Interpretament*», unter welche Kennzeichnung die Auferstehungsgeschichten gebracht werden. Der Ausdruck wird vor allem von *W. Marxsen* bevorzugt. Diese Geschichten sind nach ihm Interpretamente, d. h. Interpretationsmodelle für etwas anderes, das die Jünger erfuhren und das sie eben interpretieren mußten. Das Entscheidende bei der Beurteilung des Begriffes «Interpretament» liegt in der Frage, was hier von den Jüngern eigentlich interpretiert wurde. Das war nach Marxsen nicht ein äußeres geschichtliches Ereignis, sondern nur ein inneres Widerfahrnis. Dieses innere Widerfahrnis ist genauer «das Widerfahrnis des Sehens» des Gekreuzigten durch die Jünger[40]. Beachtlich ist im ersten Ansatz das Zugeständnis, daß die Auferstehungsbotschaft der Jünger nicht sozusagen in der Luft hing, sondern daß sie an bestimmte Widerfahrnisse des Jünger anknüpfte, genauer an die Erscheinungen Jesu, deren Historizität Marxsen an vielen Stellen seiner Ausführungen nicht bezweifelt. Und das ist nicht wenig. Aber Marxsen, der immer wieder betont, daß er an die Auferstehungsgeschichten als Logiker mit der ganzen Schärfe des Denkens herangehen wolle und dann auch meint, daß seine Thesen logisch unwiderlegbar seien, läßt die Historizität der Erscheinungen und des Sehens in anderen Aussagen auch wieder in einer merkwürdigen Zweideutigkeit stehen. Er sagt nämlich gelegentlich bezüglich dieses Widerfahrnisses auch nur dies, daß die Jünger das Sehen als Widerfahrnis aussagten. Das heißt, daß er dann nicht das Sehen der Jünger als geschichtliches Ereignis wertet und eindeutig festhält, sondern nur das Zeugnis der Jünger von diesem Sehen[41]. So läßt er dann geradezu das sogenannte Widerfahrnis der Jünger mit dem Zeugnis der Jünger zusammenfallen. So gesehen, kann als das eigentliche geschichtliche Ereignis in den Ostergeschichten nur das Zeugnis der Jünger gelten. Hinter dieses Zeugnis könne man nicht mehr zurückfragen. Dieses Zeugnis bezeugt dann nicht mehr ein Ereignis, das sich außerhalb der Vorstellungswelt der Jünger ereignete, sondern es bezeugt das «Zum-Glauben-Kommen» oder das zum «Glauben-Gekommensein» der Jünger, vor allem des Petrus. *Wie* die Jünger zum Glauben gekommen sind, könne nach Marxsen nicht gesagt werden. Das brauche auch nicht zu interessieren; denn es handelte sich hier um ein Wunder, das unerklärlich sei[42]. Dieses

---

[40] W. Marxsen, Die Auferstehung Jesu als historisches und als theologisches Problem: Die Bedeutung der Auferstehungsbotschaft für den Glauben an Jesus Christus, Gütersloh [5]1967, 23.

[41] Vgl. zur Kritik an W. Marxsen auch E. Ruckstuhl – J. Pfammatter, a.a.O., 77.

[42] W. Marxsen, Die Auferstehung Jesu von Nazareth, 142. Dabei ist zu erkennen, daß Marxsen den Begriff des «Wunders» auch wieder nur als «Interpretament» ansieht, wie der Satz zeigt: «Wenn jemand angesichts der konstatierbaren Wirklichkeit bekennt: Hier hat Gott eingegriffen, dann interpretiert er die konstatierte Wirklichkeit als Wunder» (143 f). So steht ein Interpretament auf dem anderen, keines erfaßt aber die Wirklichkeit.

Wunder des Glaubens haben die Jünger interpretiert mit den Aussagen «Jesus lebt» oder noch drastischer «Er ist auferstanden». Damit war von ihnen aber nicht eine wirkliche Auferstehung oder ein neues Leben Jesu nach dem Tode gemeint, sondern nur dies, daß der historische Jesus in seinen Worten und Taten den Jüngern noch etwas zu sagen hatte, oder, daß «die Sache Jesu» weitergehe. So kann es abschließend auch heißen: «Jesus hat die Auferstehung in das neue Leben schon vor seiner Kreuzigung gelebt und geschenkt. Darum kann man geradezu sagen, daß Jesus schon vor seiner Kreuzigung auferstanden ist[43].» Klarer ist nicht zu beweisen, daß hier der Auferstehungsglaube aufgegeben ist. An seine Stelle ist ein Glaube an die Bedeutsamkeit des historischen Jesus getreten. Da aber die Anerkennung einer Bedeutsamkeit Jesu schon Glaube ist, wird «Auferstehung» zu einer völlig überflüssigen und in sich widersprüchlichen Formel für das «an den Glauben glauben».

Bezüglich des Momentes des «Sehens» der Jünger ist von biblischen Erwägungen her noch eine weitere Einwendung möglich. Wenn man das Sehen des Petrus und der Jünger nicht als historisches Ereignis gelten läßt, dann ist zunächst der neutestamentliche *Begriff des Zeugnisses* und des Zeugen entwertet. Das Neue Testament versteht unter Zeugnis nicht eine Aussage über eine eigene Befindlichkeit oder über den eigenen Glauben, sondern über Ereignisse der Heilsgeschichte, wie Apg 1,21f deutlich zeigt. Eine Aussage, die nur den eigenen Glauben oder das Zum-Glauben-Kommen bekräftigt, wäre nach dem Neuen Testament kein Zeugnis, und der betreffende Mensch wäre kein Zeuge. Allerdings hat es in nachapostolischer Zeit (vgl. Apg 22,20) eine Erweiterung des Zeugen-Begriffs in Richtung auf das Wahrheitsbekenntnis gegeben. Aber auch dies hat nichts mit dem Vorgang des eigenen Zum-Glauben-Kommens zu tun, sondern setzt diesen Vorgang voraus[44].

Schließlich bietet auch der Begriff des «Interpretamentes» in Anwendung auf das nachösterliche Geschehen Anlaß zu einer kritischen Erwägung. Die Einführung eines neuen Wortes in einen Problemzusammenhang ist ein sprachliches Geschehen, das nicht unbeachtet bleiben darf. «Interpretament» meint nach allem, was aus dem Wortgebrauch bei W. Marxsen zu erschließen ist, eine theoretische Erklärungsgröße im Hinblick auf einen Sachverhalt, der ohne eine solche Erklärung undeutlich oder unverständlich bliebe. Als ersten und nächsten Gegenstand eines Interpretaments wird man ein Wort

---

[43] Ebd., 187.
[44] Vgl. ThWNT IV, 499ff (Art. martys: Strathmann).

oder einen Satz anzunehmen haben, die der Erklärung bedürftig sind. Der Gedankenführung W. Marxsens folgend, kann das in der Situation der Jünger nach dem Tode Jesu nur der Satz gewesen sein: Wir glauben an Jesus von Nazareth. Nun ist es – rein theoretisch betrachtet – schon fraglich, ob es bezüglich eines solchen Glaubenssatzes überhaupt einer Interpretation oder eines Interpretamentes bedarf. Diesen Satz wird man annehmen oder ablehnen, aber man wird ihn nicht interpretieren müssen. Vor allem ist ein solcher Vorgang dann unerklärbar, wenn er im Ergebnis nicht zum besseren Verständnis des Sachverhaltes führt, sondern zu seiner Verdunkelung, die auch durch eine ungeziemende Aufbauschung möglich ist.

Auf die Situation der Jünger nach dem Karfreitag bezogen, besagt das Argument: Marxsen wie die Exegeten dieser existentialistischen Richtung können nicht klar machen, warum die Jünger zum Ausdruck ihres Glaubens an den historischen Jesus zu Vorstellungen griffen wie «leeres Grab», «Auferstehung» oder «Erhöhung», die den schlichten Glauben an die «Sache Jesu» nur vergröbert und entstellt hätten. Wenn man das trotzdem (ohne Erklärung) annimmt, sollte man es nicht «Interpretament» nennen, sondern eindeutiger von einer Fehl- oder Falschinterpretation sprechen.

Marxsen, der diesen Einwand wenigstens implizit gegenwärtig zu haben scheint, antwortet in einem ähnlichen Zusammenhang mit dem Hinweis auf die Mentalität der Orientalen, die sich einen Gedanken ausmalen, ihn in Bilder fassen und ihn in handgreifliche Ereignisse umsetzen müßten[45], um ihn festhalten zu können. Aber das Fehlerhafte dieser Erklärung ist allein schon mit dem Hinweis auf den Gebrauch von Gleichnissen und Bildern im Neuen Testament aufzudecken, die als solche gekennzeichnet und eindeutig von der «historischen» Wirklichkeit abgehoben sind[46]. Hieran zeigt sich, daß Marxsen nicht erklären kann, wie es zugehen konnte, daß die Jünger zum Zwecke der Interpretation des historischen Jesus *nicht* zu den ihnen verfügbaren Gleichnisaussagen griffen, sondern hier «Ereignisse» postulierten, die sich deutlich von jeder bildlichen Darstellung unterscheiden.

Das läßt sich nur erklären, wenn man annimmt, daß hier etwas vorlag, was nicht gleichnishaft ausgesagt werden konnte, weil es etwas schlechthin Unvergleichliches, etwas einzigartig Neues und Wirkliches war.

[45] W. Marxsen, a.a.O., 159f.
[46] Vgl. dazu die eindrucksvolle Beweisführung des Historikers H. Staudinger, Die historische Glaubwürdigkeit der Evangelien, Würzburg 1974, 101f.

Mit der vorstehenden Kritik an den Klassifizierungen der Osterberichte als «Mythen», «Legenden» oder «Interpretamenten» ist nicht behauptet, daß solche Bestimmungen des literarischen Genus dieser Erzählungen gänzlich unangepaßt wären. Es soll damit nur gesagt sein, daß die Beanspruchung dieser literarischen Genera nicht automatisch den Ausschluß von wirklich Geschehenem zur Folge haben darf. Das ist gegenüber dem heute oft vorschnell entstehenden Eindruck zu betonen, daß mit der Bezeichnung dieser Geschichten als «Legenden» oder «Interpretamente» die Frage nach dem Inhalt schon entschieden sei und gar nicht mehr gestellt werden könne. Dagegen hat W. Marxsen selbst einmal Einspruch erhoben, wenn er erklärte: «Das Ergebnis der Formgeschichte darf nicht verwechselt werden mit einem historischen Urteil über den Inhalt der Traditionsstücke»[47], so als ob etwa eine «Legende» oder ein «Interpretament» ohne inhaltliche Bedeutung wären. Allerdings ist damit auch wieder nicht festgestellt, daß diese Inhalte «historischer» Art sein müßten.

Deshalb steht weiter die Frage an, ob etwa diese literarischen Formen (die sachgemäßeste unter ihnen ist noch die des «kerygmatischen Zeugnisses») ohne «historischen» Inhalt auskommen können und so zu verstehen sind.

Dabei sollen zunächst die Gegenargumente zu Worte kommen, die auf die Schwierigkeiten aufmerksam machen, in diesen Berichten etwas objektiv Inhaltliches und etwas Historisches ausfindig machen zu können.

c) Die Schwierigkeiten der historischen Erklärung

Ein wesentlicher, von Reimarus und Dav. Fr. Strauss bis hin zu E. Hirsch gegen diese Möglichkeit erhobener Einwand ist der, daß diese Berichte voller *Widersprüche* seien. Daraufhin könne man aus ihnen keinen unbezweifelbaren geschichtlichen Fortlauf, keine eindeutige historische Handlung herausarbeiten. Auf solche Widersprüche ist im Vorausgehenden immer schon hingewiesen worden. Sie liegen u.a. in der Verschiedenheit der Terminangaben über den Gang der Frauen zum leeren Grab (einmal bei Sonnenaufgang, zum anderen im Morgengrauen); ferner in der Unstimmigkeit bezüglich der Zahl der Frauen am Grabe wie der Zahl der erscheinenden Engel; schließlich in den unterschiedlich geschilderten Reaktionen der

---

[47] W. Marxsen, Anfangsprobleme der Christologie, Gütersloh 1967, 11.

Frauen (einmal schweigen sie, zum anderen verkünden sie die Erscheinungen). Verschieden sind auch die Angaben über die Reihenfolge der Erscheinungen (nach Lukas scheint dem Petrus die erste Erscheinung zuteil geworden zu sein), über ihre Lokalisierung (die Voraussagen der Evangelisten weisen vornehmlich auf Galiläa hin, während sich tatsächlich die meisten Erscheinungen in Jerusalem ereignen). Eine als Beispiel erwähnenswerte Einzeldivergenz ergibt sich auch aus dem Bericht über die Erscheinung vor Thomas am Oktavtag von Ostern, wie sie Joh 20, 24-29 berichtet. Nach Matthäus sollten die Jünger sofort nach Galiläa ziehen, um dort dem Herrn zu begegnen. Nach Johannes halten sie sich aber noch mindestens acht Tage in Jerusalem auf.

Weitere Unterschiede betreffen die Beschreibung der Erscheinungsvorgänge und die Darstellung des Auferstehungsleibes, die bei Lukas sicher realistischer gehalten ist als bei Matthäus. Auch die Reaktion der Jünger ist eine verschiedene (einmal erschrecken sie und glauben, ein Gespenst zu sehen: Lk 24,37, zum anderen freuen sie sich: Joh 20,20). Unterschiedlich sind auch die Angaben über das, was der Auferstandene den Jüngern sagt: Bei Mt 28,20 erteilt er ihnen den Missionsbefehl, bei Joh 20,22 gibt er ihnen den Heiligen Geist, den die Jünger nach Lukas wiederum erst fünfzig Tage später am Pfingstfest empfangen.

Gerade aber die letzte, von W. Marxsen besonders hervorgehobene Dissonanz[48] zeigt auch die Problematik, die darin besteht, solche Divergenzen zu pointiert herauszustellen und aus der Suche nach Unterscheidungen sozusagen ein selbständiges Geschäft zu machen. Es läßt sich nämlich andererseits auch zeigen, daß manche dieser Unterschiede keine grundsätzlichen und unversöhnlichen Differenzen sind. Der Missionsbefehl, mit dem die zweite Erscheinung bei Matthäus verbunden ist, wird auch bei Joh 20, 21 angedeutet in den Worten: «Wie mich der Vater gesandt hat, so sende ich euch.» Was aber die erwähnte Geistverleihung an die Apostel angeht, so liegt durchaus kein Widerspruch in der Annahme, daß schon der Auferstandene eine solche vorgenommen hat und daß das Pfingstereignis nur die Veröffentlichung und die Universalisierung dieses Geschehens vor der Kirche und vor der Welt erbrachte.

Es wäre genauso legitim, wenn man weiterhin auch gewisse *Unterschiede* in der psychologischen Charakterisierung der Erscheinungsszenen *nicht als absolute Widersprüche* stilisieren und herausstellen

---

[48] W. Marxsen, Die Auferstehung Jesu von Nazareth, a.a.O., 77.

würde. Daß z.B. die Jünger nach Lk 24,37 vor der Erscheinung erschrecken, daß sie sich dagegen nach Joh 20,20 «freuten, den Herrn zu sehen», braucht nicht als unversöhnlicher Widerspruch empfunden zu werden. Es ist grundsätzlich möglich zu sagen, daß die Reaktion der Jünger durchaus komplex und darum doppeldeutig war. D.h. es könnte hier durchaus die Erklärung angenommen werden, daß zunächst die Reaktion des Erschreckens eintrat, daß sie sich danach aber in die Freude über die Anwesenheit des Erschienenen wandelte. Ein Beurteiler der Szene kann, aus welchen Gründen auch immer, die erste Reaktion bevorzugen, ein anderer Erzähler kann den zweiten Zug in seine Darstellung aufnehmen.

Allerdings sind diese Hinweise nicht mißzuverstehen. Es sollen mit ihnen keine Harmonisierungsversuche der Unterschiede unternommen oder der Eindruck erweckt werden, daß alle diese Berichte mit ihren Divergenzen bei einigem guten Willen vereinheitlicht werden könnten. Das ist tatsächlich nicht möglich und kann auch nicht einmal als Versuch empfohlen werden. Mit diesen Hinweisen soll aber Verständnis dafür geweckt werden, daß auch die *Disharmonisierungsversuche* nicht ein leitendes Prinzip der Exegese werden dürfen; denn wenn man das literarische Genus dieser Berichte betrachtet, bei dem es sich um keine profane Geschichtsschreibung, sondern um kerygmatische Bezeugung einer im Glauben empfangenen und gesehenen Geschichte handelt, wird man solche Widersprüche nicht als entscheidend empfinden und nicht zum Anlaß nehmen, das Berichtete insgesamt als Mythos, als Legende oder als bloßes Interpretament abzutun. Widersprüche gibt es z.B. in der Passionsgeschichte und in den Schilderungen des Letzten Abendmahles auch. Und doch wird man deshalb diese Ereignisse im Kern nicht als ungeschichtlich erklären können. Allerdings hat das W.Marxsen gegenüber den Berichten über das Letzte Abendmahl getan, insofern er bezweifelte, ob Jesus das Abendmahl vor seinem Tode ausdrücklich eingesetzt habe[49]. Aber ein solcher Zweifel offenbart doch nur die Anfälligkeit der historisch-kritischen Methode gegenüber dem Mißbrauch. Hier besteht die Kritik des Fachhistorikers zu Recht, die da sagt: «Zu vielem, was angeblich mit historischen Methoden in einer für den ersten Blick geistreichen Weise herausgearbeitet wird, kann er nur den Kopf schütteln[50].» In Wirklichkeit geht der Exeget hier nicht mehr als Historiker vor, sondern als reiner Textkritiker, der aus Wi-

---

[49] W.Marxsen, Das Mahl. Vorstellungen und Wandlungen: Kontexte I, Stuttgart 1965, 95.
[50] So H.Staudinger, Die historische Glaubwürdigkeit der Evangelien, 8.

dersprüchen in den Texten (unter Einwirkung eines bestimmten systematischen Interesses) sogleich auf das historische Nichtgeschehen schließt, wo doch erst die Geschichte nach der Möglichkeit oder Unmöglichkeit des Berichteten in ihrer ganzen Breite befragt werden müßte.

Bezüglich der Schwierigkeiten der historischen Erfassung der Osterberichte ist daraufhin der Schluß möglich: Wenn ein Theologe an diese Berichte nicht nur als Textkritiker und nicht mit der weltanschaulichen Vorentscheidung des Existentialismus oder des Rationalismus herangeht, sondern wenn er sie auch als Historiker betrachtet, der den Zeugenbeweis der Berichterstatter ernst nimmt, dann wird er zwar bezüglich mancher Einzelheiten in den Berichten die Frage nach der historischen Glaubwürdigkeit oder nach legendären Zügen nicht unterdrücken können, aber er wird im Gesamturteil doch Zurückhaltung üben. Er wird dann wohl auch zugeben, daß manche Fragen unter historischem Aspekt offenbleiben müssen, daß sie weder eindeutig als historisch glaubwürdig noch als in sich unglaubwürdig behauptet werden können. Weil der Historiker die Frage nach dem, was in der Welt möglich oder unmöglich ist, von sich aus nicht beantworten kann, wird er im Hinblick auf Berichte von außergewöhnlichen Ereignissen nicht sofort mit einem «Unmöglich» zur Hand sein. Er «nimmt lieber in Kauf, daß manche Fragen offenbleiben, als daß er durch ungesicherte Interpretationen ein in sich geschlossenes Bild erzwingt»[51].

Bezüglich gewisser Einzelheiten in den Ostererzählungen wird man sogar mit großer Wahrscheinlichkeit für eine legendäre Ausschmückung plädieren können. Eine solche Einzelheit, die bereits erwähnt wurde, liegt wahrscheinlich bei Mt 28,2-4 vor, wo die dramatische Beschreibung der Öffnung des Grabes geboten wird. Andere Erzählungsmomente, deren Deutung in die gleiche Richtung gehen kann, sind die bei allen vier Evangelisten vorhandenen Engelerscheinungen[51a]. Wenn man bedenkt, daß im biblischen Schrifttum und vor allem in den apokryphen Apokalypsen der zwischentestamentarischen Epoche «Engel» mehrfach als Ausdrucksformen und Ausdrucksgestalten zur Darstellung überirdischer Wirklichkeiten und göttlichen Eingreifens in die Geschichte gewertet wurden, wird man von der traditionellen Auffassung insoweit abgehen können, als

---

[51] Ebd., 58.
[51a] Zur Beurteilung der Engelerscheinungen vgl. u.a.: E. Gutwenger, a.a.O., 263. P. Gaechter, Die Engelerscheinungen in den Auferstehungsberichten, in: ZKTh 89 (1967) 191-202; H. Urs v. Balthasar, a.a.O., 300f.

man nicht an Erscheinungen von weißgekleideten Jünglingen und
«Männern mit blitzendem Gewand» (Lk 24,4) festhalten muß. Ohne
den Glauben an die Existenz von Engeln oder reinen Geistern in
Frage stellen zu wollen, wird man die hier geschilderten Verkörperungen oder Materialisationen nicht unbedingt als vollinhaltliche
Realitäten verstehen müssen. Die Begegnungen mit den Engeln sollen, wie aus den tieferliegenden theologischen Absichten der Evangelisten zu erschließen ist, ausweisen, daß die Botschaft der Frauen vom
leeren Grabe, die immer mit der Auferstehungsbotschaft verbunden
ist, nicht aus der menschlichen Phantasie und aus Willkür erwuchs,
daß sie nicht im religiösen Enthusiasmus ihre Wurzeln hatte, sondern
in einer göttlichen Offenbarung, als deren Vermittler schon nach alttestamentlichem Denken Engel figurieren. Hier ist ein Punkt erreicht, an dem der Historiker zugeben muß, daß ihm mit seinen Mitteln eine Erklärung des Realgehaltes dessen, was die Engelerscheinungen berichten, nicht möglich ist. Der Theologe kann hier weiter
gehen und sagen, daß hier zunächst der Offenbarungscharakter der
an die Frauen erstmals ergehenden Auferstehungsbotschaft ausgesagt
werden soll. Er kann nicht bestreiten, daß hier aber auch etwas in der
Erscheinungswelt geschah, das durch die Evangelisten eine Ausschmückung erfuhr.

Solche legendären Ausschmückungen wird man auch in den Berichten von den Erscheinungen des Auferstandenen vorfinden können.
Dabei wird man auch zugeben müssen, daß die Grenze zwischen der
Ausschmückung und dem Kerngehalt nicht immer leicht zu bestimmen ist, so daß hier für die Deutung ein gewisser Spielraum eingeräumt werden muß. Zum unabdingbaren Kerngehalt historischer
Natur, der vom theologischen Denken festgehalten werden muß,
aber auch wissenschaftlich guten Gewissens festgehalten werden
kann, gehören das *Faktum des leeren Grabes* und das *Faktum der Erscheinungen* als solcher. Dabei spricht vieles dafür, und zwar nicht nur
aufgrund der Darstellung in den Evangelienberichten, sondern aufgrund der geschichtlichen Situation und der inneren theologischen
Logik, daß beide Tatsachen enger zusammengehören, als die existentialistische Kritik glauben machen möchte.

d) Die Realität des leeren Grabes und der Erscheinungen

Die Kritik versucht zunächst, die beiden Traditionen (leeres Grab
und Erscheinungen) voneinander zu trennen, ein verständliches Vor-

haben, wenn man das letzte Ziel dieser Richtung kennt, das in der Mythologisierung aller dieser Berichte liegt. Wenn man diese Traditionen voneinander trennt, hat man es leichter, jede einzeln von der Wirklichkeit zu isolieren und sie als unhistorisch zu erklären. Allerdings ist das hinsichtlich der Tradition des leeren Grabes nicht leicht, so daß es nur ganz wenige Exegeten gibt, die auch hier von einer Legende sprechen. Die Ahnenreihe dieser Kritiker reicht von Reimarus über D. Fr. Strauss zu J. Wellhausen, E. Hirsch und heute zu H. Grass.

Man hat die Historizität der Tradition vom leeren Grab immer wieder dadurch entwerten und aufheben wollen, daß man in ihr das apologetische Moment aufdeckte, das tatsächlich in ihr steckt. Aber das besagt doch nichts gegen ihre Historizität. Wenn ein Mensch angeklagt wird und sich verteidigen muß, treibt er Apologetik. Er wird dazu Gründe und Fakten anführen, vielleicht auch solche, die ihm früher, als er nicht in der Situation der Anklage und Verteidigung stand, als unbedeutend und unbeachtlich gegolten hätten. Man braucht dieses Beispiel nicht weiter auszuführen, um festzustellen, daß in der Apologetik angeführte Gründe und Tatsachen doch nicht erfunden, von der Phantasie hervorgebracht oder gar erlogen sein müssen. Apologetik ist noch kein Grund gegen die Wahrheit einer Aussage und eines herangezogenen Faktums. Deshalb kann man die Berichte von einem leeren Grab nicht darum entwerten oder als Legende preisgeben, weil mit ihnen ein apologetisches Moment verbunden war.

Deshalb sind unter den Exegeten die Bestreiter der Historizität des leeren Grabes und die Vertreter der rein legendären Erklärung auch in der Minderzahl. Ihr meistgenannter Vertreter ist heute *H. Grass*[52]. Der Charakter seiner Argumentationsweise für das rein Legendenhafte an dem Grabesbericht tritt deutlich in Erscheinung, wenn etwa erklärt wird: Dieser Bericht erweise sich als Legende, weil man es z. B. den Frauen bei Mk 16,1-8 als grobe Vergeßlichkeit ankreiden müßte, wenn ihnen erst unterwegs eingefallen sein sollte, daß sie mit ihren eigenen Kräften den Stein nicht wegwälzen könnten[53]. Was vom Berichterstatter als ganz unverfänglich schlichte, gemeinverständliche Erklärung der Situation der Frauen gemeint ist, wird hier vom Exegeten zu einem psychologischen Problem hochgespielt,

---

[52] H. Grass, Ostergeschichten und Osterberichte, Göttingen ²1962. Vgl. dagegen P. Stuhlmacher, Kritischer müßten mir die Historisch-Kritischen sein, in: ThQ 153 (1973) 246ff; M. Hengel, Ist der Osterglaube noch zu retten? Ebd., 262ff; L. Schenke, Auferstehungsverkündigung und leeres Grab, Stuttgart 1968.
[53] Ebd., 20.

dessen Nichtbewältigung durch den Hagiographen den ganzen Bericht zu Fall bringen soll. Gegen eine solch psychologisierende Argumentationsweise, die den kleinen psychologischen Unstimmigkeiten zuliebe die großen historischen Linien oder ihren Anspruch zurücktreten läßt, argumentiert *H. v. Campenhausen*: «Jedenfalls läßt sich die Geschichte als ganze nicht einfach zu einer apologetischen Tendenzlegende erklären. Dann hätte sie nicht ausgerechnet drei Frauen (die als solche nach jüdischem Recht gar nicht zeugnisfähig sind) zu entscheidenden Zeugen gemacht[54].» Auf den Zusammenhang mit dem Bericht über die Bestattung Jesu in den Evangelien eingehend, erklärt der Historiker weiterhin: «Gab es aber in der ersten Gemeinde über die Bestattung Jesu irgendeine sachlich begründete Kunde, so müssen die Nachforschungen nach dem Grabe zumindest sehr bald begonnen haben. Man fand und zeigte aller Wahrscheinlichkeit nach wirklich ein leeres Grab, und wenn wir nicht alles im Sinne der Juden für Schwindel und nachträgliche Mache erklären wollen, so ist es nicht einzusehen, warum dessen Entdeckung nicht so, nicht durch die Personen und zu dem Zeitpunkt erfolgt sein sollte, wie es uns die älteste Überlieferung an die Hand gibt[55].»

Der Historiker *H. Staudinger* weist auf einen anderen historischen Zusammenhang hin, der die Möglichkeit des Entstehens einer Legende vom leeren Grab faktisch ausschließt[56]. Er legt dar, daß das damalige Judentum und die aus ihm kommenden Jünger Jesu selbstverständlich den Prophetengräbern und den Gräbern der Erzväter größte Aufmerksamkeit und Beachtung schenkten. Darauf nimmt auch die erste Petrusrede der Apg 2, 29 ff Bezug, wo Petrus von David sagt, daß «er gestorben und begraben ist, und sein Grab ist bei uns bis auf den heutigen Tag». Bezeichnenderweise stellt Petrus darauf sofort die Parallele zu Jesus her und erklärt: «Er (David) hat, in die Zukunft schauend, von der Auferstehung Christi gesprochen, daß er nämlich nicht im Totenreich bleiben und sein Fleisch nicht die Verwesung schauen werde.» Hier wird genauso an das noch vorhandene Grab Davids erinnert wie an das leere Grab Jesu. Daraus ergibt sich aber eine unangreifbare Folgerung: Es ist völlig uneinsichtig, daß das junge Christentum eine Legende vom leeren Grabe hätte erfinden können, wo eine solche Behauptung bei der Interessiertheit des

---

[54] H. v. Campenhausen, Der Ablauf der Osterereignisse und das leere Grab, Heidelberg ²1958, 41.
[55] Ebd., 42.
[56] H. Staudinger, Gott: Fehlanzeige? Überlegungen eines Historikers zu Grenzfragen seiner Wissenschaft, Trier 1968, 141.

Judentums an den Gräbern jederzeit hätte nachgeprüft werden können. In dem gleichen Sinne äußerte sich früher schon P. *Althaus*: «In Jerusalem, am Orte der Hinrichtung und des Grabes Jesu, wird nicht lange nach seinem Tode verkündigt, er sei auferweckt. Dieser Tatbestand fordert, daß man im Kreise der ersten Gemeinde ein verläßliches Zeugnis dafür hatte, daß das Grab leer gefunden ist. Das Auferstehungskerygma hätte sich keinen Tag, keine Stunde in Jerusalem halten können, wenn das Leersein des Grabes nicht als Tatsache für alle Beteiligten festgestanden hätte [57].» Das hat neuestens auch W. *Pannenberg* ausdrücklich unterstrichen [58].

Wie schwer es, rein textkritisch vorgehend, die existentiale Exegese hat, an diesem Faktum zu rütteln, zeigt das Beispiel W. *Marxsens*. Es ist deshalb so instruktiv, weil man an ihm ersehen kann, daß sich die mit großer Phantasie herangezogenen Gegenargumente gegen den historischen Charakter des leeren Grabes und der Auferstehung am Schluß gegen den Autor selbst richten.

Marxsen gibt nämlich einerseits zu, daß das Auferstehungskerygma nur in einer Welt verstanden werden konnte, die nicht, wie die griechische, dualistisch an ein Fortleben der leibfreien Seele glaubte, sondern an eine eschatologische zukünftige Wiederbelebung des ganzen, als leib-seelische Einheit verstandenen Menschen [59]. Das leere Grab aber soll für das Auferstehungskerygma bedeutungslos und in sich unhistorisch sein [60].

Es ist zu sehen, daß diese beiden Behauptungen einander vollkommen zuwiderlaufen. Man darf nämlich sagen: Wenn man die Entstehung des Auferstehungsglaubens aus der jüdischen Zukunftshoffnung auf ein leibseelisches Neuwerden zurückführt, kann man doch im zweiten Satz nicht behaupten, daß das leere Grab unnötig oder eine Legende wäre. Ein Glauben an eine Wiederbelebung von Leib und Seele wäre doch zusammen mit der Annahme eines noch im Grabe verbliebenen Leichnams für das jüdische Denken der Zeit Jesu ein eklatanter Widerspruch. Man muß gelegentlich staunen, welche Ungereimtheiten heute zuweilen im Namen der historisch-kritischen Methode aufgestellt und verteidigt werden.

[57] P. Althaus, Die Wahrheit des kirchlichen Osterglaubens, Gütersloh 1940, 22 f.
[58] W. Pannenberg, Grundzüge der Christologie, 98 f.
[59] Vgl. W. Marxsen, a.a.O., 135.
[60] Ebd., 165. Für Marxsen setzen auch die Aussagen Pauli über den Auferstehungsleib «kein leeres Grab voraus». Ebd. 73. Theologisch unbefriedigend ist auch die Auffassung von X. Léon-Dufour (a.a.O. 209ff), der zwar das historische Faktum des leeren Grabes zugibt, aber leugnet, daß man theologische Folgerungen auf die Auferstehung daraus ziehen dürfe.

Damit nähert man sich der Notwendigkeit, auch etwas über die innere Bedeutung des leeren Grabes für das Auferstehungskerygma zu sagen. Es darf vermutet werden, daß es doch viel enger mit der Auferstehungsbotschaft zusammenhängt, als die Kritik zugibt, die sich stellenweise sogar zu der Behauptung versteigt, daß die Jünger trotz des leeren Grabes an Jesus geglaubt hätten, so als wenn das leere Grab für ihren Glauben eine Erschwernis bedeutet hätte[61]. An einer solchen Argumentation wird nicht nur deutlich, wie wenig einer bestimmten Kritik das Historische gilt, das doch ihre ureigenste Domäne sein müßte, sondern daß der historische Blick von einer vorgängigen Glaubensentscheidung geblendet ist: Damit der Glaubensakt (der Jünger) rein bleibe, muß der historische Anhalt fallen. Allerdings wird man hier auch schon das Einwirken des anderen Vorentscheids feststellen können, der etwa lautet: Damit die «Auferstehung» ein rein inneres, mentales Geschehen in den Jüngern bleibe, muß das leere Grab preisgegeben werden.

Trotzdem läßt sich mit der Kritik Einvernehmen darin erzielen, daß der Glaube an das leere Grab oder besser das Wissen vom leeren Grabe nicht identisch ist mit dem Erscheinungsglauben und dem Auferstehungsglauben. Richtig und auf Grund der Aussage der Evangelien unbestreitbar ist auch die Tatsache, daß der Auferstehungsglaube sich nicht einfach aus der Feststellung des leeren Grabes ergab, was dadurch unterstrichen wird, daß alle Beteiligten angesichts des leeren Grabes allein noch nicht zum Glauben an die Auferstehung gelangten. Aber es ist sofort hinzuzufügen, um das Gespür für die Tiefe der Problematik zu wecken, daß die Jünger auch selbst angesichts der Erscheinungen noch nicht zum Osterglauben kamen, wie Mt 28,20 ausweist. Genauer ist aber wohl für beide Fälle zu sagen: Die Jünger Jesu kamen nicht sofort und nicht sogleich zum Osterglauben angesichts des leeren Grabes wie angesichts der Erscheinungen des Auferstandenen. Daraus läßt sich die Möglichkeit ersehen, das leere Grab, was heute wenig geschieht, doch in eine engere Verbindung zum Osterglauben zu bringen.

Das läßt sich als innerlich notwendig erweisen, aber auch aus der historischen Situation erschließen. Was die innere Verbindung zwischen leerem Grab und Osterglauben angeht, so läßt sich das Problem an der Frage aufrollen: Ist prinzipiell an eine Auferstehung zu glauben zusammen mit der Annahme, daß der Leichnam Christi im Grabe verblieben und verwest wäre? Das biblisch-neutestamentliche

[61] So E. Fuchs, Gesammelte Aufsätze. Zum hermeneutischen Problem in der Theologie I, 302f.

Denken schließt dies, wie die Petrusrede in Apg 2, 29ff und Paulus in
1 Kor 15, 35 ff in der Erklärung über den unverweslichen Leib in der
Auferstehung deutlich macht, aus. Darüber kann die Theologie auch
heute historisch nicht hinweg.

Aber rein theoretisch ließe sich vom heutigen Standpunkt über das
Verhältnis von leerem Grab und Auferstehungsglauben doch folgende unterscheidende Feststellung treffen: Für den heutigen Menschen wäre es durchaus vorstellbar, zum Glauben an die Auferstehung zu kommen ohne Berichte über ein leeres Grab. Dennoch ist zu folgern: Die Gläubigen wären dann aber gezwungen, in einer theologischen Konklusion zu erschließen, daß am Leibe Jesu im Grabe etwas geschehen sein müsse, sonst könnte man nicht von einer leiblichen Auferstehung sprechen. Eine rein geistige Auferstehung Jesu anzunehmen, ist unnötig und unmöglich, weil man mit der Philosophie wie mit der Theologie nach wie vor daran festhalten kann, daß das Geistprinzip des Menschen den Tod überdauert[61a].

Für den heutigen Glauben nimmt sich die Situation also etwa so aus: Die Heutigen könnten ohne die Berichte von einem leeren Grab auskommen, müßten dann aber im Glauben postulieren, daß Gott an dem verstorbenen Jesus von Nazareth eine besondere Heilstat vollzogen hat, in deren Konsequenz dann die Erscheinungen des als lebendig erlebten Herrn standen.

Anders nimmt sich die Bedeutung des leeren Grabes aber für die Situation der Jünger und für das erste geschichtliche Entstehen des Auferstehungsglaubens aus. Hier ist doch wohl mit gutem Grund zu behaupten (was jetzt nur noch eine Wiederholung bedeutet): Die Jünger hätten zum Auferstehungsglauben weder selbst kommen, noch diesen Glauben glaubwürdig verkünden können, wenn das geschlossene Grab Jesu in Jerusalem gezeigt worden und der Leichnam im Grabe verblieben wäre. Dann hätte tatsächlich ein Osterglaube, der nicht gegen die Vernunft und gegen die Tatsachen gerichtet ist, gar nicht aufkommen können.

An dieser Stelle läßt sich ersehen, warum es wichtig war, auf die jüdisch-apokalyptischen Auferstehungsvorstellungen einzugehen, die zur Zeit Jesu vorherrschten. Sie waren von der Überzeugung gerade auch der endzeitlichen Verlebendigung des Leibes getragen. Diese Vorstellung kann aus dem Auferstehungsverständnis der Jünger nicht herausgebrochen werden, sonst fällt jeglicher Auferstehungs-

---

[61a] Unter fundamentaltheologischem Aspekt legt eine andere Erklärung vor E. Gutwenger, Auferstehung und Auferstehungsleib Jesu, in: ZKTh 91 (1969) 32–58. Auf diese Theorie ist im dritten Teil der Arbeit noch einzugehen.

gedanke in sich zusammen. Dann aber gehört in diesen Gedanken auch das leere Grab hinein, nicht nur als apologetisches Moment, sondern als inneres, eingeordnetes Element. Damit braucht der historische Befund der Evangelien nicht bestritten zu werden, daß die Jünger zunächst mit dem leeren Grab nichts anzufangen wußten und an ihm noch nicht der Auferstehungsglaube ansetzte. Aber es ist wohl nicht zu verkennen, daß das leere Grab im Nachhinein doch ein Moment des Auferstehungsglaubens wurde und daß er sich ohne dieses Moment nicht hätte entfalten können. Deshalb nennt H. Schlier das leere Grab einen «Hinweis» und ein «Zeichen» auf die Auferstehung[61b].

Die eigentliche Begründung des Auferstehungsglaubens kam aber aus den Erscheinungen des Auferstandenen. Ein historisch verantwortliches und nicht von vornherein einer bestimmten Tendenz verhaftetes geschichtliches Denken kann nicht bestreiten, daß die Erscheinungen nicht nur als echte Traditionen ernst genommen werden müssen, sondern daß sie auch für die Jünger wirkliche Gegebenheiten und keine Erfindungen waren. Das geben sogar stellenweise Exegeten wie H. Grass und W. Marxsen zu, obgleich sie an anderen Stellen und in anderen Aussagen über die Erscheinungen wieder merkwürdig unentschieden urteilen.

Was die Tatsache dieser Erscheinungen angeht, so besteht angesichts des einhelligen Zeugnisses der Evangelisten wie des Paulus, dessen Zeugnis in 1 Kor 15 hier bereits Beachtung verdient, kein Grund, sie als wirkliche Geschehnisse im Jüngerkreis und damit als historische Ereignisse und glaubwürdige Traditionen zu bezweifeln. Ein solcher Zweifel kann nicht mit Argumenten der Geschichtswissenschaft begründet werden. Er kommt vielmehr aus den Quellen der philosophischen und theologischen Skepsis, die der Überzeugung ist, daß solche Geschehnisse einfach nicht möglich sind. Der Historiker wird zunächst von der Feststellung ausgehen, daß die Evangelisten, die sich ausdrücklich als Zeugen verstehen, hier bestimmte Ereignisse bezeugen. Sie bezeugen eine Heilswahrheit, die von bestimmten historischen Fakten abhängig ist. Eine andere Auffassung ist jedenfalls «geschichtswissenschaftlich» unvertretbar.

Eine andere Frage ist freilich die, was bei diesen Erscheinungen nun eigentlich vor sich gegangen ist. Auch hier muß eine geschichtswissenschaftlich verantwortbare Interpretation vom Textbefund aus-

---

[61b] H. Schlier, Über die Auferstehung Jesu Christi, 28f; vgl. auch die positiven Stellungnahmen bei W. Nauck, Die Bedeutung des leeren Grabes für den Glauben an den Auferstandenen, in: ZNW 47 (1965) 258; ebenso G. Koch, a.a.O., 163.

gehen, nach dem die Zeugen den Herrn mit den Augen sehen und seine Worte hören konnten, daß sie also eine personale Begegnung mit ihm hatten. Auf dem Hintergrund jüdischer Geistigkeit und Religiosität könnte man deshalb diese Erscheinungen in Vergleich und in Parallele setzen mit den prophetischen Theophanien oder Epiphanien, die von den betreffenden Propheten als echte Offenbarungsereignisse verstanden wurden. Aber damit ist dort – bei den Propheten – wie hier bei den Jüngern noch immer nicht geklärt, was bei diesen Ereignissen nun eigentlich geschah. Auch gibt es bedeutsame Unterschiede zwischen den prophetischen Theophanien und den evangelischen Erscheinungsberichten. In den letzteren fehlt das Moment der Herrlichkeit, des überwältigenden Glanzes der Epiphanie, wie sie z. B. auch in der synoptischen Geschichte von der Verklärung Jesu auf dem Berge (Mt 17, 1–13 par) zum Ausdruck kommt. Es ist wohl nicht ohne Bedeutung, daß die Verklärungsszene ganz anders gestaltet ist als die hier viel nüchterneren, einfach auf Sehen und Hören abgestellten Erscheinungsberichte.

Daß die Jünger hier wirklich etwas gesehen haben und daß sie nach ihrer Auskunft den Herrn gesehen haben, ist historisch ebenfalls mit vernünftigen Gründen nicht zu bezweifeln und wird auch von den meisten Exegeten nicht bezweifelt. Aber dann bleibt die weitere Frage noch offen, ob es sich bei diesem «Sehen» nicht um eine «Vision» gehandelt haben könne, um ein rein subjektives, unpersönliches und zeugenloses Erlebnis, dem in der äußeren Wirklichkeit nichts entsprach. Wenn man zur Kennzeichnung dieser Geschehnisse vor den Jüngern oder dieser Erlebnisse der Jünger den Begriff der Vision heranzieht, muß man natürlich, geschichtlich vorgehend, zunächst den in der damaligen jüdisch-biblischen Welt bekannten Begriff von «Vision» heranziehen und verwerten. Solche Visionen wurden in der biblischen Welt als *horamata* bezeichnet, die sich im Traum, im Schlafe und deshalb auch vorzugsweise in der Nacht ereignen[62]. Von daher wird es als Wesensmerkmal dieser Visionen oder *horamata* angesehen, daß die nicht in der Wirklichkeit vor sich gehen und auch nicht mit den natürlichen Sinnen wahrgenommen werden können. Diese *horamata* oder Visionen sind ferner nach biblischem Verständnis bei den Empfängern mit ekstatischen Reaktionen

---

[62] Vgl. dazu ThWNT V, 315–381: Artikel «horaō» (Michaelis); K. H. Schelkle, Theologie des Neuen Testaments II, 131; eingehend handelt über die Erscheinungen J. Mouson, Présence du Réssuscité, in: Collect. Mechl. 54 (1969) 178–220 und A. Feuillet, Les christophanies pascales du quatrième évangile sont-elles des signes?, in: Nouv. RevTh (1975) 577–592.

und Verhaltensweisen verbunden. Die davon betroffenen Propheten werden dabei in den Zustand der Verzückung oder der Entrückung erhoben, der mit körperlicher Unruhe, äußerer Erregtheit und einem Einsturz von einer Fülle von Bildern verbunden ist. Hierfür wären etwa die Visionen des Propheten Ezechiel (Ez 3,11–21) als Beispiel heranzuziehen.

Nun wird einem Theologen, auch einem historisch denkenden Theologen, nichts ferner liegen, als solche offenbarungsgeschichtlich bedeutsamen Visionen oder *horamata* zu entwerten, sie etwa als krankhafte Wahnvorstellungen oder rein psychogene Halluzinationen zu verstehen und sie damit als gottgewirkte Vorgänge zu leugnen. So betrachtet, könnte man von einem sehr überhobenen Standpunkt urteilend, auch sagen: Die Erscheinungen des Auferstandenen könnten auch als Visionen noch ihre Bedeutung für den Auferstehungsglauben haben und wirklich gottgewirkte Ereignisse sein. Sie könnten auch dann noch die Funktion erfüllen, den Auferstehungsglauben nicht bei sich selbst und bei den Jüngern beginnen zu lassen, sondern bei einem gottgewirkten Ereignis, das nur nicht außerhalb der Jünger stattfand, sondern innerhalb ihrer Psyche. Wenn das theoretisch möglich wäre und wenn auch auf diesem Wege die Historizität der Erscheinungen zu halten wäre, dann stellt sich die Frage, warum man nicht dabei bleibt und die Erscheinungen als Visionen versteht. Es scheint, daß dann der Exegese wie der systematischen Theologie in der Erklärung manches leichter würde und daß auch die Annahme der Auferstehungsbotschaft dem modernen Menschen leichter fiele. Trotzdem kann man von dieser Möglichkeit keinen Gebrauch machen. Der Grund ist einfach der, daß die Erscheinungen eben nach den Darstellungen der Evangelisten keine *horamata*, keine Visionen sind, sondern sich in ihrer ganzen Art und Gestalt von diesen Visionen unterscheiden. Dagegen kann man nicht angehen. Das muß dann allerdings auch theologisch als bedeutsam erachtet werden.

Um diesen Punkt noch etwas genauer zu erfassen, darf man hinzufügen: Das Neue Testament ist im ganzen dem Visionären, dem Ekstatischen, dem Mystischen weniger zugewandt und an ihm weniger interessiert als das Alte Testament und die spätjüdische Umwelt[63]. Es gibt eine einfache Erklärung dafür, die besagt: Das liegt entscheidend daran, daß Jesus selbst kein Visionär und kein Ekstatiker war. Freilich finden sich in der Urgemeinde gelegentlich solche Phänomene

---

[63] So LThK X, 811f: Artikel «Vision» (E. Pax); eine andere Auffassung, die dem visionären Zug gewisse Bedeutung einräumt, vertritt allerdings M. Hengel, a.a.O., 264.

auch: bei Stephanus (Apg 7,55ff), bei Petrus (Apg 10,10–16), bei Paulus (Apg 22,17f; 2 Kor 12,1ff). Aber gerade diese Visionen sind deutlich von den Erscheinungen des Auferstandenen abgehoben. Paulus nennt Apg 22,17 das Geschehen im Tempel von Jerusalem eine *ekstasis;* aber vom Damaskuserlebnis sagt er vielfach ausdrücklich, daß er etwas gesehen hat (1 Kor 9,1) und daß ihm der Herr erschienen ist (1 Kor 15,8). Diese Unterschiede kann man nicht als belanglos abtun.

Zudem ist folgende Feststellung bezüglich der sogenannten Visionstheorie gerade im Hinblick auf die heutige Situation von Belang. Es ist aufschlußreich, daß die radikalen Vertreter der Nichthistorizität der Erscheinungen, d. h. die eindeutigen Vertreter einer legendären oder mythologischen Erklärung der Auferstehung von der Theorie der Visionen keinen Gebrauch machen. So heißt es zutreffend: «Die sogenannte Visionshypothese hilft nicht wirklich weiter, zumal alle Mutmaßungen über die psychische Prädisposition des Jüngerkreises prekär sind[64].»

Das heutige, auch in der evangelischen Theologie vorhandene Desinteresse an der Visionshypothese erklärt sich näherhin aus zwei Gründen, die wieder etwas von der tieferen Problematik erkennen lassen, in die die Auferstehungswahrheit hinabreicht. Man sagt sich auf seiten der Kritiker der Auferstehungslehre mit Recht: Wenn man mit den Mitteln historischer Kritik nur an die Aussagen der ersten Jünger herankommt und nicht mehr sagen kann, was eigentlich hinter diesen Aussagen steht, kann man nicht im Nachhinein wieder eine Behauptung über ein hinter diesen Aussagen stehendes Geschehen machen und sagen: Es handelte sich um subjektive Visionen. Das wäre nach dem gemachten Ansatz ein Widerspruch. Wenn man alles Faktische wie das leere Grab und die Erscheinungen fallenläßt, kann man nicht plötzlich doch wieder etwas Faktisches einführen, nämlich die Visionen. Das ist nach dem gemachten Grundansatz inkonsequent. Der Rekurs auf Visionen ist eine Verlegenheitstheorie, bei der eine entschieden antihistorisch eingestellte Forschung nicht bleiben kann.

Auf seiten der entschiedenen Kritiker einer wirklichen Auferstehung und ihr entsprechender Erscheinungen kann man auch aus theologischen Gründen nicht an den Visionen festhalten; denn wenn es sich bei diesen Visionen nicht um krankhafte Phänomene oder um plumpe Erfindungen der Jünger handeln soll, müssen es gottgesetzte

---

[64] RGG I, 700ff, Artikel «Auferstehung» (Conzelmann).

Realitäten sein, auch wenn es nur rein innere und psychische Realitäten wären. Sie könnten dann nur den Zweck haben, daß an ihnen der Glaube der Jünger entspringen sollte. Das wäre aber ein deutlicher Widerspruch zur Grundposition der existentialistischen Theologie etwa W. Marxsens, nach der der Osterglaube wie jeder Glaube überhaupt nichts haben darf, worauf er sich stützen kann. Wenn der Osterglaube an Visionen ansetzte, wäre das Anliegen der existentialen Theologie genauso verdorben und in der Wurzel zerstört, wie wenn man ihn am leeren Grab oder an den Erscheinungen ansetzen ließe. Er wäre keine völlig unvermittelte, auf nichts Gegenständliches, auf keine Voraussetzung sich stützende Tat. Damit kann die Visionstheorie auch auf dieser Seite keine Bedeutung empfangen. Sie ist ein Zwittergebilde, das sich von den Bestreitern einer realgeschichtlichen Auferstehung weder historisch noch auch theologisch halten läßt.

Damit ist aber die Frage noch nicht beantwortet, wie die Erscheinungen inhaltlich zu verstehen seien. Wenn man die Aussage der Jünger wie der Evangelisten über das «Sehen» ernst nimmt, kann man nicht umhin, diesem Sehen auch einen Gegenstand und ein Objekt zuzubilligen[65]. Die Evangelisten benennen dieses Objekt und sagen, daß sie den Herrn gesehen oder erkannt hätten (so Mt 28,10: *horaō;* Lk 24,31: *epigignōskō;* Joh 20,18: *horaō* u.ö.). Der Realismus der Darstellung der Leiblichkeit des Herrn fällt besonders bei Lukas und Johannes auf. Hier zeigt sich, daß schon von den Evangelisten die Wirklichkeit der Erscheinung auch als leibliche Wirklichkeit des Herrn betont werden wollte. An dieser leiblichen Wirklichkeit erkannten die Jünger den geschichtlichen Jesus in aller Konkretheit und konnten ihn mit dem historischen und gekreuzigten Herrn identifizieren.

Andererseits ist an den Berichten auch zu ersehen, daß es um diese Leiblichkeit eine eigene Bewandtnis hat. Die Tatsache der Erscheinung löst bei den Jüngern Furcht und Schrecken aus, sie wird als

---

[65] Aus der Fülle der Erörterungen über die Erscheinungen des Auferstandenen und das «Sehen» der Jünger vgl. u.a.: W. Michaelis, Die Erscheinungen des Auferstandenen, 97–120; H. Schlier, a.a.O., 31ff; K.H. Rengstorf, Die Auferstehung Jesu, Witten ⁵1952, 58; H. Grass, a.a.O., 186–189 (der von einer «Begegnung in visionärer Schau» spricht); E. Ruckstuhl – J. Pfammatter, a.a.O., 65ff; Fr. Mussner, a.a.O., 60–80; A. Kolping, Zur Entstehung des Glaubens an die Auferstehung, in: MThZ 26 (1975) 67. Die Meinung Léon-Dufours (a.a.O., 217), nach der man bei der Deutung der «Erfahrung» der Jünger des Auferstandenen das *spiritualisierende Extrem* ebenso wie das buchstäbliche Verständnis, das sich auf den Ereignischarakter beruft, vermeiden müsse, verbleibt im Grund bei einer letzten Unentschiedenheit.

etwas Außergewöhnliches, Analogieloses verstanden, für das die Theologie nur die Kategorie des Wunders verwenden kann. Dieses Außerordentliche gilt aber auch von der Leiblichkeit des Herrn. Sie ist nach den Berichten einerseits im irdischen Raum anwesend und handelt in ihm. Die Leiblichkeit des erscheinenden Herrn gehört aber andrerseits nach dem Verständnis der Evangelisten nicht der Ordnung dieser Welt an. Das «Kommen» wie das «Gehen» des Erscheinenden deutet auf eine neue Existenzweise hin, die anders ist als die des historischen und gekreuzigten Jesus. Diese Auffassung wird auch bestätigt durch den in diesen Berichten enthaltenen Umstand, daß das Lebendigsein des Auferstandenen in keiner Weise als Rückversetzung in das irdische Leben verstanden wird. Der Auferstandene kehrt nicht *in* dieses Leben zurück und kommt deshalb auch nicht *aus* diesem irdischen Leben. Sein Leben und seine Leiblichkeit sind demnach «Auferstehungsleiblichkeit». Das Wort ist freilich bei den Evangelisten nicht zu finden. Aber es liegt in der gedanklichen Fluchtlinie dieser Berichte.

Mehr sagen diese Berichte über den Inhalt der Erscheinungen und über die Auferstehungsleiblichkeit nicht. Die theologische Reflexion darüber wird hier *die Kategorie des Zeichens oder des Wunders* anwenden müssen. Auf diese Reflexion vorausblickend, darf schon hier festgestellt werden: Ein Theologe, der der Überzeugung ist, daß es keine solche Zeichen oder Wunder geben könne, wird natürlich die Erscheinungen insgesamt preisgeben und die ganze Auferstehungsbotschaft als Realgehalt fahrenlassen. Tatsächlich hängen «Auferstehung» und «Erscheinungen» nicht nur nach den Berichten der Evangelien, sondern auch sachlich und theologisch eng miteinander zusammen. Man könnte nicht von Erscheinungen des *Auferstandenen* (und nicht einmal von Visionen) sprechen, wenn der Leichnam Jesu im Grabe verblieben wäre. Dann hätten die Jünger etwas anderes gesehen und erfahren als die wirkliche, lebende Person des Herrn. Wer deshalb die Kategorie des Wunderbaren, die freilich noch genauer zu bestimmen ist, für die Erscheinungen völlig ablehnt, wird dies auch gegenüber der Auferstehung tun müssen. Dann fällt aber auch die Auferstehung als Tat und Ereignis völlig dahin.

Man wird verstehen können, daß heute viele Menschen, an der im Grunde aus dem 19. Jh. kommenden Vorstellung vom «geschlossenen Weltbild» festhaltend, die Kategorie des Wunders ablehnen. Nur sollte man erkennen, daß das keine aus dem historischen Denken und aus der Exegese der Hl. Schrift kommende Überzeugung ist. Sie beruht vielmehr auf einer philosophisch-weltanschaulichen Grundoption, oder sie kommt sogar aus naturwissenschaftlichen Postulaten, nach denen es keine Wunder geben könne. Man sollte zugeben, daß man hier eine weltanschauliche oder sogar naturwissenschaftliche Entscheidung getroffen hat, die den Auferstehungsgedanken von vornherein präjudiziert, noch bevor man an die Texte herangegangen ist[66].

Was aber den Inhalt und die Bedeutung des biblischen Auferstehungskerygmas angeht, so darf eine exegetische Grundlegung das Zeugnis des Apostels Paulus nicht übergehen, das in manchem auch für die zuletzt angeschnittenen Fragen nach den Inhalten weiterführt.

[66] Die neuerdings auch aufkommende Frage, ob an ein wirkliches leibliches Erscheinen Jesu gedacht werden könne, auch wenn der Leichnam im Grab verblieben wäre, soll im dritten Teil der Arbeit aufgenommen werden. Vgl. dazu E. Gutwenger, Auferstehung und Auferstehungsleib Jesu, in: ZkTh (91) 1969, 32–58.

3. DAS OSTERKERYGMA DES APOSTELS PAULUS

Aus ihm vermag der realistisch verstandene Auferstehungsglaube nicht nur manches neue Argument zu gewinnen, sondern auch eine weitere theologische Tiefe zu erreichen.

a) Inhalt und Historizität des paulinischen Auferstehungszeugnisses

H. v. Campenhausen beginnt seine Überlegungen über den Ablauf der Osterereignisse und das leere Grab mit dem Satz: «Die älteste und zuverlässigste Nachricht, die uns für die Osterereignisse der Jünger zur Verfügung steht, ist der paulinische Bericht im fünfzehnten Kapitel des ersten Korintherbriefes... Diese Mitteilung entspricht allen Anforderungen historischer Zuverlässigkeit, die sich an einen derartigen Text nach Lage der Dinge überhaupt stellen lassen [67].» Es handelt sich nach Paulus um eine alte Überlieferung, die ihm schon als feste Formel vorlag. «Wer ihre Zuverlässigkeit trotzdem bezweifeln will, muß füglich alles bezweifeln, was im Neuen Testament überliefert ist und mehr als dies [68].» Man kann sich die Frage stellen, was der Historiker hier mit dieser Schlußbemerkung meine, daß man mit einem Zweifel an der Zuverlässigkeit dieses Berichtes nicht nur das ganze Neue Testament in Zweifel ziehen müsse, sondern sogar noch «mehr als dieses». Dieser Zusatz kann nur sagen wollen, daß ein Zweifel an historisch derart eindeutigen Texten zum Zweifel an der historischen Forschung überhaupt führen müßte. Eine solche historische Kritik müßte alle historischen Texte zersetzen und schließlich sogar das Geschäft des Historikers aufheben.

Was nun näherhin das Anliegen des Textes 1 Kor 15, 1–8 angeht, so ist zu sagen, daß Paulus nach einer allgemeinen Einleitung über das schon unter den Korinthern verkündete Evangelium, an dem sie festhalten, in V 3 auf den Inhalt dieses Evangeliums zu sprechen kommt. Er erklärt: «Ich habe euch nämlich vor allem vorgetragen, was ich auch selber überkommen habe, nämlich, daß Christus für unsre Sünden gestorben ist gemäß der Schrift, daß er begraben worden und am

---

[67] Der Ablauf der Osterereignisse und das leere Grab, 8f.
[68] Ebd., 10f.

dritten Tage auferstanden ist gemäß der Schrift.» Paulus schließt sich hier, wie V 3 erklärt, einer älteren Überlieferung an, von der er sagt, daß er sie selbst übernommen habe. Es handelt sich, vor allem was die VV 3 b–5 angeht, um ein sogenanntes vorpaulinisches Credo[69], was an der Geschlossenheit und an der knappen Form dieser Aussagen zu ersehen ist. Dieses Credo hat Paulus den Korinthern bereits früher vorgelegt. Nach V 1 haben sie es angenommen und «stehen in ihm fest». Paulus bemerkt sogar, daß er der Gemeinde dieses Credo «als erstes» vorgetragen habe (en prōtois), was ein Hinweis darauf ist, daß die folgende Auferstehungsaussage die Spitze des paulinischen Kerygmas bildete. Es beinhaltet von V 3 b ab, «daß Christus starb für unsere Sünden gemäß den Schriften, und daß er begraben wurde» (4 a), und «daß er auferweckt wurde am dritten Tag gemäß den Schriften» (4 b). Nun folgt ab V 5 die Abfolge von sechs Erscheinungen. Es heißt weiter in der inhaltlichen Bestimmung der Überlieferung: «und daß er erschienen dem Kephas, dann den Zwölfen. Darauf erschien er mehr als fünfhundert Brüdern auf einmal, von denen die meisten jetzt noch leben, einige aber sind entschlafen. Darauf erschien er dem Jakobus, dann allen Aposteln. Zuletzt von allen, gleichsam als Fehlgeburt, erschien er auch mir» (8).

Gewisse exegetische Probleme dieser Aussagen sind nicht zu übersehen[69a]. Paulus berichtet hier von zwei Erscheinungen, die so in der Evangelientradition nicht genannt sind, nämlich von der vor dem Herrenbruder Jakobus und von der vor fünfhundert Brüdern. Die Erwähnung dieser letzten Erscheinung bereitet der Exegese gewisse Schwierigkeiten; denn diese Zahlenangabe verlangt die Annahme, daß die Zeit der Mission der Kirche schon fortgeschritten war; andrerseits ist eine zu späte Datierung dieser Erscheinung nicht möglich, weil ausdrücklich gesagt ist, daß die meisten der fünfhundert Brüder noch am Leben sind. Aber diese Schwierigkeit bezüglich des V 6 ist nicht so geartet, daß sie dieses Zeugnis unglaubwürdig machte. Im Gegenteil: Der Hinweis auf die noch Lebenden ist ein klarer Ausdruck für die Nachprüfbarkeit des hier von Paulus Behaupteten. Eine solche Aussage trägt genauso den Stempel der historischen Echtheit an sich, wie die zuletzt genannte Erscheinung vor

---

[69] Vgl. dazu B. Spörlein, Die Leugnung der Auferstehung, 38 ff; vgl. auch H. Conzelmann, Zur Analyse der Bekenntnisformel 1 Kor 15, 3–5, in: Ev Th 25 (1965) 1–11; J. Kremer, Das älteste Zeugnis von der Auferstehung, Stuttgart ²1967, 27; zu Sprache, Form und Alter dieser Glaubensformel, vgl. ebd., 25–30.

[69a] Auf sie nimmt ausführlich Bezug J. Kremer, Das älteste Zeugnis von der Auferstehung Christi, 79 ff.

Paulus selbst, mit der nur das in Apg 9,1-10 berichtete Damaskuserlebnis gemeint sein kann.

Freilich könnte es weiterhin Verwunderung erregen, daß Paulus hier dieses Erlebnis nicht mit Namen benennt und darüber keine weitere Angabe macht. Wenn man aber bedenkt, daß er sich hier dem vorgegebenen Duktus einer Glaubensformel anschließt, die er in diesem Punkt erweitert, so ist das nicht weiter verwunderlich. Auch ist die Annahme nicht unwahrscheinlich, daß die Korinther, die um die Legitimation des Paulus wußten, auch von diesem Ereignis unterrichtet waren. Der Abschluß mit dem Damaskuserlebnis, an dessen Tatsächlichkeit man nur zweifeln könnte, wenn man bereit ist, Paulus selbst als unglaubwürdig anzusehen, erhält zunächst auch wieder ein starkes Beweismoment für die Historizität der anderen Erscheinungen; denn Paulus übernimmt für diese dieselbe Garantie wie für sein eigenes Erleben.

Andererseits ergibt sich aus der Einreihung des Damaskus-Erlebnisses in die Linie der Ostererscheinungen der Jünger doch auch wieder ein nicht leichtes Problem; denn die synoptischen und jojanneischen Osterberichte über den erschienenen Herrn weichen in manchem vom Damaskuserlebnis ab. Dieses (Apg 9,1-10) Ereignis läßt nämlich nicht, wie die vier Evangelisten es tun, die realistische Leiblichkeit des Erscheinenden erkennen. Es wird nicht von einem «Sehen» der Gestalt des Herrn gesprochen wie bei den Evangelisten. Die Kontaktnahme mit dem Auferstandenen ist nicht so direkt und unmittelbar wie in den entsprechenden Evangelienberichten. Es handelt sich nach dem Text nur um eine Lichterscheinung und um eine Stimme vom Himmel. Aber das Lichtphänomen und die Stimme sind jedenfalls so geartet, daß Paulus den Herrn erkennt. Seine Begleiter dagegen «hörten wohl die Stimme, aber sahen niemanden» (Apg 9,7). An dieser Stelle ist weiter als problematisch zu vermerken, daß in der Parallelschilderung des Erlebnisses in Apg 22,7ff umgekehrt behauptet ist, die Begleiter hätten den Lichtglanz gesehen, aber die Stimme nicht gehört. Der Vorgang wird in der Apostelgeschichte noch ein drittes Mal (Apg 26,12-17) erwähnt, wobei offenbar die Elemente der beiden vorhergehenden Berichte verarbeitet sind. Die Tradierung dieses Ereignisses erfolgte also nicht ganz einheitlich, was aber daraus zu erklären ist, daß diese Erscheinung streng genommen nur für Paulus bestimmt war und daß sie sein eigenes Berufungserlebnis ausmachte, an dem die Begleiter nur in einer peripheren Weise Anteil hatten. Aus diesem Umstand konnten sich auch abweichende Schilderungen des Ereignisses ergeben.

Trotzdem ist daraus nicht zu folgern, daß diese Erscheinung eine rein subjektive Vision gewesen wäre[69b]. Die Beschreibung läßt nicht den Schluß zu, daß es sich hier um rein innerseelisches, subjektives Erleben gehandelt habe. Auch hier ist ein äußeres visuelles Geschehen und ein Hören behauptet. Nur ist das Visuelle nicht so deutlich in Konturen gefaßt wie in den Evangelien. Es ist ein etwas anders geartetes Erscheinungsereignis, das aber im Ergebnis nichts anderes erbrachte, als die Erscheinungen vor den anderen Jüngern: auch hier geschieht die in die Geschichte eingreifende äußere Selbstbezeugung des Herrn und des lebendigen Kyrios, um sich Zeugen für seine Auferstehung und für seine Lebendigkeit zu schaffen. Im ganzen scheint das Damaskuserlebnis einem in etwa anderen Typos der Erscheinungen zuzugehören, der mehr der alttestamentlichen Epiphanie zuzuordnen ist und eine neue Offenbarung meint. Wenn man über die Begründung dieser Andersheit weiter nachdenken will, wird man als Hypothese den Gedanken einführen können, daß Paulus – damals noch Saulus – den historischen Jesus nicht kannte. Diesem Umstand entspricht der stärker hervortretende Epiphanie- und Offenbarungscharakter des Geschehenen. Die Art dieser Erscheinung, die unstreitig im Irdisch-Geschichtlichen erfolgte, trägt doch einen mehr «überirdischen» Charakter, als ihn die von den Evangelien berichteten Erscheinungen zeigen. Trotzdem ist aber gerade bei Paulus an der Ereignishaftigkeit und objektiven Realität dieser Erscheinung nicht zu zweifeln, ein Umstand, der in Konsequenz auch den Charakter der Erscheinungen in den Evangelien unterstreicht und sichert. Jedenfalls hat die Erscheinung, deren Paulus gewürdigt wurde, dasselbe Ziel und die gleiche Bedeutung wie die Erscheinungen unmittelbar nach Ostern vor den Jüngern.

Die Kritik hat allerdings in diesem Zusammenhang noch ein anderes divergierendes Moment hervorgehoben, um die Erscheinungen insgesamt in ihrer Bedeutung zu erschüttern. Sie hat bemerkt, daß der Bericht des Paulus keinen Vermerk über das leere Grab enthält[70]. Damit werde wieder die große Unsicherheit in der Überlieferung dokumentiert. Aber dazu ist zu sagen, daß die Abfolge von «er ist begraben» und «er ist auferstanden» natürlicherweise den Gedanken einschließt, daß Jesus eben nicht im leeren Grab verblieben ist. An dieser Stelle der Beweisführung scheint das in der historischen Methodik nicht leicht zu handhabende und deshalb immer auch anfechtbare

[69b] Ebd., 56f.
[70] Ebd., 57f; vgl. dagegen J. Schmitt, Jésus ressuscité dans la prédication apostolique, Paris 1949, 120ff.

argumentum e silentio nicht beweiskräftig zu sein. Man kann nicht behaupten, daß der Apostel um das leere Grab nicht gewußt oder seine Existenz positiv ausgeschlossen hätte, weil er es nicht ausdrücklich nennt. Der Terminus «auferstanden», im Gegensatz zu «begraben» stehend und mit den Erscheinungen des Lebenden verbunden, impliziert einfach das «leere Grab». Wer diese Implikation ausschließt, müßte zudem den Nachweis erbringen, daß Paulus als jüdischer Mensch und als pharisäischer Theologenschüler sich eine Auferstehung unleiblicher und rein seelischer Art hätte vorstellen können. Das ist eine gänzlich unwahrscheinliche Annahme.

Für den Erweis der Tatsächlichkeit und der Bedeutung der von Paulus berichteten Erscheinung, die selbstverständlich auch über die anderen Erscheinungen das Urteil fällt, ist der Ausdruck «er erschien» (= «ōphthä») von besonderer Wichtigkeit. An ihm haben sich bis zum heutigen Tag immer wieder die Kontroversen entzündet.

b) Bedeutung und Problematik des «er ist erschienen»
als Auferstehungszeugnis

Diese entscheidende Verbalaussage tritt in 1 Kor 15, 3–8 viermal auf. Das Wort kann übersetzt werden mit «er ist erschienen», oder «er wurde sichtbar». In den Osterberichten der Evangelien liegt auf diesem Ausdruck nicht das Gewicht, das ihm Paulus beilegt. Hier steht das «er ist erschienen» nur einmal bei Lk 24, 34 im Zusammenhang mit der Erscheinung vor Petrus. Die Evangelisten bevorzugen das Aktiv *horaō* = sehen, und *epigignōskō* = erkennen (Lk 24, 35), was deutlicher die transsubjektive Realität der Erscheinung ausdrückt. Von vielen Exegeten wird dagegen das «*ōphthä*» als allgemeine «Epiphanie- und Offenbarungsformel» verstanden, die in Bekehrungs- oder Berufungsvisionen gebraucht wird, deren Geschehenscharakter nicht weiter festgelegt werden kann [70a]. Man könnte sie dann auch, wie gelegentlich angenommen, im Sinne einer bloßen Offenbarungsvision deuten. Dann ließe sich in den Osterberichten des Neuen Testamentes eine Entwicklung feststellen, die etwa so verliefe, daß die älteste paulinische oder antiochenische Tradition eine mehr geistige, innerlich-subjektive Offenbarungs- und Erscheinungsweise vertreten hätte, während die Evangelienberichte mit ihrem

---

[70a] Dagegen stellt A.R.C. Leaney fest, daß dem «ōphthä» ein historischer Kern zugrunde liegt: Theophany, resurrection and history, in: Stud. Ev. V, Berlin 1968, 111f.

«Sehen» diese unbestimmte Weise vergröberten und zu einem realen, objektiven Gegenwärtigsein stilisierten[71].

Neuerdings ist die Deutung dieses Ausdrucks, dem eine gewisse Unbestimmtheit zukommen soll, noch weiter ins Ungegenständliche hinein ausgeführt, vor allem von *U. Wilckens*[72], dem *R. Pesch* sich anschloß[73]. R. Pesch ist der Meinung, daß die «ōphthä-Formel» überhaupt nicht als Verweis auf ein historisches Widerfahrnis, auf eine Vision oder auf eine Offenbarung gelten könne. Er nimmt damit katholischerseits in der biblischen Auferstehungsproblematik wohl die extremste Position ein. Man gibt seine Auffassung wohl kaum falsch wieder, wenn man sagt: Zwischen der Grablegung Jesu (die selbst schon legendären Charakter tragen soll) und der Wiederversammlung der Jünger nach dem Tode Jesu ist objektiv überhaupt nichts geschehen. Bezeichnenderweise rückt er deshalb auch von den in den Evangelien enthaltenen Berichten über die Flucht der Jünger, über ihren Unglauben und ihren Zweifel ab. Was man allein sagen kann, ist dies, daß die Jünger an Jesus als an den Messias glaubten, daß sie sich nach dem Tode Jesu, ohne besondere Erschütterung, an den historischen Jesus im Geiste anschlossen. Es hat nichts an «Osterereignissen» stattgefunden. Die ältesten «ōphthä-Aussagen» sind nur «Legitimationsaussagen» über die Berufung der Apostel zur ersten Verkündigung vor der Gemeinde. Diese Formeln sollen die Apostel als Zeugen legitimieren. Aber der Beweisgrund der Legitimation ist nicht gegeben; denn es gibt ja weder eine Auferstehung noch eine Erscheinung. Deshalb sagt Pesch an einer Stelle, daß die Formulierung «ōphthä» nicht ein Beweismittel für die Auferstehung Jesu war, sondern daß sie umgekehrt den Glauben *an die Auferstehung* voraussetzt[74].

Diese Aussage ist insofern erstaunlich, als es nach Pesch eine «Auferstehung» überhaupt nicht gegeben hat und geben kann. Man kann nach Pesch «Auferstehung» nicht einmal mehr in Anführungsstrichen gebrauchen. Dann aber kommt diese Inkonsequenz, daß doch wieder der Begriff eingeführt wird, wo einfach gemeint ist, daß die Jünger an die Messianität Jesu glaubten. Wenn man diesen Exegeten fragen würde, was diese «Messianität» Jesu eigentlich bedeutet, würde sich ihr Inhalt wahrscheinlich auch weitgehend ermäßigen und minimalisieren; denn das Ganze ist von dem Grundgedanken bestimmt, daß

---

[71] So Ph. Seidensticker, 33; J. Kremer, 27.
[72] U. Wilckens, Auferstehung, a.a.O., 147.
[73] R. Pesch, a.a.O., 212ff.
[74] Ebd., 217.

in der Christologie – wie im Christentum überhaupt – nicht mehr mit einem theistischen Offenbarungsverständnis durchzukommen sei. D.h., daß man von Gott und Offenbarung nicht mehr personal denken dürfe; dann hat natürlich auch Christus nicht mehr als Messias oder «Sohn Gottes» zu gelten. Er ist ein irgendwie gedachter und nicht näher bezeichneter Initiator welthafter Religiosität. So eng hängt die Interpretation des «*ōphthä*» mit den Grundlagenfragen heutigen Christentums zusammen.

Die Interpretation R. Peschs hat von seiten seiner exegetischen Fachkollegen heftigen Widerstand erfahren. Er war davon, wie seine Replik zeigt, offenbar so betroffen, daß er zu dem Ausdruck griff: «Sind wir Exegeten ‹noch zu retten›, solange wir weniger miteinander als gegeneinander streiten?»[75] Nun, weil Pesch selbst diese Frage stellt und diese prosaische Terminologie verwendet, darf man hier ganz unpolemisch zur Antwort geben: Eine Exegese im Stile Peschs ist wahrscheinlich «nicht mehr zu retten». Wer so wesentliche Stücke des Neuen Testamentes einfach aufgibt wie Mk 16; Mt 28; Lk 24; 1 Kor 15 und viele andere Stellen, die bei größerer Knappheit doch dasselbe sagen, der muß sich die Frage gefallen lassen, was das Neue Testament dem Menschen überhaupt noch zu sagen habe.

An dieser Stelle scheint es unerläßlich, den *Begriff der «Legitimationsformel»* einer kritischen Beleuchtung zu unterziehen. Daß ein solcher Begriff, auch wenn er nicht neutestamentlichen Ursprungs ist, von der Exegese zur Verdeutlichung des Sachverhaltes herangezogen werden kann, ist nicht zu bestreiten. Aber er muß sich, wie jeder Begriff, an der Wirklichkeit überprüfen lassen, wenn er nicht zu einem «Unbegriff» werden soll. Das führt nun in einen weitschichtigen Zusammenhang hinein, dem hier nicht in allen Verästelungen nachgegangen werden kann. Offensichtlich soll mit dem Begriff «Legitimationsformel» gesagt sein, daß die Apostel mit den Erscheinungsgeschichten ihre apostolische Autorität vor den Gemeinden begründen wollten. Hierzu wäre allerdings sofort anzumerken, daß dann auch Nicht-Apostel (wie die Frauen und die von Paulus genannten fünfhundert Brüder) unter den Anspruch dieser Legitimation fallen sollten oder faktisch gefallen wären, was von vornherein unwahrscheinlich ist. Die fünfhundert Jünger sollten wohl kaum in ihrer Sonderstellung vor den Gemeinden legitimiert werden. Vielmehr sollten sie als Empfänger der Erscheinung die Auferstehung Christi legitimieren.

[75] Ebd., 283.

Aber wenn man die Legitimation allein auf die Apostel bezieht, sollte man genauer von einer «Selbstlegitimation» sprechen. Dann stellt sich aber das Problem in ganzer Schärfe, daß die Apostel sich selbst mit nichts anderem legitimierten als mit ihrem eigenen Glauben; denn die Exegeten, die den Begriff «Legitimationsformel» einführen, gehen dabei ja von der Voraussetzung aus, daß die Apostel nach dem Tode Jesu nichts anderes erfuhren als den Glauben an Jesus, einen Glauben, der nicht einmal durch die tragischen Ereignisse um den Tod Jesu wesentlich geändert wurde, sondern kontinuierlich an die Worte und Taten des historischen Jesus anschloß. Wozu mußten sie aber einen solchen Glauben, den sie ja schon vor dem Tod Jesu besaßen, noch eigens legitimieren? Und wozu mußten sie es mit solch anspruchsvollen Formeln tun, die doch unweigerlich den Eindruck erwecken, als ob hier objektiv in der wirklichen Welt etwas geschehen sei? Wenn man den Jüngern so etwas zutraut, kann man sie kaum noch von dem Verdacht der Unehrlichkeit freihalten. Vor allem aber darf man solche Behauptungen nicht «Legitimationsformeln» nennen, denn diese Legitimationen entbehrten jeglicher höheren Autorität. Es wären Schutzformeln zur Selbstbehauptung der Apostel und ihres privaten Glaubens, der gerade nicht legitimiert war. Man kann ja einen privaten Glauben nicht *durch diesen* Glauben legitimieren. Das Wesen einer Legitimation besteht darin, daß eine Person, die ihre Identität oder ihren Anspruch nicht durch sich selbst beweisen kann, eine Bestätigung oder einen Ausweis vorzeigt, der gerade nicht von ihr selbst, sondern von einem anderen herrührt und deren ihren subjektiven Anspruch transsubjektiv oder objektiv begründet. Eine Legitimation, die in der Weise erfolgte, daß der betreffende Mensch sagte: «Glaubt mir, weil ich mir selber glaube», ist ein Unding. Das gilt heute genauso wie für das biblische Denken, das am allerwenigsten Selbstzeugnisse kannte. Der Widerspruch wird nicht behoben, wenn U. Wilckens erklärt, daß die Apostel «auf Grund ihrer himmlischen Beauftragung bleibende Autorität in der Kirche hatten»[76]. Aber was kann hier (zumal bei einem existentialistischen Exegeten) «himmlische Autorität» heißen? Doch wieder nur der höchst private ungesicherte und bodenlose Glaube, der gar nicht ausweisbar sein darf! Wenn die Apostel aber ihre «himmlische Beauftragung» hätten legitimieren wollen: Warum haben sie das nicht so schlicht und direkt gesagt? Daß sie zu diesem Zweck zu solchen literarischen Figuren wie «Auferstehung» hätten greifen müssen, ist

---

[76] U. Wilckens, a.a.O., 147.

historisch nicht zu begründen. Das ist die spekulative Konstruktion einer existentialistischen Exegese, aber es ist nicht die neutestamentliche und christliche Auffassung vom Glauben, vom Zeugnis und von Legitimation.

In Wirklichkeit sind die «ōphthä-Formeln» nicht dazu angetan, das paulinische Erlebnis und die anderen Erscheinungsereignisse irgendwie zu entwirklichen und zu entobjektivieren. Auch Paulus begründet seine Legitimation durch ein konkretes Ereignis, das er an anderen Stellen schlicht als «Sehen» (mit *horaō*) ausgibt, so etwa 1 Kor 9, 1: «Habe ich nicht unsren Herrn Jesus gesehen?» Deshalb ist der Auffassung zuzustimmen, nach der das hēōraka von 1 Kor 9, 1 in Parallele zum «ōphthä» von 1 Kor 15 zu setzen ist und das «*hēōraka*» die persönliche Entsprechung zu dem «*ōphthä*» darstellt. «Der Erscheinung Christi des Auferstandenen entspricht das Sehen des Apostels, das nur stattfinden konnte, weil Christus selbst ihm sich zu sehen gab[76a].» Mit dem «*ōphthä*» ist zwar wohl das Offenbarungsmoment im Sehen deutlicher herausgehoben und das Gestalthafte am Gegenstand des Sehens weniger betont. Auch ist hier das Handeln Gottes oder Christi stärker profiliert. Aber daß es sich um dieselbe Sache handelt, kann eine nicht tendenziöse Exegese wohl nicht bezweifeln.

Wenn trotzdem ein Exeget Klage darüber führt, daß die an der Realität der Erscheinungen interessierten Theologen so wenig über ihre Art und Weise und über ihren genauen Inhalt auszusagen wüßten und sich hier in auffälligen «Leerformeln» ergingen[77], so darf erwidert werden, daß hier mehr verlangt wird, als je ein äußerer Betrachter und ein späterer Empfänger des apostolischen Zeugnisses zu geben vermochte. Schon die Forderung nach einem solchen «Mehr» ist interessant, weil sie ein unerfüllbares Desiderat aufstellt, an dessen Unerfüllbarkeit der Verteidiger der Echtheit der Erscheinungen scheitern soll. Auch hier werden die Grenzen historischer Denk- und Betrachtungsweise durch eine unrealistische Forderung überschritten. Es ist deshalb weder eine Ausflucht noch eine Verlegenheitslösung, wenn bezüglich der Art und Weise der Erscheinungen von einem «Urphänomen» gesprochen wird, «das von keiner Kritik aufgelöst werden kann»[78] und wenn als «Inhaltsangabe» stehenbleiben muß: «Gesagt ist aber, daß der, der da ‹erschien› und den die Zeugen

---

[76a] J. Blank, Paulus und Jesus, München 1968, 202. So spricht auch J. Schmitt, Jésus ressuscité dans la prédication apostolique, Paris 1949, 147 von «manifestations réelles».
[77] So R. Pesch, a.a.O., 210.
[78] H. Urs v. Balthasar, a.a.O., 295.

‹sahen›, sich zeigte und wahrnehmen ließ, und daß der sich Zeigende als der von den Toten Erweckte bzw. Erhöhte wahrgenommen wurde von den Zeugen[79].»

Daß gerade in dem paulinischen Bericht über die Erscheinungen die Objektivität und der Realitätsgehalt schwerlich bestritten werden kann, zeigt die Tatsache, daß Paulus sich als einziger über den Auferstehungsleib Gedanken macht und sein Geheimnis den Glaubenden näherzubringen sucht. Das geschieht im gleichen 15. Kapitel des 1. Korintherbriefes, in den VV 35–53. Die Aussagen beziehen sich zwar nicht direkt und unmittelbar auf den Leib Christi, sondern auf den Auferstehungsleib des Menschen überhaupt. Diese nicht zu bestreitende Tatsache hat wiederum W. Marxsen zum Anlaß genommen, jede Verbindung dieser Aussage zum erschienenen Auferstehungsleib Jesu Christi zu leugnen und eine solche In-Beziehung-Setzung als unbrauchbar abzutun[80]. Er geht dann aber über den im ganzen Kapitel bestehenden Zusammenhang zwischen der Auferstehung Christi und der der Toten hinweg und muß dann besonders der Bezeichnung Christi als des «Erstlings der Entschlafenen» (1 Kor 15,20) jedes Gewicht nehmen. Wenn er hinzufügt, daß man die Darstellung des Paulus nicht in die Evangelienberichte hineinkomponieren dürfe, so ist das selbstverständlich zu beachten. Andererseits ist es doch wieder nur das Dogma des historisch-kritischen Denkens, das einem Theologen die In-Beziehung-Setzung der paulinischen und der synoptischen Tradition verwehrt, zumal diese beiden sich erwiesenermaßen berühren[81].

Vor allem aber für die Deutung des paulinischen Osterkerygmas kann die Aufnahme der Erwägungen über den Auferstehungsleib nicht unerheblich sein. Die Gegner des Apostels gehen von der These des V 12 aus: «Eine Auferstehung der Toten gibt es nicht.» Paulus entgegnet darauf sinngemäß, daß der Leib aufersteht, aber nicht ein irdischer, sondern ein pneumatischer Leib. Das besagt das Argument: «Du Tor, was du säst, wird nicht lebendig gemacht, wenn es nicht stirbt, und was du säst, ist nicht der zukünftige Leib, sondern ein nacktes Korn etwa von Weizen oder sonst einer (Frucht). Gott aber gibt ihm einen Leib, wie er beschlossen hat, und jeder der Samenarten einen besonderen Leib ... es gibt himmlische Leiber und irdische Leiber.» Daraus folgert Paulus: «So ist es auch mit der Auf-

---

[79] H. Schlier, Über die Auferstehung Jesu, Einsiedeln 1968, 33. Von der «historical basis» der Erscheinungen ist auch A. R. C. Leaney, a. a. O., 112, überzeugt.
[80] W. Marxsen, a. a. O., 72. Dagegen J. Kremer, a. a. O., 123; 137.
[81] Vgl. dazu u. a. B. Spörlein, a. a. O., 39.

erstehung von den Toten.» «Es wird gesät in Unehre und steht auf in Glanz, es wird gesät in Schwachheit und steht auf in Kraft, es wird gesät ein seelischer Leib und steht auf ein *geistlicher* Leib. Wenn es einen *seelischen* Leib gibt, so gibt es auch einen geistlichen.» Die dafür stehende Formel ist die vom soma pneumatikon im Gegensatz zum soma psychikon (1 Kor 15,44). Paulus entwickelt in diesen Gedanken eine Analogie zwischen einem Naturvorgang, bei dem aus einem geringen Korn etwas erheblich anderes wird als die Anschauung annehmen kann, nämlich eine früchtetragende Ähre, und einem heilshaft menschlichen Vorgang, bei dem es vom irdischen Leibe durch den Tod zu einem pneumatischen Leibe kommt.

Es wäre naiv anzunehmen, daß Paulus überzeugt gewesen wäre, mit dieser Analogie das Wesen des Auferstehungsleibes definiert und sein Geheimnis erklärt zu haben. Er will den Bestreitern einer leiblichen Auferstehung nur vorführen, daß man an die Realität des Auferstehungsleibes glauben kann, wenn man überhaupt so etwas wie «Auferstehung» annimmt, und daß der Auferstehungsleib anders geartet ist als ein irdisch-psychischer Leib. Seine Eigenschaften sind die «Unverweslichkeit», die «Herrlichkeit», die «Kraft» und die «Geistigkeit».

Daß diese Aussagen christologisch gemeint und abgezweckt sind, wird besonders noch an den VV 45–50 ersichtlich, wo gesagt ist, daß «Christus der zweite Mensch (Adam) vom Himmel ist». Deshalb besteht auch die Annahme zu Recht, daß in dieser Aussage ein Hinweis auf das Damaskuserlebnis gegeben sei [82]. Unter Berücksichtigung ähnlicher Aussagen Pauli in 1 Thess 4,13–17, 2 Kor 5,1–10 und Röm 8,11, ist der Schluß erlaubt: Für Paulus ist der Auferstehungsleib eine überirdische Realität, die durch eine göttliche Tat, eine göttliche Verwandlung oder sogar eine Neuschöpfung zustande kommt. Paulus vermag diese Inhalte nicht weiter einsichtig zu machen.

Er kann nur in Analogien und Bildern auf die unirdische, überweltliche Qualität des Auferstehungsleibes (der Menschen und Jesu Christi) hinweisen. Da ihm diese Erkenntnisse und die für sie verwandten Bilder nicht aus dem dualistischen Denken der Griechen, aber auch kaum aus der jüdischen Umwelt zugeflossen sein können [83], bleibt als Erklärungsgrund die eigene Erfahrung, die nicht zuletzt in dem Damaskusereignis wurzelt.

Die Aussagen von 1 Kor 15,35–50 scheinen (im Zusammenhang mit dem Damaskuserlebnis) so eindeutig für eine Realitätserfahrung

[82] So u.a. Fr. Mussner, Die Auferstehung Jesu, a.a.O., 110f.
[83] P. Hoffmann, Die Toten in Christus, Münster 1966, 245.

des Paulus mit dem Auferstandenen zu sprechen, daß auch W. Marxsen zugeben muß, der Apostel spreche hier von einem «pneumatischen Leibe». Nur dürfe man diesen Leib nicht als «ätherischen Körper» verstehen, ja man dürfe sich ihn überhaupt nicht «vorstellen»[84]. Aber selbst wenn man diese Restriktionen zugibt (und in Konsequenz dessen annimmt, daß Paulus hier nicht eine genaue Beschreibung dessen geben will und kann, was er vor Damaskus «gesehen» hat), so ist doch nicht zu bestreiten, daß er eine Realitätserfahrung gemacht hat, in der er die Identität des irdischen mit dem (obwohl anders gearteten) himmlischen Christus erfuhr. Eine weitere inhaltliche Bestimmung dieser Erfahrung ist nicht möglich, aber für den an den Erscheinungen des Auferstandenen ansetzenden Glauben auch nicht notwendig.

[84] W. Marxsen, a.a.O., 73 f.

4. DAS THEOLOGISCHE WESEN UND DIE GESCHICHTLICHKEIT DER AUF-ERSTEHUNG IM NEUEN TESTAMENT

a) Der biblische Sinngehalt der «Auferstehung»

Eine exegetische Auswertung der Osterberichte kann sich nicht allein auf die Erörterung der Formeln «Erscheinen» und «Gesehenwerden» beschränken, sie muß auch den im biblischen Kerygma verankerten Begriff der Auferstehung, der «*anastasis nekrōn*», aufnehmen und ihn mit den Erscheinungsaussagen in Verbindung bringen. Hier wird dann die Frage noch dringlicher, warum die Jünger zur Bezeichnung des Grundes ihres Widerfahrnisses den Begriff der «*anastasis*» wählten. An die Adresse der Befürworter eines rein mentalen «Widerfahrnisses», das von den Betroffenen auf das Vorstellungsmuster und Interpretament «Sehen» oder «Erscheinung» gebracht wurde, ist dann nämlich die noch entschiedenere Frage zu richten, was die Jünger veranlaßt haben könnte, *nicht* bei dem der visionär-apokalyptischen Sprachwelt entstammenden Modell der «Erscheinungen» zu bleiben und diese angebliche «Legitimationsformel» durch eine Vorstellung zu ergänzen, die ihrem Inhalt nach in keiner Weise der persönlichen Legitimierung hat dienen können, nämlich die Vorstellung der «*anastasis*»; denn diese Formel ist in keiner Weise mehr (wie «Sehen» und «Erscheinen») mit einem subjektiven Vorgang in Verbindung zu bringen. Sie bezieht sich auf etwas Objektives.

Auch die Herbeiziehung dieser Vorstellung könnte natürlich als eine «Zutat» der Jünger behauptet werden, wenn man nicht direkt von einer Erfindung sprechen will. Aber auf jeden Fall handelt es sich dann um ein anderes «Interpretament» als das des «Sehens» und «Gesehenwerdens». Wenn diesem «Interpretament» eine besondere Erfahrung der Jünger entspricht, so ist zu fragen, welcher besondere Sachverhalt dem Interpretament «Auferstehung» entsprechen könnte. Auch wieder nur eine innerseelische gläubige Erfahrung? Wozu dann aber die gehäuften Modelle für ein und denselben schlichten Glaubensvorgang? Eine historisch-kritische Forschung, die sich ihren hohen Anspruch nicht selbst ermäßigen will, müßte auch die Sinnhaftigkeit und innere Notwendigkeit der Wahl dieser verschiedenen Interpretationsmodelle einsichtig zu machen und zu erklären suchen, sonst nimmt sie ihre historische Aufgabe nicht ganz ernst. Sie kann es nicht bei der Behauptung bewenden lassen, daß alle diese Modelle dasselbe meinten. «Sehen» oder «Gesehenwerden» meint offenbar etwas anderes als «leeres Grab» oder «Auferstehung». Rein theoretisch wäre die Annahme durchaus möglich, daß sich die Jünger mit dem Interpretament «Erscheinung» begnügt hätten. Daß sie es tatsächlich nicht taten, kann man von seiten einer existentialen Exegese nicht erklären. Eine historisch unvoreingenommen vorgehende Exegese kann aber diesen Umstand durchaus erklären und diese Erklärung zur moralischen Gewißheit bringen. Sie kann im Falle des angeblichen «Interpretaments» vom «leeren Grabe» sagen: Diese Einführung war notwendig, weil das Grab in Jerusalem eben am Ostermorgen leer gefunden wurde. Sie kann etwas Ähnliches aber auch im Falle der Formel von der «*anastasis nekrōn*» nachweisen.

Damit vermag sie auch tiefer in den biblischen Sinngehalt der Botschaft von der Auferstehung Jesu Christi einzudringen. Der Begriff der «*anastasis*» war in der jüdischen Geisteswelt zur Zeit Jesu nicht unbekannt. Er war allerdings mit Inhalten ausgestattet[85], die nicht unmittelbar und direkt mit dem christologischen Geschehen übereinstimmten, von dem die Jünger Zeugnis geben wollten; denn «Auferstehung von den Toten» war im Judentum der Zeit Jesu zunächst der stark bildhaft und metaphorisch gehaltene Begriff für das erhoffte Endschicksal der Toten, die nach damaligem Verständnis und gemäß der unvollkommenen jüdischen Eschatologie wie aus einem Schlafe hätten aufwachen und ins Leben zurückkehren sollen. Der älteste biblische Hinweis auf eine Auferstehungshoffnung Jes 26,19 versteht das Auferstehen der Toten am Ende der Tage als ein Erwachen aus dem Schlaf. Das sagt das äthiopische Henochbuch noch ausdrücklicher: «Der Gerechte wird aus dem Schlaf auferstehen[86].» Im Neuen Testament benützt auch Paulus dieses Bild, wenn er von den «Entschlafenen» spricht, die am Ende auferstehen sollen (1 Thess 4,13 ff) und wenn er Christus selbst als den «Erstling der Entschlafenen» bezeichnet (1 Kor 15,20).

Es ist nahezu evident, daß die junge Christengemeinde, wenn sie für das Geschehen an Christus den Begriff der Auferstehung verwandte, dies zunächst in einem dem jüdischen Verständnis ähnlichen Sinn tun mußte. Es schwang also auch im christlichen Sprachgebrauch die Vorstellung vom Aufwachen eines Entschlafenen mit. Es verdient auch vermerkt zu werden, daß es sich um eine bildhafte, metaphorische Redeweise handelte, die mit einem aus dem Erdenleben

---

[85] ThWNT I, 368f: Art. «Anastasis» (Oepke).
[86] E. Kautzsch, Die Apokryphen und Pseudepigraphen des Alten Testaments, Tübingen 1929, II, 301.

genommenen Bild etwas auszudrücken suchte, was jede irdische Erfahrung übersteigt. Von daher könnte man die christliche Verwendung dieses Begriffes sogar kritisieren und feststellen: es sei ein unpräziser Bildbegriff, eine metaphorische, uneigentliche Redeweise, die das Eigentliche des christlichen Auferstehungsglaubens gar nicht zum Ausdruck bringe. Wenn man deshalb diese Vorstellung im strengen Sinn auf Christus übertragen hätte, wäre man zu der Auffassung von der Rückkehr eines Toten *in dieses Leben* etwa in Parallele zur Erweckung des Lazarus (Joh 11,38-46) oder des Jünglings von Naim (Lk 7,11-17) gekommen, was aber bezeichnenderweise nicht geschah[87].

Die Parallelität zu dieser jüdischen Vorstellung ist zunächst einmal nicht zu bestreiten. Sie ist auch völlig unverfänglich, wenn man bedenkt, daß es für «übernatürliche» Glaubenstatsachen und Wahrheiten keine eigenen «übernatürlichen Begriffe» gibt und daß dafür die vorhandenen menschlichen Begriffe und Vorstellungen verwendet werden müssen. Sie können dann natürlich das eigentlich Gemeinte auch nur unvollkommen und niemals gänzlich adäquat ausdrücken.

Immerhin ist schon aus dem Rückgriff auf diese vorhandene Vorstellung zu ersehen, daß sie nicht als Interpretament einer rein subjektiven, innerseelischen Glaubenserfahrung verstanden und gebraucht werden konnte. Gerade wenn man bedenkt, daß ein solches «Interpretationsverfahren», wenn man es schon schlichten jüdischen Menschen der alten Welt unterschiebt, auf keinen Fall bewußt-reflektierend vor sich gegangen sein kann, sondern spontan und geradezu unbewußt erfolgt sein muß, dann ist die Folgerung unabweisbar, daß die Jünger diese Vorstellung jedenfalls zunächst in der Weise jüdischer Gläubigkeit aufnahmen, d.h. mit der Überzeugung, daß es sich um ein (zwar schwer ausdrückbares, aber doch) tatsächliches objektives Geschehen handle. Es wäre völlig widersprüchlich anzunehmen, daß die Jünger ihren Glauben an die Bedeutung des historischen Jesus für sie selbst mit einer so «überschweren» Kategorie wie der der spätjüdischen «Auferstehung» verbunden hätten, die ganz erfüllt war von Ereignishaftigkeit, von Objektivität und transsubjektiver Realität. Sie hätten bei einem solchen Interpretationsversuch ihres angeblich rein subjektiven Glaubens das Interpretament nochmals uminterpretieren und es von seiner objektiven Struktur auf eine rein subjektive Form umprägen müssen, was geradezu einer Vergewaltigung ihrer Glaubenstradition und ihres Bewußtseinsstandes gleichgekommen

[87] Vgl. dazu G. Lohfink, Die Auferstehung Jesu und die historische Kritik, in: Bibel und Leben 9 (1968) 37-53.

wäre. Man könnte zwar zur Not behaupten, daß ein rein innerlicher Glaube an die Bedeutung des historischen Jesus mit dem Interpretament «Sehen» oder «Erscheinen» hätte wiedergegeben oder verdeutlicht werden können. Man kann aber nicht behaupten, daß dies mit dem so eindeutig realistisch und objektivistisch vorgeprägten «Modell» der «Auferstehung» hätte geschehen können; denn mit ihm wurde etwas durchaus Ereignishaftes und Transsubjektives ausgedrückt, obgleich es notwendigerweise in ein unzureichendes Bild gekleidet war.

So bleibt nur die Frage, ob die Jünger bei der Übernahme dieser ihnen geläufigen spätjüdischen Vorstellung das Unangepaßte und Unzulängliche an ihr zum Ausdruck des Osterereignisses erkannten und abstreiften. Das ist in einem ersten Punkt völlig einsichtig zu machen, nämlich in der Wertung dieses Auferstehens als jetzt schon an Jesus von Nazareth geschehenem Ereignis, das also nicht mehr in die Zukunft verlegt werden konnte. Die Zeugen der Auferstehung und die ersten Gläubigen haben aber auch in einem anderen Punkte das Unangemessene der betreffenden spätjüdischen Vorstellung abgetan, die trotzdem in einem allgemeinen formalen Sinn der Anknüpfungspunkt für den christlichen Auferstehungsglauben blieb. Sie distanzierten sich nämlich auch von dem Moment des «Erwachens aus dem Schlafe» und des Wiederbelebtwerdens eines Toten zur Rückkehr in diese Welt. Deshalb wird von einer positiv-historischen Exegese immer wieder betont, daß Jesus nicht in dieses Erdenleben zurückkehrte[88], daß er in den «vierzig Tagen» nicht eine auch noch so subtile irdisch-körperliche Seinsweise annahm und daß die Auferstehung Christi nicht mit der Auferweckung des Lazarus gleichzusetzen ist.

Wie die neutestamentlichen Zeugnisse dann positiv über dieses Ereignis dachten und welchen theologischen Sinn sie in ihm fanden, ist aus einer Über- und Zusammenschau der entscheidenden Osteraussagen nicht schwer zu erschließen. Die Auferstehung Jesu, das Ereignis von Ostern, ist nach dem Neuen Testament keine Wiederbelebung eines Leichnams, keine Zurückversetzung eines Toten in das irdische Leben, sondern die Verwandlung des ganzen Christus in eine himmlische Existenzweise (1 Kor 15, 35–50). Es handelt sich um einen Akt Gottes an dem gestorbenen Jesus Christus, der vorgängig zum Erleben und Glauben der Jünger geschah und der in seiner Objektivität überhaupt erst den Ermöglichungsgrund für die Wirkungen

---

[88] Besonders nachdrücklich betont von H. Schlier, a.a.O., 36f.; ähnlich spricht J. Ratzinger vom Überschreiten der «Bios-Geschichte»: Einführung in das Christentum, München 1968, 254.

in der Subjektivität der Jünger bildete. Auf die Seite dieser gottgesetzten objektiven Tat kommen nach dem Verständnis des Neuen Testamentes weiter als inhaltliche Momente die folgenden zu stehen: Auferstehung ist die Vorausnahme der eschatologischen Totenauferstehung aller in einem einzelnen (1 Kor 15, 20) und deshalb selbst schon ein eschatologisches Ereignis, weshalb es legitimerweise in den ältesten Auferstehungsberichten so etwas wie ein Zusammenfallen von Auferstehung und Parusie gibt [89]; sie ist die Verleihung der höchsten gottgleichen Vollmacht an Christus (Mt 28, 16–20), sie ist die Erhöhung Christi an die Seite des Vaters, so daß «der Auferstandene ... schon wesenhaft der Erhöhte» ist und daß «Auferstehen im Zuge der Erhöhung zu Gott und Erhöhung in der Kraft der Auferweckung geschieht»[90]. Sie ist (in einer besonderen Nuancierung bei Lukas) Hinwegnahme in den Himmel durch den Tod hindurch *(analempsis)* und (in der spezifischen Sicht des Johannes) Erhöhung und Verherrlichung Jesu Christi, die schon mit dem Kreuz beginnt (vgl. Joh 3, 14; 12, 34) und die in merkwürdiger Verschlingung auch schon das Pfingstgeschehen an sich zieht.

Von allen diesen Geschehnissen an Jesus Christus ist einmal im Hinblick auf religionsgeschichtliche und mythologische Ableitungsversuche zu sagen, daß sie in eigentümlichen biblischen Kategorien ausgedrückt sind und ernstlich durch keine Analogien der Religionsgeschichte und ihrer Berichte über sterbende, in den Hades fahrende und wieder aufsteigende Götter tangiert werden. Obgleich es sich auch hier um Bilder handelt, die bei der Darstellung des Außerordentlichen schlechterdings unentbehrlich waren, sprechen sie alle von einer eigentümlichen Realität, die in den Aussagen der Mythen keine Entsprechung hat. Damit ist aber auch schon dem auch hier wieder zu erwartenden Einwand einer unhistorisch ausgerichteten existentialen Analyse dieser Zeugnisse begegnet: die Annahme, daß alle diese konzentrisch auf einen unauflösbaren Realitätskern konvergierenden Aussagen rein ideelle Interpretamente für den persönlichen Glauben der Jünger an die «Sache Jesu» sein könnten, läuft auf die Behauptung von Phantasieschöpfungen durch die Jünger hinaus, die weder von der Sache noch von der Verfassung dieser Zeugen her begründet werden kann. Was die Jünger bekannten, lag außerhalb des «Denkmöglichen»[91] und konnte deshalb auch von ihnen nicht durch «Interpretamente» zu einer Scheinexistenz hochstilisiert werden.

[89] Vgl. hierzu H. Urs v. Balthasar, a. a. O., 263.
[90] H. Schlier, a. a. O., 22 f.
[91] So G. Koch, a. a. O., 53.

Stellt man die objektiven Gehalte der «Auferstehung» von seiten des Auferstandenen selbst in ihrem Realismus so eindeutig heraus, dann kann man sich auch die Wirkungen dieses Geschehens auf seiten der Jünger in ihrer Besonderheit und Einzigartigkeit erklären. Es ist mit Recht immer wieder behauptet worden, daß es bislang keiner psychologischen, rationalen und historisch-pragmatischen Erklärung gelungen ist, den außergewöhnlichen Wandel im Leben der Jünger und demnach der ganzen jungen Christengemeinde zu erklären [92]. Von daher ist es verständlich, wenn die moderne existentialistische Deutung den Vorgang eines solchen Wandels überhaupt unterdrücken und den Jüngerglauben ohne jede wesentliche Unterbrechung an den historischen Jesus anschließen möchte, so daß im Grunde auch die Tragik des Kreuzes nicht mehr in Erscheinung tritt [93]. Bezeichnenderweise läßt R. Pesch sogar die in ihren Einzelzügen historisch gut belegbare Grablegungsgeschichte der Theorie zum Opfer fallen [94], daß der Glaube der Jünger nicht «supranaturalistisch» von irgendwelchen äußeren Ereignissen herrührte, sondern beim historischen Jesus begann. Das ist aber eine dialektische Verfremdung der Texte, die die historisch-kritische Methode dem Verdacht einer Tendenzkritik und der Leichtgläubigkeit aussetzt. In allen literarisch verschiedenartigen Berichten tritt der Tatbestand zutage, daß die Jünger sich verlassen und enttäuscht fühlten und in die Zerstreuung gingen. Kurz nach dem tragischen Ende ihres Meisters aber «waren sie neue Menschen in einer veränderten Welt» [95]. Sie hatten die Wirkung der Auferstehung erfahren, die sie verwandelte, wie sie später den Paulus verwandelte, dem im Damaskuserlebnis «der Blitz in den Geist geschlagen ist» [96]. Hier wäre es nun zu wenig, die Wirkungen der Auferstehung bei den Jüngern einfach auf den Ausdruck der «Erscheinungen» zurückzuführen und diesen Ausdruck dann in seiner Vieldeutigkeit stehen oder verschwimmen zu lassen. Deshalb ist genauer darauf zu achten, was bei diesen Erscheinungen an den Jüngern geschah, freilich nach deren eigenen Berichten, deren Wahrheit man aber nicht begründet anzweifeln [97] und die man in etwa auch an der

---

[92] U.a. auch von H. Grass, a.a.O., 234.
[93] Vgl. R. Pesch, a.a.O., 219ff.
[94] Ebd., 206. Dagegen P. Stuhlmacher, ebd., 247f.
[95] So Ch. H. Dodd, Der Mann, nach dem wir Christen heißen (deutsch von H. M. Köster) Limburg 1975, 178.
[96] E. Stauffer, Die Theologie des Neuen Testamentes, Stuttgart ³1947, 30.
[97] Hier erscheint auch Ch. H. Dodds Ansicht minimalistisch: «Wir haben keine Möglichkeit, ihren Anspruch auf seine Wahrheit zu prüfen.» A.a.O., 178.

weitergehenden Wirkungsgeschichte nachprüfen kann. Dabei wird deutlich, daß die Jünger den Auferstandenen als mit dem Gekreuzigten identisch erkannten, daß sie eine personale Begegnung mit ihm hatten, in deren Konsequenz sie zum Glauben an ihn kamen, ihn als Kyrios bekannten, ihn anbeteten und von ihm eine *Sendung* erfuhren, für die sie ihr Leben bis hin zum Tode einsetzten. Für sie war die Auferstehung, vermittelt durch die lebendige Begegnung in den Erscheinungen des Auferstandenen, die entscheidende Selbsterschließung des Herrn, die sie überwältigte[98], der Aufgang eines sieghaften Glaubens, die endgültige Einführung in den Sinn des Christusereignisses, die Erfüllung mit Heiligem Geist und die Bevollmächtigung zu einem universalen Sendungsauftrag. Tatsächlich gehört deshalb auch das Sendungsmotiv in die Auferstehungserfahrung der Jünger hinein. Aber es wäre wiederum kurzschlüssig, alle Osterberichte auf dieses eine Motiv zurückzuschneiden und es dann noch auf rein innere Erfahrungen der Jünger zurückzuführen. Die Auferstehung war für sie eine totale und reale Verwandlung ihres Lebens, für die sie in sich selbst in der konkreten Situation nach dem Karfreitag keine Befähigung und keine Potenz aufweisen konnten. Es war für sie, in Entsprechung zum objektiven Geschehen auf seiten des ins Grab gesunkenen Jesus Christus, ein wahres Wunder der Verwandlung und des Neuwerdens.

Freilich – und hier tritt in der Auseinandersetzung mit der existentialen Interpretation ein neues Problem auf – gebrauchen auch manche Verfechter einer unhistorischen Deutung von Auferstehung und Erscheinungen in diesem Zusammenhang für das Verwandlungsgeschehen auf seiten der Jünger den Begriff des Wunders[99]. In einer Replik auf Rudolf Bultmanns Aussage von der Auferstehung Jesu Christi ins Kerygma der Kirche stellte *H. Schlier* fest, daß ein solches Geschehen ein nicht geringeres Wunder bedeuten würde wie eine objektiv gedachte Auferstehung[100]. Aber von der existentialistischen Theologie ist das Wunder nicht im theologischen Sinne als Wirken Gottes in der Wirklichkeit der Welt und zusammen mit ihr verstanden, ein Wirken, das, weil in der Geschichte verlaufend, auch in gewisser Hinsicht aufweisbar sein muß. «Wunder» ist hier einfach als das «Unerklärliche» verstanden, als der bei sich selbst beginnende Glaube, der letztlich von einer Illusion nicht zu unterscheiden ist. Die Erfahrung der Wirkungen der Auferstehung kann aber weder bei

[98] H. Schlier, a.a.O., 63.
[99] So auch W. Marxsen, a.a.O., 142.
[100] H. Schlier, a.a.O., 39ff.

den Jüngern noch bei den das Zeugnis der Jünger annehmenden Gläubigen in die Nähe einer Illusion gebracht werden. Es war ein Ausfluß jener Wirklichkeit, die in dem Wort zum Ausdruck kam: «Er ist wahrhaft auferstanden» (Lk 24,35).

b) Auferstehung und Erscheinungen des Auferstandenen

In den bisherigen Überlegungen zum Neuen Testament wurde eine Rede- und Argumentationsweise verwendet, in der zwischen Auferstehung und Erscheinungen nicht unterschieden wurde. Es wurde weithin so gesprochen, als ob zwischen den Erscheinungen des Auferstandenen und der Auferstehung selbst kein Unterschied bestünde. In Wirklichkeit, wenn man der strengen Logik folgt, muß man natürlich sagen, daß die Erscheinungen nur die sichtbaren Folgen der Auferstehung waren, die selbst diesen Erscheinungen und Manifestationen vorausging. Sie ging ihnen allerdings als unsichtbares, unbeobachtetes und ohne Zeugen vor sich gegangenes Ereignis voraus, das überhaupt nur in den Erscheinungen faßbar und den Jüngern zuletzt nur in den Erscheinungen glaubbar wurde.

Wenn man diesen Unterschied zwischen Auferstehung selbst und den Erscheinungen des Auferstandenen erwägt, wird es mit einem Male fraglich, ob man in der hier vorgenommenen Weise überhaupt verfahren darf, d.h. daß man von den *Erscheinungen* spricht und dabei die *Auferstehung meint*. Es ist die Frage, ob man nicht durch diese Zusammenschau, durch diese Kombination von Ursache und Wirkung – die Auferstehung ist ja die Ursache der Erscheinungen – die Problematik vereinfacht und ob man so die Frage nach der Ursache nicht einfach als gelöst voraussetzt. Konkret läßt sich die Frage so stellen, daß man erwägt: Können denn die Erscheinungen nicht etwas anderes zur auslösenden Ursache gehabt haben als die Auferstehung, von der zugegeben werden muß, daß sie ohne Zeugen erfolgte?

Diese Frage läßt sich tatsächlich stellen, aber sie ist nicht von der Art, daß sie das bisherige Argumentationsverfahren verunsichern könnte. Um das zu verstehen, darf man zunächst darauf hinweisen, daß die Schrift im Grunde auch so vorgeht: Sie trennt in ihren Aussagen die Erscheinungen von der Auferstehung nicht. Die beiden Aussagen: «er ist auferstanden und ist (dem Petrus) erschienen» (so Lk 24,34) gehen einfach ineinander über. Die Erscheinungen sind nach dem Verständnis der Jünger Erscheinungen des Auferstandenen und sind sozusagen nichts anderes als Veröffentlichungen und Kundmachungen der Auferstehung. Für diese Einheit spricht in biblischexegetischer Beweisführung noch ein anderer Umstand, nämlich die Tatsache, daß sowohl nach der Apostelgeschichte 1,22 wie nach 1 Kor 15,15 die Jünger und Apostel als «Zeugen der Auferstehung» bezeichnet werden. Die Jünger bezeichnen sich also als Zeugen der Auferstehung, obgleich sie, streng genommen, *nur* Zeugen der *Erscheinungen* waren. Eine solche Sprach- und Redeweise, die Auferstehung und Erscheinungen eng zusammensieht und per modum unius erfaßt, ist also durch die Schriftaussagen legitimiert. Aber dieses Argument erscheint noch nicht gänzlich überzeugend. Man kann hier noch den eben schon angedeuteten Unsicherheitsfaktor vermuten, nach dem es eben nicht so sicher sei, daß hinter den Erscheinungen nichts anderes als die Auferstehung stehen könne. Es ist wiederum W. Marxsen, der dieser Unsicherheit im Gefolge anderer Exegeten Ausdruck verleiht und erklärt: Das Widerfahrnis des Sehens ist nicht identisch mit der Auferstehung selbst. Die Jünger sahen nicht die Auferstehung. Sie hatten ein Widerfahrnis, das sie in einem Schlußverfahren zur Annahme einer Auferstehung führte[101]. Nach einer ersten Stellungnahme Marxsens war auch im Falle Pauli die Überzeugung von der Auferstehung Jesu «das Ergebnis eines Schlußverfahrens»[102]. Später gab Marxsen auch diese Annahme auf und sah im Damaskuserlebnis überhaupt keine Beziehung zum «Auferstandenen» ausgesagt, sondern nur eine göttliche Berufung, die aus dem Verfolger den Verkünder machte[103].

Was in dieser Argumentation vor sich geht, läßt sich einfacher wie folgt wiedergeben: Es soll ein neuer Unsicherheitsfaktor in die Problematik eingeführt werden, der besagen will: Die Jünger kamen zur Anerkennung der Auferstehung nur durch ein Schlußverfahren; ihr Beweis für die Auferstehung war sozusagen nur ein Indizienbeweis, der bekanntlich juristisch der schwächste aller Beweise ist. Mit einem Schlußverfahren kann man nämlich keine Tatsachen erweisen. So hinge die Auferstehung dann – trotz der Erscheinungen – wie ein bloßes Postulat in der Luft.

Was ist zu diesem Argument zu sagen, das rein theoretisch betrachtet und abstrakt genommen noch einmal von einer neuen Seite das ganze Auferstehungskerygma des Neuen Testamentes ins Wanken bringen könnte? Zunächst ist beim methodischen Beweisverfahren

---

[101] W. Marxsen, Die Auferstehung Jesu als historisches und theologisches Problem, 26.
[102] Ebd., 18.
[103] Die Auferstehung Jesu von Nazareth, 109.

W. Marxsens folgendes zu bedenken: Dieses Aufhäufen von Schwierigkeiten erscheint irgendwie verdächtig, weil es tendenziös anmutet. Marxsen hat, bevor er dieses Argument anführt, nämlich für sich und seine Richtung bereits bewiesen, daß es keine Auferstehung gegeben haben kann, weil es schon keine Erscheinungen und keine Visionen auf seiten der Jünger gab, sondern nur den Glauben und die Glaubensannahme: Jesus hat für die Menschen weiterhin Bedeutung, oder: Die Sache Jesu geht weiter. Wenn man aber einmal die Erscheinungen nicht mehr annimmt, ist es geradezu ein Widerspruch, nun noch ein weiteres Argument anzuführen, derart: die Jünger hätten von gewissen Erlebnissen oder Erscheinungen auf die Auferstehung zurückgeschlossen. Wer so argumentiert, der zieht ja plötzlich die Erscheinungen wieder als Voraussetzung in seinen Gedankengang mit ein. Das ist aber logisch nicht mehr möglich, wenn man die Erscheinungen einmal als nichtig erklärt hat.

Aber mit dem Aufweis des logischen Mangels bei Marxsen ist das Argument noch nicht widerlegt, das da lautet: Die Jünger haben von den Erscheinungen auf die Auferstehung nur zurückgeschlossen. Ein solcher Rückschluß aber kann die Auferstehung selbst als Tatsache nicht erhärten und begründen.

Darauf wäre zu erwidern, daß es zunächst nicht zutreffend und dem Geschehen der Erscheinungen nicht angemessen ist, hier von einem logischen Schlußverfahren zu sprechen. Die Jünger verfahren tatsächlich nach allem, was die Berichte sagen, nicht diskursiv und reflektierend, nicht logisch schlußfolgend, sondern sie erkennen intuitiv und schlicht aufnehmend: sie erfahren einfach die Identität des historischen und des gestorbenen Christus mit dem Erscheinenden. In dieser Identifikation, die aus den Berichten deutlich hervorgeht, war das Lebendigwerden des Gestorbenen einfach und notwendig mitgegeben, war also die Auferstehung als inneres notwendiges Moment in der Erscheinung miterfaßt. Hier brauchte nichts erschlossen zu werden; im lebendigen Herrn war das Faktum seines Lebendigwerdens, d.h. seiner Auferstehung innerlich mitgegeben.

Freilich ist an dieser Stelle folgendes zuzugeben: Es kommt für dieses Argument, mit dem man die sogenannte «Rückschlußtheorie» ausschalten will, entscheidend auf die Beurteilung der Erscheinungen an. Wenn man sie als bloße subjektive Visionen versteht, als Halluzinationen oder als Widerfahrnisse ohne jede angebbare Inhaltlichkeit, dann ist obiges Argument tatsächlich nicht schlüssig. An dieser Stelle wird ersichtlich, wie eng und innerlich Auferstehung und Erscheinungen zusammenhängen. Wenn man die Erscheinungen im real-objektiven Sinne versteht, hat man die Auferstehung miterfaßt und mitausgesagt, so daß sie nicht erst erschlossen werden muß. D.h. dann abschließend: Ein biblisches Verfahren, das die Erscheinungen realistisch und objektiv interpretiert, braucht die Auferstehung nicht noch eigens zu beweisen. Es gilt aber nun auch, von der anderen Seite her betrachtet, und gleichsam umgekehrt: Ein biblisch-dogmatisches Verfahren, das die Objektivität der Erscheinungen leugnet, kommt schwerlich zur Anerkennung einer realen Auferstehung. Es hat damit faktisch auch schon die Auferstehung als Ereignis geleugnet. Nur tritt für ein solches negatives Argumentieren noch eine andere Schwierigkeit hinzu, die ihm zum Verhängnis gereichen muß: nämlich die Tatsache des leeren Grabes, die nur ganz schwer, im Grunde nur durch eine Tendenzkritik, wegdiskutiert werden kann, weshalb das leere Grab für alle Gegner einer wirklichen Auferstehung Jesu das «ärgerliche Grab Jesu» bleibt[104].

Diese Überlegungen zusammenfassend, läßt sich sagen: Die einheitliche Betrachtung und Erörterung von Erscheinungen des Auferstandenen und des Ereignisses der Auferstehung selbst ist gerechtfertigt. Sie ist im Grunde gar nicht zu umgehen, weil die Auferstehung sich nur in den Erscheinungen manifestierte, nur in ihnen greifbar und für die Jünger glaubbar wurde. Wenn man aber mit dem kritischen Fragen noch weitergeht und meint, es könnten doch hinter den Erscheinungen noch andere Ursachen stehen als die leiblichereignishafte Auferstehung, so ist zu erwidern: Bei Anerkenntnis von real-leiblichen Erscheinungen ist diese Annahme faktisch ausgeschlossen[105]. Sonst nimmt man eben die Realität, die Objektivität und die Lebendigkeit des in den Erscheinungen gesehenen Herrn nicht mehr ernst. Er kann nicht zugleich lebendig-leiblich gegenwärtig sein und tot im Grabe liegen.

Allerdings hebt diese Erklärung nicht die Möglichkeit und auch nicht die Notwendigkeit auf, sich über das Geschehen der Auferstehung als solches Gedanken zu machen. Sie lassen sich am besten an die Frage anschließen, warum es wohl *Zeugen* der *Erscheinungen* gab, die dann mit gutem Grund als Zeugen der Auferstehung gelten konnten, aber doch nicht *Zeugen* der Auferstehung als wirklichen Ereig-

---

[104] So M.Hengel, Die Entstehung des Auferstehungsglaubens, in: ThQ 153 (1973) 262.
[105] Es bleibt hier freilich noch die theoretische Möglichkeit (die im systematischen Teil besprochen werden soll), an eine «leibliche» Auferstehung Jesu und an Erscheinungen des verklärten Herrn zu glauben trotz der Annahme der Verwesung seines Leichnams im Grabe.

nisses, als des hinter den Erscheinungen stehenden Geschehens selbst. Hätte es nicht auch Beobachter dieses Ereignisses selbst geben können? Wäre dann nicht vieles innerhalb des Auferstehungskerygmas gesicherter und gefestigter? Man könnte diese Frage so beantworten, daß man sagt: Der Vorgang der Auferstehung wäre als solcher faktisch erkennbar, registrierbar, aufweisbar gewesen. Gott habe es nur positiv so gefügt, daß er unausweisbar und im Geheimnis eingeschlossen bleiben sollte. Diese positive Erklärung, die man auch schon positivistisch nennen könnte, genügt allerdings nicht. Um ihr Ungenügen und die Bedeutung dieser letzten Frage zu verstehen, muß man nun noch einen tieferen Gedanken erwägen.

c) Das Wesen der Auferstehung Christi

Die Frage nach dem Wesen der Auferstehung Jesu Christi geht auf die Ermittlung des Wirklichkeitsbereiches, in den dieses Geschehen hineingehört, dem es zuzuordnen ist; denn die Wesensfrage ist zugleich eine Frage nach der Wirklichkeit, die dieses Wesen trägt, die es erstellt, die ihm zugrunde liegt. Vom biblischen Befund aus läßt sich allerdings noch nicht alles über dieses Wesen und diese Wirklichkeit der Auferstehung sagen, weil für eine erschöpfende Antwort auch das systematische theologische Denken hinzugenommen werden muß, das die Schrift in dieser Form nicht anwendet. Aber es lassen sich doch schon aus der Schrift fundamentale Grundsätze zur Beantwortung dieser Frage gewinnen.

Hierzu darf in einem ersten Schritt von einem Umstand und einer Ausdrucksweise ausgegangen werden, auf die bisher kein entscheidender Wert gelegt wurde, die aber nun zum Zuge kommen darf und muß. Es ist der Umstand, daß die Hl. Schrift mehr von der «Auferweckung» Jesu redet als von seiner selbst getätigten Auferstehung. Es heißt immer «*egärtä*», d.h. er wurde auferweckt. So u.a. Mk 16,6; Mt 28,7; Lk 24,34; Joh 21,14; Apg 3,15 u.ö. bei Paulus. Dahinter steht die völlig eindeutige Absicht, die Auferstehung Jesu als die Tat des Vaters am menschgewordenen Sohn auszuweisen, als Gottestat, ja man darf zugleich auch sagen: als Schöpfungstat. Deshalb ist es auch angemessen und ganz in das biblische Denken eingebettet, wenn man die Auferstehung als den eigentlichen Beginn der neuen Schöpfung versteht, jener «*kainä ktisis*», von der Paulus 2 Kor 5,17 spricht und von der auch an anderen Stellen der Schrift die Rede ist (so Gal 6,5; Eph 4,24). Es handelt sich hier also um ein aktives Einwirken

Gottes in den Weltzusammenhang, von dem man in schärferer Charakterisierung sagen darf und muß, daß es ein eigentlich schöpferisches Tun war; denn – das ist ein Gedanke, der bereits theologisch-systematische Erwägungen aufnehmen muß, ohne den biblischen Befund zu verstellen: Wirkliches Handeln Gottes in der Welt und an ihr kann immer nur als schöpferisches Handeln erfolgen und verstanden werden. Gott tut nichts in der Welt, was die Geschöpfe selbst auch machen und leisten könnten; sonst wäre er der berühmte, berüchtigte Lückenbüßer, der im selben Augenblick die Freiheit, die Selbständigkeit und die Selbstmacht der Geschöpfe stören und zerstören würde, wenn er auf geschöpfliche Weise agierte.

Um den Charakter der Auferstehungstat Gottes an dem Menschen Jesus Christus zu bestimmen, gebrauchte man das Bild von einer «Kampfhandlung», in der der Tod, der nach alttestamentlichem wie nach neutestamentlichem Denken als ein ungeheurer Feind gilt, niedergerungen wird. Das ist in etwa eine mythologische Ausdrucksweise, die aber in das biblische Denken gut eingepaßt ist; denn auch im biblischen Denken ist oft von der Schöpfung als dem Kampf Gottes mit den Chaosmächten die Rede (so Ps 104,7; Jes 51,9). Aber man muß hier hinzufügen: In der geläuterten Form ist dieser Kampf mit den Chaosmächten doch nur das Äquivalent für die schöpferische Tätigkeit Gottes, für das *barah*, mit dem er etwas völlig Neues ins Sein ruft. Das meint nichts anderes, als daß die Auferweckung Jesu ein Ereignis der Neuschöpfung allein durch Gott selbst ist. Das heißt: Dieses Ereignis kommt aus der Aktivität, aus der Macht und Wirklichkeit Gottes. Es hat, wie jedes Schöpfungsereignis, seinen Ursprung in Gott. Aber man muß hier noch einen Schritt weitergehen und sagen: Dieses Schöpfungsereignis bleibt auch als Geschehen in seiner Aktualität an Gott gebunden; es hat in seiner Wirklichkeit eben nicht *geschöpflichen* Charakter, sondern *Schöpfungscharakter*. Es gehört nicht in den Wirklichkeitsbereich des Geschöpflichen, sondern in den des göttlich Schöpferischen. Man kann deshalb das Auferstehungsereignis nicht unter die Wirkungen und Abläufe der natürlich-irdischen Welt verrechnen und subsumieren; man muß es der aller natürlich-geschaffenen Wirklichkeit übergeordneten göttlichen Wirklichkeit zuordnen. Die Auferweckung Jesu von den Toten kommt so auf die Seite Gottes, auf die Seite göttlich-schöpferischen Handelns und Wirkens zu stehen; sie darf deshalb in strenge Parallelität zur ersten Schöpfungstat Gottes gesetzt und gesehen werden; sie ist eine «creatio» wie die erste Schöpfung, nur mit dem Unterschied, daß Gott bei dieser Neuschöpfung die erste Schöpfung nicht vernichtet, sondern an ihr anknüpft, d. h. daß er seine lebenschaffende Macht am Leibe Christi ansetzt, der ja im Tode nicht in ein reines Nichts aufgelöst wurde, was bei keinem Seienden möglich ist.

Wenn man die Aktivität, die bei der Auferweckung zum Zuge kam, derart als göttliche Schöpfungsaktivität versteht, wird man auch das eigentümliche Verhältnis dieses Geschehens zu Raum und Zeit, zur Geschichte, zum Sichtbaren und zur menschlichen Bezeugung erfassen können. Man wird dann vor allem verstehen, daß bei der Auferstehung, als Tat Gottes des Schöpfers verstanden, niemand als Beobachter hätte dabei sein können. Das ist, nach den gemachten Voraussetzungen, genauso unmöglich, wie wenn man behaupten würde, es hätte ein Geschöpf den Schöpfungsakt Gottes beobachten und bezeugen können. Und doch erkennt der Glaube diesen Akt als ein wirkliches Geschehen an. Man erkennt im Schöpfungsglauben, der keineswegs ein irrationaler oder unvernünftiger Glaube ist: einmal muß dieser Sprung vom Nichts zum ersten Sein in der Kraft Gottes erfolgt sein. Aber man kann diesen Akt nicht an ihm selbst ersehen und verfolgen; man bekommt ihn nur in seiner Wirkung zu erfassen: im geschaffenen Sein, im Geschöpf.

Das hat darin seinen Grund, daß Gottes Schaffen, als Ausprägung seines Wesens, etwas Unzeitliches, Überzeitliches ist, das jenseits der Kategorie von Raum und Zeit steht, das selbst nicht in der Zeit verläuft, sondern in der Zeit nur seine *Wirkungen* äußert. Hierfür kann sogar ein noch immer gültiges Axiom der traditionellen Theologie herangezogen werden, das da sagt: «Deus creando producit res sine motu», d. h. Gott schafft ohne Bewegung[106]. Das besagt weiterhin, daß Gott auch ohne Zeit schafft und daß ein Schöpfungsakt nicht in der Zeit vor sich geht. Schaffen ist kein Werdensprozeß, kein zeitliches Geschehen. Es ist vielmehr ein absoluter Ursprung, aus dem Zeit und Raum selbst hervorgehen, aus dem heraus Zeit und Raum entspringen. Dies besagt in einer mehr praktischen Abzweckung: Es findet in jedem Schöpfungsgeschehen ein «Sprung» statt, ein Wechsel vom Nichts zum Sein, vom Tod zum Leben, weil er keine zeitliche Abfolge ist, vom Menschen nicht beobachtet werden kann. Insofern hatte Immanuel Hermann Fichte († 1879) recht, wenn er behauptete: Der Schöpfungsgedanke kann philosophisch nicht eigentlich erfaßt und anschaulich gemacht werden[107]. Was dabei geschieht, *was in*

---

[106] Thomas von Aquin: S. th. I q45 a1.
[107] I. H. Fichte, Zur Seelenfrage. Eine philosophische Confession, Leipzig 1859, 183.

diesem Vorgang wird oder gar *wie* in diesem Vorgang aus dem Nichts etwas Seiendes wird, kann vom Menschen nicht erfaßt werden. Ja, schon die Aussagen über ein Geschehen, über einen Vorgang oder ein Werden sind unangemessen, weil es sich realiter nicht um einen Vor-Gang oder um ein Werden handelt. Schöpfung ist ein Ausdruck des Lebens und der Aktivität Gottes, die nicht kategorial, d.h. in Raum und Zeit erfaßt werden kann. Das ist der Grund, warum ein Geschöpf einen eigentlichen Schöpfungsvorgang als solchen niemals registrieren, beobachten und damit auch nicht bezeugen kann. Er ist allem Geschöpflichen von seinem Wesen her transzendent und aus den Bedingungen der irdischen, geschaffenen, immanenten Wirklichkeit heraus nicht zu erfassen, weil er der göttlichen Wirklichkeit zugehört. Das alles ist nun auch auf die Auferstehung Jesu oder auf seine Auferweckung durch die Schöpferkraft des Vaters zu übertragen. Dann kann ein gewisses Verständnis dafür gewonnen werden, daß der Vorgang aus inneren Wesensgründen heraus keine Zeugen haben und nicht im Schema von Raum und Zeit eingefangen werden konnte. Selbst wenn deshalb der auch von uns als Problem herangezogene Bericht bei Mt 28, 1-2 von der Öffnung des Grabes historisch wäre, dann könnte dieser von der Bildkunst oft dargestellte Vorgang nicht als die Auferweckung Jesu bezeichnet werden. Er wäre theologisch nicht anders zu verstehen und einzuordnen denn als Erscheinung; denn «Auferweckung» als schöpferisches Eingreifen Gottes läßt sich nicht in Zeit und Raum wahrnehmen, weil es der raumzeitlichen Wirklichkeit und ihrer Erkenntnisordnung transzendent ist. Genausowenig, wie bei der Schöpfung jemand dabei war, außer, wie die Schrift hier bezeichnenderweise sagt, die «Weisheit Gottes selbst» (Spr 8,22), konnte auch die Auferstehung von einem Geschöpf wahrgenommen werden.

Deshalb ist auch die Frage nach dem «Wie», der «Modalität» oder nach der Weise des Auferstehungsvorganges nicht zu beantworten, ja unter theologischem Aspekt gar nicht zu stellen. Der Übergang von Nichts zum Sein, vom Tod zum Leben in der Schöpfung, besitzt für den Menschen kein angebbares «Wie». Das menschliche Denken kann hier nur den terminus ante und den terminus post angeben: Gott und das erschaffene Geschöpf. In Anwendung auf die Schöpfungstat der Auferweckung besagt dies: Es gibt keine Erklärung und Beschreibung, *wie* aus dem toten Körper Jesu von Nazareth der lebendige verklärte Leib des Auferstandenen wurde. Es war eine schöpferische Anteilgabe der Lebensfülle Gottes, die den Körper Jesu zum Leibe des Auferstandenen umschuf und verwandelte.

Dies ist gewiß ein Geheimnis, oder, wie W. Künneth und andere evangelische Theologen sich ausdrücken, das «Urwunder» in der Geschichte unsres Heiles[108]. Aber andrerseits ist zu erkennen: dieses Geheimnis ist nicht größer als das Geheimnis der Schöpfung. Wenn man als Christ den denkerisch ebenfalls schwierigen Gedanken der Schöpfung annimmt, der inhaltlich auch nicht mit Anschauung erfüllt werden kann, dann hat man keinen Grund, den Gedanken an eine solche zweite Schöpfung auszuschließen und abzulehnen. Hier zeigt sich, wie aus der «Analogia fidei» heraus, d. h. aus dem Vergleich der Glaubenswahrheiten untereinander, eine in Frage stehende Einzelheit als glaubwürdig und glaubhaft angenommen werden kann.

Das Prinzip dieser «Analogia fidei», von dem das 1. Vatikanum als wichtigem theologischem Verifikationsprinzip spricht, läßt sich aber hier auch noch in anderer Weise anwenden, nämlich im Hinblick auf die endzeitliche Auferweckung alles Lebens und jedes Menschen. Generell darf man sagen, daß dem gläubigen Denken der Gedanke an die Auferweckung des Menschen in der Eschatologie weniger Schwierigkeiten macht als der Gedanke an die Auferweckung des Leibes Jesu. Es ist aber theologisch nicht begründet, hier einen Unterschied zu machen. Man macht landläufig und in einer gewissen Inkonsequenz diesen Unterschied und argumentiert etwa so: Es ist nicht als denkunmöglich und widersinnig zu erachten, daß Gott, dessen Macht über alles Sein vorausgesetzt wird, am Ende der Zeiten alles Sein zur Vollendung ruft, daß er auch die Materie wieder belebt, zumal man heute aus kosmologischen Zusammenhängen weiß, daß Materie und Geist, Materie und Leben enger miteinander verbunden sind, als das ein dualistisches Denken annahm. Die Anwendung dieses Gedankens auf die Auferweckung Jesu ist damit eigentlich im Grunde schon gerechtfertigt, vor allem, wenn man hinzunimmt, daß es sich ja auch hier schon um ein *Endereignis*, um den Beginn der Eschata handelte. Wer so denkt, wird das Ereignis der Auferweckung Jesu als endzeitliche Tat der neuen Schöpfung Gottes nicht verwunderlicher finden als die erste Schöpfung Gottes und als die Wiedererschaffung der Welt am Ende der Zeiten.

Wem allerdings dieser Gedanke denkerische Schwierigkeiten macht, der muß ihn an jedem Punkte leugnen, nämlich in der ersten Schöpfung, in der zweiten Schöpfung der Auferweckung Jesu und schließlich in der endzeitlichen Auferstehung allen Fleisches. Eine konse-

---

[108] W. Künneth, Theologie der Auferstehung, 74.

quent existentialistische Theologie wie die R. Bultmanns, H. Brauns und anderer tut das auch wirklich. Aber das Ergebnis ist ein christlich verbrämter Positivismus, der im Grunde nichts anderes zu sagen weiß, als daß die einzige Wirklichkeit diejenige des gegenwärtigen Lebens ist, in der der Mensch dem Ruf des Gewissens folgen soll. Das Christliche schrumpft hier so zusammen, daß man es nicht mehr als Christliches wiedererkennen kann.

Indessen ergibt sich aus diesem Zusammenhang auf biblischem Grunde noch eine letzte Frage, die kurz zu bedenken ist. Es ist die Frage nach der Geschichtlichkeit des Auferstehungsereignisses.

d) Historizität und Geschichtlichkeit der Auferstehung Jesu

Um diese Frage zu verstehen, ist der Fragepunkt genauer zu fixieren. Es geht hier nicht mehr um die Erscheinungen des Auferstandenen, deren Geschichtlichkeit man eigentlich nicht gut leugnen kann, vor allem, wenn man einen Unterschied zwischen «historisch» und «geschichtlich» setzt, wie dies in der Bultmann-Schule üblich ist. Historisch ist einfach das faktisch Geschehene, das sich mit den Mitteln der historischen Forschung als wahrscheinlich nachweisen läßt. Geschichtlich dagegen ist, daraus resultierend, die in der Geschichte weitergehende Wirkung, die den Menschen zum existentiellen Verstehen des objektiv Historischen führt, zur Antwort auf den in diesem Geschehen liegenden Anruf.

Im Grunde läßt sich auf diese Weise das Geschichtliche vom Historischen unterscheiden, aber nicht realiter trennen.

Für die göttliche Tat der Auferweckung ergibt sich daraus tatsächlich ein Problem: Man kann nämlich die Auferstehung als solche, und das heißt theologisch als göttliche Schöpfungstat, nicht ohne weiteres als historisch bezeichnen. Wohl kann man nicht umhin, sie als Tatsache zu nehmen, was allerdings nur im Glauben vollständig möglich ist (obgleich auch schon ein natürlicher Glaube oder ein philosophisches Denken dazu einen Zugang hat). Hier schürzt sich dann aber schon das Problem in bezug zur Geschichtswissenschaft. Die Historie kann, streng genommen, schon eine Glaubenstatsache als solche nicht nachweisen und mit ihren Mitteln nicht ergreifen, z. B. schon nicht die Tatsache, daß der Tod Jesu Christi ein Heilstod war, der der Menschheit die Erlösung von der Sünde brachte; denn Heil, Erlösung und Sünde sind keine von der Historie erfaßbaren Wirklichkeiten.

Noch bestimmter gilt das von einer schöpferischen Tat Gottes, von einem Schöpfungsereignis. Die Geschichtsschreibung kann z.B. schon das genuine Schöpfungsereignis grundsätzlich nicht erfassen; dieses Unvermögen ist nicht darin begründet, daß es keine authentischen Quellen gibt, die bis an dieses Ereignis der Vorgeschichte heranreichten, und keine profanhistorischen Zeugnisse. Es liegt vielmehr daran, daß der Akt als solcher ein göttlicher ist und kein zeitlich-immanenter. Er fällt also gar nicht ins Medium der Geschichtsschreibung. Hier verhält es sich sogar noch etwas anders als etwa beim Kreuzestod Jesu, den die Geschichtsschreibung auch nicht im Sinne eines Heilstodes und eines Gnadenereignisses erfassen kann. Aber am Kreuzestod kann sie das rein äußere Geschehen, die innerweltliche Faktizität, erfassen. Bei der Schöpfung wie bei der Auferstehung gibt es aber keinen solchen äußeren göttlichen Akt. Das Geschehen ist als solches überzeitlich, transzendent, göttlich und deshalb der Geschichtsschreibung nicht zugänglich. Deshalb ist es, in dieser Gedankenrichtung gedacht, nicht unmöglich zu sagen: die Auferstehung ist nichts Historisches, sie ist etwas Unhistorisches, was freilich den Glauben an ihre Realität in keiner Weise antastet.

Trotzdem ist diese mögliche Auskunft doch nicht ganz befriedigend: sie erscheint zu undifferenziert. Dies kommt daher, daß der Mensch bei der Auferstehung wie bei der Schöpfung den Akt Gottes selbst mit historischen Mitteln zwar nicht erfassen, daß er aber trotzdem seine Wirkungen erkennen kann. Diese Wirkungen, angefangen vom leeren Grabe, tragen raumzeitlichen Charakter. Da es von ihnen auch glaubwürdige Berichte gibt, sind diese historisch nicht zu leugnen. Aber der Historiker wird die Ursache dieser Wirkungen mit seiner Methode nicht bestimmen können. Wenn er es täte, und darin liegt sogar eine Gefahr für den Glauben an die Auferstehung, müßte er nach dem Gesetz der Proportion von Ursache und Wirkung verfahren und für die Wirkung des leeren Grabes eine rein natürliche Erklärung finden, etwa die Diebstahls- oder Betrugshypothese oder für die Erscheinungen die rein subjektive Visionshypothese. Das kommt dann einer Rationalisierung der ganzen Auferstehungsbotschaft gleich, die den Glauben gefährdet. Man ersieht daran, daß der Glaube durch eine zu massive Abstützung durch die weltliche Wissenschaft, hier durch die Historie, auch gefährdet und aufgelöst werden kann[108a].

[108a] Das ist auch das positive Anliegen von A. Gesché, a.a.O. 289ff. Wenn er aber (dazu beinahe entgegengesetzt) meint (292), daß der Glaube keiner Begründung durch ein Ereignis oder durch ein Zeichen bedürfe, sondern aus einer irgendwie unmittelbar und rein innerlich gedachten Offenbarung entspringe, dann ist die Auffassung Bultmanns nicht mehr abzuwenden.

Der extreme Supranaturalismus, der das Übernatürliche so beweisen möchte wie das Natürliche, schlägt häufig in den primitiven Rationalismus um. Dennoch liegt in dem Bestreben, die Auferstehung als etwas Historisches zu bezeichnen und zu erhalten, ein berechtigtes Anliegen, das nur nicht durch Übertreibung gefährdet werden darf. Das Anliegen kann sich auf die Tatsache stützen, daß die Wirkungen der Auferstehung der Historie zugänglich sind und von ihr wenigstens nach Art einer Wahrscheinlichkeitserkenntnis, über die die Historie im Grunde nie hinauskommt, erfaßt und angenommen werden können. Für eine solche «Historizität», die besonders an den Erscheinungen greifbar wird, spricht auch ein Umstand, der in diesen Zusammenhängen nur wenig gewürdigt wird. Es ist die Tatsache, daß diese Erscheinungen eine ganz bestimmte Reihe von Ereignissen meinen, die zu einer bestimmten Zeit einsetzen, bestimmten Personen widerfahren (so daß es sich nicht um beliebige Erfahrungen handeln kann) und die schließlich auch zu einer bestimmten Zeit enden. Es sind also durch historische Grenzen in den Rahmen der Geschichte eingefügte Vorgänge, so daß man weder im existentialistischen Sinne behaupten kann, die Auferstehung ereigne sich je neu im Wort oder Jesus «komme auch noch heute» (W. Marxsen), noch auch begründet annehmen kann, Jesus sei derart «in die Geschichte hinein» auferstanden, daß die Auferstehung eine bleibende Selbstvergegenwärtigung Jesu wird. Gerade die «Vierzig Tage» sind (trotz der Symbolik der Zahl und der Ausnahme im Damaskus-Erlebnis) eine bedeutsame geschichtliche Befestigung, die die Auferstehung mit den Erscheinungen vor der Verflüchtigung in ein Existenzphänomen oder in eine ungeschichtliche Idee bewahren. Aber hier muß dann eine wesentliche Unterscheidung eingeführt werden; denn auf das Wesen gesehen, ist die Auferstehung als Wirklichkeit und als Geschehen innerhalb der göttlichen Wirklichkeit nicht identisch mit den in der Zeit erfolgenden, bezeugbaren und registrierbaren Wirkungen. Das Wesen des Auferstehungsereignisses liegt jenseits der zeitlich-geschichtlichen Wirklichkeit. Aber sie ragt in ihren Wirkungen in diese zeitlich-geschichtliche Wirklichkeit hinein und kann in diesen Wirkungen historisch anerkannt werden.

Diesem Verhältnis wird das Denken am besten gerecht, wenn es von der Auferstehung selbst als einer übergeschichtlichen Wirklichkeit spricht, wobei die Präposition «über» auch dieses meint, daß der Effekt, der Terminus tatsächlich innerhalb der Geschichte liegt, daß ihm Faktizität, Einmaligkeit, Konkretion und alle jene Merkmale zukommen, die das Wesen des Geschichtlichen ausmachen. So ist die Auferstehung, ähnlich wie die göttliche Schöpfung, etwas, was *in* der Geschichte vorhanden ist, aber diese Geschichte transzendiert. Es ist ihr gegenüber dasselbe Gesetz von Immanenz und Transzendenz anzuwenden, das von Gott selbst und von seinem Verhältnis zur Welt als Schöpfer wie von seinem weitergehenden schöpferischen Handeln gilt: es ist immer immanent und transzendent zugleich. Auf die Kategorie des Geschichtlichen übertragen heißt dies: die Auferstehung ist geschichtlich und übergeschichtlich zugleich, sie erfaßt die Geschichte, aber sie transzendiert sie ebensosehr.

Das hat nun aber auch die Anerkenntnis der Tatsache zur Folge, daß man sagen muß: Die Auferstehung kann als übergeschichtliche Wirklichkeit von der wissenschaftlichen Historie und Geschichtsschreibung nicht nachgewiesen, aber freilich auch nicht geleugnet werden. Die Historie kann gewisse Wirkungen in der Zeit feststellen, nicht aber das übergeschichtliche Wesen. Und das ist alles ähnlich gelagert wie im Fall der urtümlichen Schöpfung. Der Glaube wird daraufhin die übernatürliche Faktizität und Konkretheit und Singularität der Auferstehung nicht leugnen, aber er kann sich das nicht von der Historie beweisen lassen, die, wie jede Wissenschaft, nicht in das übernatürliche göttliche Wesen der Heilsdinge hineinführt, sondern nur an einen Rand und eine Grenze kommt, von der verantwortbar der Schritt oder der Sprung des Glaubens in das Übernatürliche hinein getan werden kann. Das gilt streng genommen aber nur, wenn man die Auferstehung als schöpferische Ursache von den Erscheinungen trennt. Nimmt man allerdings die beiden Momente zusammen, was man, wie gezeigt wurde, tun kann, dann hat auch der Historiker einen gewissen Zugang zu diesem Geschehen. Aber als Glaubensgeschehen, als Heilsgeschehen kann er es auch so nicht rein erfassen. Er wird deshalb auch nicht von Auferstehung sprechen, sondern sich damit begnügen, etwa zu sagen, daß hier ein historisch glaubwürdiges, aber außerordentliches Ereignis vorliege.

In dieser differenzierten Konzeption ist die Auferstehung der Historie nicht gänzlich entzogen, aber doch nicht einfach in sie hineinverlegt.

Trotzdem soll in diesem Zusammenhang eine das Historische an der Auferstehung noch mehr betonende Auffassung nicht unbeachtet bleiben. *W. Pannenberg* ist hier noch realistischer, als es die vermittelnde Auffassung von der Übergeschichtlichkeit der Auferstehung annimmt und erlaubt. Er bezeichnet die Auferstehung tatsächlich als ein «historisches Ereignis». Er traut den Beweis dafür sogar der historischen Forschung zu und erklärt: «Ob vor zweitausend Jahren ein bestimmtes Ereignis stattgefunden hat oder nicht, darüber verschafft nicht etwa der Glaube uns Gewißheit, sondern allein die historische Forschung, soweit überhaupt Gewißheit über derartige Fragen zu gewinnen ist [109].»

Allerdings ist diese Auffassung, hinter der auch die theologisch legitime Absicht steht, die Realität der Auferstehung zu halten, einer Kritik würdig. Sie kann zunächst aufdecken, warum ein moderner Theologe überhaupt zu dieser heute scheinbar «fundamentalistischen» Auffassung kommt, die er in Wirklichkeit allerdings nicht vertritt. Der Grund liegt einmal in der hier fast vollständig durchgeführten Einheit von Weltgeschichte und Heilsgeschichte. Die Hypothese von der sogenannten «Universalgeschichte», die selbst schon Offenbarungscharakter hat und offenbarend wirkt, beläßt zwar der Geschichte Israels und der des auserwählten Volkes eine gewisse Höherstellung innerhalb der Weltgeschichte. Die Geschichte Israels ist aber nur ein ausgezeichneter Sektor innerhalb der Universalgeschichte. Im Bereich dieses Sektors kommt es nun zur historisch genau greifbaren Entfaltung einer apokalyptischen Tradition, einer Idee über die nahe bevorstehende allgemeine Totenauferweckung. Die Universalgeschichte besaß deshalb diese Teleologie auf die Auferstehung der Toten hin. Aus dieser Dynamik, die die Geschichtsschreibung feststellen kann, ergab sich das Ereignis der Auferstehung Jesu. Wenn die Geschichtswissenschaft aber diese universalgeschichtliche Dynamik feststellen kann, dann eben auch ihren Kulminationspunkt: die Auferstehung Jesu. Deshalb wagt Pannenberg den Satz, daß die Auferstehung ein historisches Ereignis war, das auch historisch bewiesen werden könne.

Zur Kritik wäre zu sagen, daß Pannenberg doch wohl den grundsätzlichen Unterschied zwischen Glaube und Wissen, zwischen Welt und Heil, zwischen empirischer Weltgeschichte und überempirischer Heilsgeschichte zu gering achtet oder gänzlich unbeachtet läßt. In Konsequenz wird die Auferstehung dann auch ein im Geschichtsverlauf angelegtes, natürliches Ereignis, das den Charakter des Besonderen, des Einmaligen, des Göttlich-Schöpferischen verliert. Das ist in gewisser Hinsicht eine Naturalisierung des Osterereignisses, das dann in seinem übernatürlichen Charakter gemindert wird. Es ist dann auch schwer zu verstehen, warum es dem natürlichen Menschen

---

[109] W. Pannenberg, Grundzüge der Christologie, 96; vgl. dazu J. Berten, a.a.O., 80–82; A. Gesché, a.a.O., 287.

so viel Anstößiges entgegensetzt, so daß er es nicht leicht anzunehmen vermag.

Ein anderer Mangel der Theorie scheint darin zu liegen, daß hier zwischen Auferstehung und Erscheinungen nicht streng unterschieden wird. Freilich ist zu sagen, daß nicht immer scharf zwischen beiden unterschieden werden muß. Aber schon um die zweiflerische Frage zu beantworten, warum es keine Zeugen der Auferstehung gab, sondern nur Zeugen der Erscheinungen, muß man an bestimmter Stelle diesen Unterschied machen. Er führt schließlich dazu, das qualitativ andere der Auferstehung gegenüber anderen historischen Ereignissen zu begreifen und sie als das Geheimnis der zweiten Schöpfung zu verstehen, das zwar in der Geschichte zum Austrag kommt, aber in seinem Wesen *übergeschichtlich* ist.

Daraus ist die Erkenntnis zu gewinnen, daß die heute oft als Antithese oder als Alternative formulierte Forderung «historisch oder unhistorisch» zur Erfassung der Wirklichkeit der Auferstehung unzureichend und irreführend ist. Man vermag nicht nur aufgrund der Beziehung der Auferstehung zum Schöpfungsgeschehen, sondern genauso auch aufgrund ihres Charakters als Endzeitgeschehen zu erschließen, daß «Ostern» auch in bezug auf Raum und Zeit ein analogieloses Ereignis ist[110]. Als «Schöpfungsereignis» ist es der Zeit als anfangendem Kontinuum überlegen, als «Endereignis» überschreitet es die Zeit als etwas zu Ende Kommendes. Es steht so an einem Punkt der Geschichte, «wo die Geschichte maßgebend überschritten wird»[111]. Trotzdem ist daraufhin nicht behauptbar, daß die Auferstehung mit der Geschichte nichts zu tun habe.

Aus dieser merkwürdigen Zwischenstellung ergibt sich die von den Theologen immer wieder ergriffene Möglichkeit, die Auferstehung entweder gänzlich in die Geschichte einzubeziehen oder sie vollkommen von der Geschichte zu trennen. Auf die erste Möglichkeit setzte *K. Barth* (und heute in abgewandelter Form *W. Pannenberg*), wenn er behauptete: Die Auferstehung ist «ein innerweltlich wirkliches Ereignis ... weil sie mitten in der Zeit als eine besondere Geschichte in der allgemeinen menschlichen Geschichte ... geschehen ist»[112]. Für das andere Extrem plädierte *R. Bultmann* mit der Feststellung, daß «Jesus ins Kerygma auferstanden» sei und daß daraufhin «alle Spekulationen über die Seinsweise des Auferstandenen, alle Erzählungen

---

[110] Von dem Charakter des Analogielosen sprechen W. Künneth, a.a.O., 62; B. Klappert, a.a.O., 17; G. Koch, a.a.O., 54; H. Urs v. Balthasar, a.a.O., 261.
[111] H. Urs von Balthasar, a.a.O., 261.
[112] K. Barth, Kirchliche Dogmatik IV/1, 368.

vom leeren Grab und alle Osterlegenden ... gleichgültig» würden[113]. Aber es ist bezeichnend, daß keine dieser Extremauffassungen ohne ein Moment der anderen auskommt: die rein historische Auffassung K. Barths nicht ohne ein Moment des «Überhistorischen», das sich hinter der Formel von der «besonderen Geschichte» verbirgt, die rein existentiale Interpretation nicht ohne ein Moment des «Historischen», das bei R. Bultmann (wenn auch nur indirekt) am «Kreuz Christi» haftet, bei W. Marxsen noch deutlicher und geradezu seiner Grundauffassung entgegen an dem Zum-Glauben-Kommen des Petrus in Galiläa (ob durch ein wirkliches Sehen des Herrn: «das kann sein, das kann auch nicht sein»)[114]. So weisen gerade die extremen Antworten bezüglich dieser Frage auf eine Mitte hin, in der das Historische und das Metahistorische beieinander liegen. «Geschichtlich (und das heißt doch: innergeschichtlich) kann sich die Sprengung der weltlich-menschlichen Geschichte zu Gott hin nur kundtun, indem der geschichtsüberlegene Gott am Toten handelt und den lebendigen Sohn sich geschichtsüberlegen in die Geschichte hinein offenbaren läßt[115].»

e) Glaube und Geschichte

Die Auferstehung Jesu Christi ist nicht nur von der späteren christlichen Glaubenslehre (Fundamentaltheologie und Dogmatik) als ein Zeichen oder Kriterium für die Echtheit des christlichen Glaubens verstanden worden, sie nahm diesen Charakter schon in den Osterberichten des Neuen Testamentes an. Zumal die Erscheinungen des Auferstandenen vor den Jüngern galten diesen als ein Erweis des Göttlichen an Christus, durch den sie zum vollkommenen Glauben gelangten. Selbst R. Bultmann kann nicht umhin zuzugeben, «daß im Neuen Testament die Auferstehung Jesu vielfach als solch beglaubigendes Mirakel aufgefaßt wird»[116]. Das ist zwar unter deutlicher Kritik am neutestamentlichen Wunderbegriff gesagt, aber macht andererseits doch auch klar, daß das Neue Testament die Auferstehung Jesu und die mit ihr verbundenen Erscheinungen als Glaubwürdigkeits-

---

[113] R. Bultmann, Das Verhältnis der urchristlichen Christusbotschaft zum historischen Jesus, Heidelberg ²1961, 27.

[114] W. Marxsen, Die Auferstehung Jesu von Nazareth, 86, 99, 127ff.

[115] H. Urs von Balthasar, a.a.O., 261; vgl. auch J. Ratzinger, a.a.O., 255ff.

[116] H. W. Bartsch, Das Auferstehungszeugnis, sein historisches und theologisches Problem, Hamburg 1965, 19.

motiv für das Entstehen des Glaubens der Apostel verstand; denn «auch der Apostel hatte ein Glaubwürdigkeitskriterium nötig»[117].

Das aber, was hier vom Apostel gesagt ist, gilt für alle Nachfahren im Glauben der Apostel und entscheidet sich zentral am Auferstehungsglauben. Man kann das natürlich bestreiten und mit *W. Marxsen* erklären, es sei für den Gläubigen völlig unerheblich zu wissen, «*wie* Petrus nach Karfreitag zu seinem Glauben an Jesus kam»[118]. Das kann man indessen nur sagen, wenn man unter «Glauben» wesentlich eine ethische Haltung des Sich-selbst-Loslassens, der Furchtlosigkeit und des Gottvertrauens versteht, die der Mensch am Vorbild des historischen Jesus gewinnen kann (aber doch gar nicht gewinnen *muß*, weil eine solche Haltung jedem Stoiker und jedem Buddhisten ohne jeden Blick auf Jesus möglich ist). Für einen solchen «Glauben», dem nicht einmal die Existenz eines persönlichen Gottes sicher ist[119], bedarf es keines Glaubwürdigkeitsmotives. Ein solcher Glaube ist eine Selbstauslegung des Menschen und hat keinen Ausweis nötig. Wo aber ein Glaube wie der christliche nicht auf das menschliche Selbstverständnis reduzierbar, sondern auf die objektiven «Großtaten Gottes» (Apg 2,11) gerichtet ist, dort müssen sich diese Taten als solche Großtaten bekunden und den Glauben des Menschen hervorbringen. Insofern ist der Glaube des Christen (besonders auch der Auferstehungsglaube) auf den Anhalt an solchen überzeugenden Taten angewiesen.

Ergibt sich dann also der Glaube aus der Geschichte, d. h. bezüglich des Auferstehungsglaubens vor allem aus den «Tatsachen» des leeren Grabes und der Erscheinungen? Das würde dem ausgeführten Gedanken widersprechen, daß alle diese «Tatsachen» eine übergeschichtliche Dimension haben, die in der Geschichte und aus ihr mit dem Vermögen der historischen Vernunft des Menschen nicht erfaßt werden kann. Das «Überhistorische» an diesen Tatsachen ist deshalb tatsächlich nur mit dem Glauben zu erfassen. Damit aber erreicht die Problematik (auch bezüglich der biblischen Auferstehungsberichte) einen Punkt, an dem sich scheinbar ein Umkippen der ganzen geschichtlichen Interpretation der Auferstehungsbotschaft zum unhistorischen existentialistischen Verstehen ereignet. Dieses setzt als das eigentliche Ereignis nach Karfreitag den Glauben der Jünger an,

---

[117] A. Kolping, Wunder und Auferstehung Jesu Christi, Bergen-Enkheim 1969, 61.

[118] W. Marxsen, a.a.O., 129.

[119] Vgl. dazu die gedankenscharfen Fragen A. Kolpings an den hinter Marxsens Auffassung stehenden Gottesbegriff, a.a.O., 63 f.

der alle Tatsachen überflüssig macht und der selbst die alleinige Tatsache sein und bleiben muß, weil ein durch andere Tatsachen bewirkter Glaube ein erzwungener Glaube und im Grunde ein Zerrbild seiner selbst wäre. Der christliche Glaube aber kann weder aus der Philosophie noch aus der Historie abgeleitet werden, weshalb der evangelische Theologe E. Fuchs zwar sehr drastisch, aber doch nicht ohne tieferen Grund sagen kann: «Ich kann die Archäologie in der Theologie nicht leiden»[120] und: «Ich pfeife aufs Historische»[121].

Es scheint, daß man sich dieser Konsequenz nicht entziehen kann, wenn man einmal zugibt, daß die Auferstehung Jesu Christi mit den aus ihr hervorkommenden Erscheinungen in ihrer überhistorischen Dimension nur von einem bereits vorhandenen, irgendwie gearteten Glauben erfaßt werden konnte. Diese Auffassung wird scheinbar bestätigt durch die Eigentümlichkeit der Erscheinungen, auf die in diesem Zusammenhang noch einmal ein neues Licht fällt. Da manche Jünger auch angesichts dieser Erscheinungen des Auferstandenen nicht zum Glauben kamen, sondern weiter zweifelten (vgl. Mt 28,17; Lk 24,38), kann ihr Realitätsgehalt, dem nichts genommen werden soll, nicht von jener materiell-physikalischen Art gewesen sein, die bei einem mit gesunden Sinnen ausgestatteten Menschen keinen Widerspruch möglich macht[122]. Es tritt ja in den Berichten auch deutlich zutage, daß diese Geschehnisse von *den einen* wegen mangelnden Glaubens *nicht* als Christusgeschehnisse erkannt, von *den anderen* dagegen vermittels ihres Glaubens als solche anerkannt wurden. Also scheint der Glaube die Voraussetzung und der Ursprung der Osterereignisse gewesen zu sein, so daß die existentialtheologische Deutung nicht so unrecht haben könnte, wenn sie schließlich mit letzter Konsequenz das eigentliche «Osterereignis» in den Glauben der Jünger verlegt.

Dieser Erklärung, die letztlich die Geschichte für den Glauben unnötig macht, fügt W. Marxsen noch eine verdeutlichende Nuance hinzu, die in der Behauptung besteht: «Nur von solchen, die glauben, wird ein Sehen behauptet. Es ist nicht möglich, das Sehen von der Wirklichkeit des Glaubens zu isolieren[123].» Hier wird auch das «Sehen» mit dem «Glauben» nahezu identifiziert. Aber an dieser Stelle, an der die existential-theologische Deutung und die Trennung von Glauben und Geschichte sich wohl am weitesten hervorwagt und

---

[120] E. Fuchs – W. Künneth, Die Auferstehung Jesu Christi von den Toten, 56.
[121] Ebd., 83.
[122] Vgl. dazu auch A. Kolping, a.a.O., 46, 60.
[123] W. Marxsen, a.a.O., 143.

ihre schärfste Zuspitzung erfährt, zeigt sich zugleich auch am deutlichsten ihre Unzulänglichkeit und ihre Widersprüchlichkeit. Von diesem Punkte aus läßt sich gleichsam in einem rückläufigen Gedankengang die scheinbare Koinzidenz zwischen realgeschichtlicher und existentialtheologischer Deutung der Auferstehung wieder auflösen und die rechte Bestimmung des Verhältnisses von Glaube und Geschichte treffen. Es ist nämlich zunächst biblisch nicht zu begründen, daß in den Erscheinungsberichten immer nur von solchen ein Sehen behauptet wird, die schon glaubten[124]. Der «ungläubige Thomas» sah zuerst und glaubte danach. Ein ähnlich gelagertes Verhältnis muß bezüglich des Damaskus-Erlebnisses Pauli angenommen werden, auch wenn W. Marxsen in einer völlig unbegründeten «Vermutung» das «Sehen» des Apostels (nach 1 Kor 9, 1 f) als eine spätere Angleichung an den üblichen Sprachgebrauch erklärt[125].

Daran ist zu erkennen, daß Sehen und Glauben, daß (allgemeiner) Erscheinung und Glauben und (am allgemeinsten) geschichtliche Tat und innerpersönlicher Glaube nicht zusammenfallen und nicht miteinander identifiziert werden können. Dies sagt aber wiederum nicht, daß sie voneinander getrennt werden dürfen; denn das «Übergeschichtliche» an dem geschichtlichen Faktum kann tatsächlich nicht ohne den Glauben erkannt und aufgenommen werden.

Aus dem Gesagten ergibt sich die Notwendigkeit einer Verhältnisbestimmung zwischen geschichtlichem Ereignis und Glauben, die die Geschehnisse von Ostern im wahren Sinne als glaubensbegründende Geschichtsereignisse stehenläßt, und die doch die Erkenntnis dieser Ereignisse als *Heils*tatsachen nicht gänzlich unabhängig vom Glauben erscheinen läßt. Der Glaube muß an der Erfassung der metageschichtlichen und heilshaften Wirklichkeit der Auferstehung wie besonders auch der Erscheinungen mitbeteiligt sein. Wie die Auferstehung niemals als Produkt oder Schöpfung des Glaubens ausgegeben werden kann, sondern dem Glauben gegenüber immer etwas Vorgegebenes bleibt, so ist sie andererseits nicht unabhängig vom Glauben zu erfassen. A. Kolping stellt bezüglich der Erscheinungen zutreffend fest: «Es handelt sich um empirische Vorgänge, die dann freilich im Glauben auf eine metaempirische Ursächlichkeit zurückgeführt werden»[126].

---

[124] Darüber äußert sich treffend auch H. Staudinger, Die historische Glaubwürdigkeit der Evangelien, 103.
[125] W. Marxsen, a.a.O., 108.
[126] A. Kolping, a.a.O., 42.

Aber so steht die Frage weiter an, wie es zu diesem Glauben kommt und inwiefern er zur Auferstehungswirklichkeit gehört, und zwar in einer Weise, die ihn nicht zu einer die Erscheinungen und die Auferstehung hervorbringenden Kraft macht, sondern ihn in der Stellung des Empfangens beläßt.

Hier ist nicht ohne gewisse gedankliche Unterscheidungen auszukommen, die sich trotzdem vom biblischen Befund nicht zu entfernen brauchen. Man kann wohl nicht wie W. Künneth mit dem Hinweis auf die pneumatische Erkenntnisfähigkeit der Jünger und auf ein innerlich-gläubiges Sehen [127] beginnen, weil so der Glaube im Grunde vorausgesetzt ist, dessen Entstehen ja erst erklärt werden soll. Man muß hier zwischen einem «äußeren Sehen», das auf die irdische Realität der Erscheinung geht, und dem inneren gläubigen Sehen unterscheiden, das die übergeschichtlich-transzendente Dimension der Erscheinung in den Blick bekommt. Das «äußere Sehen», das sowohl bezüglich des leeren Grabes wie bezüglich der Erscheinungen immer noch einen mehrdeutigen Befund erfaßte (vgl. Lk 24,37; «sie meinten, einen Geist zu sehen»), war noch nicht der Glaube. Daraufhin wird erklärlich, daß angesichts des gleichen äußeren Befundes die Reaktion der Jünger zunächst eine unterschiedliche blieb. Dennoch lag schon in diesem «äußeren Sehen» des geschichtlich-immanenten, aber doch außergewöhnlichen Tatbestandes ein Anstoß, eine Aufforderung und eine Motivation zum übernatürlichen Glauben. Sie ist bei den Jüngern um so fragloser anzunehmen, als ja ihr Christusglaube zwar schlaff und kraftlos geworden, aber doch nicht völlig erstorben war.

Dieses bereits mit einem Anstoß zum Glauben verbundene «äußere Sehen» der immanenten Seite der Wirklichkeit der Erscheinung und Auferstehung wurde nun aber in der Kraft des Auferstandenen höher geführt und so überformt, daß daraus das innere gläubige Sehen der metahistorischen und transzendenten Wirklichkeit wurde, d.h. der Glaube erzeugt wurde, in dem dann, wie in einer erst ganz gemäßen Auffangform das geschichtlich-übergeschichtliche Osterereignis gefaßt werden und durch die Zeiten hindurchgetragen werden konnte. Es ist ja auch zu bedenken, daß die Erscheinungen personale Begegnungen waren, in denen auch das Wort des Auferstandenen an die Jünger erging. Von der personalen Mächtigkeit solcher Begegnungen, in denen die Kraft des Wortes zum Zuge kommt, ist wohl zu verstehen, daß sie das «äußere Sehen» auf die Stufe des «inneren Sehens»

---

[127] W. Künneth, Glauben an Jesus? Die Begegnung der Christologie mit der modernen Existenz, Hamburg 1962, 161.

erheben und die natürliche Glaubwürdigkeit in den übernatürlichen Glauben verwandeln. Nur im Vollzug dieses Glaubens war das Ereignis der Auferstehung zu erfassen, und nur so ist es heute noch auszudrücken. Insofern gehört der Glaube zur Auferstehung als geschichtlichem Ereignis hinzu, aber doch nicht so, daß er dieses Ereignis hervorbringt, sondern nur in der Weise, daß er es empfängt, hält und trägt. Der Glaube kann deshalb (hier und grundsätzlich) der Geschichte nicht entbehren. Aber er wird deshalb nicht von der Faktizität des Immanent-Historischen erzwungen. Er wird vielmehr von dem Metahistorischen aus einer natürlichen Bereitschaft zu einer übernatürlichen Gewißheit verwandelt.

Diese sich mehr im Bereich des Fundamentaltheologischen bewegenden Überlegungen zur Auswertung des Schriftzeugnisses, die mit der Einführung der Schöpfungswahrheit allerdings auch schon ein dogmatisches Faktum berühren, stellen bereits die Brücke zum systematischen Beweisgang dar. In ihm soll erst die volle Bedeutung der Auferstehungswahrheit erschlossen werden, indem sie als der «theologische Ort», als Beweisgrund und Lichtquell aller Glaubenswahrheiten sichtbar gemacht wird. Wenn auch dieser leitende Gesichtspunkt schon im biblischen Beweisgang latent vorhanden war, wenn er besonders schon die Argumentation für die Geschichtlichkeit der Auferstehung bestimmte, so wurde er doch nicht thematisch ausgearbeitet. Erst in dieser Ausarbeitung kann das Festhalten an der Realität der Auferstehung in seiner vollen Bedeutung erfaßt werden, wenn nämlich klar wird, wie sich die «wirkliche» Auferstehung im Ganzen des Glaubens auswirkt.

Die Auferstehung als Erklärungsprinzip christlichen Glaubens

Der Brückenschlag in diesen theologisch-systematischen Bereich kann durch ein Thema geleistet werden, das auf einen grundsätzlichen Einwand des modernen Denkens gegenüber dem kirchlich-dogmatischen Glauben an die Auferstehung antwortet. Es ist der Einwand: Dem biblischen Denken war die Auferstehung Jesu Wahrheit und Realität. Aber sie hing doch so innig und wesentlich mit dem damaligen Weltbild zusammen, daß sie heute, bei einem anders gearteten Weltbild, nicht mehr als Realität und Wahrheit verstanden werden könne. Sie wäre so eine zeitbedingte Wahrheit, die von einer neuen Zeit ganz anders verstanden und formuliert werden müßte.

1. AUFERSTEHUNG UND WELTBILD

Bevor man die ganze theologische Inhaltlichkeit dessen, was die Auferstehung als Wahrheit und Wirklichkeit enthält, erschließt, was nicht ohne den dauernden Kontakt mit der Schrift möglich ist, sollte man doch diesen Einwand berücksichtigen, der die systematische Auswertung der Schrift und sozusagen ihre Übersetzung in das heutige Glaubensdenken erschweren kann, ja der eine solche Übersetzung gänzlich unmöglich machen kann. Es ist die Tatsache, daß die Aussagen der Schrift in ein anderes Weltbild eingefügt sind, als es das unsrige ist. Aus dieser Tatsache ließe sich der Vorwurf konstruieren, daß das von der Schrift Gemeinte nicht mehr in die heutige Situation übernommen werden kann, oder daß es vielleicht so radikal umgedacht werden muß, daß daraus inhaltlich etwas anderes wird. Daß solche radikale Umdeutungen möglich und aktuell sind, konnte schon an den bisherigen Überlegungen deutlich werden.

Um den Kern dieser Frage richtig zu treffen, ist vom Begriff des «Weltbildes» auszugehen.

a) Der Begriff «Weltbild» und seine Problematik

Es hängt vom Verständnis dieses Begriffes ab, ob man den Kern einer Sache oder Wirklichkeit in einer anderen Welt unverfälscht erhalten kann.

Dabei darf kritisch vermerkt werden, daß «Weltbild» im heutigen Gebrauch ein sehr unscharfer, um nicht zu sagen ein geradezu verwaschener Begriff ist. Diese Unschärfe hat er mit manchen ähnlichen Begriffen der Moderne gemein, etwa auch mit dem Begriff «Weltanschauung», der aus der Romantik und ihrem «All-Einheits-Bewußtsein» kommt. Ein solches Einheitsmoment eignet auch dem Begriff «Weltbild». Auch in ihm geht es um eine gesamthafte Ausgestaltung des Weltverständnisses. Aber im Gegensatz zur «Weltanschauung», die eine mehr intuitive, aprioristische und in etwa auch schon religiöse Ausprägung des Weltverständnisses meint, ist das «Weltbild» eine wissenschaftliche Ausformung und Artikulierung des gesamthaften Weltverständnisses. Vom Charakter der Wissenschaftlichkeit des Weltbildes her kann man die etwas überraschende Folgerung ziehen, daß die alten Völker und Kulturen, in denen das eigentlich wissenschaftliche Denken noch nicht ausgebildet war, wohl «Weltanschauung» besaßen, aber doch kein «Weltbild» im modernen Sinne besitzen konnten. Der Begriff des «Weltbildes» ist ein moderner Begriff, der ohne das moderne wissenschaftliche Bewußtsein gar nicht hätte gebildet werden können.

In dieses Bewußtsein gehört heute aber als wesentliches Moment auch das Wissen um die Vielgestaltigkeit und Pluralität der Wissenschaften hinein. Von daher ist es nicht einwandfrei und nicht stringent, heute von einem gesamthaften Weltbild zu sprechen und damit in Wirklichkeit nur das «naturwissenschaftliche Weltbild» zu meinen. Aufgrund der heutigen Pluralität der Wissenschaften dürfte man zum Entwurf eines Weltbildes eigentlich nicht mehr nur die Naturwissenschaft heranziehen, die sich an den tiefsten Punkten ihres Denkens z. B. der Philosophie nähert. Also gehörte in ein «modernes Weltbild», das diesen Namen zu Recht trägt und verdient, auch die Philosophie, die Psychologie und Parapsychologie, die Mathematik und die Soziologie hinein. Da man das weiß oder wenigstens ahnt, hat sich heute eine gewisse Ernüchterung gegenüber der in der Neuzeit geradezu eine Faszination ausstrahlenden Formel vom «Weltbild» ergeben[1]. Man neigt heute eher der Auffassung zu, daß wir vom Gewinn eines wirklichen und einheitlichen Weltbildes weiter entfernt sind als je zuvor[2]. Das hat für den religiös-theologischen Bereich eine gewisse positive, beruhigende Folge. Es ist daraufhin in der seriösen Auseinandersetzung um Glauben und Offenbarung nicht mehr so leicht möglich, das «Weltbild» gegen die Wahrheit des Glaubens auszuspielen. Vor allem ist die Redeweise von einem «geschlossenen Weltbild» wissenschaftlich nicht mehr haltbar. Sie ist deutlich vom Positivismus des 19. Jh.s bestimmt.

Deshalb ist es heute angemessener, und dies wird von manchen Interpreten auch empfohlen, nicht einfach mehr undifferenziert und global vom «Weltbild» als solchem zu reden, als vielmehr genauer etwa vom «physikalischen» oder «naturwissenschaftlichen» Weltbild oder vom «philosophischen» oder «biologischen» oder «evolutiven» Weltbild zu sprechen. Damit wird deutlich, daß jeweils nur *ein Aspekt* der Wirklichkeit erfaßt ist, der zu anderen Aspekten nicht im Gegensatz zu stehen braucht.

[1] Zu dieser Ernüchterung fordert besonders auf K. Jaspers, Der philosophische Glaube angesichts der Offenbarung, München 1962, 261 ff, und K. Jaspers – R. Bultmann, Die Frage der Entmythologisierung, München 1954, 8 ff.

[2] Darauf weist u.a. eindringlich hin H. H. Schrey, Weltbild und Glaube im 20. Jahrhundert, Göttingen 1961, 6 ff.

Von diesem Standpunkt aus läßt sich dann auch erkennen, daß viele dieser «Weltbilder» wegen ihrer geringen Beziehungsnähe zum religiösen Gedanken und zum Glauben gar keine Konkurrenz bilden. Es ist z.B. nicht einzusehen, welche Konsequenz es für den Glauben haben soll – um ein ganz schlichtes Beispiel zu wählen –, daß im Trinitätsglauben die Zahlen 1–3 als endliche Größen verstanden sind, wo doch die neuzeitliche Infinitesimalrechnung um die Unendlichkeit der Zahlengrößen weiß. Hier gibt es offenbar keinen direkten Zusammenhang und deshalb auch keine Widerspruchsmöglichkeit zwischen wissenschaftlichem Weltaspekt und Offenbarungsaussage.

Diese Berührung und auch die Widerspruchsmöglichkeit scheint sich heute allein unter dem Aspekt des «physikalischen Weltbildes» zu ergeben. In dieser Beziehung ist das vorwissenschaftliche Weltbild der Antike, dem auch die Aussagen der Schrift vielfach verhaftet sind, tatsächlich anders strukturiert als das wissenschaftliche physikalische Weltbild der Moderne. Das antike physikalische Weltbild ist von der vordergründigen räumlichen Sinnenauffassung abhängig, wonach es eine räumliche Schichtung zwischen Himmel, Erde und unterirdischer Welt gibt. An der Himmelsfeste wandern die Gestirne in festen Bahnen um die Erde. Das Ganze ist wesentlich geozentrisch gedacht bzw. vorgestellt. Einen besonders deutlichen Ausdruck hat dieses Weltbild im ersten Schöpfungsbericht gefunden (Gn 1,1–2,4).

Natürlich konnten die Aussagen der Offenbarung, soweit sie geschichtliche Geschehnisse und Ereignisse betrafen, nur im Rahmen dieses «Weltbildes» gemacht werden. Die dabei verwandten bildhaften Elemente können freilich heute keine Geltung mehr besitzen. Aber sie waren, genau besehen, schon damals nicht mit einer solchen Bedeutung ausgestattet, daß sie zum Wesen der theologischen Wahrheit gehörten. Das zeigt sich etwa an der biblisch-alttestamentlichen Schöpfungswahrheit, die *einmal* (Gn 1,1–2,4) in die relativ aufgeklärten kosmologischen Vorstellungen der Salomonischen Ära gefaßt ist, *zum anderen* in die (relativ) primitiven Vorstellungen des Bauern- und Nomadendaseins (Gn 2,4b–24).

Das physikalische Weltbild (des Altertums) bildet auch den Rahmen neutestamentlicher Aussagen über das Christusgeschehen. Besonders deutlich tritt das etwa im Christushymnus des Philipperbriefes zutage (Phil 2,5–11). Hier ist davon die Rede, daß Christus aus der Welt des Vaters kam, daß er sich in die irdische Welt hineingab und sich in sie hinein erniedrigte und daß er schließlich wieder in die Welt des Vaters, in den Himmel, aufgenommen wurde und seine

Herrlichkeit erlangte. Wenn Paulus in 1 Kor 15,47 davon spricht, daß Christus «vom Himmel» sei und ihm von daher erschienen sei (insoweit man hier eine Anspielung auf das Damaskuserlebnis sehen darf), so ist auch diese Aussage im Rahmen des antiken physikalischen «Weltbildes» gehalten. Insofern dieses Weltbild auch in religiöse Aussagen eingeht, wird es von Bultmann und seiner Schule auch als «mythologisches Weltbild» bezeichnet.

Dieses Weltbild ist seit Kopernikus, Giordano Bruno, Galilei und anderen heute nicht mehr annehmbar. Daraus hat schon *M. Dibelius* den radikalen Schluß gezogen: Der Auferstehungsglaube entspringt einer Situation, die «für uns unwiederholbar ist», er hängt mit dem «apokalyptischen, geozentrischen, wundergläubigen Weltbild» zusammen und kann deshalb nicht mehr in der alten Weise übernommen werden[3].

Diese Auffassung hat *R. Bultmann* noch stärker zur Geltung gebracht und eine Entmythologisierung dieses Glaubens gefordert, seine vollständige Befreiung vom mythologischen Denken. Er hat das nicht zuletzt mit Berufung auf die moderne Naturwissenschaft getan, die es auch dem Gläubigen unmöglich mache, in diesem alten Weltbild seinen Glauben festzuhalten. Hierfür zeugt der charakteristische, aber auch leicht anfechtbare Satz: «Man kann nicht elektrisches Licht und Radioapparat benützen, in Krankheitsfällen medizinische und klinische Mittel in Anspruch nehmen, und gleichzeitig an die Geister- und Wunderwelt des Neuen Testamentes glauben[4].»

Man würde aber das Anliegen Bultmanns falsch wiedergeben, wenn man nun die Folgerung zöge, er wolle den Glauben eben in ein neues Weltbild einfügen. Er verwahrt sich sogar gegen die Unterstellung, daß er das Kerygma, in Sonderheit die Auferstehungsbotschaft, in das moderne Weltbild einfügen wolle und eingefügt habe. Er erklärt wörtlich: «Vielmehr will die Entmythologisierung ein Verständnis der Schrift gewinnen, das frei von jedem Weltbild ist, wie es das objektivierende Denken entwirft, sei es das des Mythos, sei es das der Wissenschaft[5].» Er läßt hier die radikale und für ihn konsequente Auffassung durchblicken, daß ein mit einem Weltbild verbundener Glaube schon vergegenständlicht sei, daß er sich schon auf etwas außerhalb seiner selbst Liegendes stütze und damit kein originärer,

---

[3] M. Dibelius, Evangelium und Welt, Göttingen 1929, 81 f.
[4] Kerygma und Mythos I, 136.
[5] Kerygma und Mythos II, 187.

existentieller Glaube mehr sein könne. Sein Ziel ist deshalb gerade die Entweltlichung des Glaubens.

Man hat diese These Bultmanns mit Recht kritisiert. Die Kritik kann zu der Erkenntnis führen, daß der Glaube tatsächlich genausowenig ohne ein gewisses Weltbild auskommt, wie ohne eine gewisse zeitbedingte Sprache und sogar nicht ohne gewisse Elemente einer Philosophie, was alles schon weltbildhafte Faktoren sind, die zum Weltbild einer bestimmten Epoche hinzugehören. Man hat auch bei Bultmann nachgewiesen[6], daß dieser tatsächlich auch weltbildbedingte wissenschaftliche Faktoren bei seiner Glaubensinterpretation verwendet, allerdings das wissenschaftliche Weltbild des 19. Jahrhunderts.

Gerade an diesem Beispiel kann man ersehen, daß der Mensch die Offenbarung nicht anders annehmen und den Glauben nicht anders ausdrücken kann als in bestimmten Kategorien seines zeitgemäßen Welt- und Selbstverständnisses, also auch nicht gänzlich unter Absehen weltbildbedingter Faktoren. Die Theologie kann auf das Medium des Weltbildes bei der Aufnahme der Offenbarung und beim Ausdruck des Glaubens grundsätzlich nicht verzichten.

Aber wenn man voraussetzt, daß Offenbarung und Weltbild nicht identisch sind, eine Voraussetzung, die für einen offenbarungsgläubigen Menschen nicht eigens bewiesen werden muß, wird man auch anerkennen, daß die Offenbarung selbst sich mit den veränderlichen Weltbildern nicht wesentlich ändern kann, somit auch nicht in einer wesentlichen Abhängigkeit von ihnen stehen kann. Es ist zwar durchaus zuzugeben, daß das Verständnis der Offenbarung durch ein anderes, neues Weltbild modifiziert werden kann. Aber in ihrem Wesen können Offenbarung und Glaube nicht durch das Weltbild geändert werden, sonst wäre in strenger Konsequenz das Weltbild, etwas durchaus Natürliches und Menschliches, eine Quelle der Offenbarung, die immer neue Inhalte hervorsprudelte. Dabei muß der Christ bedenken, daß wegen der entscheidenden Stellung des Christusereignisses die Offenbarung tatsächlich abgeschlossen ist und daß nur ihr Verständnis «quoad nos» wachsen kann.

Das zwingt ein nüchternes theologisches Denken zu dem Schluß, daß Offenbarung und Glaube auch relativ unabhängig vom Weltbild der betreffenden Epochen und ihren Wandlungen sind.

---

[6] Hierzu wäre die Kontroverse mit K. Jaspers heranzuziehen: K. Jaspers - R. Bultmann, Die Frage der Entmythologisierung, 13.

b) Die relative Unabhängigkeit der Offenbarung vom Weltbild

Der Erweis der *relativen Unabhängigkeit* der Offenbarung vom Weltbild, der zugleich auch eine *relative Abhängigkeit* mitmeint, kann für das biblische Auferstehungskerygma nun noch eigens bedacht werden. Hierzu ist von der wohl unbestreitbaren Tatsache auszugehen, daß besonders das Neue Testament am Weltbild seiner Zeit kein besonders starkes Interesse zeigt.

Auch das Neue Testament macht seine geschichtlichen Aussagen über die Verwirklichung des Heils im Rahmen des antiken physikalischen «Weltbildes». Es ist jedoch nicht zu übersehen, daß dieser Rahmen nicht so stark betont wird und in Erscheinung tritt wie im Alten Testament. So stark weltbildbedingte Aussagen wie im alttestamentlichen Schöpfungsbericht gibt es im Neuen Testament nicht. Die weltbildhaften Aussagen erscheinen in gewisser Hinsicht neutralisiert und wertunabhängig. Ja, das Neue Testament läßt sogar erkennen, daß es mit seinen Glaubensaussagen den weltbildbedingten Rahmen immer wieder sprengt. Es spricht zwar auch davon, daß Gott «im Himmel» wohnt. Aber damit ist doch nicht dasselbe gemeint wie etwa bei Homer, der die Götter auf dem Olymp wohnen läßt, in einem Bergpalast über den Wolken und im reinen Äther; denn das Neue Testament weiß zugleich auch um die Allgegenwart und die Allwirklichkeit Gottes, der im Geist und im Herzen des Menschen wohnt (Röm 8,9; Joh 14,23).

Damit schon ist deutlich, daß das vielberufbare Dreistockwerk-Schema für die neutestamentlichen Aussagen keine absolute Geltung hat. Während die griechische Welt entweder am begrenzten Raum des Aristoteles festhielt, in dessen obersten Sphären die Götter wohnten, oder an dem endlos-unbegrenzten Raum des Demokrit († 371 v. Chr.), der ganz ohne Götter auskam, verfährt das Neue Testament gegenüber solchen Raumvorstellungen bereits verhältnismäßig souverän; denn es weiß, daß der unendliche, transzendente Gott über Raum und Zeit erhaben ist. Deshalb kann es einmal sagen: «Gott wohnt in unzugänglichem Licht» (1 Tim 6,16; vgl. im AT Ps 36,10), zum anderen aber auch feststellen: Er wohnt in uns und wir in ihm (1 Joh 4,13). So gibt es beispielsweise bezüglich der endzeitlichen Letzten Dinge sehr stark gehaltene apokalyptische und weltbildbedingte Aussagen über das Emporgetragenwerden zu den himmlischen Höhen (1 Thess 4,16), aber es gibt auch die auf alle solche weltbildbedingte Vorstellungen verzichtende Aussage des Apostels über den Endzustand, die einfach heißt: «Ich werde beim Herrn sein» (2 Kor 5,8).

Das Neue Testament zeigt so im ganzen, daß der Glaube ohne einen gewissen weltbildbedingten Rahmen nicht auskommt, daß er aber in diesen Rahmen nicht adäquat eingehen kann, so daß der Rahmen an entscheidenden Stellen immer wieder gesprengt wird. Es beweist, daß schon für die ursprüngliche Christenheit, die über diese Zusammenhänge nicht reflektieren konnte, Glaube und Weltbild nicht identisch waren und daß der Glaube nicht aus einem vorgegebenen Weltbild abgeleitet werden kann, daß demnach auch das Festhalten an einem Weltbild den Glauben weder beweist, noch ihn widerlegt.

Hier hat das schon einmal angeführte Ereignis der Auferstehungspredigt Pauli auf dem Areopag (Apg 17, 16–34) seine besondere Bedeutung. Man darf, ohne große Konstruktionen unternehmen zu müssen, voraussetzen, daß Paulus und die Athener, die ihm zuhörten, dasselbe physikalische Weltbild anerkannten und im Rahmen desselben Weltbildes dachten. Wenn man nun sagt, daß die «Auferstehungsbotschaft» des Christentums, die von Paulus so bezeichnete «*anastasis nekrōn*», wesentlich dem antiken Weltbild verhaftet war, so ist nicht zu erklären, warum die Athener diese Botschaft nicht annahmen, sondern Paulus verlachten. Man wird der Problematik auch nicht Herr, wenn man etwa so argumentiert: Das Weltbild der Griechen war, genauer betrachtet, dualistisch und konnte eine Auferstehung des Leibes nicht annehmen, sondern nur eine Weiterexistenz der Seele. Damit aber hätte man im Grunde wieder nur bewiesen, daß die Auferstehung gerade nicht aus dem antiken griechischen Weltbild abzuleiten ist. Wenn man sie dennoch als vom Weltbild abhängig ausgeben will, müßte man zugeben, daß die Christen, hier Paulus, mit der Offenbarung zugleich ein neues Weltbild empfangen hätten, was ein innerlich unmöglicher Gedanke ist. Anderseits sagt man ja in der modernen Kritik auch dem jungen Christentum einen gewissen Dualismus nach.

Es ist also, wenn man vom Weltbild her argumentiert, schlechterdings nicht einzusehen, warum die Athener die Auferstehungsbotschaft verlachten, Paulus und die Christen sie als antike Menschen annahmen. Andererseits ist wiederum auffällig, daß diese Botschaft von einigen Athenern doch angenommen wurde.

Das Ganze wird noch einmal um eine Nuance problematischer, wenn man bei einem genaueren historischen Eingehen auf die spezifischen Vorstellungen bezüglich Tod und Auferstehung erfährt, daß zwar im Griechentum die Überzeugung stark war: «Tote stehen nicht mehr auf.» Das ist mit Aussagen aus Homer, Äschylos und

Sophokles zu beweisen[7]. Es ist aber für diese Welt genauso sicher: «Totenauferstehung gilt als vereinzeltes Wunder», was wiederum den Aussagen Platons, Lucians und Pseudo-Xenophons zu entnehmen ist[8]. Wenn das feststeht, stellt sich die Frage, warum sich die Athener, die ja als antike Menschen so wundergläubig waren, daß der christliche Wunderglaube auch wieder von daher abgeleitet wird, nicht überzeugen ließen, daß hier bei Jesus von Nazareth auch ein solches Wunder geschah, wo sie von ihrem Weltbild her so etwas prinzipiell nicht ablehnen mußten.

Warum also lehnten die Athener und mit ihnen die ganze griechische Welt (denn die Episode auf dem Areopag darf als beispielhaft genommen werden) die Auferstehung ab? Das Hin und Her der hier angeführten Argumente läßt nur den Schluß zu: Weil Glaube und Weltbild nicht wesentlich miteinander verbunden sind und weil der Auferstehungsglaube genauso wie der Gottesglaube etwas sagt, was über jedes Weltbild hinausgeht.

Hier muß man nun allerdings noch genauer über das Weltbild und sein Verhältnis zum christlichen Glauben reflektieren. Man erleichtert sich die Problematik, wenn man diesen Glauben beispielshalber auf ein einziges Moment konzentriert, nämlich auf den Schöpfungsglauben. Bei einem solchen Vergleich zwischen wissenschaftlichem Weltbild – selbst wenn dieses, wie bei den Griechen und Hebräern nur als popularwissenschaftlich bezeichnet werden kann – und übernatürlichem, offenbarungsgemäßem Schöpfungsglauben ist wohl folgendes zu erkennen: Dieser Schöpfungsglaube geht dem Weltbild logisch und ontologisch voraus, aber er geht auch über es hinaus und weist auf eine Dimension, die das natürlich-wissenschaftliche Weltbild nicht erreichen kann; denn der Schöpfungsglaube ist ja der Grund dafür, daß überhaupt eine Welt und ein ihr vom geschaffenen Menschengeist entsprechendes Weltbild entstehen kann. Was so transzendentaler Grund der Welt und des Weltbildes ist, kann selbst nicht noch einmal vom Weltbild umgriffen und umfaßt werden. Es transzendiert jedes Weltbild. Genauso ist es mit der Zielausrichtung jedes weltbildhaften Denkens. Wenn die Zielvorstellung allein innerhalb der durch das Weltbild bereitgestellten Möglichkeiten und Momente ausgedrückt wird, kommt es nur zu einer welthaft-immanentistischen Deutung des Zieles der Welt, entweder zur Vorstellung vom ewigen Kreislauf der Dinge wie bei den Griechen und in der Neuzeit bei Friedrich Engels in seiner Vorstellung vom ewigen Kreis-

---

[7] ThWNT I, 369: Artikel «Anastasis» (Oepke).
[8] Ebd., 369f.

lauf der Materie, oder es kommt zur Vorstellung vom endgültigen Erlöschen der Schöpfung, vom Tode und vom Eingehen in das Nichts. Aber eine eigentliche transzendente und übernatürliche Vorstellung von einem höheren Ziel der Welt kann die natürliche Wissenschaft nicht vermitteln, wenn sie nicht aus ihrem Medium als natürliche Wissenschaft heraustreten will. Der Schöpfungsglaube sagt also am Ursprung und am Ziele mehr, als ein Weltbild sagen kann, wenn es ein natürlich-wissenschaftliches Weltbild bleiben und nicht zu einem Religionsersatz werden will.

Wenn die Verhältnisse so liegen, dann kann der Glaube niemals auf ein Weltbild zurückgeführt werden; er kann sich mit einer Reihe von Aussagen im Medium des Weltbildes bewegen, aber er muß dieses Medium von seinem Wesen her immer auch durchbrechen.

Speziell auf die Frage der Auferstehung und ihres Kontroverscharakters zwischen «Griechen» und Christen bezogen, läßt sich daraufhin folgern: Es war nicht das Weltbild, das zum Dissens zwischen Heidentum und Christentum, zwischen Griechen und Christen führte; denn dieses Weltbild war bei Griechen und Christen dasselbe. Deshalb hätte es prinzipiell auch für das griechische Denken die Möglichkeit gegeben, die Auferstehung Jesu unter Zuhilfenahme gewisser Elemente dieses Weltbildes in analoger Weise auszusagen. Warum die Griechen dies nicht taten, lag nicht in ihrem Weltbild als solchem, das etwa falsch gewesen wäre. Überhaupt muß man das Weltbild immer nur als hypothetisches Modell verstehen, von dem eigentlich Wahrheit oder Falschheit nicht auszusagen ist, sondern nur mehr oder weniger große Erklärungskraft der physikalischen Tatsachen. Es lag vielmehr an der Absolutsetzung ihres Weltbildes, an seiner mangelnden Durchlässigkeit für das Transzendente, und kürzer gesagt: an ihrer Unkenntnis von Offenbarung und Glaube, die Welt und Weltbild eben transzendieren. Solange diese Offenbarung nicht in vollkommenem und endgültigem Sinne erfolgt war, obgleich es Spuren von ihr immer gab, mußte das Weltbild absolut verstanden werden, mußten die Götter und ihre Taten in der Welt selbst angesiedelt werden, und sei es auf ihrer höchsten Spitze und in ihrer höchsten Region. So aber konnte es nicht zur Annahme einer wahren Transzendenz und einer übernatürlichen Offenbarung kommen. Die Annahme einer Auferstehung als transzendenter Schöpfungstat war bei einem so verabsolutierten natürlichen Weltbild tatsächlich unmöglich.

Das sagt, daß die Auferstehung genausowenig wie etwa der Gottesglaube oder die Schöpfung aus dem griechischen Weltbild abgeleitet worden ist, daß sie aber *auch heute* aus keinem Weltbild abgeleitet und mit keinem vollständig harmonisiert werden kann. Wer eine solche Forderung aufstellt, postuliert im Grunde, daß Gott und seine Taten zu dieser Welt gehören. Er wird dann die Auferstehung auch rein welthaft interpretieren müssen: etwa als Befreiung des Menschen zur Eigentlichkeit seiner Existenz, als Eröffnung einer neuen Zukunft, als Verpflichtung der Menschheit auf die Weiterentwicklung der Welt. Hier ist dann der Auferstehungsglaube so weltförmig geworden, daß es seiner eigentlich nicht mehr bedarf; denn alle diese Interpretationen kann man auch aus einem tiefer reflektierten immanentistischen Weltverständnis gewinnen; dazu bedarf es nicht einer Offenbarung, die im Grunde schon voraussetzt, daß diese Welt nicht als absolut und in sich geschlossen betrachtet werden kann.

So vermag die Offenbarung und besonders die Auferstehung als Offenbarungsereignis nicht nur in ihrer wesentlichen Unabhängigkeit von jedem Weltbild erkannt zu werden. Man kann an diesem Verhältnis vielmehr auch umgekehrt erkennen, daß die Offenbarung dem Menschen auch etwas Positives über jedes Weltbild sagt: nämlich, daß es nicht absolut verstanden werden darf, daß es offenbleiben muß, sonst ist eine Annahme des Transzendenten, das im Glauben liegt, für den in der Welt und in seinem Weltbild eingeschlossenen Menschen unmöglich.

Daß man im übrigen, wenn man dieses grundsätzlich Transzendierende des Glaubens gegenüber dem Weltbild anerkennt, den Glauben in weiten Bereichen mit dem Weltbild ausdrücken und verbinden kann, soll nicht bestritten werden. Das wird an anderer Stelle aufgehen, wo z.B. die moderne Materieauffassung für das Verständnis der Auferstehung herangezogen wird. Aber auch dabei wird sich zeigen, daß eine vollkommene Einfügung eines übernatürlichen Glaubensdatums, wie es die Auferstehung ist, in ein physikalisches, biologisches oder evolutives Weltbild nicht gelingt. Es wird an einem solchen Datum immer etwas geben – und zwar etwas Entscheidendes –, was in die Strukturen eines empirischen, szientifischen Weltbildes nicht eingeht.

Man könnte den Sachverhalt auch umgekehrt formulieren und als negatives Kriterium für die Verbindung von Offenbarung und Weltbild dieses aufstellen: Wenn es gelänge, ein Glaubensdatum völlig in ein Weltbild einzuordnen, hätte man es als Glaubensdatum auch schon eliminiert. Wenn es z.B. gelänge, «Schöpfung» völlig auf «Evolution» zurückzuführen, hätte man die Glaubenswahrheit zu einer naturwissenschaftlichen Erkenntntnis gemacht und wäre eigentlich nicht mehr befugt, von einer Glaubenswahrheit zu sprechen.

Über diesen Fragenkomplex ließe sich noch manches und Ausführlicheres sagen. Hier soll auf eine solche quantitative Ausweitung der Problematik verzichtet und dafür eine qualitative Konzentrierung und Überhöhung desselben Problems versucht werden. Eine solche Überhöhung läßt sich vornehmen, wenn man das Auferstehungsgeschehen mit dem Begriff und der Wirklichkeit des Wunders zusammenbringt.

2. AUFERSTEHUNG UND WUNDER

a) Der vieldeutige Begriff

In den bisherigen Überlegungen wurde der Begriff des Wunders zwar nicht gerade strapaziert, er wurde aber zur Kennzeichnung des Osterereignisses auch nicht vermieden. Damit steht man im Einvernehmen mit weiten Teilen nicht nur der Dogmatik, sondern auch der Exegese, zumal auch evangelischer Provenienz. Auf katholischer Seite spricht *Ch. Schütz* in einer neueren Erörterung der Mysterien Jesu davon, daß das Ereignis der Auferstehung nicht nur selbst ein Wunder war, sondern sogar der ermächtigende Ursprung und die Lichtquelle für alle anderen Wunder Jesu[9]. Er nennt deshalb die Auferstehung das «Wunder aller Wunder». In ähnlicher Weise hat schon früher der evangelische Theologe W. Künneth die Auferstehung das «Urwunder» genannt, von dem alle anderen Wunder im Leben Christi erst ihr Licht empfangen[10]. Über die grundsätzliche Bedeutung der Wunder für den Christusglauben urteilt Ch. Schütz: «Wunder sind zur rechten Ausrichtung des Christusgeschehens unentbehrlich, sie helfen mit, jene Sache zur Sprache zu bringen, um die es in der Erscheinung Jesu geht. So kommt ihnen innerhalb der Bestimmung dessen, was das Christusereignis ist, eine unvertauschbare Funktion zu ... Sie gleichen den unverwechselbaren Spuren, in denen sich das Geheimnis Christi abdrückt; sie bilden den greifbaren und sichtbaren Leib, in dem seine Botschaft angeschaut sein will[11].» Allerdings sind diese Aussagen doch nicht so eindeutig, wie sie zunächst erscheinen; denn der Autor gibt keine sichere Bestimmung dessen, was sich bei einem Wunder eigentlich ereignet und was ein Geschehen zu einem Wunder macht. Insbesondere wird die Frage nicht beantwortet, wie sich das Wunder zum Naturgeschehen verhält. Hierzu wird nur gesagt, daß die Schrift kein eigenständiges Naturgesetz kannte, sondern von der Natur theozentrisch dachte. Man erfährt so gerade nicht, ob der Verfasser aufgrund einer solchen theozentrischen Naturbetrachtung auch annimmt, daß im Wunder etwas über die Natur Hinausgehendes ge-

[9] Ch. Schütz, Die Mysterien des öffentlichen Lebens und Wirkens Jesu: Mysterium salutis III/2, 120f.
[10] W. Künneth, Theologie der Auferstehung, 74.
[11] A.a.O., 122.

schieht, oder ob hier ein reines Naturgeschehen vor sich geht, das theozentrisch – im Glauben – auf Gott zurückgeführt wird. Dann wäre «Wunder» nur etwas, was der Glaube erzeugt.

Es ist nicht gut, wenn die Theologie so zweideutig redet. Trotzdem wird hier, wie auch sonst in der katholischen Dogmatik, noch vom «Wunder» der Auferstehung gesprochen. Aber nicht nur die Dogmatik spricht hier vom Wunder, sondern auch die Bibelwissenschaft, selbst die der Auferstehungslehre kritisch gegenüberstehende existentialistische Exegese. Es ist bemerkenswert, daß auch *W. Marxsen* sehr oft vom Wunder spricht, das sich in den Jüngern, die nach dem Tod Jesu zum Glauben kamen, ereignete, nämlich das Wunder des Glaubens [12].

Damit ist allerdings am Beispiel W. Marxsens gleich auch verdeutlicht, daß man aus dem Gebrauch des Wortes «Wunder» nicht zu viel für das Verständnis der Auferstehung ableiten kann. Man muß, wie heute immer unter Beachtung des hermeneutischen Grundsatzes vom Unterschied zwischen dem *Gesagten* und dem *Gemeinten*, fragen, was ein Autor unter dem Wort «Wunder» versteht. Da kann sich bei W. Marxsen zeigen, daß er das Wunder in den Glauben der Jünger verlegt und «Glaube» und «Wunder» wesentlich identisch setzt. Dabei geht er noch einen Schritt weiter und möchte das Wort «Wunder» nicht auf die Vergangenheit beziehen, also nicht auf das, was allenfalls bei den Jüngern geschah, sondern er behält den Wortgebrauch vom Wunder dem heutigen Geschehen des «Zum-Glauben-Kommens» an Jesus bei einem Menschen vor. Er sagt näherhin: «Daß es sich damals um ein Wunder handelte, kann ich bestenfalls ahnen – aber nur dann, wenn ich um das entsprechende Wunder heute weiß [13].»
An anderer Stelle sagt er noch deutlicher: «Das Wunder geschieht heute. Das Zum-Glauben-Kommen ist das Wunder [14].»

Inhaltlich handelt es sich, wie schon gesagt, um den Glauben daran, daß die «Sache Jesu weitergeht». Unter der Sache Jesu aber, die von Marxsen nicht besonders deutlich benannt wird – weil die existentialistische Theologie deutliche Angaben als Vergröberungen ansieht – sind u.a. solche Momente wie die folgenden verstanden: «das Sich-Einlassen auf Gott in diesem Leben, die Befreiung zum Lieben, das Sich-Verlieren um des Nächsten willen» [15]. Es sind dies alles Werte, von denen man, ohne besonders kritisch zu verfahren, sagen darf, sie

---

[12] W. Marxsen, Die Auferstehung Jesu von Nazareth, 142.
[13] Ebd. 116.
[14] Ebd., 130.
[15] Ebd., 127f., 150.

beinhalten nichts typisch Christliches. So stellt sich auch die Frage, ob man zur Erkenntnis dieser Werte, die jeder natürliche Mensch gewinnen kann, auf das Osterkerygma zurückgreifen muß, was Marxsen tatsächlich tut, indem er die Aussagen der Apostel als Kerygma stehenläßt; es fragt sich weiter, ob man das Zustandekommen solcher Werteinsichten im Menschen als ein Wunder bezeichnen muß, wo der Glaube nur ein Existenzverstehen ist. Aber das ist eben typisch für die existentialistische Denkweise: man will an den alten Vokabeln festhalten. Man sagt «Auferstehung» und meint das Fortwirken der ethischen Angebote des historischen Jesus; man sagt «Wunder» und meint den «Glauben» an das Entstehen werthafter Existenzgehalte im Menschen.

Auch «Wunder» ist von der Existentialtheologie nicht im angestammten Sinne gebraucht als Zeichen, an dem der Glaube einen Anhalt findet, an dem er zu seiner vollen Mächtigkeit aufgeht; es ist vielmehr der Glaube selbst als rein inneres, subjektives, unausweisbares geistiges Geschehen im Menschen gemeint.

Immerhin sagt Marxsen deutlich, daß dieser Glaube eine einzigartige Tat Gottes sei, in der Gott auf unnachahmliche Weise am Menschen handelt, aber nicht durch Eingriff in die äußere Naturordnung, sondern nur durch ein Wirken an der inneren geistigen Ordnung des Menschen. Es ist genauer das «Handeln Gottes» am Menschen, das zum Glauben an Jesus führt und das hier als Wunder bezeichnet wird. Als weitere Bestimmung dieses Wundercharakters des Glaubens werden von Marxsen genannt: Der Glaubende kann nicht erklären, wie er zum Glauben kommt; er kann aber auch nicht beschreiben, «was dann da wirklich geschehen ist»[16]. Das Wunder des Glaubens wäre demnach das Unerklärliche des Handelns Gottes am Menschen.

Man wird gegen diesen Gebrauch des Begriffes «Wunder» eine Fülle von Bedenken anmelden. Unter diesen Begriff von «Wunder» würde alles Handeln Gottes an der Welt fallen, die Welterhaltung, das Mitwirken Gottes mit den Geschöpfen, das nach einer rechten theologischen Auffassung von der Abhängigkeit des Geschöpfes angenommen werden muß, das Wirken der Vorsehung, und zwar dieses genauso in den guten Taten des Menschen wie in den bösen. All dies ist nämlich von einem bestimmten Punkt aus, an den das menschliche Denken immerhin noch herankommen kann, unerklärlich. Es ist aber im theologischen Sinne kein «Wunder». Man kann Marxsen hier gedanklich aufhelfen und ihm sagen, was er mit dem Begriff «Wunder»

[16] Ebd., 130.

eigentlich meint: er meint genau das, was die Theologie unter dem
«Geheimnis» versteht. Als Geheimnis darf man, von einer gewissen
Grenze ab, alle die genannten Phänomene verstehen, auch den Glauben, insofern er ein Werk der Gnade Gottes ist und die Begnadung
eines Menschen immer auf den unergründlichen Gnadenwillen Gottes zurückgeht. Dabei wären innerhalb dieses Begriffes vom Geheimnis noch weitere Differenzierungen vorzunehmen, die Marxsen
nicht kennt.

Aber es ist hier an den Existentialtheologen noch die schärfere
Frage zu richten, ob man seiner persönlichen Konzeption vom Glauben noch den Geheimnischarakter zubilligen darf; denn wenn man
den Glauben an Jesus nur versteht als «Befreiung zum Lieben», als
«Sich-Verlieren an den Nächsten», als «Angebot zu ethischem Handeln», dann sind das alles keine geheimnishaften Dinge, weder im
Entstehen noch in ihrem Bestehen. So etwas kann jeder Mensch aus
seinem eigenen Bewußtsein wie aus seiner Welterfahrung als Möglichkeiten und als Verpflichtungen erkennen. Das braucht auch in
keiner Weise auf ein «Handeln Gottes» zurückgeführt zu werden. Im
übrigen: wenn man einen existentialistischen Theologen streng danach fragen würde, was die Formel vom «Handeln Gottes» eigentlich
bedeutet, müßte er zugeben, daß auch sie uneigentlich gemeint sei.
Nach H. Braun müßte sie so interpretiert werden, daß sie besagt: Es
kommt mir hier nur das «ich darf» und das «ich soll» vom Nächsten
zu [17]. Eine persönliche Gottesvorstellung ist in einem konsequent
existentialistischen Konzept nicht haltbar, genausowenig wie ein
Handeln Gottes. In der Diskussion mit Bultmann hat man mit Recht
darauf hingewiesen, daß die Formel vom «Handeln Gottes» nach
seinem Konzept genauso mythologisch ist wie etwa die vom «Herabkommen eines Erlösers». Man hat ihn hier zutreffend einer letzten
Inkonsequenz überführt [18].

So darf man sagen, daß der Begriff des «Wunders» im Gedankengang Marxsens ein Fremdkörper ist, der in die Gedankenführung
nicht hineinpaßt.

Trotzdem wäre es nicht unmöglich, im Zusammenhang mit dem
Entstehen des Auferstehungsglaubens bei den Jüngern wie bei den
Aposteln von einem «Wunder» zu sprechen, selbst wenn man nicht
an den objektiven Erscheinungen festhält. Das ginge dann etwa in

---

[17] H. Braun, Zur Problematik einer Theologie des Neuen Testamentes: Gesammelte Studien zum Neuen Testament und seiner Umwelt, Tübingen ³1971, 341.
[18] Vgl. zu dieser Problematik W. Schmithals, Die Theologie R. Bultmanns, Tübingen 1966, 268.

der Weise, in der es eine Reihe von evangelischen Theologen annehmen, so u. a. *E. Hirsch*[19]. Er und andere evangelische Theologen argumentieren etwa so: Der Auferstehungsglaube ist ein Wunder, weil er ein besonderes Eingreifen Gottes in die Erkenntnis und in den Willen der Jünger voraussetzt, die in ihrer verzweifelten Situation und in ihrem zerbrochenen Glauben an Jesus unmöglich aus eigener Kraft wieder hätten zum Glauben an Jesus kommen können. Das war Gottes Tat und Gottes Werk an ihnen, das sich im Geist der Jünger vollzog. Der so entstandene Glaube überstieg die Leistungsfähigkeit der Jünger so sehr, daß man sich sein Entstehen nur durch einen besonderen Eingriff Gottes erklären kann. Ein solcher außergewöhnlicher Eingriff ist eben auch noch etwas Besonderes gegenüber dem Walten der Vorsehung, der Welterhaltung, der Begnadung. Das darf man als Wunder bezeichnen, genauer als Wunder innerhalb der geistig-moralischen Ordnung, das etwas durch göttliche Kausalität zustande bringt, was die Menschen in einer bestimmten Situation nicht leisten können. Wie man z. B. mit vollem theologischem Recht die Standhaftigkeit eines gewöhnlichen, durchschnittlichen Menschen im Martyrium als Wunder bezeichnen darf und es in der katholischen Theologie immer getan hat, so dürfte man in diesem theologisch gänzlich legitimen Sinne vom Wunder des zum «Glauben-Kommens» der Jünger an den Herrn sprechen.

Das wäre aber ein Wunder moralisch-geistiger Art, und kein physisches Wunder, keines, das in der physischen Ordnung vor sich geht. Auf die Auferstehungsproblematik angewandt, könnte man dann sagen: in der äußeren physischen Welt wäre nichts geschehen. Alle die auf äußere Begebnisse gebundenen Berichte wären nur Aussageformen für das psychologisch und moralisch unerklärbare Wiederaufflammen des Jesusglaubens in den Jüngern. Das aber sei eine Tat Gottes gewesen, ein Wunder, so daß man dann, wenn man den Begriff «Auferstehung» als Wiederaufkommen des Glaubens versteht, von einem «Wunder der Auferstehung» sprechen könnte.

Es erscheint das vielen als ein möglicher Ausweg, um an einer Gottestat *in der Geschichte* nach dem Tode Jesu festzuhalten, an einem besonderen Ereignis, das die Wiederbelebung des Jesusglaubens erklärt und das Weitergehen dieses Glaubens, das doch aber um die schwierigen Annahmen äußerer physischer Ereignisse in der Welt herumkommt. Man ordnet damit, das ist die genaue theologische Ortsbestimmung, den Auferstehungsglauben unter die moralischen

---

[19] E. Hirsch, Die Auferstehungsgeschichten und der christliche Glaube, 87ff.

Wunder ein, um das Anstößige in der Annahme physischer Wunder zu beheben.

Wie ist über diesen vorgeschlagenen Ausweg theologisch zu urteilen? Rein theoretisch betrachtet, wäre er nicht unmöglich. Nur müßte man dann eben den Erscheinungsberichten jeden Realgehalt nehmen, was an der Kompaktheit der immer wieder das gleiche bezeugenden Texte scheitert. Diese Theorie müßte dann, wenn sie intellektuell redlich bleiben will, auch den Begriff «Auferstehung» fallenlassen; denn er meint von der antiken Zeit an, wo er allerdings meist nur auf Götter angewandt wurde, ein «Wieder-zum-Leben-Kommen» eines Verstorbenen, nicht aber ein «Wieder-zum-Glauben-Kommen» der Schüler eines Verstorbenen an die Bedeutung des Meisters. Man sollte dann vom Wunder des «Wiedererstehens des Jesus-Glaubens» sprechen, nicht aber vom Wunder der Auferstehung.

Dieser Hilfslösung haftet dann aber noch eine andere Schwierigkeit an, die sich in den Bereich ihrer Konsequenzen erstreckt. Bei kritischer Betrachtung läßt sich erkennen: Die Theorie ist inkonsequent, wenn sie ein moralisches Wunder in der geistigen Ordnung zugibt, aber ein Wundergeschehen in der physischen Ordnung ablehnt. Die hier nur kurz begründbare Behauptung meint: Es ist inkonsequent, ein moralisches Wunder im theologischen Sinne anzunehmen, aber ein physisches Wunder abzulehnen. Das ist nur auf Grund eines vordergründigen Urteilens möglich, das von der Annahme ausgeht: Die physischen Wunder bedeuten für den Menschen wegen ihrer kompakten Sinnenfälligkeit eine denkerische Herausforderung oder Zumutung, die man dem modernen Menschen nicht aufbürden könne. Aber die Annahme eines moralischen Wunders, etwa des Wandels eines wirklich ungläubigen Menschen zum Glauben, oder des Wandels eines Glaubensfeindes zu einem gläubigen Menschen oder eines dem Haß verfallenen Menschen zu einem Liebenden, könne, wie man meint, verkraftet werden. Das sei zwar auch selten und ungewöhnlich; das spielt sich aber nicht so sehr an der Oberfläche des sinnlich Greifbaren ab, deshalb könne es die Schranken des kritischen Denkens leichter passieren. Hier ist man dann eben auch leichter geneigt, ein «Wunder» zuzulassen, weil die Anforderungen geringer erscheinen. Dagegen ist jedoch einzuwenden: Wenn man solche Phänomene im Bereich der Psychologie, in den sie hineingehören, genauer untersuchen würde, käme man wohl bald zu der Erkenntnis, daß hier genauso Außerordentliches und Unerklärliches geschieht wie im Falle eines physischen Wunders. Auch die psychische Verfaßtheit eines Menschen ist an eine natürliche Ordnung gebunden, die feste

Gesetze und ziemlich eindeutige Grenzen hat, welche beim Menschen gewiß auch mit physischen Gegebenheiten zusammenhängen, von denen ja gerade bei der Anerkennung der leib-seelischen Einheit des Menschen nicht abgesehen werden kann. Wenn man deshalb solche geistig-seelischen Phänomene vor die wissenschaftliche Instanz des Psychologen zöge (ähnlich wie man die in Frage stehenden physikalischen Phänomene der Instanz des Physikers *unterwirft* und sie dann leicht *verwirft*), müßte man auch hier Außergewöhnliches anerkennen (was die Theologie als Wunder verstehen kann) oder man müßte die Verwendung des Wunderbegriffes auch in diesem Bereich fallenlassen und gänzlich auf ihn verzichten.

In Wirklichkeit kann sich zeigen, daß es auch im Bereich des Psychischen und Moralischen Aufsprengungen der naturgegebenen Grenzen und Gesetze gibt, die aus den Kräften und Gesetzmäßigkeiten des betreffenden Menschen und der Psychologie nicht erklärt werden können. Wenn man etwa an die Geschichte der Bekehrungen und der Wandlungen im Leben der Heiligen denkt, wird man immer an Grenzen psychologischer Erklärungen stoßen, an Leistungen, für die eine Erklärung aus den Fähigkeiten des menschlichen Willens nicht ausreicht. Wo solche Grenzen aufgehoben werden, spricht man in der Theologie mit Recht von moralischen Wundern. Sie sind nicht deshalb leichter und müheloser anzuerkennen, weil sie sozusagen die Sinne weniger beleidigen oder herausfordern.

Die Anerkennung solcher moralischer Wunder und die strikte Ablehnung physischer Wunder ist nur eine denkerische Inkonsequenz, die zuletzt auf einem überstarken Einfluß des Empirismus und Sensualismus beruht. Daraufhin meint der moderne Mensch, Ausnahmen in der physischen Ordnung nicht zugeben zu können, bei Ausnahmen der psychischen und der moralischen Ordnung aber großzügiger verfahren zu können. Das ist aber inkonsequent und nur so zu erklären, daß der moderne Mensch hier einfach den stärkeren Eindrücken nachgibt. Dies sind die physischen oder physikalischen, die ihn so beeindrucken, daß er sich hier Ausnahmen einfach nicht vorstellen kann und dann die Aussagen der Naturwissenschaft als Entscheidung für die ganze Wirklichkeit des Menschen und auch für den Glauben verbindlich annimmt.

Dabei steht die moderne Naturwissenschaft aufs Ganze gesehen der Glaubensannahme von der Möglichkeit von Wundern gar nicht so negativ gegenüber, wie das auf seiten einer die Wunder im eigentlichen Sinne leugnenden Theologie oft behauptet wird. Wenn man mit vielen Vertretern der heutigen Naturwissenschaft von dem kontingenten Charakter der Naturordnung und ihrer Gesetze überzeugt ist, d. h. daß sie nur von hypothetischer Notwendigkeit sein können und auch anders sein könnten – gewisse Überlegungen über die Existenz einer Antimaterie liefern dieser Auffassung neue Argumente –, dann ist der Weg nicht mehr verschlossen zu der Erkenntnis, daß es metaempirische Bedingungen für die empirischen Gesetze gibt. Daraus ergibt sich aber die denkerische Möglichkeit der Folgerung, daß die empirischen Bedingungen von dem metaempirisch Unbedingten auch einmal in ungewohnte Bahnen gelenkt und zu außerordentlichen Wirkungen erhoben werden können. Das physische Wunder ist dann auch keine Aufhebung und Störung der Naturordnung, sondern eine andersgeartete Realisierung, Verknüpfung und Verwertung ihrer Bedingungen. Wenn schon der schöpferische Mensch durch überraschende neuartige Verknüpfungen der Naturgesetze aus der Schöpfung ungeahnte Wirkungen hervorbringen kann, z. B. die Überwindung der Schwerkraft zuwege bringen kann, warum soll das nicht einem Unbedingten möglich sein, das die Natur mit allen ihren Bedingtheiten trägt und durchwirkt. Die strikte Ablehnung von physischen Wundern stammt nicht aus dem modernen Weltbild, das nämlich nicht mehr eindeutig deterministisch ist[20], sondern aus einem Positivismus, der selbst schon ein metaphysischer Glaube ist.

b) Das Wunderbare an der Auferstehung

Was die Wunderfrage innerhalb des Auferstehungsglaubens angeht, so zeigt sich in der Diskussion auf allen Seiten, bei dem Katholiken Ch. Schütz genauso wie bei dem orthodoxen Protestanten W. Künneth, aber auch bei dem liberalen Theologen E. Hirsch und beim Existentialtheologen W. Marxsen, daß man ohne den Wunderbegriff nicht auskommt. Man sollte auch hier nur konsequenter und redlicher sein und den Begriff in seiner Anspruchshaftigkeit nicht ermäßigen. Man sollte ihn nicht mit seinem wirklich anspruchsvollen Inhalt gebrauchen, aber ihm dann im Handumdrehen diese Inhaltlichkeit ablisten. Dann sollte man ihn lieber ganz resolut aufgeben. Dabei

---

[20] Zur Frage nach der naturwissenschaftlichen Einstellung zum Wunder vgl. u. a. die neueren Arbeiten, die dieses Verhältnis keineswegs im Sinne eines unversöhnlichen Gegensatzes interpretieren: G. Hennemann, Naturwissenschaft und Religion, Berlin 1963, 156f; N. Bundscherer, Moderne Naturwissenschaft und christlicher Glaube, München ²1966, 265ff; H. W. Beck, Weltformel contra Schöpfungsglaube, Zürich 1972, 55.

würde sich zeigen, daß man die Auferstehung als irgendwie Eigenständiges nicht mehr halten will.

Das ist auch gegen die Interpretation H. Küngs zu sagen, der meint, an einem «lebenschaffenden Handeln Gottes» und an einem «wirklichen Geschehen» der Auferweckung festhalten zu können, aber «bei aller Wahrung der Naturgesetze» und bei der Forderung: «keine Kontinuität des Leibes». Was dann wirklich von der behaupteten «Identität der Person» bleibt (die nach modernem philosophischem Denken nicht ohne Leib gedacht werden kann, weil anders doch wieder ein anthropologischer Dualismus etabliert wird), ist nicht mehr als «die bleibende Bedeutung ihres [Jesu] ganzen Lebens und Geschicks»[21]. In einer solchen, sprachlich und gedanklich nicht ganz abgeklärten Argumentation kann sich die Formel von der «Auferweckung» jedenfalls kaum von dem Verdacht freihalten, daß darunter nur wieder die bleibende Bedeutung des Lebens Jesu gemeint sei.

Andererseits sind die Schwierigkeiten nicht zu verkennen, die sich einer Theologie entgegenstellen, die an einer wirklichkeitserfüllten Machttat Gottes an dem gestorbenen Jesus von Nazareth festhalten möchte und zu deren Kennzeichnung den Wunderbegriff verwendet, ohne ihn als schmückende Metapher zu verstehen, aber auch ohne seine Problematik zu übersehen. Auf diese Schwierigkeiten hat in neuerer Zeit in besonders eindringlicher Weise *E. Gutwenger* aufmerksam gemacht und sie durch den Vorschlag zu mildern versucht, «daß Jesus nach seinem Tode eine neue Leiblichkeit gewann, die in keiner Verbindung zu seinem Leichnam im Grabe stand»[22]. Danach würde Jesus «sich bei seiner Auferstehung nicht seines irdischen Leibes bedient» haben (es müßte wohl genauer heißen «bei seinen Erscheinungen»), «sondern mit einem von seinem früheren individuell und numerisch verschiedenen himmlischen Leib überkleidet»[23] worden sein. Die These, die sowohl in ihrem Inhalt wie in der Art und Weise ihrer Durchführung theologische Respektierung verdient, soll hier (vorerst) nur kurz im fundamentaltheologischen Zusammenhang der Wunderproblematik erwähnt und daraufhin befragt werden, ob sie es tatsächlich dem modernen Menschen und seinem «Denkstil» leichter macht, das Auferstehungsereignis anzunehmen, das hier zuletzt doch (mit der starken Anlehnung an die Auffassung G. Kochs)[24] mit

---

[21] H. Küng, Christsein, München 1974, 338ff.
[22] E. Gutwenger, Auferstehung und Auferstehungsleib Jesu, in: ZKTh 91 (1969) 32–58, bes. 32.
[23] Ebd., 43f.
[24] Ebd., 54.

den «Erscheinungen» identifiziert zu werden scheint, was dem biblischen Gesamtbefund nicht entspricht. Aber selbst, wenn diese Identifikation berechtigt wäre, käme sie ja nicht um die von den «Erscheinungen» herrührenden Schwierigkeiten herum. Es erscheint nun nicht ganz konsequent, wenn der Verfasser eingangs von der Möglichkeit der «himmlischen Leiblichkeit Jesu» spricht, nachfolgend aber doch die «psychogene» Auffassung von den Erscheinungen nahelegt, die sachlich keines Anhaltes an einer himmlischen Leiblichkeit Jesu bedarf. So wird dann konsequent auch das dem modernen Denken Anstößige an den Erscheinungen durch die im Grunde alte Visionshypothese zurückgenommen. Der positive Ausblick auf die Anthropologie R. Bultmanns verkennt nicht nur die Tatsache, daß Bultmann die psychogene Erklärung der Erscheinungen natürlich auch ablehnt und daß seine Radikalität, die er in der Auferstehungsfrage an den Tag legt, eine radikale Umformung des Christlichen insgesamt erbringt. Es scheint nicht so leicht möglich, sich von der existentialistischen Theologie und Schriftinterpretation nur ein paar Körnchen zu holen. Auch sie können den ganzen Sauerteig verderben. Bezeichnenderweise kommt hier der Fundamentaltheologe auch ohne die Verwendung des Wunderbegriffes aus.

Wenn man mit der Tradition den Wunderbegriff aufnimmt, lädt man sich gewiß manche Schwierigkeiten auf. Diese ergeben sich allerdings erst dann, wenn man den Anspruch dieses Begriffes auch bezüglich seiner Konsequenzen für das Naturgeschehen ernst nimmt und wenn man ihn ferner auch mit dem modernen physikalischen Denken konfrontiert. Die Behauptung: «Naturwissenschaftliche Fragen stellen sich nicht!»[25], mag zwar sehr kritisch und aufgeklärt erscheinen, zeugt doch aber in Wirklichkeit nur von einer Kapitulation des Denkens vor der eigentlichen Aufgabe der Theologie, die Wirklichkeit des Übernatürlichen unverkürzt und ungeschmälert *mit* der genauso unverkürzbaren Wirklichkeit des Natürlichen zusammenzudenken. Eine verantwortungsbewußte Theologie ist um eine solche Zusammenschau bemüht und kommt in ihren Ergebnissen zu einer differenzierteren Betrachtung des Wunders, die vor allem auf die Funktion als «göttliches Zeichen» hinweist und seine apologetische Beweiskraft diskreter bestimmt, es also weniger als rein äußere Demonstration versteht, der sich auch die exakte Naturforschung unterwerfen müßte, sondern mehr als Signal für den fragenden und

---

[25] Ebd., 340.

glaubenswilligen Menschen[26], der (sei es *im* Glauben, sei es auf dem *Weg* zum Glauben) aus Gründen der objektiven Verantwortung und der natürlichen Ausweisbarkeit seines Glaubens auf solche Zeichen angewiesen ist. Damit wird (der Intention nach) der einzigartigen Realität dieser Zeichen wie auch ihrem Anspruch des Außerordentlichen nichts entzogen, aber diese Realität wird doch nicht als absoluter Gegensatz oder gar als Widerspruch zur natürlichen Wirklichkeit und ihren Bedingungen verstanden. So wird der Blick nicht mehr einseitig «auf die Feststellung der Durchbrechung der Naturgesetze gerichtet»[27]. In diesem Zusammenhang wird mit Recht auch von der Bedingung Abstand genommen, daß das wunderbare Faktum «ohne Berücksichtigung und Beteiligung der Naturgesetzlichkeit (nulla mediante natura) unmittelbar auf Gott zurückgehen»[28] müsse. Hier ist auch die schon bei Augustinus vorbereitete Erkenntnis von der Existenz einer «Wundergrenze» aufschlußreich, eine Erkenntnis, die gleichsam aus der theologischen Erfahrung gewonnen ist, welche ersehen läßt, daß unter den wunderbaren Geschehnissen in der Heilsgeschichte wie auch in der Geschichte der Kirche Gott offensichtlich «nicht alles tut, was er zu tun vermöchte»[29]. So wird mit Recht darauf hingewiesen: «Zum Beispiel wird kein verlorengegangener Arm ersetzt, es geschehen keine interplanetarischen Veränderungen außergewöhnlicher Art, d. h. grundsätzlich die Naturgesetze übersteigender Art[30].» Damit wird der theologische Wunderbegriff aus einer gewissen Einheitsschau von Natürlichem *und* Übernatürlichem dahingehend interpretiert, «daß Gott im Rahmen eines von ihm eingehaltenen, uns nicht in genauen Grenzwerten angebbaren Geschehensbereiches Außergewöhnliches wirke, das uns auf ihn aufmerksam werden läßt, aber nicht mittels der Naturgesetzlichkeiten voraussehbar oder manipulierbar ist»[31]. Entsprechend besteht dann «die Staunen und Aufmerksamkeit weckende Außerordentlichkeit in der ungewöhnlichen Konstellation dieser naturgesetzlichen Abläufe»[32]. Dies

---

[26] Vgl. hierzu u.a. L. Monden, Theologie des Wunders, Freiburg 1961, 9f u.ö.; den «Zeichencharakter» des «Wunders» der «Erscheinungen» besonders bei Johannes betont besonders nachdrücklich X. Léon-Dufour, Sur la résurrection, in: Rech Sc Rel 57 (1969) 583–622.
[27] A. Kolping, Fundamentaltheologie I: Theorie der Glaubwürdigkeitserkenntnis der Offenbarung, Münster 1967, 313.
[28] Ebd., 312.
[29] A. Kolping, Wunder und Auferstehung Jesu Christi, Frankfurt 1969, 32.
[30] Ebd., 33.
[31] Ebd., 33.
[32] Ebd., 33.

sollte auch nicht ohne den Zusammenhang mit der ganzen Offenbarungspredigt und der Erfahrung der Offenbarungsgemeinde betrachtet werden.

Eine wichtige Rolle in dieser mehr «organischen», das Ganze von Natur, Gnade, Person und Geschichte zusammenschauenden Wunderauffassung spielt der Grundsatz, daß Gott auch bei den Wundern «mediante natura» wirke und sich sowohl der physikalischen, der psychologischen wie auch der traditionskategorialen Hilfen (die bei der Aufnahme der Offenbarung unter den Menschen einer bestimmten Zeit eine wichtige Rolle spielen) bediene [33]. Dabei wird ausdrücklich verneint, daß in einer solchen Auffassung das Wunder gänzlich vom inneren Erlebnis und von der subjektiven Deutung des religiösen Menschen abhängig gemacht [34] und so zu einer Schöpfung des Glaubens werde, der eigentlich (das ist die existentialistische Unlogik bei der weiteren, wenn auch restriktiven Verwendung des Wunderbegriffes) dieses Erzeugnisses und dieser «Verdoppelung» seiner selbst nicht mehr bedarf.

Das nach dem Wunder der Auferweckung Jesu von Nazareth fragende gläubige Denken wird diese Erkenntnisse einer modernen und doch die Glaubenstradition nicht aus «Gefälligkeit» gegenüber dem modernen Menschen verleugnenden Theologie nun noch genauer auf die Osterereignisse beziehen. Hierbei kann eine Unterscheidung zwischen den Erscheinungen und der Auferweckung (obgleich diese Ereignisse wesentlich miteinander zusammenhängen und voneinander weder getrennt noch miteinander identifiziert werden können) für das Verstehen hilfreich sein. Es läßt sich dann mit *A. Kolping* sagen, daß sich Gott «bei der Bewußtmachung der ‹Auferstehung› Jesu der Mitbeteiligung *auch* welthafter Hilfsmittel bedient, der eidetischen Anlage des Menschen und der landläufigen Vorstellungen, die die Juden über die Auferstehung der Toten mittlerweile hatten» [35]. Man mag angesichts der Heranziehung der «eidetischen Anlage» der Jünger fragen, ob damit das Geschehen nicht ähnlich aufgefaßt werden müsse, wie die Ausbildung von anschaulichen Vorstellungen und Anschauungsbildern bei besonders begabten Jugendlichen oder mit dieser Anlage ausgestatteten Künstlern («Eidetiker»). Eine solche strenge Berufung auf das Eidetische hätte die Annahme zur Voraussetzung, daß die Jünger in besonderer Weise «Eidetiker» gewesen

---

[33] A. Kolping, Zur Entstehung des Glaubens an die Auferstehung Jesu, in: MThZ 26 (1975) 62f.
[34] A. Kolping, Fundamentaltheologie I, 312.
[35] Ders., Wunder und Auferstehung Jesu Christi, 41.

wären, was historisch nicht zu erweisen ist. Aber auch wenn dies historisch feststellbar wäre, würde die Kumulation und Häufung dieser Anlage in einem relativ kleinen Kreis von Menschen (immerhin gab es die Ausnahme der «fünfhundert Brüder») und auf zeitlich so begrenztem Raume ein neues Rätsel entstehen lassen, das nicht weit von der Kategorie des Wunderbaren entfernt liegt, so daß hier von neuem eine Erklärung dieses wunderbaren Auftretens einer eidetischen Anlage notwendig würde. Deshalb ist wohl die obige Aussage des Fundamentaltheologen in dem Sinne zu verstehen, daß selbst das in den Erscheinungen verborgene, besondere göttliche Wirken Ansatz- und Anknüpfungspunkte in der menschlichen Natur und Geisteswelt hatte und nicht ohne jede Vermittlung der gottgeschaffenen natürlichen Wirklichkeit erfolgte. Das Ganze ist deshalb nicht im Sinne der alten Visionshypothese zu deuten, die den biblischen Berichten (weder durch Rekurs auf «subjektive» noch auf «objektive» Visionen) nicht gerecht wird, weil sie das Moment der realen Begegnung nicht ernst nimmt[36] und die Aktivität des erscheinenden Jesus übergeht.

Deshalb muß man auch darauf achten, daß dem Wirken Gottes bei einem theologisch als Wunder anzusprechenden Ereignis eine andere und höher qualifizierte Bedeutung zukommt, als es der Ausdruck zu erkennen gibt, Gott wirke «mediante natura», d.h. vermittels der Natur. Für das dogmatische Denken, das, von der Schöpfungswahrheit ausgehend, anerkennen muß, daß Gott bei seinem beständigen Wirken an der Welt in der Erhaltung, der Lenkung und Zielbestimmung der Geschöpfe deren Mitursächlichkeit immer einschließt, also immer «mediante natura» agiert, muß die Formel «mediante natura» genauer bestimmt werden, um jenes einzigartige Wirken zu erfassen, das vorliegt, wenn man theologisch von einem Wunder spricht. Wenn man die Formel nicht näher präzisiert, entsteht das Dilemma, daß man entweder das Wunderbare an den Ostererscheinungen auf das allgemeine Wirken Gottes in Natur und Geschichte reduziert (und so gerade kein «Wunder» annimmt) oder jegliches Wirken Gottes an der Welt als Wunder ansieht (was den Wunderbegriff auch wieder aufhebt, weil als das geringste Moment an ihm wenigstens das «Außerordentliche» anerkannt bleiben muß). Man kommt deshalb wohl nicht umhin, das «mediante natura» beim Wunder mit einer neuen, höheren Qualifikation zu versehen als beim allgemeinen Wir-

---

[36] Deshalb wird die «Visionstheorie» heute auch von Exegeten abgelehnt, so u.a. J.Kremer, a.a.O., 61; G.Koch, a.a.O., 185ff. Vgl. zum Ganzen auch H.Urs von Balthasar, a.a.O., 283.

ken Gottes an den Geschöpfen und mit ihnen. Beim allgemeinen Mitwirken Gottes mit den Geschöpfen gewährt er ihnen die Kraft zu dem, was sie *innerhalb* der *geschöpflichen Grenzen* tun können und sollen; beim Wunder dagegen, wenn es überhaupt eine Besonderheit neben dem allgemeinen göttlichen Wirken behalten soll, muß Gott den Geschöpfen (ohne ihr Mittun und das «mediante natura» gänzlich auszuschließen), doch etwas gewähren, was über die geschöpflichen Kräfte und Grenzen hinausgeht. Wenn man dieses transzendierende, die geschöpflichen Grenzen überschreitende Moment nicht annimmt, kann man schließlich von keinem Wunder sprechen. Wenn man sich dagegen zu dieser Annahme entschließt, muß man sich auch zu den Konsequenzen bekennen. Zu ihnen gehört z. B. auch die Überzeugung, daß hier etwas über die Grenzen der Natur Hinausgehendes geschieht (wobei eine eindeutige Festlegung dieser Grenzen theoretisch nicht möglich, aber auch nicht notwendig ist), das sich auch *an* der Natur abspielt, ohne daß man gleich von einer Verletzung oder Aufhebung der Naturgesetze sprechen müßte.

Die Notwendigkeit einer solchen Deutung des Wunders, die also letztlich doch auf eine die Natur (sei es die physische, sei es die psychische Natur) transzendierende Krafteinwirkung Gottes zurückgeht, ergibt sich besonders dann, wenn man unter Auferstehung auch eine Wirkung Gottes an dem im Grabe befindlichen Leib Jesu Christi oder dem Leichnam des Menschen Jesus annimmt. Es wird zwar nicht jedem modernen Menschen als ein gültiges Argument erscheinen, wenn man feststellt, daß dies der Glaube der Kirche im Verlauf ihrer gesamten Geschichte war und daß die Kirche das apostolische Zeugnis in dieser Weise verstand. Andererseits wird man doch zugeben müssen, daß ein zweitausendjähriger Irrtum bezüglich dieses wesentlichen Glaubensbefundes jeden Wahrheitsanspruch der Kirche grundsätzlich und für immer zunichte machen müßte. Man wird aber auch folgern können, daß ein Abgehen von dieser realistischen Auffassung einer außerordentlichen Gottestat am Leibe des Erlösers die Rede von der Auferstehung jeder Besonderheit entkleiden müßte, daß sie zu einer geistreichen Floskel, wenn nicht gar zu einer Täuschung würde. Warum in aller Welt soll man denn zum modernen Menschen noch von «Auferstehung» oder gar von «Auferweckung» sprechen, wenn man davon überzeugt ist, daß am *Leibe* Christi *nichts* geschehen sei und daß sich nur der Enthusiasmus der Jünger an diese Vokabel heftete? Die Rede von der Auferstehung ist unernst und irreführend, wenn man nicht glaubt, daß diese Gottestat gerade auch den Leib des Erlösers ergriff und damit auch auf die Natur als solche einwirkte.

Die Theologie hat sich zur Kennzeichnung dieser Gottestat in besonderer Weise auf den Begriff des Wunders berufen[37]. Sie ist heute auf seiten mancher ihrer Interpreten sogar bereit, hier das entscheidende Wunder der ganzen Heilsgeschichte anzunehmen, von dem alle anderen Wunder Jesu ihr Licht und ihre Beglaubigung empfangen[38]. Diese Hochschätzung des Wunders der Auferweckung hat natürlich nur dann einen Sinn, wenn sie mit dem Realismus des Glaubens verbunden ist, daß in diesem Ereignis Gottes Wirklichkeit die irdische Wirklichkeit, und sei es auch nur an einem winzigen Raum-Zeit-Punkt, ergriff und verwandelte.

An dieser Stelle wird dann besonders deutlich, daß die Mitbeteiligung der Natur an diesem einzigartigen Wirken Gottes (das in der Formel «mediante natura» Gemeinte) doch differenziert gedacht werden muß. Man wird sogar etwas schonungslos fragen können: Was soll «Mitbeteiligung» im Hinblick auf einen Leichnam überhaupt besagen? Besagt nicht der Leichnam als Inbegriff des Toten ex definitione den Ausschluß jeder Aktivität und Mitbeteiligung? Nun, auch mit Bezug auf einen Leichnam, den Gottes Handeln betrifft, bleibt das «mediante natura» sinnvoll, insofern hier Materie vorhanden ist, die nach den Erkenntnissen der neueren Naturwissenschaft nicht einmal als gänzlich «tote Materie» bezeichnet werden darf[39] und gerade als solche vom göttlichen Wirken aufgenommen und einbezogen wird. Und doch kann der Beitrag, den die Materie zu diesem «Schöpfungsakt» leistet (der dann besser als re-creatio bezeichnet werden dürfte), nicht von der gleichen Art sein, den die Materie etwa beisteuert, wenn es in der Evolution zum Sprung vom Anorganischen zum Organischen kommt. Die ontologische Wesensverschiedenheit zwischen diesen beiden Vorgängen ist nicht zu bestreiten. Sie führt

---

[37] Freilich könnte man hier, wenn man die Problematik weiter vertiefen wollte, die Frage stellen, ob die Erhebung des gestorbenen Jesus in die Herrlichkeit des Vaters unter den fundamentaltheologischen Begriff des Wunders fällt. Da die Fundamentaltheologie das Wunder vor allem als Glaubwürdigkeitsmotiv beansprucht, muß sie auch die Sinnenhaftigkeit eines solchen Geschehens festhalten. Nun aber war das Ereignis der Auferweckung Jesu als Schöpfungsereignis (vgl. oben II, 4c) nicht den Sinnen zugänglich. Also müßte man es nicht zu den «Beglaubigungswundern» zählen. Da aber andererseits das Ergebnis dieses Handelns Gottes, der terminus post quem, doch erkennbar wurde (in der Weise des leeren Grabes und der Erscheinungen), kann man das Ereignis der Auferweckung tatsächlich unter den Wunderbegriff stellen.
[38] So vor allem W. Künneth, Theologie der Auferstehung, München ⁵1968, 74ff.
[39] Diese Behauptung verifiziert B. Schuler, Die Materie als lebende Kraft, Paderborn 1960, bes., 46ff.

das theologische Denken zu der Anerkennung, daß im Fall der Auferweckung Jesu das Tun Gottes unvergleichlich höher qualifiziert werden muß als in allen anderen Fällen von Gottes Wirken mit den Geschöpfen. Es kann nur im Sinne einer «Neuschöpfung» verstanden werden, die freilich nicht ex nihilo erfolgt, sondern an einer vorhandenen Materie ansetzt. Auch, was die Materie in diesem Falle beitragen kann, ist vergleichsweise viel geringer als das, was etwa ein lebendiger Mensch beizusteuern vermag, wenn seine Kräfte unter Gottes Einwirken zu außergewöhnlichen Leistungen erhoben werden. Dieser Unterschied macht auch die Einzigartigkeit, das völlig Analogielose und Unüberbietbare des Wunders der Auferweckung aus.

Will man dieses Wunder gedanklich und sprachlich weiter auslegen (ohne sein Geheimnis erklären oder gar der Anschauung zugänglich machen zu können), dann darf man es als das Übergreifen der Wirklichkeit Gottes auf den mit seinem Geistprinzip wiedervereinten Körper Jesu deuten, als Aufnahme des ganzen Christus in die Herrlichkeitsexistenz des Vaters, als vollkommene Verklärung des Gott*menschen*. Der Vorgang als solcher ist nicht weiter zu erklären. Schon die Rede von einem «Vorgang» ist eine analoge, insofern ein Schöpfungsakt keine zeitliche Erstreckung besitzt und die creatio immer «sine motu» geschieht. Deshalb ist aber an der Tat Gottes selbst nicht zu zweifeln, auch nicht daran, daß sie an der geschöpflichen Natur und in ihr geschehen konnte. Der hier von einem positivistischen Denken immer zu erwartende Einwand, daß damit eine Durchbrechung der Naturgesetzlichkeit statuiert würde, daß Gott in einer solchen realistischen Interpretation des Wunders in seine Schöpfung «eingreifen» würde, ist zwar verständlich, aber nicht durchschlagend. Schon der Ausdruck «Eingreifen» zeugt, wenn er bewußt gebraucht wird, von einem falschen Gottesverständnis, das vom Deismus beeinflußt ist; denn der Gott, der seine Schöpfung vollkommen umgreift, sie durchwirkt und ihr zuinnerst nahe ist, braucht nicht in sie «einzugreifen». Ihm ist es durch innere Selbstmitteilung möglich, das Geschöpfliche zu einer über seine Fähigkeit hinausgehenden Wirkung zu erheben, ohne daß dies mit einer Zerstörung der Ordnung erklärt werden müßte. Es läßt sich theoretisch auch als «Überbestimmung» der geschöpflichen Kräfte in der Kraft Gottes verstehen. Bei aller Einzelproblematik, die hier in bezug auf die Desiderate der Naturwissenschaft noch offenbleibt (wobei zu bedenken ist, daß es weder für die Theologie noch für die Naturwissenschaft ein Ideal sein kann, ihre Aussagen in vollkommene Übereinstimmung zu bringen, und daß eine verbleibende Spannung durchaus legitim ist), kann eine solche Auffassung theologisch durchaus begründet werden. Die gegenteilige Annahme, die jegliches kategoriale Wirken Gottes in seiner Schöpfung ausschließt, vermag als höchstes Argument nur das von der Unantastbarkeit der Schöpfungsordnung anzuführen, die auch für den Schöpfer Geltung hat. Aber genauer besehen, wird hier aus der Schöpfung heraus und d.h. auch von der natürlichen Erkenntnis des Menschen her dem Schöpfer ein bestimmtes Gesetz auferlegt, so daß die verbale Behauptung einer reineren Gottesvorstellung, die oft mit dieser Argumentation verbunden auftritt, in Wirklichkeit nur Ausdruck einer Beugung der göttlichen Souveränität unter die Bedingungen des Menschen und des gegenwärtigen Zeitgeistes ist, der so etwas nicht mehr nachvollziehen kann. Vor allem die Theologie, die im Zusammenhang mit der Auferstehung noch den Wunderbegriff verwendet, sollte ihm (bei allem Bemühen um seine Weiterentwicklung) das eine konstitutive Moment belassen, daß hier etwas über die Natur und über das menschliche Begreifen hinaus geschehen ist, das die Grenzen der materiellen und geistigen Schöpfung transzendiert und das auf die göttliche Vollendung der Schöpfung vorausweist.

So notwendig sich an einem Punkte der systematischen Gedankenführung auch die Aufnahme der Wunderfrage erweist, so ist sie für das dogmatische Denken eigentlich mehr unter die Voraussetzungen zu rechnen. Das dogmatische Denken betrachtet die Auferstehung nicht so wie die Fundamentaltheologie unter dem Aspekt der Glaubensbegründung (dessentwegen die Wunderfrage aufgenommen werden muß), sondern unter dem Aspekt der Glaubensvertiefung und der Glaubenserhellung. Deshalb kommt der dogmatische Glaubensweg erst dort zum Ziel, wo er die Auferweckung Jesu Christi als das Zentralereignis der Heilsgeschichte begreift, von dem, wie von einem Strahlungszentrum, alle Heilstatsachen und Heilswahrheiten ihr Licht empfangen. So kann die zentrale Bedeutung der Auferweckung Jesu Christi erst vollauf erkannt werden, wenn man sie als «Axiom», als Erklärungsgröße und «Topos» aller Glaubenswahrheiten erkennbar macht.

3. DIE OFFENBARUNG DER TRINITÄT

a) Die schöpferische Lebenstat des Vaters

Schon die Erörterungen über das «Wunder» der Auferstehung, an dessen Festhalten ein besonderes Verständnis vom Wirken wie vom Sein Gottes zum Ausdruck kommt, konnten deutlich werden lassen, wie eng der Auferstehungsglaube mit dem Gottesglauben zusammenhängt. Es ist gewiß kein Zufall, daß die Existentialtheologie, die die Objektivität der Auferstehung ablehnt, auch den objektiven Gehalt des Gottesglaubens preisgibt und Gott dann nur noch als das «Woher meines Umgetriebenseins»[40] verstehen kann, wie sie folgerichtig auch ein Verhältnis zum himmlischen Christus leugnen muß[41]. In Wirklichkeit geht an der objektiv und wirklichkeitserfüllt werdenden Auferstehung gerade auch das christliche Gottesbild in seiner Größe und Geheimnishaftigkeit auf, und zwar als das Bild des trinitarischen Gottes.

Hier ist, unter Aufnahme eines der Ergebnisse der Auferstehungsproblematik, auf den Unterschied zwischen «Offenbarung» und «Erscheinung» hinzuweisen. Die Trinität «erscheint» in der Auferstehung zwar nicht (wie der Auferstandene den Jüngern erschien), aber sie offenbart sich dem Glauben, welches zunächst der Glaube der Zeugen war, an deren Zeugnis aber alle Glaubenden verwiesen sind.

Es ist für das theologische Verständnis der Auferstehung von Bedeutung, daß sie als eine Tat des Vaters an seinem menschgewordenen Sohn dargestellt wird, was in dem biblischen Ausdruck «Auferweckung» besonders betont erscheint[42]. Obgleich die aktive Form «Auferstehung» theologisch ebenfalls einen guten Sinn hat, insofern sie die Selbsttätigkeit der göttlichen Person des Sohnes terminativ mit zum Ausdruck bringt, untersteht doch in der heilsgeschichtlichen

---

[40] So bei H. Braun, Gesammelte Studien zum Neuen Testament und seiner Umwelt, Tübingen ²1967, 341; neuerdings auch bestätigt durch R. Bultmann, Der Gottesgedanke und der moderne Mensch, in: Diskussion zu Bischof Robinsons «Gott ist anders» (hrsg. v. H. W. Augustin) München 1964, 116.
[41] Diese Konsequenz kann E. Fuchs nicht abwehren; vgl. E. Fuchs – W. Künneth, a.a.O., 103.
[42] Ausführlicher erarbeitet die Bedeutung dieses Ausdrucks M. Schmaus, a.a.O., I, 480f.

Perspektive der Schrift dieses Geschehen vor allem der Souveränität des Vaters. Es ist als Vollendung des schöpferischen Welthandelns dort festgemacht, wo alle göttliche Lebendigkeit ihren geheimnishaften Urgrund und Ursprung hat: im quellhaften, ursprungslosen Sein des Vaters.

Die Aufdeckung der trinitarischen Dimension der Auferstehung, die beim Vater zu beginnen hat, erbringt nicht nur eine wichtige Stütze für die Erhellung der Objektivität dieses Geschehens, das so eben nicht von vornherein in ein subjektives Existenzereignis überführt werden kann. Erst in dieser Dimension vermag der reiche göttliche Sinn dieses Ereignisses aufzugehen, der dann auch erst die subjektiv-existentielle Aneignung zu einem bedeutsamen Geschehen macht, das jedenfalls viel mehr erbringt als eine Vertiefung des menschlichen Existenzverständnisses. Nur wenn man dem Ereignis zuerst seine trinitarische Dimension zugesteht, kann in der Folge angemessen von dem «pro nobis» und «pro mundo» gesprochen werden[43]. Ein Außerachtlassen dieser trinitarischen Begründung des Ereignisses muß dem «pro me» und dem «pro mundo» die innerste göttliche Kraft entziehen, so daß in Konsequenz auch die mit der Auferstehung verbundene Hoffnungskraft als die Kraft einer Idee oder als rein menschliche Anstrengung mißverstanden werden könnte.

Unter trinitarischem Aspekt wird dem Glauben das Ostergeschehen zunächst als Handeln Gottes des Vaters an seinem «Knecht» (vor allem in bestimmten «Petrusformeln»: Apg 3,15; 4,10; 10,40) erschlossen, den das alttestamentliche Gottesvolk verleugnet, entehrt und getötet hat, und den der Vater verherrlichte. Da diese «*katabasis*» des Sohnes unter dem göttlichen «Muß» stand (vgl. Lk 24,26), entspricht sie dem uranfänglichen Heilsplan Gottes, dessen Realisierung in einem Lebensprozeß mit der Überwindung des Todes zur endgültigen Heimholung der Welt besteht. An seinem Ende steht die «Belebung aller in Christus» (1 Kor 15,22), der der «Erstling» war, dem (in der Auferweckung) alles unterworfen wurde, «der sich selbst dem unterwerfen wird, der ihm alles unterworfen hat, auf daß Gott alles in allem» (1 Kor 15,28) sei. Im Zentrum dieses Planes steht demnach die Auferweckung Jesu Christi, die Gott als den schöpferischen Lebensspender in einer auf die Vollendung des Lebens ausgreifenden Geschichte erweist, weshalb im biblischen Denken die Bezeichnung «der Jesus von den Toten auferweckt hat» (Röm 8,11; 2 Kor 4,14; Gal 1,1; Eph 1,20; Kol 2,12) geradezu als ein «Ehrenname Gottes»

[43] H. Urs v. Balthasar, a.a.O., 269.

zu gelten hat[44]. Hier offenbart Gott, der Vater, eine auch der Schöpfung zugewandte göttliche Dynamis, die nicht nur Jesus als den ersten Lebensträger der Schöpfung ausweist, den «*archägos zōäs*» (Apg 3,15 u.ö.), sondern zuletzt Gott selbst als den schöpferischen Lebensspender offenbart, der sich schon dem gläubigen Abraham als solcher erwies (vgl. Röm 4,17.24) und der vermittels der Auferweckung seines Sohnes diese den Tod endgültig überwindende Lebenskraft der ganzen Welt zuwendet. Daß diese Lebenskraft Gottes nicht eine den kosmischen Kräften gleichgeartete und nur in etwa potenzierte Gewalt ist, wird durch die Kennzeichnung dieser Kraft als *doxa*, als Verklärungs- oder Herrlichkeitsmacht erkennbar, an der die wesentliche Differenz zwischen menschlichem und göttlichem Leben greifbar wird.

Wenn man die Tat des Vaters aber als ein Aufleuchten der göttlichen *doxa* in der Welt versteht, die immer von den Offenbarungsempfängern als solche aufgenommen werden muß, dann ist damit im Nachhinein noch einmal eine gewisse Versicherung bezüglich der Deutung des Geschehens vor den Jüngern möglich, d.h. bezüglich der Erscheinungen. Wenn Gott seine schon in der Heilsgeschichte des Alten Testamentes stellenweise hervorgebrochene Herrlichkeit in äußeren Phänomenen aufstrahlen läßt (vgl. Ex 24,15f; 16,7.10; 1 Kg 8,11), wobei der Empfänger sich unter dem Einfluß «der Hand Jahwes» (Ez 1,3) stehend weiß, dann dürfen die Erscheinungen des Auferstandenen ebenfalls in die Linie dieser Herrlichkeitserweise Gottes eingereiht werden. Dann gilt nicht nur, daß «die alttestamentlichen Theophanien nicht zufällig die nächste gattungsgeschichtliche Analogie zu den Erscheinungserzählungen»[45] darstellen, sondern daß sie die vollkommenste Aktualisierung und der Kulminationspunkt dieses Offenbarungshandelns Gottes sind. Ein solches mit dem «*ōphthä*» der Zeugen verbundenes In-Erscheinung-Treten der Herrlichkeit Gottes kann nicht mit einer Vision oder mit einem aufgrund einer eidetischen Anlage des Menschen von ihm entworfenen Bild identifiziert werden. Es muß eine als solche erkennbare göttliche Machttat sein, die den Menschen überwältigt.

Der Gläubige, der also das, was das göttliche Leben ist und wirkt, in seiner außertrinitarischen Wirksamkeit erfassen will, ist auf die

---

[44] So J. Schniewind, Die Leugner der Auferstehung in Korinth: Nachgelassene Reden und Aufsätze (hrsg. v. E. Kähler) Berlin 1952, 120; vgl. auch H. Schlier, a.a.O., 270.
[45] L. Goppelt, Das Osterkerygma heute, 1967, 216; vgl. ebenso H. Grass, a.a. O., 225; G. Koch, a.a.O., 27.

göttliche Lebenstat der Auferstehung verwiesen. Hier kommt die Lebendigkeit und Lebensfülle Gottes noch in einer die Schöpfungsmacht übertreffenden Weise zum Ausdruck; denn dort, bei der Schöpfung, ging es zuerst nur um die Erweckung des natürlichen Lebens in seiner geschöpflichen Distanz und Begrenzung; hier, bei der Auferweckung Christi, aber geht es auch um die Erweckung des übernatürlichen Lebens, um die Aufhebung der Distanz zum Zwecke einer innerlichen Teilhabe an der göttlichen Natur (vgl. 2 Petr 1, 4) unter weitgehender Zurückdrängung der geschöpflichen Grenzen. Deshalb ist innerhalb der fortlaufenden Geschichte die Offenbarung dessen, was die innertrinitarische Macht und das Leben Gottes des Vaters ist, in der Auferweckung des Sohnes am deutlichsten veröffentlicht worden und für die Augen des Glaubens am besten anschaubar geworden, wenn auch gerade diese Augen in der Lichtfülle das unanschaubare Geheimnis und das sie Blendende erfahren müssen.

b) Die Offenbarung des Geistes

Die machtvollste Wirkung Gottes in der Ökonomie des Heils kann nicht ohne die Beteiligung des Geistes gedacht werden. Das ist nicht ein aus einer spekulativen Theologie kommendes Erfordernis, das etwa nur aus dem trinitarischen Grundgesetz abgeleitet werden müßte. Es ist in den Aussagen der Schrift selbst bezeugt, wenn auch diese Zeugnisse theologisch einer tieferen Erschließung zugänglich sind. Was die positiven Schriftaussagen betrifft, so lassen sie zunächst erkennen, daß auch das Pneuma als die bewirkende Macht der Auferweckung erkannt wird. Das ist schon auf Grund der alttestamentlichen Voraussetzungen konkludent, nach denen die göttliche *dynamis* vom göttlichen Pneuma nicht getrennt werden kann[46]. So erscheint der Geist im besonderen als Mitbewirker der Verherrlichung Jesu, wofür Paulus das Stichwort gibt: «Und wenn der Geist dessen in euch wohnt, der Jesus vom Tode auferweckte, so wird er, der Christus vom Tode auferweckte, durch seinen Geist, der in euch wohnt, auch euren

---

[46] Dazu vgl. F. X. Durrwell, Die Auferstehung Jesu als Heilsmysterium, Salzburg 1958, 107; ebenso H. Mühlen, Una mystica Persona. Die Kirche als das Mysterium des Heiligen Geistes in Christus und den Christen: Eine Person in vielen Personen, München, Paderborn, Wien 1964, 137ff. Ders., Das Christusereignis als Tat des Heiligen Geistes: Mysterium Salutis III/2, 513–545, bes. 534; zur biblischen Grundlegung vgl. W. Thüsing, Die Erhöhung und Verherrlichung Jesu im Johannesevangelium, Münster 1970, 141ff.

sterblichen Leib zum Leben erwecken» (Röm 8,11). Die für die paulinische Theologie besonders charakteristische Paarung von göttlicher *dynamis* und göttlichem Pneuma bei der Auferweckung Jesu bestimmt aber auch die petrinische Auffassung; denn «Christus ist ein für allemal für die Sünden gestorben ...; im Fleische getötet, ward er im Geist zum Leben erweckt» (1 Petr 3,18).

Dennoch wäre der biblische und theologische Sinn dieser Geistaussagen innerhalb des Auferstehungskerygmas nicht getroffen, wenn man in ihnen nur eine instrumentelle Mitbeteiligung des Geistes an dem Ereignis der Auferweckung ausgesprochen fände. Eine solche Verdoppelung der Ursachen ergäbe noch keinen theologischen Sinn. In Wirklichkeit ist der Geist hier nicht nur «instrumental» verstanden, sondern (wenn diese philosophische Terminologie hier im Schriftzusammenhang einmal Verwendung finden darf) «medial» und «quasi-formal». Das will sagen: Wie der Geist schon im Leben Jesu das mediale und «informierende» Prinzip ist, in dem der «Christos», der Gesalbte, seine Sendung und sein Amt (Mk 1,9–13; Lk 4,14; auch Apg 10,34–43) als «Geistträger» vollzieht, der «mit dem Finger Gottes» (Lk 11,20) die unreinen Geister austreibt, den «Armen die Frohbotschaft», «den Gefangenen die Erlösung» und allen «das Gnadenjahr des Herrn» ankündigt (vgl. Lk 4,18–19), so ist er es auch in der Auferweckung. Der Geist tritt in jenem Ereignis als die göttliche Macht hervor, die im strengen Gegensatz zur *sarx* steht (vgl. Röm 1,3) und die den Erlöser endgültig in das Leben des göttlichen Geistes wandeln kann. Daraufhin kann der Auferstandene in einer besonders ausdrucksvollen Formel im Gegensatz zum ersten Adam als «der letzte Adam» bezeichnet werden, «der zum lebenspendenden Geist-Wesen geworden ist» (1 Kor 15,45). Die Einbeziehung des Auferstandenen in die Natur und Lebenssphäre des Geistes vermag so eng gedacht zu werden, daß der «Kyrios [als] das Pneuma» (2 Kor 3,17) ausgesagt werden kann, ohne daß hier eine Personenidentifikation angenommen werden müßte[47]. Was aber diese «mediale» und «informierende» Funktion des Geistes für die weltzugewandte Seite oder für das den Menschen zugewandte Offenbarungsmoment an der Auferstehung besagt, ist am besten wieder an den Erscheinungen des Auferstandenen zu ersehen und an seiner «Leiblichkeit». Nach Paulus handelt es sich um den Gegensatz zur dem Tode verfallenen irdisch-materiellen Leiblichkeit. Der Auferstandene besitzt die «im Pneuma» existierende Leiblichkeit, die weder materialistisch ver-

---

[47] Vgl. zu diesem Fragepunkt J. Hermann, Kyrios und Pneuma, Münster 1961, 48 ff.

gröbert noch spiritualistisch verdünnt und entwirklicht werden darf. Auch von diesen Aussagen über das «Geist-Werden» Christi in der Auferweckung ist im Hinblick auf die Realität der Erscheinungen und der Auferstehung insgesamt zu sagen: sie würden jeder besonderen Inhaltlichkeit und Bedeutung entbehren, wenn man Auferstehung nur als ein «Weitergehen der Sache Jesu» versteht oder als Erkenntnis der Bedeutsamkeit der Worte und Taten des historischen Jesus. Ein so verstandenes Ostergeschehen kann all dieser Geistaussagen entbehren und muß sie eigentlich als neuerliches Interpretament eines vorhergehenden Interpretamentes erklären, so daß die Auferstehungswirklichkeit schließlich gänzlich in Interpretamente aufgelöst zu werden droht.

Wenn aber der Geistträger Jesus Christus durch die Auferweckung zum vollkommenen «Geist-Wesen» geworden ist, dann wird auch verstehbar, warum er als Erlöser erst in diesem Stand und von ihm aus die Kraft seiner Erlösung in der «Geistsendung» entlassen kann. Es ist ein wesentliches Moment des von der Pneumatologie bestimmten Osterkerygmas, daß der Auferstandene die Sendung des Geistes vollführt und zum Spender des Geistes wird, wodurch die Auferstehung und ihr existentielles «pro me» freigesetzt wird. Hier ist das Osterkerygma des Johannesevangeliums besonders ausdruckskräftig, nach dem der Auferstandene schon am Abend des ersten Ostertages den Jüngern und damit der ganzen Kirche den Geist einhaucht. Gegenüber dieser Tatsache sind die äußerlichen Differenzen etwa zur lukanischen Tradition, die auch in der Apostelgeschichte weitergeht, sekundär und auf theologische Akzentverschiebungen zurückzuführen, die durchaus keine Widersprüche erbringen, sondern im Gegenteil nur den Reichtum der einen Wahrheit in der verschiedenen theologischen Brechung erkennen lassen. Wenn Lukas das Ereignis der Geistsendung auch zeitlich «streckt» und «dehnt», während der vierte Evangelist es in einer bestimmten Weise in das Ostergeschehen hineinnimmt[48], so hat beides einen guten theologischen Sinn: für das stark heilsgeschichtlich ausgerichtete Denken des Lukas muß das Eintreten Jesu in die Herrlichkeit des Vaters als die Voraussetzung des heilsökonomischen Ausgangs des Heiligen Geistes besonders akzentuiert werden. Aber diese Akzentuierung ist auch dem vierten Evangelisten nicht fremd, der in den Abschiedsreden Jesu seinen Hinweggang zum Vater immer als Voraussetzung der Sendung des Parakleten erklärt (Joh 14,16; 16,7; 20,7). Für beide Zeugnisse ist gleichwesent-

---

[48] Dies erklärt ausführlich H. Urs v. Balthasar, a.a.O., 276.

lich, daß der Geist als höchste Frucht des Erlösungswerkes nur vom Auferstandenen kommen kann. Wird aber der Auferstandene in dieser Weise als der vom Geist Verwandelte und daraufhin als der eigentliche Geistspender verstanden, so liegt hierin auch der Berechtigungsgrund für die Behauptung, daß sich in der Auferstehung die Offenbarung des Geistes ereignet als jenes eschatologische Geschehen, auf das die Weissagung des Propheten hinwies (Joel 3, 1–5; vgl. Apg 2, 17). Es bleibt nur die Frage, in welcher Form sich diese Offenbarung *als Geistoffenbarung* kundtat und von den Zeugen erkannt wurde. Hinter dieser Frage steht die theologische Erkenntnis, daß der Geist sich nicht wie Jahwe im Alten Bund und wie der Sohn im Neuen Testament als «Ich», als sich objektivierendes «Gegenüber» offenbaren kann, was mit seiner Eigentümlichkeit als das «jenseits aller Objektivierung atmende Geheimnis» zusammenhängt, das nicht gesehen werden kann, weil es das «sehende Auge der Gnade in uns»[49] ist. Was kann dann aber «Offenbarung des Geistes» in der Auferstehung konkret besagen wollen? Ist diese Offenbarung dann nicht vielleicht doch nur auf die Modalität eines gläubig-reflektierenden Schlußverfahrens zu bringen, was dem Offenbarungscharakter im eigentlichen Sinne zuwiderliefe? Deshalb nimmt die Theologie mit Recht an, daß die eigentliche Offenbarung des Geistes sich in der Erfahrung der jungen Kirche ereignete und an den Wirkungen des Geistes in der Gemeinde erfaßt wurde. Obgleich die Erklärung unangreifbar ist, erscheint sie noch einer schärferen Akzentuierung und einer deutlichen Verbindung mit den Osterereignissen fähig, deren Objektivität auf diese Weise von einer neuen Seite beleuchtet werden kann. Wenn Paulus seine analoge Darstellung des Auferstehungsleibes von seinem Damaskuserlebnis her deutet (was trotz des Einspruchs mancher Exegeten wohl nicht bezweifelt werden kann)[50] und wenn er diesen Leib als den «geistgewordenen» bezeichnet (1 Kor 15, 45), dann ist in diesem Falle wenigstens (ohne daß damit eine Extrapolation in die Evangelien hinein erfolgen müßte) begründbar, daß die Geistoffenbarung und Geisterfahrung nicht zuletzt auch durch die Erscheinungen des Auferstandenen vermittelt wurde, näherhin durch das «Sehen» der vom Geist verklärten Leiblichkeit des Gekreuzigten und Auferstandenen.

Aber auch ohne Hinzunahme dieser These ist unbestreitbar, daß im Zusammenhang mit der Auferweckung Jesu die in der Heilsgeschichte höchste und vollendende Offenbarung der Trinität erfolgte.

[49] H. Urs v. Balthasar, Spiritus Creator, Einsiedeln 1967, 100f.
[50] Einem solchen Zweifel gibt z. B. Fr. Mussner keinen Raum: a.a.O., 196ff.

Was die heilsökonomische Trinität, das Wirken des Vaters durch den Sohn im Heiligen Geist in der Geschichte bedeutet und hervorbringt, wird für den Glauben nirgends offenkundiger als in der Auferweckung des Gottmenschen. Sie ist damit ein wesentlicher Konzentrationspunkt, in dem sich das Geheimnis der Trinität zusammenzieht, aus dem aber auch wieder Licht auf dieses Geheimnis zurückfällt. Freilich gilt das nur für eine realistische Auffassung von der Auferweckung, in der auch wirklich etwas am toten Jesus geschah. Wo das nicht erkannt ist, wird eine Berufung auf die Trinität unnötig. Der Preis, den eine solche Deutung entrichten muß, ist aber auch in den Konsequenzen für das Verständnis des spezifisch Christlichen hoch und für den Christen unerschwinglich: Nach der Existentialtheologie, die den trinitarischen Bezug nicht kennt, kann Christus auch nicht im trinitarischen Bezug gesehen und an der Seite des Vaters stehend anerkannt werden. Dann bleibt nur die Auskunft Bultmanns: «Ich muß gestehen, ... daß ich die Rede von der personalen Beziehung zu Christus auch für mythologisch halte[51].» Was ist aber von einem Christentum zu halten, das die personale Beziehung zu Christus nicht mehr als Realität annimmt?

[51] R. Bultmann, Kerygma und Mythos I, 127.

4. DIE AUFERSTEHUNG ALS ERHELLUNG DES PERSONGEHEIMNISSES JESU CHRISTI

a) Die Enthüllung des Kyrios

Alle christliche Wahrheit kommt aus dem Persongeheimnis Jesu Christi, ja sie ist mit ihm in gewisser Weise identisch. Daraufhin darf Christentum als Lebenseinheit mit Jesus Christus umschrieben werden. Wenn die Auferstehung deshalb die Zentralwahrheit und der Schlüssel zum Verständnis des Christenglaubens sein soll, dann muß sich das darin bestätigen, daß sie das Christusgeheimnis erschließt, enthüllt und in endgültiger Weise bestimmt.

Um die Verifizierung dieses Persongeheimnisses geht es in der heutigen Identitätskrise des Christentums in entscheidender Weise. Es trifft nicht zu, wie immer wieder behauptet, daß man nicht fragen sollte und nicht zu wissen brauchte, wer Christus gewesen sei, sondern daß man sich nur an sein Wort, an sein Werk und an seine irdischen Taten zu halten brauchte[51a]. Das ist der alte Lutherische und Melanchthonische Grundsatz. Das Auslassen dieser Frage beruht meist schon auf einer vorweggenommenen Antwort. Es ist dann schon entschieden, daß Jesus ein vorbildlicher Tugendlehrer war (wie bei I. Kant und vielen Aufklärern) oder die Verkörperung einer gottmenschlichen Idee (wie bei Hegel) oder das Beispiel der höchsten Berufserfüllung eines Menschen vor Gott (wie bei A. Ritschl), ein sozialer Revolutionär (wie in der heutigen politischen Theologie) oder der Mensch reiner Mitmenschlichkeit (wie in der heutigen humanistischen Theologie).

Man verkennt dabei (auch unter Übersehen der Triebkräfte der frühen christologischen Lehrentwicklung), daß die Worte und Taten Jesu erst dann ihre Besonderheit offenbaren, wenn man weiß, *wer* sie gesprochen und gewirkt hat. Solche selbst von dem hochstehendsten Menschen gesprochenen Worte und gewirkten Taten brächten der Menschheit nicht die Erlösung, wenn sie nicht von dem Gottgeheimnis Jesu Christi in seiner Person abgeleitet werden.

Hier könnte sich allerdings die Frage stellen, ob dieses Gottgeheimnis nicht schon in der Inkarnation begründet sei und vom «Wunder der Weihnacht» her aufgewiesen werden könne. Dabei

---

[51a] So u.a. H. Kessler, Erlösung als Befreiung, Düsseldorf 1972, 17f u.ö.

gilt es zunächst zu bedenken, daß sowohl das Weihnachtskerygma der Heiligen Schrift wie das Geheimnis der Inkarnation in den Bekenntnisformeln des Christentums erst aus der Erkenntnis des ganzen abgeschlossenen Lebensschicksals Jesu erfaßt und formuliert werden konnten, und das heißt: aus der gläubigen Erkenntnis der Auferstehung und Erhöhung des Herrn mit ihren Wirkungen in der Geistsendung.

Der innertheologische Grund dafür, daß die geschichtliche Entwicklung des Glaubensbewußtseins in dieser Weise vor sich ging, daß die Auferstehung als abschließende Offenbarung des Persongeheimnisses, als der göttliche Ursprung dieser Geschichte verstanden werden kann, ist mit dem Wesen der Menschwerdung selbst gegeben und gesetzt. Menschwerdung Gottes muß man – und das ist auch die Grundauffassung der Schrift in all den Hinweisen, in denen sie von der Erniedrigung, von der exinanitio spricht (vgl. besonders Phil 2,5–11), als Verhüllung, als Entäußerung des Göttlichen verstehen, als ein Eingehen in das Andere des Göttlichen und Absoluten, d.h. in das Menschliche, Irdische und Relative, das die volle Offenbarung Gottes hintanhält. Damit soll nicht geleugnet werden – und das ist ein Hinweis auf die Bedeutung auch des historischen Jesus innerhalb der Evangelien –, daß schon in der Menschwerdung und in ihrer Entfaltung in der Geschichte des irdischen Jesus «Offenbarung Gottes», Offenbarung der Gottheit Jesu gegeben war. Es gibt deshalb in den Worten und Taten des historischen Jesus eine implizite Christologie, d.h. Ansätze, an denen das Außerordentliche und Gottheitliche seiner Person erkennbar wird, in denen, wie beispielhaft die Verklärungsszene bei Mt 17,1–13 dartun soll, das göttliche Persongeheimnis gleichsam unter der Hülle der menschlich-irdischen Niedrigkeit aufblitzte. Aber die Volloffenbarung konnte und sollte das nicht sein, weil eine solche Volloffenbarung gerade die Menschlichkeit, Geschichtlichkeit und die erlöserische exinanitio Jesu Christi überblendet und den Sinn der Menschwerdung Jesu gefährdet hätte.

Darin liegt zuletzt auch der Grund dafür, daß man in der Frage nach dem historischen Jesus, zumal wenn man sie nur mit den Mitteln der historisch-kritischen Methode stellt, immer nur zur Anerkennung eines hochstehenden Menschen gelangt, der durchaus in den Rahmen des Religionsgeschichte paßt und der dann allerdings das Eigentliche des kirchlichen Offenbarungsglaubens an Jesus Christus nicht hergibt. Eine andere Antwort wäre auch nicht möglich, wenn es nicht eine Volloffenbarung des Persongeheimnisses Christi gäbe, die all die in seinem Leben angelegten Keime des Besonderen und

Außerordentlichen erst zum Leuchten bringt und daraus gleichsam den Lichtglanz des Gottheitlichen entstehen läßt. Dieses Ereignis war die Auferstehung Jesu, die sich unter diesem Aspekt in ihrem Wesen verstehen läßt als Aufgehen der Gottheit am Menschen Jesu, als die Enthüllung des göttlichen Kyrios.

Die Annahme oder die Postulierung dieses Ereignisses erweist sich aber mit Bezug auf das verborgene, in der Erniedrigung verlaufende Leben Jesu aus einem speziellen Umstand und Datum dieses Lebens besonders notwendig. Es ist die Tatsache des schmachvollen Endes dieses Lebens, des tragischen Ausganges, der Katastrophe am Kreuz.

Die gläubigen Menschen aller Zeiten haben es gelernt, dieses Ende in seiner höheren positiven Bedeutung zu sehen und zu verstehen. Das aber wäre, genau genommen, nicht möglich ohne die Hinzunahme und das Mitbedenken des nachfolgenden Auferstehungsereignisses. Für sich allein genommen und in der Situation der noch nicht erfolgten Auferstehung mußte der Tod am Kreuz nicht nur als schmähliches Ende des Lebenswerkes Jesu angesehen werden, sondern auch als endgültige Tilgung aller besonderen Ansprüche der Person dieses Menschen, z. B. auch seines Messiasanspruches, auf den neuerdings R. Pesch das Persongeheimnis Jesu allein zurückführen will[52]. Aber ein am Kreuze Gehenkter hätte niemals den Messiastitel behalten können, den man ihm während seines Lebens nur in der Hoffnung auf die Zukunft hat beigeben können[53]. Aus der Apostelgeschichte und aus der jüdischen Literatur ist bekannt, daß man in der Zeit der messianischen Bewegung manchen Leuten diesen Titel beigab: Theudas, Judas (Apg 5,36) und Bar Kochba († 140 n. Chr.; zu seiner Zeit «Sternensohn», später vom Talmud «Lügensohn» genannt). Aber keiner dieser Leute konnte schließlich im Glauben seiner Anhänger diesen Titel behaupten und behalten, weil sein Ende ein schimpflicher Tod war. Daß dies im Falle Jesu nicht viel anders gewesen wäre, zeigt die Reaktion der Jünger auf den Tod Jesu mit den Kennzeichen der Furcht, der Hoffnungslosigkeit und der Zerstreuung. Ein solcher Tod mußte jeden besonderen Anspruch der Person Jesu zunichte machen, zumal man nicht einmal nach dem Befund der Quellen sagen kann, daß dieser Tod in besonders heroischer Weise erfolgt wäre. Jesus starb nicht heroisch wie Sokrates, weshalb die Auf-

---

[52] R. Pesch, a.a.O., 219 ff.
[53] Zur historischen Problematik der Entstehung des Messiastitels vgl. O. Cullmann, Die Christologie des Neuen Testamentes, Tübingen 1957, 111 ff, und F. Hahn, Christologische Hoheitstitel, Göttingen 1963, 159 ff.

klärer und der junge Hegel Sokrates als Vorbild der Menschheit weit höher einschätzten als Jesus.

Nun macht sich heute freilich unter dem immer noch nachwirkenden Einfluß *R. Bultmanns* die Tendenz bemerkbar, die Bedeutung Jesu doch auf seinen Tod zu konzentrieren oder aus ihm abzuleiten, aber wohlgemerkt: nicht aus dem Tod als geschichtlichem Ereignis oder als objektivem Geschehen. Als historisches Geschehen betrachtet und als geschichtliches Faktum verstanden ist das Kreuz nur «das tragische Ende eines religiösen Menschen»[54]. Aber im «gläubigen Sehen» geht dem Menschen die Heilsbedeutsamkeit des Kreuzes auf, mit der schließlich sogar der Inhalt der Rede von der «Auferstehung» gleichgesetzt wird. Aber eine solche Option für den gekreuzigten Jesus von Nazareth ist völlig unbegründbar[55]. Sie kann nicht offenlegen, warum man die Heilsbedeutsamkeit z.B. nicht aus dem Ende des rechten Schächers ersieht, das wahrhaftig auch kein unrühmliches war. Die Option für Jesus und für seinen Tod erfolgt völlig irrational. Ein solcher Glaube könnte sich an jedem Menschen und an jedem Ereignis entzünden, ja er könnte auch gänzlich unabhängig von jedem geschichtlichen Faktum entstehen.

Im Grunde liegt in einer solchen Auffassung die Konzession eingeschlossen, daß das Kreuz als solches keine höhere Erkenntnis von Jesus vermittelt und sein Persongeheimnis nicht erschließt. Das hat die Anerkennung des Gedankens zur Folge, daß gerade auch zur Erhaltung der einmaligen und exzeptionellen Bedeutung des Kreuzestodes ein neues Ereignis postuliert werden muß, das die Negativität dieses Todes überwindet und das an ihm wie an dem vorhergehenden Leben Jesu erst das Einzigartige, das Absolute aufgehen läßt.

Der Christ weiß, daß er dieses Ereignis nicht postulieren muß, sondern daß es in der Offenbarungsgeschichte in der Gestalt der Auferstehung Jesu vom Tode eingetreten ist. Im Lichte der Auferstehung gewinnt aber nicht nur der Tod Jesu seine absolute Bedeutung. Von hier aus erfährt auch die Person des «Christus» eine Beleuchtung, in der sie nicht nur in engster Relation zu Gott gesehen wird, sondern in der sie zu etwas alles Menschliche Transzendierendem, zu etwas Göttlichem wird.

Die moderne Exegese hat in bezug auf die Erschließung des Persongeheimnisses Christi vor allem auf die Bedeutung der christologischen

---

[54] R. Bultmann, Kerygma und Mythos I, 46.
[55] Die Fragen, die sich aus diesem Ansatz für die Glaubensbegründung bei Bultmann ergeben, stellt u.a. W. Schmithals, Die Theologie R. Bultmanns, Tübingen 1966, 146ff.

Hoheitstitel des Neuen Testamentes hingewiesen. Sie hat dabei allerdings in ihrem historisch-kritischen Verfahren, an das sie legitimerweise gebunden ist, vor allem darauf aufmerksam gemacht, daß diese Titel mehr oder weniger im Licht des Auferstehungsereignisses von der Gemeinde auf Christus übertragen worden sind. Am nachdrücklichsten hat das in neuerer Zeit *F. Hahn* getan [56]. Nach ihm ist kein einziger dieser Titel im Leben des historischen Jesus gebraucht worden. Man kann diese Auffassung mit guten exegetischen Gründen bestreiten und die Wahrscheinlichkeit begründen, daß manche dieser Titel, wie etwa «Menschensohn» oder «Messias» schon auf den historischen Jesus zurückgehen, daß sie sich bei ihm wenigstens andeuten oder daß sie von den Jüngern schon zu seinen Lebzeiten in Ansätzen gebraucht worden sind [57].

Aber selbst wenn man sich der radikalen Deutung anschließt, muß das für den dogmatischen Christusglauben nicht unbedingt etwas Negatives besagen. Allerdings gilt dies nur unter der Voraussetzung, daß der in dieser Behauptung der Exegese gemachte Vermerk ernst genommen wird, diese Titel seien Jesus *nach* der erfolgten Auferstehung und in ihrem Lichte beigegeben worden. Wenn diese Aussage nicht ernst genommen wird, wenn etwa «Auferstehung» auch wieder nur als «Titel» für die Bedeutsamkeit des Kreuzes Jesu genommen wird, dann fallen alle Titel in sich zusammen. Sie und das ganze Urchristentum, auf dem auch das heutige Christentum basiert, wären dann nichts anderes als ein zeitgeschichtlicher Ausdruck eines besonderen religiösen Daseinsgefühls, das heute natürlich wieder einem gänzlich anderen Ausdruck weichen müßte.

Es kann wohl nicht bestritten werden, daß auch die Jünger während des Erdenlebens des historischen Jesus im Zusammensein mit ihrem Meister Erfahrungen machten, die ihnen das Besondere dieser Gestalt aufgehen ließen: seine «unerhörte Souveränität» [58], seine einzigartige «Vollmacht» [59], seine Wunder als «messianische Zeichen» [60]. Aber selbst die hier zur Erscheinung drängende Messianität tritt nicht so eindeutig hervor, daß sie völlig überzeugend gewirkt

---

[56] F. Hahn, a.a.O., 42ff; 112ff; 240f; 278f; 332f; 347ff.
[57] So O. Cullmann, a.a.O., 67f; 86ff; 127f; 162ff; 288ff.
[58] So E. Käsemann, Das Problem des historischen Jesus, in: ZTK 51 (1954) 146.
[59] So G. Bornkamm, Jesus von Nazareth, Stuttgart, Berlin, Köln, Mainz 1956, 54f.
[60] W. Marxsen, Anfangsprobleme der Christologie, Gütersloh 1960, 37. Daß das «Zeichen» der Auferstehung den «Sohn Gottes» beglaubigte und den Glauben an ihn legitimierte, ähnlich wie die Zeichen des Moses diesen vor den Israeliten (und Ägyptern) legitimierten, weist nach A. Feuillet, a.a.O., 581f.

hätte. «Nach Joh 7,40ff gehen die Meinungen des Volkes über Jesu Wesen und Würde völlig auseinander, so daß ‹eine Spaltung in der Menge seinetwegen› entsteht, die nur beweist, daß Jesu Wirken nicht eindeutig ‹messianisch› war[61].» Die entscheidende hermeneutische Funktion zur Erschließung des Persongeheimnisses Jesu entfaltete aber erst das Osterereignis, ohne daß an einen förmlichen Bruch zwischen dem historischen Jesus und dem Christus des Glaubens gedacht werden müßte[62].

Wenn man nicht annehmen will, daß das neue Verständnis des Persongeheimnisses Jesu nach Ostern, wie es sich in einer Reihe von ungemein anspruchsvollen Christusprädikationen artikulierte, eine Erfindung des religiösen Enthusiasmus der Jünger war, muß man auf das außergewöhnliche Ereignis der Auferweckung Jesu zurückgehen, in dessen Licht Jesus vor allem als der «Kyrios» erkannt wurde.

Die beste Einführung in die Bedeutung dieses Titels, wie auch in seine Beziehung zur Auferstehung bietet Paulus, der in einer lapidaren Formel am Anfang des Römerbriefes Röm 1,4 erklärt: «Unser Herr Jesus Christus, der dem Fleische nach aus dem Geschlechte Davids stammte, (wurde) dem Heiligen Geist nach machtvoll erwiesen durch seine Auferweckung von den Toten.» Hier ist deutlich gesagt, daß Gott in der Auferstehung (und man darf hinzufügen: erst in der Auferstehung) Jesus zum Kyrios gemacht hat. Dieses Bekenntnis klingt im Neuen Testament immer wieder an, so etwa Röm 14,9, wenn auch hier das Kyriostum Jesu aufgrund der Auferstehung mehr verbal und in der Tätigkeitsform ausgesagt wird. Es heißt hier nämlich: «Dazu ist Christus gestorben und auferstanden, damit er über die Toten und Lebenden herrsche.»

Ähnliche Aussagen über das aus der Auferstehung abgeleitete Kyrios-Sein Jesu finden sich Röm 4,24; 1 Kor 6,14; 2 Tim 2,8; Apg 10,42; 26,15. Besonders ausdrucksvoll formuliert der Epheserbrief: «Die überwältigende Machttat, in Christus erwiesen in seiner Auferstehung», hat ihn «erhöht über alle Herrschaften, Mächte, Kräfte und Gewalten, oder wie sie sonst heißen mögen» (Eph 1,20–22). Das

---

[61] Fr. Mussner, Ursprünge und Entfaltung der neutestamentlichen Sohneschristologie. Versuch einer Rekonstruktion: Grundfragen der Christologie heute (hrsg. v. L. Scheffczyk, Quaest. disp. 72) Freiburg 1975, 77–113.

[62] Vgl. dazu u.a. Fr. Mussner, Die Auferstehung Jesu, München 1969, 140–154. K. Lehmann, Die Erscheinungen des Herrn. Thesen zur hermeneutisch-theologischen Struktur der Ostererzählungen: Wort Gottes in der Zeit. Festschrift f. K. H. Schelkle (hrsg. v. H. Feld und J. Nolte) Düsseldorf 1973, 361–377; J. Ernst, Schriftauslegung und Auferstehungsglaube bei Lukas: Beiträge zur Hermeneutik des NT, München 1972, 177–192.

Neue Testament ist zutiefst davon überzeugt, daß Jesus aufgrund seiner Auferweckung von den Toten nicht nur «irgendwie» in den Jüngern und deren Erinnerung weiterexistiert, sondern daß er jetzt als Person beim Vater weiterlebt und zwar in einzigartiger Macht und Gewalt, die nicht die eines höheren, idealen Menschen ist, sondern die Vollmacht Gottes selbst.

Das tritt noch deutlicher hervor, wenn man eine etwas eingehendere inhaltliche Bestimmung dieses Titels unternimmt, die aber hier nicht erschöpfend dargeboten werden muß. Dabei läßt sich erkennen, daß, unabhängig von den interessanten Fragen der religionsgeschichtlichen Herkunft dieses Titels, die kein Einwand gegen seine Bedeutung sind, die neutestamentliche Gemeinde unter dem Kyriostitel eine Prädikation versteht, die dem Träger zunächst göttliche Würde verleiht. Der Titel «Kyrios» ist nämlich Gottesname. Er stellt die griechische Übersetzung des hebräischen «Adonaj» dar, des sogenannten Tetragramms. Dieses Tetragramm aber war der Ersatz für das Wort «Jahwe», das die Juden seit dem ersten vorchristlichen Jahrhundert und danach aus Ehrfurcht nicht mehr aussprachen. Die Verleihung dieses Namens an Jesus Christus wurde von der Urgemeinde vorgenommen, und zwar nicht erst im hellenistischen Antiochien[63], sondern schon von der jerusalemischen Urgemeinde. Das beweist der Gebrauch des aramäischen *Maran atha* in 1 Kor 16,22, was besagt: «Der Herr kommt», oder als Imperativ verstanden: «Der Herr komme!»[64]. Das ist eine Bekenntnis- und Gebetsformel zugleich, die sich nicht an einen Menschen richten kann, sondern nur an eine Person, welche an Würde und Hoheit der Majestät Gottes gleichkommt.

Ein solcher Name stattet seinen Träger mit der Majestät Gottes aus. Aber nicht nur dies. Es ist gerade vom hebräischen Denken her zu erweisen, daß eine Namensverleihung, ein Namensaustausch, nicht nur eine Anteilnahme oder eine Anteilgabe an der Würde, der Bedeutung und der Hoheit des ersten Namensträgers besagt. Der Name ist nämlich Ausdruck für die Kraft und die personale Macht, für die dynamische Ausstrahlung seines Trägers. Wenn deshalb von der Urgemeinde im Hinblick auf die Auferstehung Jesus der Kyriostitel angetragen wurde, so war darin vor allem auch ausgedrückt, daß Jesus die Macht und Herrschaft Gottes empfing, in sie eingesetzt wurde. Das Herrschafts- und Machtmoment, das im Kyrios-Titel angelegt ist, läßt sich in eine ganze Reihe von Richtungen und Aspekten ent-

---

[63] Das ist gegen W. Bousset zu sagen: Kyrios Christos, Göttingen ²1921, 95; bes. 99.

[64] O. Cullmann, a.a.O., 215; vgl. auch F. Hahn, a.a.O., 108f.

falten. Es meint einen sehr umfassenden Tatbestand. Es besagt
einmal, daß der Kyrios als absolute Autorität im Gewissen des einzelnen anerkannt wird, als absolute sittliche Macht, die das Gewissen
des einzelnen bindet. Der Kyrios, wie ihn die Urgemeinde verstand,
ist für den einzelnen nicht im modernen existentialistischen Sinne
etwa nur Anreger der Freiheit, Impuls der Hoffnung, Beispiel der
Mitmenschlichkeit. Allen solchen Anregungen, Beispielen und Impulsen gegenüber kann sich der autonome Mensch neutral verhalten.
Er kann sich davon beeindrucken lassen, aber er kann sie auch ablehnen. Bei Anerkennung des Kyrios-Titels kann das der Christ nicht
mehr. Seine Existenz ist dann eben nicht mehr autonom, sie ist von
einer Theonomie bestimmt, die durch Christus vermittelt ist, die freilich die Freiheit des Menschen nicht aufhebt, sondern eigentlich erst
auf ihre volle Höhe bringt. Hieran kann der Gedanke aufleuchten,
daß die Anerkennung des Christus-Kyrios im urchristlichen Bewußtsein nichts mit einer modernen «permissiven Ethik» und einer «Moral ohne Normen» zu tun hat; denn der Kyrios ist eine das Gewissen
fordernde und bindende Kraft, der man sich nur um den Preis der
Sünde entziehen kann.

Aber diese Vollmacht ist nicht auf den einzelnen eingeschränkt und
individualistisch eingeengt. Das gottheitliche Herrschersein des
Kyrios zeigt sich in besonderer Weise in der Machtstellung Christi
innerhalb der Gemeinde der Glaubenden. Es ist der Ausdruck für das
Hauptsein Christi über den Gläubigen. Die Gemeinde der Glaubenden, die diesen Titel im Bekenntnis und Gebet gebraucht, anerkennt
damit, wie der Epheserbrief 1, 22 ausführt, daß der Vater «Christus
der Kirche zum alles überragenden Haupt gegeben hat, ihr, die sein
Leib ist». Die Kirche ist damit als eine Schöpfung Christi des Auferstandenen gesehen, dem sie nun untergeordnet ist, auf den sie angewiesen ist und von dem sie – im Heiligen Geist – Leben und Wahrheit empfängt.

Schon an diesen Momenten, die im Herrschaftsanspruch des Kyrios-Titels eingeschlossen sind, kann deutlich werden, daß Christi Stellung
zum Gläubigen nicht nach Art eines beispielgebenden Menschen verstanden werden kann, der nur auf Grund einer gewissen engeren
Gottverbundenheit für die Menschen bedeutsam wird. Das alles ist
nicht auf eine gewisse «Gottverbundenheit» zurückzuführen und aus
ihr heraus zu erklären, sondern nur aus einer einzigartigen Einheit
mit Gott bezüglich seiner Macht und seiner Herrlichkeit.

Noch deutlicher tritt dieses Verhältnis allerdings zutage, wenn man
das dritte Moment des Kyrios-Titels in Erwägung zieht, das der Herr-

schaft und der Verfügungsgewalt über die ganze Welt und über alle Weltmächte. Schon der Auferstandene der synoptischen Evangelien sagt in der zweiten Erscheinung Mt 28,18: «Mir ist alle Gewalt gegeben» und deutet damit auf denselben Sachverhalt hin, den die Urgemeinde mit dem Kyrios-Titel zum Ausdruck bringen wollte: Die kosmisch-universale Stellung Christi über der ganzen Schöpfung und seine Herrschaftsausübung in dieser Schöpfung. Sie drückt sich im biblischen Denken vor allem in der Betonung der Entmachtung aller kosmischen Kräfte durch den auferstandenen Christus aus. Darin liegt ebenso die Anerkennung der Wahrheit, daß alle Naturgewalten wie auch alle geschichtlich-politischen Gewalten, wie etwa die Macht des Kaisers, Christus unterworfen sind.

Darin lag auch der Grund, warum die Christen die Kaisermacht nicht als Kyrios anerkennen und den Kaiserkult nicht üben konnten. Im «Martyrium Polycarpi» (8,2) steht die bezeichnende Frage der Heiden an die Christen: «Was ist denn Schlimmes dabei, zu sagen Kyrios Kaisar?» Die Christen wußten, warum sie das nicht sagen konnten und warum sie lieber sterben wollten; denn bei Anerkennung des Kaisers als Kyrios wäre die absolute Überhobenheit des Kyrios Christus über alle Weltmächte und Herrschaften nicht mehr gewahrt gewesen. An solch einer Haltung läßt sich ersehen, wie hoch und konsequent die Christen vom Kyrios Christos dachten.

Gerade das letzte Herrschaftsmoment des in der Auferstehung erhöhten Kyrios ist nicht mehr existentialistisch oder humanistisch als exemplarische Bedeutung Jesu für uns Menschen zu erklären, wie man das bezüglich des ersten und des zweiten Momentes theoretisch noch leichter machen könnte. Hier tritt Christus mit einer objektiven universalen Vollmacht auf, die sich auch auf die unbelebte Schöpfung bezieht und die nicht mehr auf ein individuelles «pro me» zurückgebildet werden kann.

Die konkrete Folge aus dieser gottheitlichen Herrschaftsstellung Jesu Christi für das junge Christentum bestand darin, daß man zu diesem Christus auch betete. Zum Christus des Idealismus, des Ethizismus, des Humanismus kann man aber nicht beten. Wenn man sich deshalb auch von seiten der Existentialtheologie so sehr auf das Christusverständnis der Urgemeinde beruft und hinzufügt, es müsse freilich ein wenig nach der Seite des Menschlichen uminterpretiert werden, dann sollte man zugeben, daß am Phänomen der Anbetung Christi alle solchen Versuche der Neuinterpretation scheitern. Man sollte dann auch ehrlicherweise eingestehen, daß man hier nicht mehr das Christentum der Urgemeinde zum Fundament hat, sondern daß man auf einem neuen Fundament baut; daß man im Gegensatz zur Aussage Pauli in 1 Kor 3,11 tatsächlich einen «anderen Grund legt, als den, der gelegt ist, Jesus Christus»; denn den Jesus, der in dieser Weise zum Kyrios erhoben ist und an der gleichen Vollmacht partizipiert, wie sie Gott besitzt, kann man nicht mehr nur in einer «Bedeutsamkeit» existentialer oder humanistischer Art «für mich», für «mein Leben» und für die Zukunft verstehen. Dieses Kyriostum ist etwas, was über alle diese Bedeutsamkeiten hinausgeht. Es würde auch existieren, wenn es weder mich noch das menschliche Leben noch eine Zukunft gäbe.

Diese letzte Behauptung kann noch durch das eschatologische Moment im Kyriostitel unterstrichen werden. Dieses Moment besagt: Wenn das Weltall vergangen sein wird und die irdische Geschichte vollendet ist, wenn es keine Zeit und keine Geschichte mehr geben wird und die Zeit erfüllt sein wird (vgl. 1 Kor 15,25; 1 Petr 3,22), wenn also gar keine Bedeutsamkeit für irgendeine irdische Existenz, für ein «pro me» notwendig sein wird, dann wird Christus erst vollauf seine Herrschaft als Kyrios erweisen. Man kann diesen Titel also nicht auf eine anthropologische Bedeutsamkeit reduzieren. Er beinhaltet etwas Objektives und von der Beziehung zum Menschen Unabhängiges: nämlich die absolute göttliche Herrlichkeit und Allmacht.

Im Verein mit der Auferstehung, die nach der Hl. Schrift der Grund für die Ausstattung Christi mit diesem Titel war, ergibt sich daraus ein Einblick in das Persongeheimnis Jesu Christi. Diese Person tritt unter solchem Aspekt ganz anders vor das gläubige Auge als der schlechthin gute Mensch, dem man die «besten Namen» gab, oder auch als der Mensch, an dem uns die «unüberbietbare, endgültige Nähe und Präsenz Gottes»[65] aufging. Bei der Betrachtung dieser Person im Lichte des Auferstehungsereignisses, in dem Jesus zum Kyrios erhoben wurde, kommt man auch nicht mehr mit Umschreibungen aus, die besagen, daß sich in Jesus die vollkommene, ungetrübte Gottverbundenheit geoffenbart habe und daß er der Mensch gewesen sei, in dem Gott am intensivsten gewohnt hätte. Das Wohnen Gottes in einem Menschen, sein Insein in einem geistigen Geschöpf ist nach der von Gott gesetzten Schöpfungs- und Gnadenordnung eine allgemeine, jedem Menschen gegebene Möglichkeit. Es bedeutet keine wesentliche Steigerung, wenn man durch worthafte Explikation hinzufügt: Jesus sei der mit Gott zutiefst verbundene

[65] So H. Kessler, Erlösung als Befreiung? Inkarnation, Opfertod, Auferweckung und Geistgegenwart Jesu im christlichen Glauben, in: StZ (1974/11).

Mensch gewesen, oder wenn man sagt: in ihm hätte das Insein Gottes seine höchste Intensität und seine Endgültigkeit erreicht. Dann ist und bleibt dieser Jesus doch nur ein menschlicher Superlativ. Das aber ist der Kyrios gerade nicht. Sowenig man nämlich Gott selbst als einen menschlichen Superlativ bezeichnen darf (was im Grunde L. Feuerbach schon unternahm), sowenig ist der Kyrios als Steigerungsform des Menschlichen zu verstehen. Der Kyrios steht in Gottes Macht und Herrlichkeit über den Menschen, so daß sie ihn anbeten können wie Gott selbst. Hier kommt man auch nicht mehr mit der Kategorie der Gottverbundenheit eines Menschen aus. Man ist vielmehr gehalten, zu behaupten: Dieser Kyrios ist Gott, er ist göttlichen Wesens, was etwas ganz anderes bedeutet als zu sagen: Er ist der Mensch der höchsten Gottverbundenheit oder der tiefsten Gottinnigkeit, Bezeichnungen, die alle im Bereich des Menschlichen verbleiben.

Darum darf die Erhöhung Jesu Christi zum Kyrios auch nicht so verstanden werden, als ob hier ein Mensch zur göttlichen Würde und zum göttlichen Sein erhoben worden wäre. Dabei würde es sich nur um eine Apotheose handeln, die einen Halbgott hervorbrächte. Freilich ist in der Auferstehung gerade auch die menschliche Natur oder der Mensch Jesus erhöht worden. Aber das konnte nur dehalb geschehen, weil dieser Mensch in der Person Gottes (des Logos) war. Gerade diese Wahrheit und Wirklichkeit meint das Inkarnationsgeheimnis, das durch die Auferstehung in seiner ganzen Tiefe und Weite enthüllt wurde.

Daran wird aber auch verstehbar, daß die Auferweckung Jesu seiner Person, die auch die menschliche Natur in sich schloß, wirklich etwas hinzubrachte. Das, was der Philipperbrief 2, 5–11 über den Abstieg und den Aufstieg des Gottmenschen sagt, meint *keine* innerlich *leere Scheinbewegung*. Der Gottmensch wurde durch die Auferstehung als Mensch, als Glied dieser menschlichen Welt und Geschichte endgültig der vollen Angleichung an Gott, der Verklärung Gottes teilhaft. Insofern bedeutet die Auferstehung nicht nur die erkenntnismäßige Aufdeckung des gottmenschlichen Seins Jesu, sondern auch seinsmäßig die Vollendung der gottmenschlichen Wirklichkeit und Personalität des Christus.

b) Die soteriologische Bedeutung: Kreuz und Auferstehung

Weil Person und Werk Jesu Christi voneinander nicht zu trennen sind, ist die Auferweckung des Erlösers auch die Vollendung seines

Werkes und der endgültige Durchbruch der Heilskraft seines Lebens in die unerlöste Welt. Diese Bedeutung erhält aber die Auferstehung näherhin von daher, als es sich bei ihr um die *Erhöhung* des *Gekreuzigten* handelt. Im Erlösungsgeschehen bilden Kreuz und Auferstehung eine unauflösbare Einheit.

Diese Einheit stellt gleichsam den bleibenden Hintergrund aller Aussagen über die Auferstehung dar, so daß es sogar unnötig erscheinen könnte, über sie eigens zu reflektieren. Trotzdem ist eine solche eigene Erwägung im Hinblick auf die heutige Fragestellung und Diskussion angebracht, da in ihr die vorausgesetzte Einheit von Kreuz und Auferstehung oft in einer Weise interpretiert wird, daß Kreuz und Auferstehung als Ereignisse förmlich in eins fallen.

Ein solches Zusammenfallen ereignet sich in der existentialen Theologie, wenn hier die «Auferstehung» nur mehr als «Ausdruck der Bedeutsamkeit des Kreuzes»[66] figuriert, also als Redefigur über das Kreuzesgeschehen verwandt wird. Mit Recht ist dagegen eingewandt worden, daß ohne die geschichtlich ereignishafte Gottestat der Auferstehung auch das Kreuz als Heilsereignis nicht verständlich gemacht und gehalten werden kann[67]. In Konsequenz dieses Ansatzes kann es dann erklärlicherweise auch zu der Behauptung kommen, «daß Jesus schon vor seiner Kreuzigung auferstanden»[68] sei. Hier sind dann weder die Auferstehung noch auch das Kreuz in ihrer Bedeutung ernst genommen. Die entscheidende Kraft wird in die Worte und Taten des historischen Jesus verlegt[69].

Der Nachweis, daß die moderne Existentialtheologie auch das *Kreuz als Heilsgeschehen* nicht ernst nehmen kann (weil ja, geschichtlich betrachtet, auch das Kreuz von dieser Denkrichtung nicht als «Heilstatsache» anerkannt wird), schöpft aber die heutige Problematik um das Verhältnis von Kreuz und Auferstehung noch nicht aus. Es ist hier vielmehr auf einen vom Existentialismus relativ unabhängigen Versuch hinzuweisen, der das Kreuz als Heilsgeschehen durchaus ernst nimmt, aber seine Bedeutung so steigert, daß es in einem bestimmten Sinne auch schon als *das* Auferstehungsereignis verstanden wird.

Der Anstoß zu einer solchen theologisch hochwertigen Auffassung vom Kreuz kommt nicht zufällig aus dem reformatorischen Denken,

---

[66] R. Bultmann, Kerygma und Mythos I, 47f.
[67] H. Schlier, a.a.O., 53f.
[68] W. Marxsen, a.a.O., 187.
[69] Besonders deutlich geschieht das bei R. Pesch, Zur Entstehung des Glaubens an die Auferstehung, in: ThQ 153 (1973) 201–228.

von dem man gelegentlich (wohl etwas undifferenziert, aber nicht ohne ein gewisses Recht) behauptet, daß in ihm eigentlich mehr eine «Religion des Karfreitags» ausgeprägt sei als eine solche des «Ostersonntags». Diese im Protestantismus wenigstens tendenziell feststellbare Neigung hat heute in einem literarischen Versuch eine bedeutsame Ausformung gefunden, die wegen ihrer Eigenständigkeit Beachtung verdient, aber auch wegen der Subtilität, mit der trotz aller Hervorhebung der Auferstehungsbotschaft das Ereignis selbst doch von der Wirklichkeit des Kreuzes absorbiert zu werden droht.

So erweist sich *J. Moltmann* als entschiedener Gegner einer existentialistischen Interpretation der Auferstehung, die nur eine Existenzweisheit im Modus der Rede «mir ist gewiß»[70] vermitteln wolle. Gegen dieses «Abblendungs- und Abstraktionsverfahren»[71] möchte er eine geschichtliche Deutung der Auferstehung setzen, nach der Geschichte freilich nur prospektiv und «im Modus der Verheißung» verstanden werden kann. Bezüglich der Bestimmung des geschichtlich Ereignishaften an der Auferstehung führt dieser Ansatz zur betonten Hervorkehrung des (an sich unbestreitbaren) Umstands, daß der Vorgang der Auferweckung Jesu selber in der Schrift weder in historisierender noch mythologischer Weise beschrieben wird. «Was also ‹Auferstehung von den Toten› eigentlich ist und wie es in der Auferweckung Jesu ‹eigentlich gewesen ist›, das zu wissen behaupten auch die neutestamentlichen Osterberichte nicht[72].» Es handelt sich hier um ein eschatologisches Geschehen, «für das die verifizierende Analogie allerst in Aussicht gestellt ist und kommen soll»[73]. Darum fällt alles Gewicht auf die «Erscheinungen», bei denen es sich «nicht nur um stumme Visionen, sondern zugleich damit und im Kern wohl zuerst um sogenannte Auditionen gehandelt»[74] habe. So wird dann das «grundlegende Geschehen in den Ostererscheinungen ... in der Offenbarung der Identität und Kontinuität Jesu im totalen Widerspruch von Kreuz und Auferweckung, von Gottverlassenheit und Gottes Nähe»[75] angelegt gesehen.

Aber diese Formel, die sich in dieser mehr «musikalischen» als «arbeitenden» Sprache gefällig liest, muß doch deshalb unklar bleiben, weil zuvor gesagt wurde, daß nicht erklärt werden könne, was

---

[70] J. Moltmann, Theologie der Hoffnung, München 1964, 156.
[71] Ebd., 172.
[72] Ebd., 179.
[73] Ebd., 179.
[74] Ebd., 180.
[75] Ebd., 181.

«Auferstehung» eigentlich sei und daß für dieses Ereignis bislang nicht einmal eine verifizierende Analogie zur Verfügung stehe. So läßt sich bezüglich dieser Gedankenführung etwas Ähnliches sagen, was man gegenüber Hegels Auferstehungsaussagen bemerkt hat: es bleibt strittig, «wer oder was hier auferstanden ist»[76]. Immerhin findet sich bei Moltmann insofern eine Verdeutlichung des Gemeinten, als nach ihm «der als auferstanden Erscheinende ... nicht als der Verewigte oder himmlisch Verherrlichte erkannt» wird und daß Ostern nicht «die Geburt eines neuen Kultkyrios»[77] erbrachte, eine Behauptung, die offensichtlich gegen den Befund des Neuen Testamentes steht. Die Begründung dieser Auffassung sieht Moltmann darin gelegen, daß eine solche Erhöhung Jesu zum Kyrios angesichts der Erfahrung des weitergehenden Todes in der Welt und der Herrschaft der nichtenden Mächte unrealistisch wäre und scheitern müßte. Eine solche Auffassung käme nach Moltmann einer Leugnung des Kreuzes gleich.

Der Eindruck, daß hier trotz der unaufhörlichen verbalen Behauptung der Einheit von Kreuz und Auferstehung die *Wirklichkeit* der Auferstehung entschwindet und in eine *Verheißung* umgedeutet wird, während das Kreuz die eigentliche Heilsrealität darstellt, verstärkt sich noch in den Gedanken zum Thema des «Gekreuzigten Gottes»[78]. Auch hier scheint zunächst die Position eines realistischen Auferstehungsglaubens angenommen, so wenn gesagt wird, es gehe nicht an, «das Leben und Sterben Jesu als historisches Faktum» festzustellen, die Auferweckung, seine Erscheinungen und den österlichen Glauben hingegen für auswechselbare Deutungen jenes Faktums zu halten»[79]. Und doch muß der «Auferstehungsglaube an der Geschichte des Gekreuzigten seiner wahren Kritik»[80] unterzogen werden. Schon an diesem Ausdruck kann deutlich werden, daß das Kreuz zum Deuteprinzip der Auferstehung erhoben wird und eigentlich von einer gleichwesentlichen Einheit beider nicht mehr die Rede sein kann. Entsprechend kann dann die «Auferweckung der Toten» auch nur als ein «Symbol» des eschatologischen Glaubens bezeichnet werden und die «Auferweckung Jesu von den Toten» als Symbol für

---

[76] So W.D.Marsch, Gegenwart Christi in der Gesellschaft. Eine Studie zu Hegels Dialektik, München 1965, 304.
[77] J.Moltmann, a.a.O., 183.
[78] Ders., Der gekreuzigte Gott, Das Kreuz Christi als Grund und Kritik christlicher Theologie, München ²1973.
[79] Ebd., 148.
[80] Ebd., 148.

«eine Gewißheit der Zukunft des getöteten und durch den Tod zur Vergangenheit verurteilten Jesus»[81]. Dementsprechend werden dann auch die Ostererscheinungen, deren Beschreibung schwankend ist, als «Berufungserfahrungen»[82] gekennzeichnet. Deshalb muß man sagen, daß Jesus in die Zukunft Gottes hinein auferweckt ist ... Er ist dann nicht in den Himmel hinein auferweckt und in diesem Sinne verewigt und vergöttlicht worden. Er ist nicht ins Kerygma hinein auferweckt oder in den Glauben hinein auferstanden ... Er ist in ‹das Endgericht Gottes hinein auferstanden›[83].» Moltmann möchte damit die Auferstehung Jesu nicht auf das Weiterwirken seiner Sache, seines Geistes oder auf eine Dimension des Glaubens der Jünger reduzieren. Es soll hier schon eine heilshafte Realität festgehalten werden, aber nicht in der «Sprache der Tatsachen», sondern allein «in der Sprache der Verheißung»[84]. Deshalb können auch die vielen Aussagen Moltmanns über die Auferstehung Jesu Christi nicht in die Ordnung der Tatsachen eingereiht werden. Sie ist ein «Verheißungsgeschehen». Die Realität dagegen haftet am Kreuz. «Das Kreuz Christi modifiziert ... die Auferweckung Christi unter den Bedingungen der Leidensgeschichte der Welt aus einem reinen Zukunftsgeschehen zum Geschehen der befreienden Liebe»[85], so daß dann auch «das Kreuz» als «die Form des kommenden, erlösenden Reiches» anzusehen ist und «der Gekreuzigte die Inkarnation des Auferstandenen ist».

Man kann diese Aussagen nicht deshalb kritisieren, weil in ihnen unablässig auf die Einheit von Kreuz und Auferstehung hingewiesen wird und die Theologie des Kreuzes mit der Theologie der Auferstehung verbunden wird. Aber die Kritik muß dort ansetzen, wo die Erlösungskraft der Auferstehung nur als Verheißung verstanden wird und ihr Realgehalt einzig aus dem Kreuz abgeleitet wird. Das ist im Hinblick auf die immer noch als unerlöst erscheinende Welt gesagt und auf die Menschen, «die unter ihrer eigenen und der Welt Ungerechtigkeit leiden und im Schatten des Todes leben». Für diese Menschen – und sind es nicht im Grunde alle? – wäre die Botschaft von der Auferstehung etwas gänzlich Unverständliches, das ihnen unter den Bedingungen dieses elenden Lebens nur als unvermögender Hinweis auf ein Mirakel gelten könnte. «Erst die stellvertretenden Leiden und die Hingabe Christi in seinem Kreuzestod ‹für sie› bringt

---

[81] Ebd., 150.
[82] Ebd., 155.
[83] Ebd., 155.
[84] Ebd., 160.
[85] Ebd., 172.

Hoffnung zu den Hoffnungslosen, Zukunft zu den Vergehenden und neues Recht zu den Ungerechten.» Hier ist nicht nur deutlich gesagt, daß erst der Kreuzestod die Auferstehung offenbar macht (was immer noch eine gewisse theologische Berechtigung hätte), sondern es ist darüber hinaus behauptet, daß das «neue Leben» (was immer eine stark immanentistische Theologie darunter verstehen mag) für den hoffnungslosen Menschen nur vom Kreuze herkommt. «Für welt- und zukunftsoffene Menschen mag die Antizipation der Totenauferweckung in der Auferweckung Jesu von den Toten eine stimulierende Wirkung haben.» Für den anderen, «für den homo incurvatus in se» bedeutet sie nichts, denn sie erreicht ihn nicht[86]. Da gerade nach evangelischem Verständnis der Mensch aber immer ein «homo incurvatus in se» ist, und da es überhaupt prekär ist, eine solche Klassifizierung der Menschen einzuführen, ist der Gedanke am Ende nicht anders zu interpretieren denn als Entwirklichung der Auferstehungsbotschaft zugunsten der Realität des Kreuzes. Demgemäß lautet auch die entscheidende Forderung: «Österliche Hoffnungstheologie muß zur Kreuzestheologie umgekehrt werden, wenn sie die Füße auf den Boden der Realität des Todes Christi und unseres eigenen Sterbens bringen will[87].» So gewährt die Auferstehung selbst den Menschen keine Heilskraft. Es gilt vielmehr: «In dem, der arm wurde um unsretwillen, öffnet sich der Reichtum Gottes für uns. In dem, der für uns zum Knecht wurde, ergreift uns Gottes Freiheit. In dem, der für uns zur Sünde wurde, werden Sünder zur Gerechtigkeit Gottes in der Welt.» Und endlich: «Die versöhnende Kraft seines Leidens und Sterbens ist Auferweckungsmacht[88].»

Deshalb ist schließlich für Moltmann zwar das Kreuz eine «Tatsache», nicht aber die Auferstehung[89]. Diese ist nur ein «eschatologisches Geschehen an Jesus». Aber letztlich ist auch die Trinität (unter Abgehen von der personalen Gottesvorstellung) ein «eschatologischer Prozeß auf der Erde, der vom Kreuz Christi ausgeht»[90]. So ist Auferstehung, ohne daß dies in der ätherisch verschwebenden Sprache so deutlich ausgedrückt würde, zuletzt ein Ausdruck für die eschatologisch offene Geschichte Gottes (in die die Menschen hineingenommen sind), die aber grundlegend durch das Kreuz eröffnet wird; denn schon «der im Gekreuzigten begegnende menschliche

---

[86] Die zuletzt zitierten Stellen: ebd., 173.
[87] Ebd., 172.
[88] Ebd., 174.
[89] Ebd., 189.
[90] Ebd., 236.

Gott bringt den Menschen ... in eine realistische Vergottung (Theosis)»[91]. Zwar wird noch einmal von der Auferweckung als dem «Zentralsymbol christlicher Hoffnung» gesprochen. Aber diese Hoffnung besteht doch vor allem darin, «in Sympathie [mit dem leidenden Gott] die Leiden Gottes anzunehmen, um mit den Hoffnungen Gottes sich der Zukunft, auch dem Tode, zu öffnen»[92]. Sie ist schließlich identisch mit dem Tillichschen «Mut zum Sein»[93]. Aber genau besehen, erbringt die so bestimmte Hoffnung keinen Inhalt und keinen Sinn. «Der Glaube wird zur Hoffnung auf Sinnerfüllung»[94] und versteht sich letztlich als «Treue zur Hoffnung»[95]. So endet dieses idealistische Denken über die Auferstehung schließlich in einer ähnlichen Aporie wie die existentiale Interpretation: während diese bei der Forderung eines «an den Glauben glauben» landet, endet jene bei einem ebenso widerspruchsvollen «auf die Hoffnung hoffen».

Es ist der Verdacht nicht zu unterdrücken, daß hier die Auferstehung in eine Lehre vom Kreuze zurückfällt, die aber ihre idealistische Prägung und ihre philosophische Herkunft nicht verbergen kann. In dem Bestreben, einer Theologie der Auferstehung, die als «theologia gloriae» verdächtigt wird, zu entgehen, wird hier der Versuch einer ausschließlichen «theologia crucis» unternommen. Aber das ohne die «Tatsache» der Auferstehung gedeutete Kreuz erweist sich doch nur als Entfaltung eines philosophischen Gedankens von dem Leidcharakter der Geschichte, der durch Aneignung überwunden werden kann. Eine «theologia crucis», die nicht die Anerkennung der «theologia gloriae» in der Gestalt eines das Kreuz überragenden Auferstehungsereignisses in sich trägt, das als das schlechthin Einmalige, Wunderbare und in keiner Weise Ableitbare gar nicht «angeeignet» werden kann, wird zu einem Stück natürlicher Philosophie. Mit Recht erklärt P. Schütz gegenüber solchen Versuchen: «Nicht am Kreuz, sondern am Auferstandenen entscheidet es sich nach des Paulus Wort, ob unser Glaube ‹eitel› ist oder nicht[96].»

[91] Ebd., 266.
[92] Diese Zitate ebd., 289.
[93] Ebd., 312.
[94] Ebd., 312.
[95] Ebd., 290.
[96] P. Schütz, Freiheit, Hoffnung, Prophetie, Hamburg 1963, 352.
Zur Kritik an J. Moltmanns Entwurf vgl. auch B. Klappert, Die Auferweckung des Gekreuzigten, Neukirchen 1971, 323f. Dagegen ist das Problematische an Moltmanns Thesen nicht bedacht bei Ch. Geffré, Die neuen Wege der Theologie, Freiburg 1973, 149–154. Berechtigt ist auch die Kritik W. Pannenbergs, Stellungnahme zur Diskussion: Neuland in der Theologie (hrsg. v. J. M. Robinson und

Die fundamentale Überzeugung, daß Kreuz und Auferstehung zusammengehören, darf darum aus der Auferstehung nicht einen Schattenwurf des Kreuzes machen, wie umgekehrt das Kreuz nicht nur als ein äußerlicher Durchgangspunkt zur Auferstehung hin angesehen werden kann. Die Auferstehung kann deshalb weder als eine Seite der Kreuzesbotschaft ausgegeben[97] oder in ihr eingeschlossen gedacht werden[98], noch auch als «rätselhafte Identität im Widerspruch von Kreuz und Auferweckung» oder als «eschatologische Identität»[99], was letztlich nur einen Ausdruck für die offene Dialektik des göttlichen Geschichtsprozesses darstellt. Es muß vielmehr eine echte Teleologie vom Kreuz zur Auferstehung erhalten bleiben, in der die Auferstehung als das vollendende Geschehen erhalten bleibt, ohne daß sie das Kreuzgeschehen auslöscht; denn der *Auferstandene* ist immer auch der Gekreuzigte und wurde als solcher, mit den Wundmalen behaftet (vgl. Joh 20,27), von den Jüngern auch identifiziert und erfahren. Er ist als Gekreuzigter zugleich der Erhöhte, der in den Himmel Aufgefahrene[100]. Wer in einer solchen Überhöhung des Kreuzes durch die Auferstehung eine unrealistische Attitude angesichts der noch im argen liegenden Schöpfung vermutet oder den Ausdruck einer «triumphalistischen» Theologie, dem ist zweierlei entgegenzuhalten: einmal, daß die Auferstehung nur eine antizipative Vorwegnahme der endgültigen Weltvollendung (an Jesus Christus) ist, freilich eine «Realprolepse» und *keine bloße Verheißung;* zum anderen, daß auch eine Kreuzestheologie in eigentümlicher Weise triumphalistisch «gestikulieren» kann, wenn sie in Formeln wie «Mut zum Sein» und im Panentheismus Hegelscher Geschichtsdialektik das Geheimnis Gottes «auf den Begriff» bringt, und sei es auch nur auf den Begriff des Kreuzes.

Eine Theologie, die die «Großtaten Gottes» (vgl. Apg 2,11) verstehen lehren will, kann nicht umhin, auch die Wirkungen der Auferstehung an dieser Welt zu bedenken, soweit sie sich dem Auge des

John B. Cobb, jr) Bd. III, Zürich 1967, 285-351, an J. Moltmann, die vor allem auf die Unangemessenheit hinweist, daß bei Moltmann die in der Auferweckung liegende «Verheißung» der gesamten natürlichen Situation des Menschen entgegengesetzt werde. Dieser «Supranaturalismus» müsse die Verheißung (und auch die Auferstehung) ihres Verheißungssinnes berauben (S. 334).

[97] So bei E. Käsemann, Der Ruf der Freiheit, Tübingen 1968, 93.
[98] Dagegen wendet sich K. Barth, Die kirchliche Dogmatik IV/1, 335 f.
[99] J. Moltmann, Theologie der Hoffnung, a.a.O., 184.
[100] Zur Einheit von Kreuz und Erhöhung vgl. den instruktiven Beitrag von G. Bertram, Die Himmelfahrt Jesu vom Kreuz aus und der Glaube an seine Auferstehung. Festgabe für A. Deissmann, Tübingen 1927, 187-217.

Glaubens zeigen. Wenn die Auferstehung nicht in das natürliche Erdreich dieser Welt und Zeit eindringt und etwa nur im gedanklichen Modus der Verheißung verbleibt, ist ihr Realitätsschwund unausbleiblich. Deshalb wird die Probe auf ihren natürlich-übernatürlichen Realitätsgehalt vor allem in dem Aufweis ihres Ausgreifens auf den Menschen und sogar auf den stofflichen Kosmos bestehen. Nur so ist das Wort von der «Auferstehung des Fleisches» vor dem Verdacht einer Metapher zu schützen.

5. DIE AUFERSTEHUNG ALS ERHÖHUNG DER SCHÖPFUNG AUF IHREM VOLLENDUNGSWEG

In den vergangenen Überlegungen ist die Auferstehung Jesu Christi gelegentlich schon im Anschluß an die biblische Paulus-Tradition als «neue Schöpfung» (2 Kor 5, 17) bezeichnet worden. Das wurde aber im Vergangenen mehr von dem geheimnisvollen, übergeschichtlichen Akt gesagt, in dem Gott aus seiner Transzendenz in einem schöpferischen, verwandelnden Wirken den gekreuzigten und gestorbenen Jesus mit seiner Lebenskraft in das göttliche Sein aufnahm. Das ist die Bedeutung der Auferweckungstat, gleichsam von ihrer Wurzel her betrachtet. Natürlich muß einem solchen schöpferischen Akt auch in seinem Ziel eine Bedeutung für die Schöpfung zukommen, die in Christus repräsentiert und zusammengefaßt war. Weil im Menschen Christus die Welt schon anteilhaft in die Lebensfülle Gottes hineingeholt wurde, muß dieses Ereignis auch für die Welt, für ihre Verfassung und für ihre Entwicklung von Bedeutung sein, zumal gerade der zentrale Kyriostitel ja davon zeugt, daß der auferstandene Gottmensch auf diese Welt Macht ausübt, ihr seine Lebenskräfte zukommen läßt. Das muß für die Gegenwart wie für die Zukunft der Schöpfung Folgen haben, die das gesamte christliche Weltverständnis entscheidend bestimmen.

Die traditionelle Theologie hat den welthaften Aspekt der Auferstehung zwar nicht gänzlich unterdrückt. Aber sie hat ihn doch nur sehr eingeschränkt und begrenzt zur Geltung gebracht. So verstand sie die Auferstehung Christi oft nur als den persönlichen Sieg und die glorreiche Erhebung des erniedrigten Gottmenschen auf seinen ihm zukommenden Platz zum Vater. Dabei wurde zwar nicht unerwähnt gelassen, daß dieses Ereignis auch für die Welt und für die Menschen von Bedeutung war, genauer, daß es erlöserische Bedeutung hatte.

Aber diese Wirkung wurde doch mehr als Folge und Konsequenz der am Kreuz erbrachten Erlösung verstanden denn als aus dem Auferstehungsereignis kommende Kraft. Demgegenüber ist zu sagen, daß die eigentliche Macht der Erlösung und des Heiles für die Welt nicht aus dem Tode kam, sondern erst aus dem Ereignis, in dem der Tod überwunden wurde.

a) Die Heilszuwendung an die Welt

Von daher ist zu erkennen, daß die Auferstehung die eigentliche Heilszuwendung an die Welt erbrachte. Dabei ist natürlich der theologische Glaube vorausgesetzt, daß die Welt durch die Sünde in den Zustand der Heillosigkeit, der Gottferne, der Gottentfremdung gekommen war, d. h. in den Zustand eines universalen Todes, für den der leibliche Tod nur das sprechendste Zeichen war. Die alleinige Ableitung der Erlösung der Menschheit und ihre Versöhnung mit Gott aus dem Opfer Christi am Kreuz kann den Eindruck hervorrufen, als ob die Tat Christi am Kreuz nur einen Ausgleich der Sünde zustande gebracht habe und einen Wechsel in der Gesinnung Gottes zu den Menschen. Diese hätte sich aus Zorn zur Liebe gewandelt, so daß dann dieser Gesinnungswandel Gottes schon die Erlösung bedeuten würde. So wird die Auferstehung mehr als Folge der Sühnetat Jesu am Kreuz gesehen denn als Erlösungstat selbst. Daraus ergibt sich eine Auffassung von Erlösung, die mehr rechtlichen Charakter zeigt und einfach als Schuldausgleich zwischen Gott und den Menschen, bewirkt durch Christus, verstanden werden kann. Aber schon die biblischen Zeugnisse können dartun, daß das Kreuz als Heilsereignis gar nicht zu halten ist, wenn es nicht durch die Auferstehung überhöht wird. Daraufhin muß anerkannt werden, daß die eigentliche Heilsverwirklichung erst in der Auferstehung an der Menschenwelt geschah. Diese Heilsverwirklichung ist aber dann nicht mehr als juridischer Ausgleich zwischen Gott und Menschheit zu verstehen, als Absehen Gottes von der Sünde und als gnädige Gesinnung Gottes gegenüber der sündigen Menschheit. So würde das Heil nur juridisch gesinnungsmäßig und ethisch verstanden, nicht aber als eigentliches Lebensgeschehen, daß die Menschheit im ganzen betrifft und verwandelt. Heil, als Leben im totalen Sinne verstanden, kann nur von einem Ereignis abgeleitet werden, in welchem Gott seine eigene Lebenskraft auf die Menschheit übergreifen ließ und sie in sein Leben hineinnahm.

Das kann der Glaube verstehen, wenn er die Auferstehung als schöpferisches Übergreifen des Lebens Gottes auf die Welt anerkennt, die im Gottmenschen repräsentiert und zusammengefaßt war. Die Auferweckung Jesu bringt so die Überwindung der Todesmacht zustande, die nach Paulus Ausdruck der Sünde ist (vgl. Röm 5, 11–21), durch das Übergreifen des göttlichen Lebens auf die Welt vermittels des Menschen Jesus, der gestorben war, aber auferweckt wurde. In diesem Ereignis wurde also die Menschheit wieder in das göttliche

Leben hineingenommen, von dem sie durch die Sünde getrennt war. Die Natur und der Charakter dieses neuen Lebens der erlösten Menschheit sind allerdings nicht leicht zu bestimmen. Das ist deshalb so, weil es sich um göttliches Leben handelt, das durch den Auferstandenen auf die Menschheit übergreift. Wenn der Mensch dieses Leben oder das Heil vollkommen beschreiben und verstehen wollte, müßte er Gott selbst beschreiben und definieren können, was unmöglich ist. So kann in einem ersten Ansatz das Verständnis für göttliches Leben und Heil nur auf mehr negative Weise vorbereitet werden durch Aussagen über das, was das göttliche Leben und das Heil nicht ist. An der Lebensmacht der Auferstehung gemessen, ist es nicht eine äußere Gerechterklärung der Menschheit im Sinne der alten protestantischen Rechtfertigungslehre. Sie war rein forensischen Charakters, d. h. sie wurde als äußeres Urteil Gottes verstanden, das die sündige Menschheit für gerecht erklärt, aber in ihrem Wesen doch nicht verändert.

Genausowenig ist aber die Lebensmacht der Auferstehung gewertet, wenn man das aus ihr kommende Heil nur ethisch-moralisch versteht. Ein solches ethisches Verständnis ist gegeben, wenn etwa das Tun Gottes an der Menschheit nur als Aufruf oder Appell zur Überwindung von Sünde und Schuld angesehen wird in der Kraft menschlicher, durch das Beispiel Christi intensivierter Gesinnung. Alles, was man etwa seit Ende des 19. Jahrhunderts in der rationalistisch-liberalen evangelischen Theologie von A. Ritschl bis A. v. Harnack über das Christentum als sittlich-religiöse Macht oder als ethisch-kulturelle Weltkraft gesagt hat, kommt an die Realität des Göttlichen, das aus der Auferstehung erfließt, nicht heran.

Es ist deshalb auch bezeichnend und aufschlußreich, daß die liberal-rationalistische Theologie im Grunde keine Auferstehungstheologie entfaltete, daß sie an dieser Wahrheit mehr oder weniger achtlos vorüberging. Darum konnte sie auch die aus dem Christusereignis kommenden Impulse nur als ethische Imperative verstehen. Aber die Auferstehung wie das auf ihr begründete Christentum setzen nicht nur neue Imperative, die allein und für sich genommen auch gar nicht so neu und originell sind. Sie setzen vielmehr ein neues Sein und neues göttliches Leben.

Aus dem gleichen Grunde wäre es zu wenig, das in der Auferstehung der Menschheit erschlossene Heil mit heutigen anthropologischen oder soziologischen Kategorien aussagen und in sie adäquat einfangen zu wollen, etwa mit dem Begriff «Hoffnung» oder mit der Formel «Erschließung von Zukunft». Es braucht nicht bestritten zu werden, daß die Auferstehung *auch solche Wirkungen* zeitigt, nämlich subjektive Erwartungseffekte wie die Hoffnung und Änderungen der Einstellung zur Welt beim auferstehungsgläubigen Menschen. Dazu gehören etwa Offenheit der christlichen Existenz, Vertrauen in die von Gott geführte Geschichte, Erschließung einer wirklichen Transzendenz für den Menschen. Aber das sind doch, genaugenommen, mehr Folgen aus dem in der Auferstehung kommenden göttlichen Leben, als dieses Leben selbst; denn dieses Leben kann ja nicht einfach identisch sein mit menschlich-irdischen Effekten und Verhaltensweisen, auch nicht mit soziologischen Impulsen.

Das ist ebenso gegen die anthropologisch-spirituelle Deutung der Wirkung der Auferstehung zu sagen, wie sie etwa *G. Ebeling* versteht, wenn er meint: «Die Wirkung der Auferstehung ist das Zum-Glauben-Kommen, das Ankommen Jesu im Glauben des Christen[101].» Aber auch der Glaube ist im Grunde nur eine Wirkung des göttlichen Lebens, aber nicht schon dieses Leben selbst.

Das göttliche Leben und Heil, das hinter solchen sichtbaren Effekten steht und ihnen zugrunde liegt, läßt sich positiver verstehen, wenn man am biblischen Urgrund ansetzt und etwa die Auskunft Pauli bedenkt: «Gott aber, der reich ist an Erbarmen, hat um seiner großen Liebe willen, mit der er uns geliebt hat, uns, die wir tot waren durch die Übertretungen, mit Christus lebendig gemacht ... und uns mit ihm auferweckt und uns mit ihm in den Himmel versetzt in Jesus Christus» (so Eph 2,4ff; vgl. auch Röm 6,1ff; Kol 2,12; 3,1ff). In dieser ungemein anspruchsvollen Aussage wird das Leben und das Heil, das den Menschen aus der Auferstehung zukommt, in seiner absoluten Transzendenz gegenüber allen rein menschlichen Möglichkeiten beschrieben. Das geschieht mit der Formel, daß der Mensch durch die Auferstehung mit Christus lebendig gemacht ist, und zwar in der Weise, daß er mit ihm sogar in den Himmel versetzt ist. Hier wird rein formal, mit dem Verweis auf das Transzendente, aufgezeigt, daß es sich um göttliches Leben handelt, das dem Menschen zuteil wird. Er wird ja geradezu «in den Himmel versetzt».

Das aber ist eine Glaubensaussage und keine rein rhetorische Plerophorie, wie man leicht annehmen möchte. Die genaue inhaltliche Erfüllung und Bestimmung dieser Glaubensaussage ist dem menschlichen Denken jedoch nicht möglich, sonst würde es das Göttliche begreifen. Man kann deshalb auch hier über den Inhalt von Heil und göttlichem Leben nur transzendierende Aussagen machen, die die

---

[101] G. Ebeling, Historischer Jesus und Christologie, in Wort und Glaube, Tübingen ²1962, 314.

irdischen Möglichkeiten und Grenzen überschreiten und auf etwas ganz anderes hinweisen, ohne dieses andere wirklich erfassen und umgreifen zu können. Das ist keine momentane Verlegenheit, sondern das ist im Grunde die immer gültige und bleibende Situation der Theologie und des Glaubens vor dem göttlichen Geheimnis. Es ist deshalb nicht möglich, dieses Heil und Leben Gottes positiv und definitiv in menschlichen Worten, Zuständen und Verhaltensweisen auszudrücken. Wie schwer es hier menschliche Gedanken und Worte haben, wie nah, aber auch wie fern das menschliche Sprechen dieser Wirklichkeit gegenüber steht, zeigt ein Text aus den apokryphen «Oden Salomons», der ein Beispiel dafür bietet, wie sich christliches Denken mit Hilfe bildhafter Vorstellungen und Analogien dieses Heil zum Verständnis zu bringen versucht. Es heißt dort in einem Text zu Epheser 2,4 über die Aufnahme in das göttliche Leben: «Der Höchste beschnitt mich durch seinen Heiligen Geist ... und es wurde mir seine Beschneidung zur Erlösung; und ich eilte dahin auf dem Wege in seinem Frieden, auf dem Wege der Wahrheit ... und ich wurde gefestigt auf dem Felsen der Wahrheit ... und redendes Wasser berührte meine Lippen ... und ich trank und wurde berauscht von dem lebendigen Wasser, das nicht stirbt ... und ich habe die Torheit zurückgelassen, abgeworfen auf der Erde; und ich habe sie ausgezogen und von mir geworfen. Und der Herr erneuerte mich durch sein Gewand und machte mich bereit durch sein Licht. Und von oben her schuf er mir unvergängliche Ruhe ... und ich wurde wie das Land, das sproßt ... und er führte mich in sein Paradies [102].»

Der Text ist deshalb so bedeutsam, weil er im Gedankenzusammenhang mit der Taufe steht, bei der, nach urchristlichem wie nach heutigem Verständnis, die Auferstehungs- und Heilskraft, das Leben Gottes, vom Menschen Besitz ergreift. Es wird hier beschrieben als Heiliger Geist, als Friede, als Wahrheit, als Licht, als Überkleidung mit dem göttlichen Gewand.

Auch wenn die Oden Salomons, eine Sammlung von 42 Liedern aus dem 2. Jh. n. Chr., mehr der religiös-mystischen Dichtung als der theologischen Lehre zugehören und auch wenn sie von einer christlichen Gnosis bestimmt sind, die das Geheimnishafte der christlichen Wirklichkeit ins Denken und Wissen aufnehmen möchte, so zeigt sich an diesen Aussagen doch, daß das vom auferstandenen Christus abgeleitete Heil und Leben einerseits ganz der menschlichen Wirklichkeit und ihren Wesensbedürfnissen entspricht (dafür spre-

[102] Der Text bei H. Schlier, Der Brief an die Epheser, Düsseldorf 1957, 111.

chen die Begriffe Licht, Wasser, Wahrheit, Frieden), daß es andererseits das Menschliche um eine absolute Differenz überragt. Diese Differenz weist auf das Göttliche, das näher gekennzeichnet wird durch Ewigkeit, durch absolute Reinheit aller genannten Werte, durch ihre unwandelbare Vollkommenheit.

Wenn man weiter nach den Wurzeln dieser Aussagen fragt, so wird man auf die Schrift verwiesen. Hier sind die verschiedenen Aspekte, unter denen das göttliche Leben erfaßt und gedeutet wird, zwar nicht in solch dichterischer Absicht in einer Aussage oder in einem Text zusammengefaßt, aber sie sind als einzelne alle in der Schrift enthalten. Als noch intensivere Begriffe für die neue Heilswirklichkeit kommen aber hinzu: die Gotteskindschaft (Röm 8,16; 1 Joh 3,1), das «In-Christus-Sein» (164mal bei Paulus) und das Einwohnen des Geistes, der den Menschen heiligt (so 1 Kor 1,2; Röm 5,5; Röm 15,16).

Mit dem Begriff der durch den Geist geschenkten Heiligkeit gewinnt die Beschreibung des aus der Auferstehung kommenden Lebens im Neuen Testament ihren Höhepunkt; denn hier wird eigentlich das göttlichste Prädikat, das die absolute Höhe, die Andersheit und das Numinose des Göttlichen am deutlichsten anzeigt, auf den Menschen übertragen. Mit dieser Heiligkeit hängt aber der Begriff der Herrlichkeit, der *doxa* eng zusammen. Daß er von Christus und aus dem Auferstehungsglauben kommt, ist unbestritten, weil der Auferstandene immer als der Verklärte in seiner doxa geglaubt wird (Lk 24,26; Röm 6,4; Phil 2,11). Gerade diese *doxa* geht nun nach neutestamentlichem Verständnis vom Auferstandenen auch auf die Menschheit über. Darüber spricht die besonders ausdrucksvolle Stelle in Röm 8,20f. Hier ist zunächst von der Vergänglichkeit die Rede, der die Schöpfung unterworfen ist. Es heißt aber auch, daß sie «unterworfen ist in der Hoffnung, daß auch sie selbst befreit wird von der Knechtschaft der Vergänglichkeit zur herrlichen Freiheit der Kinder Gottes». Da der Gedanke der Unterwerfung sachlich mit der Auferstehungswahrheit verknüpft ist, wie 1 Kor 15,44 deutlich zeigt, ist aus dieser Aussage die Erkenntnis zu gewinnen: Das göttliche Leben, das aus der Auferstehung Christi auf die Menschen kommt, ist die Herrlichkeit Gottes in Jesus Christus. An dieser Herrlichkeit gewinnt der erlöste Mensch in einem realen, ontologischen Sinne Anteil und nicht nur in einem moralisch-ethischen Sinne [103].

Wer hier weiter insistiert und ungeduldig fragt: Was ist diese

---

[103] Zur Begrifflichkeit und Wirklichkeit der doxa in der christlichen Existenz vgl. H. Urs v. Balthasar, Herrlichkeit. Eine theologische Ästhetik, 3 Bde, Einsiedeln 1967.

Heiligkeits- und Herrlichkeitsexistenz konkret und realistisch gefaßt; oder: Wie kann sie so ausgedrückt werden, daß sie auch dem modernen, weltlichen, positivistisch auf das Handgreifliche ausgerichteten Menschen eingeht? – dem ist nur (unter Anschluß an schon Gesagtes) zu antworten: Dieses Bemühen um rein «weltlichen» Ausdruck dessen, was göttliches Leben ist und heißt, kommt selbst im Neuen Testament nicht zum Ziel. Das liegt nicht nur daran, daß zwischen dem Göttlichen und seiner Realisierung im Menschlichen eine letzte Differenz liegt, die von der Sprache wie vom Denken nicht zu überwinden ist. An eine solche ontologische Differenz denkt die Schrift, die ja nicht an Ontologie interessiert ist, nicht. Aber sie denkt heilsgeschichtlich, d. h. konkret: sie denkt eschatologisch und weiß, daß diese mit der Auferstehung angebrochene Herrlichkeit endzeitlich zu verstehen ist. Sie hat eine Dimension, die über diese Zeit und Geschichte hinausgeht. Sie weiß, daß diese Herrlichkeit zwar schon präsentisch anwest, aber doch erst in der Endzeit vollkommen enthüllt werden wird. Dort kann der Mensch sie auch erst in ihrer vollen Körperhaftigkeit und Realität erfahren. Weil er sie hier und jetzt in dieser vollkommenen Realität nicht zu fassen vermag, kann er sie auch nicht adäquat aussagen. Wenn er die weltlichen Aussagen wie etwa «Frieden», «Freundschaft», «Gemeinschaft», «Wohlsein» völlig adäquat verstünde, hätte er zwar eine Möglichkeit, sich selbst und seinen Zeitgenossen die Auferstehung nahezubringen. Aber er hätte sie damit von ihrer transzendenten Wurzel abgeschnitten und auch ihre Ausrichtung auf die Transzendenz Gottes umgebogen in das rein Innerweltliche hinein. Er hätte das Immanente und Transzendente dieser Aussagen gleichsam kurz geschlossen und sie damit so vermenschlicht und so verdiesseitigt, daß der angesprochene moderne Mensch antworten könnte (und er tut es tatsächlich angesichts solcher radikaler christlicher Vermittlungs- oder Anbiederungsversuche auch schon): Das verstehe ich alles. Ich weiß, was Frieden und Freundschaft heißt und sehne mich danach. Aber was hat das mit Gott, mit Christus und mit der Auferstehung zu tun?

Das zeigt, daß man den Inhalt des göttlichen Lebens, der Heiligkeit und Herrlichkeit, nicht nur nicht vollkommen in die Sprache der Welt übersetzen kann, sondern daß man dies nicht einmal tun darf, wenn sich dieser Inhalt nicht verflüchtigen soll. Das Neue Testament trägt in seinem heilsgeschichtlichen Realismus diesem Umstand dadurch Rechnung, daß es vom Auferstehungsleben, ebenso vom Leben aus der Kindschaft Gottes mit Jesus Christus, in vielen Formeln das sagt, was Paulus Kol 3,3 erklärt: «Euer Leben ist mit Christus verborgen in Gott.» Dasselbe Geheimnis der Nähe in Verborgenheit deutet Johannes in dem Wort an: «Jetzt sind wir Kinder Gottes, und was wir sein werden, ist noch nicht offenbar geworden. Wir wissen aber, daß wir ihm ähnlich sein werden, wenn er erscheint. Denn wir werden ihn sehen, wie er ist» (1 Joh 3, 2 f). Das aus der Auferstehung kommende göttliche Leben, seine Heiligkeit und Herrlichkeit, ist also noch verborgen und muß es unter den irdisch-geschichtlichen Existenzbedingungen auch sein. Das zeigt zuletzt, daß die Auferstehungswirklichkeit nur im Raume des Glaubens und der Hoffnung aufgenommen werden kann, daß sie hier angesiedelt werden muß und nur in dieser Atmosphäre wachsen und gedeihen kann.

Diese Feststellung führt nun wieder an den Anfang dieser Überlegung zurück, wo gesagt wurde: Die Auferstehungswirklichkeit ist nicht nur ein Glaube, der Glaube in der Form einer menschlichen Haltung oder Einstellung; sie ist auch nicht nur eine Hoffnung als Tendenz auf Zukunft hin. Jetzt aber kann ohne die Gefahr dieser Einengung gesagt werden: Die Auferstehung als göttliches Heil und Leben ist tatsächlich nur *im Glauben* und *in der Hoffnung* auffangbar und aufnehmbar. Daß aber solche Haltungen wie Glaube und Hoffnung überhaupt entstehen können, ist natürlich auch Gottes Tat, die nicht zuletzt mit der Kraft der Auferstehung zu tun hat und von ihr ermöglicht wird. Wenn aber dieses göttliche Leben im Glauben und in der Hoffnung angenommen wird, und wenn ein solcher Glaube gelebt wird, entsteht auch keimhaft die Erfahrung des göttlichen Lebens, und sei es auch nur an den Grenzen menschlicher Situationen und Möglichkeiten. Es gibt für den Glaubenden, der aus dem Glauben lebt, tatsächlich solche Erfahrungen, in denen ihm aufgeht, daß göttliches Leben etwa «Frieden» ist, aber in einer Form und Weise, die das, was menschlich «Frieden» heißt, gewaltig übersteigt.

Allerdings lassen sich die hier entwickelten Gedanken über die Auferstehung als wirkliches Heils- und Erlösungsgeschehen an der Menschheit nur annehmen und verifizieren, wenn man sie als reales Geschehen nimmt, in dem göttliches Leben wirklich auf menschliches Sein übergreift und es in einer paradoxen, mysterienhaften Weise erhebt und über das, was menschliches Leben ist, steigert. Dieser Realismus aber kommt erst voll zur Geltung, wenn er sich nicht nur auf den Menschen als geistig-ethisches Wesen bezieht, sondern auf seine Ganzheit, von der heute mit betonter Absetzung vom Dualismus gesagt wird, daß sie eine Einheit von Geist und Leib, von Geistigem und Materiellem ist. Darum kann und muß die Auferstehung, wenn sie das Weltgeheimnis im christlich verstandenen

Sinne erschließen soll, auch einen kosmischen Bezug aufweisen. Er meint ihre besondere Wirkung an der materiellen Schöpfung.

b) Die Verwandlung der materiellen Schöpfung

Daß es sich hierbei nicht um einen vollständig neuen Gedanken handelt, zeigen die früher schon aus der Schrift herangezogenen Formeln von der «*kainä ktisis*» und dem «*kainos anthrōpos*», (2 Kor 5,17; 1 Kor 15,44), die alle von dem Wandel sprechen, den die Auferstehung an der Welt und am Menschen vollzieht. Dabei ist, auch wenn das nicht ausdrücklich gesagt wird, immer die ganze Schöpfung und der ganze Mensch in seiner vom biblischen Denken noch völlig unbestrittenen Einheit gemeint. Aber es gibt im Neuen Testament auch ausdrückliche Hinweise darauf, daß hier besonders die materielle Schöpfung und der Leib des Menschen als von der Auferstehungstat miterfaßt gedacht werden. Das zeigt besonders die in diesem Zusammenhang fundamentale Aussage des Römerbriefes, daß «die Schöpfung der Vergänglichkeit unterworfen ist, nicht freiwillig» (Röm 8,20). In dieser komprimierten Formel, die einer weiteren Interpretation bedarf, ist von der Schicksalsgemeinschaft zwischen Menschheit und Kosmos, zwischen dem geistigen Menschen und der untergeistigen Kreatur die Rede, an die der alttestamentliche wie der neutestamentliche Mensch glaubte, ohne dafür eine theologisch-philosophische Erklärung abgeben zu können. Ihm genügte die heilsgeschichtliche Erkenntnis: Die Schöpfung ist durch den Fluch der Sünde, ohne Bewußtsein und Freiheit, der Tragik des Menschen teilhaft geworden, sie ist der Nichtigkeit, Vergänglichkeit und der Auflösung im Tod verfallen. So ist es dann auch angemessen, daß die ungeistige Kreatur an der durch die Auferstehung entzündeten Hoffnung auf Unvergänglichkeit und ewiges Leben teilnimmt. Deshalb folgert Paulus weiter: Die Schöpfung ist nur der Vergänglichkeit unterworfen worden «in der Hoffnung, daß auch sie selbst befreit wird von der Knechtschaft der Vergänglichkeit zur herrlichen Freiheit der Kinder Gottes» (Röm 8,21).

Wenn nach Paulus die «Gotteskindschaft» und der Erweis der «*doxa*» aus der Auferstehung Jesu abzuleiten ist, dann ist auch der Glaube an das Übergreifen der Kraft der Auferstehung auf die Schöpfung biblisch begründet. Diesem Gedanken korrespondiert in überraschender Weise das, was Paulus über den Auferstehungsleib des erscheinenden Herrn sagt, dem nach 1 Kor 15,35 ff Unverweslichkeit, Geistigkeit, Herrlichkeit und insgesamt das «Bild des Himmlischen», d.h. das Gepräge und die Gestalt des Himmlischen, zukommt. Von hier aus können im Rückblick die Erscheinungen des Auferstandenen in ihrer eigentümlichen Realistik und Geheimnishaftigkeit zu tieferem Verständnis gebracht werden. Der Auferstandene, der einerseits gesehen wird und präsent ist, der andererseits aber auch schwer zu erkennen ist und auf völlig unirdische Weise erscheint und entschwindet, gibt dem rein physikalischen Denken unlösbare Rätsel auf. Schnell stellen sich hier Einwände ein, die häufig exegetische Argumente heranholen, aber letztlich aus einer weltanschaulichen Vorentscheidung resultieren, nach der es in einer vom Naturgesetz regierten Welt solche Phänomene nicht geben könne. Auf einer höheren Ebene der Diskussion stellt sich auch der Gedanke ein, daß durch solche wunderbaren Erweise die Freiheit und Unausweisbarkeit des christlichen Glaubens gefährdet würden. Wer dennoch an der Realität, Objektivität und Ereignishaftigkeit dieser Erscheinungen festhält, gerät in den Verdacht, Apologetik zu betreiben und die Theologie in ihren positiven Aspekten zu vernachlässigen.

An dieser Stelle des Problemzusammenhangs aber läßt sich ersehen: Die Erscheinungen haben nicht nur eine apologetische Funktion und nicht zuerst eine verteidigende Aufgabe. Wenn man daran glaubt, daß Gott selbst die Schöpfung als große Einheit von Geistigem und Materiellem gebildet hat, und wenn man dann mit der Hl. Schrift die Auferstehung als «neue Schöpfung» versteht, hat man hier ein völlig legitimes Argument für den Glaubenssatz, daß in der Auferstehung auch die Schöpfung neugestaltet wurde. Die Erscheinungen des Auferstandenen sind dann theologisch als die ersten Zeichen für die Wandlung auch der materiellen Welt in der heilshaften Kraft des Osterereignisses zu verstehen. Hier deutet sich an, daß die Auferstehung auch insofern eine neue Schöpfung ist, als sie nicht nur im Bereich des gnadenhaft-übernatürlichen Lebens eine Verwandlung erbringt, sondern auch im Bereich der Natur, und zwar sogar der ungeistigen und materiellen Natur. Wer die Erscheinungen des Auferstandenen in dieser Perspektive betrachtet, wird nicht mehr sagen können, daß es sich bei ihrer Betonung und Erhaltung um Apologetik handelt. Es ist ein positives theologisches Denken, das den ganzen Reichtum der Auferstehungswahrheit als neuer Schöpfung entfalten möchte.

Man kann freilich als moderner naturwissenschaftlich denkender Mensch dieser Annahme skeptisch gegenüberstehen und sie als Übertreibung ansehen. Aber die Glaubensannahme, daß sich in der Auferstehung auch etwas an der Natur, am kosmischen Substrat des Geistes, ereignete, ist zunächst gedeckt durch die Aussage von der «*kainä ktisis*». «Schöpfung» meint nun im Christentum immer etwas Totales; sie meint immer das Ganze, wofür die Genesis «Himmel und Erde» sagt. Man kann gegen eine solche Auffassung von der «*kainä ktisis*» vom natürlichen, wissenschaftlichen Denken her oder auch vom existentiell-anthropozentrischen Denken her manches einwenden. Aber soweit sich dieses Denken als christlich versteht und trotzdem eine solche realistische Auffassung von der Auferstehung als Verwandlung der Materie ablehnt, darf man von ihm sagen, daß es nicht konsequent ist; denn die Auferstehung auf eine rein geistige, spiritualistische Dimension zu reduzieren, bedeutet die Etablierung eines Spiritualismus, der die Wirklichkeit des Menschen und der Welt im Grunde nur eindimensional versteht. Von daher ist an die Adresse des theologischen Existentialismus immer mit Recht der Vorwurf der Unwelthaftigkeit und des weltlosen Spiritualismus gerichtet worden. Ein solcher Spiritualismus ist aber, wenigstens im Ansatz, dem Dualismus zugeneigt; denn wer die materielle Welt, die er gerade vom naturwissenschaftlichen Denken her in ihrer ganzen Gewichtigkeit und Mächtigkeit ernst nehmen muß, dem Einflußbereich des Geistigen und des Übernatürlichen entzieht, der dokumentiert damit, ob bewußt oder unbewußt, daß er an zwei getrennten, einander entgegengesetzten Bereichen festhält. Das aber ist im Ansatz dualistisch gedacht. Insofern stellt der philosophische wie der theologische Existentialismus, der sich um die Welt wie um den Kosmos nicht kümmert, eine begrenzte Welt- und Wirklichkeitssicht dar.

Von hier aus läßt sich von der spiritualistisch-existentialistischen Auffassung der Auferstehung Christi sagen: Sie ist auf jeden Fall gegenüber der realistischen Auffassung die begrenztere und die beschränktere. Darüber hinaus läßt sich wohl auch ersehen, daß die spiritualistisch-existentialistische Deutung von der realistisch-heilsgeschichtlichen Auffassung nicht gänzlich abgelehnt werden muß. Nichts, was R. Bultmann, W. Marxsen und E. Fuchs über die «Auferstehung» als ethisches, sittliches oder spirituelles Glaubensphänomen sagen, braucht vom heilsgeschichtlichen Realismus geleugnet zu werden. Das ist übrigens ein Grundsatz, der für viele andere theologische Fragepunkte und Fragenkomplexe gilt. Da die Auferstehungstheologie ein Paradigma für eine Gesamttheologie darstellt, kann man von einer heilsgeschichtlich ausgerichteten Auferstehungstheologie behaupten: Sie schließt das moderne existentialistische Denken in der Theologie an keinem Punkt aus. Sie bezieht es in sich ein, aber sie sieht mehr. Wer aber mehr sieht, steht der Wahrheit näher. Die realistische Auffassung der Auferstehung als neuer Schöpfung sieht mehr als die existentialistisch-spiritualistische, die hierin tatsächlich dem alten Griechentum enger verhaftet ist, als sie zugeben kann. In der Polemik gegen den heilsgeschichtlichen Realismus oder die «Heilstatsächler» (E. Fuchs) ist nur eines nicht erfaßt oder erahnt: Die heilsrealistische Auffassung der Auferstehung ist denkerisch und theologisch tatsächlich die schwierigere. Man kann überhaupt und insgesamt zur existentialistisch-spiritualistischen Deutung des Christentums in der modernen Welt sagen: Sie erleichtert das christliche Denken, aber auch die christliche Praxis. Jedoch kann in der Erleichterung nicht das Siegel der Wahrheit liegen. Vielleicht ist im Theoretischen wie im Praktischen das den Menschen mehr Anfordernde, das für ihn Schwierigere zuletzt doch das ihm Gemäßere.

Dabei ist das für das Denken Schwierige, das Herausfordernde und Geheimnisvolle an der Auferstehung als Verklärung der Schöpfung doch nicht so geartet, daß man es von naturwissenschaftlichem Denken her in keiner Weise als möglich und als widerspruchslos erweisen könnte.

Daß dies gelingen kann, hat in der modernen Welt in besonders eindringlicher Weise *Teilhard de Chardin* gezeigt. In einer zentralen, wenn auch kleinen Schrift «Mon univers» schrieb Teilhard die Sätze: «Die Auferstehung, wir suchen viel zu sehr, sie als ein apologetisches und augenblickliches Ereignis zu betrachten, als eine kleine individuelle Rache Christi über dem Grab. Sie ist ein ‹tremendous› kosmisches Ereignis. Sie markiert durch Christus die effektive Besitzergreifung seiner Funktionen als universales Zentrum[104].» Unter den «Funktionen», die in der Auferstehung Jesu erstmals freigesetzt wurden, versteht Teilhard eine transformatorische Wirkung der göttlichen Kraft auf die Materie. Er ist der Überzeugung, daß Christus in der Menschwerdung als kosmisches Element in die Materie eintaucht, daß er aber in der Auferstehung erst wirklich als «psychisches Zentrum der universellen Sammlung» der Weltelemente auf die Vergeistigung und letztlich die totale Personalisierung der Welt zu wirken beginnt. Für Teilhard wäre es deshalb undenkbar, daß dieser Christus als Gottmensch nicht lebendig wäre. Die Auferstehung ist für Teilhard der Durchstoß des Gottmenschen als eines Einzelindividuums zum universalen kosmischen Christus, der nun die quantitative Erfüllung und die qualitative Vollendung aller Dinge wirkt.

[104] Mon univers, Paris 1924: Œuvres IX, 92.

In der Schrift «Le milieu divin» nennt Teilhard Christus «den tätigen Mittelpunkt», «das lebendige Band, die ordnende Seele des Pleromas»[105], d. h. der gesamten in das Leben Gottes hineingezogenen Schöpfung. Christus ist aber als Auferstandener das Strahlungszentrum des sich auf dem Vollendungsweg befindlichen Kosmos. Er ist weiter «jener, in dem alles sich vereinigt und erfüllt, jener, von dem das ganze Gebäude der Schöpfung seine Festigkeit bezieht, Christus, der gestorben und auferstanden ist, ‹qui replet omnia; in quo omnia constant›». Von dem auferstandenen Christus und seiner Weltfunktion gilt auch: «Christus selbst verhält sich im Verlauf dieses Prozesses nicht wie ein toter und untätiger Schnittpunkt. Er ist die Mitte, von der aus die Kräfte ausstrahlen, die das Weltall durch seine Menschheit hindurch zu Gott führen[106].»

Theologisch bemerkenswert ist an dieser Aussage der Hinweis auf die Menschheit Christi, die selbstverständlich die aus der Auferstehung hervorgegangene lebendige, von Gott gänzlich durchformte Menschheit ist. Diese Menschheit gilt als das Instrument und als das Vermittlungsorgan, vermittels dessen sich die göttliche Kraft auf den Kosmos und auf die materielle Welt überträgt. Die Wirkung dieses in der Auferstehung Christi beginnenden Vorgangs für den Kosmos ist seine weitere Transformation auf einen höheren Zustand der Materie hin. Teilhard bezeichnet diesen höheren Zustand und sein Endergebnis als Personierung oder Personalisierung des Kosmos in seinen materiellen Beständen. Dieser Begriff, der aus dem Zusammenhang, in dem er bei Teilhard steht, interpretiert werden muß, besagt nicht, daß auf dem Entwicklungsweg des Kosmos alles Materielle Geist oder gar Person wird, sondern, daß die Materie immer mehr vom Geist ergriffen, durchformt und gestaltet wird. Sie wird in der transformierenden Kraft des Strahlungspoles, den der auferstandene Gottmensch darstellt, vergeistigt und dem personalen Sein angeglichen, aber nicht aufgelöst oder aufgehoben, was im Grunde eine materiefeindliche Auffassung wäre.

Auf jeden Fall ist die kosmische Funktion des auferstandenen Pantokrator Christus nach Teilhard so geartet, daß die Welt in die durch den Auferstandenen erbrachte Erhebung zu Gott miteinbegriffen ist und einem Wandel unterworfen wird, der dem Vorgang gleicht, den die christliche Tradition als Verklärung auch der Materie bezeichnete.

---

[105] Der göttliche Bereich, Olten ³1963, 142.
[106] Ebd., 142.

Diese moderne Interpretation der Wirkung der Auferstehung auf die materielle Welt ist im übrigen sachlich nicht so neu, wie sie auf den ersten Blick erscheinen könnte. Die universal-kosmische Dimension, in die Teilhard den auferstandenen Gottmenschen hineinstellt, ist durchaus schon in der theologischen *Tradition der Patristik und des Mittelalters* angelegt, wenn auch nicht so stark betont und so ausführlich entfaltet wie bei Teilhard de Chardin. *Henri de Lubac* unterbaut den Befund Teilhards mit einer Reihe von Aussagen der Kirchenväter (Hieronymus, Ambrosius, Leo der Große, Hilarius) über die die Materie verwandelnde Wirkung der Auferstehung Christi[107]. So sagt Ambrosius, um nur einen sprechenden Text aus der Vielzahl dieser Aussagen zu nennen: «Resurrexit in eo mundus, resurrexit in eo caelum, resurrexit in eo terra[108].» Damit ist allerdings wiederum nicht gesagt, daß Teilhard diese traditionelle Lehre von der Auferstehung als anfanghafter Verklärung der Materie einfach aus der Vergangenheit übernimmt und sie nur wiederholt. Der Gedanke Teilhards ist viel stärker vom naturwissenschaftlich-evolutiven Denken bestimmt. Er ist auch in den Einzelheiten sehr viel anders begründet und philosophisch ausgeführt, als es in der Tradition geschah, die im Grunde diesen Gedanken aus der Einheit von Schöpfung und Erlösung ableitete, aber nicht weiter begründete. Bei Teilhard kommen dagegen eine ganze Reihe von modernen philosophischen und naturwissenschaftlichen Begründungen hinzu. Dazu gehört – um nur eine Neuerung und Unterscheidung zu den Vätern zu erwähnen – der Gedanke von einer vorgegebenen Einheit zwischen Materie und Geist, der sogleich allerdings auch seine Problematik erkennen läßt. Dazu gehört ferner die Annahme, daß Christus von Anbeginn der Schöpfung an die Evolution des kosmischen Stoffes belebt und beseelt. Dazu gehört weiter eine stark immanentistische Auffassung von der Wirksamkeit Christi in der Welt, die das theologische Denken auch wieder in gewisse Schwierigkeiten bringt, weil sie das göttliche Handeln in der Welt durch Jesus Christus nicht verzeitlichen und immanentisieren darf. Unterschiedlich sind auch die Aussagen, die Teilhard über den konkreten Verlauf des Höheranstiegs der Materie in der diesseitigen Welt und in der weiteren Evolution macht. Er geht hier viel konkreter und dezidierter, mit viel genaueren Einzelaussagen vor als etwa die Kirchenväter, die im Grunde mehr an die endgültige Verklärung der Materie bei der Parusie dachten als an einen langsamen Fortschritt innerhalb der Menschheitsgeschichte.

[107] H. de Lubac, La pensée religieuse du Père Teilhard, Paris 1962.
[108] Ambrosius, De excessu fratris sui, 1.2: PL 16, 1354.

Teilhard kann hier auf Grund seines viel umfassenderen Wissens und seiner viel tieferen Deutung der Evolution auch Einzelerkenntnisse extrapolieren oder voraussagen, die man *so* früher nicht machen konnte. Allerdings ist dem auch gleich kritisch hinzuzufügen, daß solche dezidierten Einzelerkenntnisse, eben weil sie Extrapolationen der bisherigen Kurve der Entwicklung des Kosmos sind, ihre eigene Problematik besitzen. Das tritt etwa an einer Einzelbehauptung zutage, die als Beispiel für viele andere stehen kann.

In seinem noch am meisten systematisch gehaltenen Hauptwerk «Der Mensch im Kosmos» behauptet Teilhard z. B. am Ende, daß der biologische Zustand der Menschheit in der Endphase der Weltentwicklung so geartet sein werde, daß «das Übel im Endzustand der Erde ein Mindestmaß erreichen werde». Weiter heißt es von diesem Ideal-Zustand des Ultra-Humanen, der natürlich auch durch den Wandel der biologisch-materiellen Stufe des menschlichen Seins hervorgebracht wird und nicht etwa durch rein geistige Kräfte, die es in dieser Reinheit und Abgeschlossenheit gar nicht gibt, weil für ihn Geistiges und Materielles eine tiefreichende Einheit bilden: «Krankheit und Hunger, von der Wissenschaft besiegt, werden wir nicht mehr in der zugespitzten Form zu fürchten haben. Und Haß und innere Kämpfe, besiegt durch den Sinn für die Erde und das Menschliche, werden unter der inneren wärmeren Strahlung von Omega ‹Christus› verschwunden sein. Eine Einmütigkeit herrscht über die Maße der Noosphäre. Die endgültige Konvergenz vollzieht sich im Frieden[109].» Dieser Reifungszustand des gesamten Humanum wird schließlich eine Intensität erreichen, die nicht mehr steigerungsfähig erscheint. Das hat dann für das eschatologische Ereignis der Parusie die Folge, und hier ist fast zu sagen: die fatale Folge, daß, wie Teilhard meint, der Funke der Parusie mit einer quasi-Notwendigkeit auf den so gereiften und in seinen Möglichkeiten erschöpften Kosmos überspringen wird.

Das alles zeigt, daß Teilhard über den von der Auferstehung eingeleiteten Planetisationsprozeß der Materie nicht nur erheblich mehr zu sagen weiß als die Offenbarung und die sich an sie anschließende Tradition, sondern daß er das alles auch neuartig begründet. Diesen Begründungen und Extrapolationen gegenüber muß man vom theologischen Denken her natürlich wieder mit einer gewissen Kritik begegnen, weil hier das Geheimnis naturalisiert zu werden droht und die Gefahr eines gewissen Determinismus in der Deutung des Welt-

---

[109] Der Mensch im Kosmos, München ²1959, 284f.

prozesses nahergerückt, der den kosmischen Christus an die Gesetzmäßigkeiten der Natur binden würde.

Aber auch wenn im einzelnen manche Ausstellungen an Teilhards Gedanken gemacht werden müssen, ist der theologische Grundansatz nicht zu widerlegen. Er besteht in der Glaubensüberzeugung, die ein Interpret so formuliert: «Drei Grundtatsachen der Offenbarung zieht Teilhard an keiner Stelle seines Schrifttums in Zweifel: die gottmenschliche Natur Jesu Christi, die Auferstehung und Verklärung des historischen und die Identität des individuellen und des universalen Christus[110].» Man darf, auf die Mitte dieses Satzes hinweisend, sagen: Das alles ist aber in der Auferstehung und Verklärung des historischen Jesus zentriert und begründet.

Der moderne Beitrag Teilhards zur Klärung des Geheimnisses des materiellen Kosmos aus dem kosmischen Ereignis der Auferstehung ist deshalb so bedeutsam, weil er eine eindeutige Widerlegung des Vorwurfs ist, die Auferstehungswahrheit könne mit dem modernen Weltbild nicht verbunden werden und stehe im Widerspruch zu ihm. Auf katholischer Seite und auf seiten katholischer Theologen sollte dieser Einwand nicht mehr erhoben werden können, vor allem, wenn man Teilhard in anderen Zusammenhängen als modernen katholischen Denker anerkennt. Er ist ein sprechender Beweis dafür, daß die so schwierige Auferstehungswahrheit tatsächlich selbst mit dem modernen evolutiven Weltbild in Verbindung gebracht werden kann und zwar ohne Abstrich an ihrem Realitätsgehalt.

Neben dieser realistischen Deutung der Auferstehungswahrheit mit den Mitteln des modernen Weltbildes nehmen sich die existentialistischen Formeln über die Auferstehung von Bultmann, Marxsen, Fuchs, Ebeling u. a. dünn aus. In ihnen kommt der welthaft-kosmische Bezug der Auferstehung nicht mehr zur Geltung. Die Folge davon ist eine Spiritualisierung und Idealisierung der gesamten christlichen Botschaft und eine gnostische Verdünnung des Evangeliums, das hier nur noch zu einer menschlichen Idee und Abstraktion herabgeführt erscheint. Das muß hier und überall geschehen, wo die Heilsbotschaft nicht gleichsam in das Erdreich der Menschenwelt, in das Fleisch des Menschen eindringt. Hier meldet sich wieder die alte Wahrheit an, die erstmals Tertullian in dem Grundsatz ausgesprochen hat: «caro cardo salutis» = «das Fleisch ist der Angelpunkt des Heiles»[111]. Was nicht ins Fleisch eindringt, ist auch kein Heil und

---

[110] So A. Glässer, Konvergenz. Die Struktur der Weltsumme Teilhards, Kevelaer 1970, 343.
[111] Tertullian, De resurrectione mortuorum 8,2: Corp.Chr. II, 931.

kann kein Heil bewirken. Man darf behaupten, daß dieser Grundsatz gerade von der welthaft-kosmischen Bedeutung von Menschwerdung und Auferstehung abgelesen und gewonnen ist.

Trotzdem muß bezüglich Teilhards und seiner diesen Grundsatz neu zur Geltung bringenden Interpretation gesagt werden, daß sie auch ihre Grenzen hat. Und dies in einem zweifachen Sinne. Einmal zeigt sich, daß diese völlig konsequente kosmologische Einordnung der Glaubenswirklichkeit der Auferstehung nicht an allen Punkten gelingt und manchmal übers Ziel hinausschießt. Das entspricht der schon früher gewonnenen Erkenntnis bezüglich der Verhältnisbestimmung zwischen Glaube und Weltbild. Man kann sie angesichts Teilhards bestätigen und an diesem konkreten Beispiel feststellen: Der Glaube geht niemals nahtlos und fugenlos in ein Weltbild ein. Die Konsequenz davon wäre die: Man soll ihn auch nicht zu eng an ein Weltbild binden; denn – und das ist die zweite Grenze, die am Teilhardschen Entwurf sichtbar wird – seine harmonisierende Zusammenschau von übernatürlichem Heilsgeschehen der Auferstehung und natürlicher Evolution, seine fast vollständige Synthese zwischen Weltbild und Glauben, ist so geartet, daß dem Menschen eigentlich die Zustimmung des Glaubens nicht leichter wird. Man hat Teilhard oft so deuten wollen, als ob er durch die Verwendung des modernen naturwissenschaftlichen Weltbildes auch den Nicht-Gläubigen zum Glauben führen könne und wolle. Aber das ist durchaus nicht der Fall, wie das Beispiel der Marxisten und modernen Darwinisten zeigt. Sie sind zwar mit dem Weltbild Teilhards einverstanden, aber lehnen seinen religiös-theologischen Inhalt ab; denn Weltbild und Glaube sind nicht identisch!

Schließlich ist Teilhards kosmische Schau des Auferstehungsereignisses, wie jeder visionäre Blick, so umfassend und universal, daß die für das Denken wichtigen Einzelheiten nicht distinkt hervortreten und beinahe nicht gefragt sind. So erhebt er es nicht zum Problem, was wirklich in der Auferstehung an Jesus geschah und in den Erscheinungen vor sich ging, wenn man sie ins kosmologische Weltbild einbeziehen will. Hier sind die Fragen der Theologen, zumal der Fundamentaltheologen bestimmter. Sie dringen auch auf Einzelheiten, wie etwa auf das Problem des Schicksals des Leibes [112]. Auch diese Frage muß unter Heranziehung genauerer naturphilosophischer Überlegungen, als sie Teilhard kannte, an ihrem Platz beantwortet werden.

[112] Vgl. dazu E. Gutwenger, Auferstehung und Auferstehungsleib Jesu Christi, in: ZkTh 91 (1969) 32-58.

Von der Erkenntnis her, daß die Auferstehung die kosmische Evolution bestimmt und so den Kosmos auf seinem Wege weiterbringt, ist auch die Erklärung der Bedeutung der Auferstehung für die Welt als Geschichte zu gewinnen. Evolution und Geschichte des Menschen, als Freiheitsgeschichte verstanden, sind zwar nicht dasselbe. Aber die Evolution ist auf die Geschichte hingeordnet und geht schließlich in sie ein.

c) *Die Sinnerhellung der Geschichte*

Der Bezug der Auferstehung zum Heil des Menschen wie zur materiellen Welt schließt auch den Bezug zur Geschichte der Menschheit ein. Das ist schon vom biblischen Befund her zu begründen; denn die Osterberichte stehen in einem prophetischen und apokalyptischen Horizont, d. h. sie weisen auf vergangene und vorausliegende Geschichte hin, sie geben sich als geschichtliche Erfüllung von Vergangenem (vgl. Lk 24, 13–35) und als Verheißung von Zukünftigem.

Im heutigen Verständnis von Geschichte steht vor allem die Zukunftsperspektive im Vordergrund. Geschichte wird vor allem prospektiv verstanden, als Weg des Menschen innerhalb der Gesamtmenschheit zu einem Vollendungsziel. So gilt die Geschichte als Eröffnung der Zukunft auf einen Zustand der Vollendung hin. Ihre geistigen Antriebskräfte sind der Glaube und die Hoffnung, die den Weg der Geschichte bestimmen und die das Ziel nicht nur passiv erwarten, sondern es in tätiger Erwartung gleichsam heranziehen. Diese Einstellung des Menschen zur Geschichte ist wesentlich mit der Sinnfrage verbunden; denn die Hoffnung auf eine bessere Zukunft und die Erwartung eines Vollendungszustandes sind nur berechtigt und begründet, wenn sie mit der Überzeugung verbunden werden, daß der geschichtliche Prozeß einen Sinn hat und wirklich zu einem Ziele führt.

Die hier an die Theologie gestellte Frage geht dahin, was die Auferstehung Christi für die Geschichte der Menschheit bedeutet und welchen Sinn sie ihr zu geben vermag. Die Antwort, die die Schrift auf diese Frage gibt, ist eindeutig, aber wiederum ungemein anspruchsvoll; denn für Paulus und die Urgemeinde bedeutete die Auferstehung geradezu das Heilsereignis, das die Erfüllung und das Ende der Geschichte bringt. Es ist ein eschatologisches Ereignis, das bereits zur Endzeit gehört und Endzeit verwirklicht. So kann Paulus daraufhin sagen, daß «die Gestalt dieser Welt [schon] vergeht» (1 Kor 7, 32) und daß «die [noch zur Verfügung stehende] Zeit zusammengedrängt ist» (1 Kor 7, 29). Nach dieser Auffassung ist das Entscheidende in der Geschichte schon geschehen, und es steht nur noch die Volloffenbarung dieses Entscheidenden aus im sichtbaren zweiten Kommen des Auferstandenen in der Parusie. Diese Parusie wurde in der Urgemeinde zweifellos als nahe bevorstehend geglaubt, was auch dafür spricht, daß das Osterereignis als Sinn und Ziel der Geschichte verstanden werden konnte.

Das könnte zu dem Fehlschluß führen, als ob von daher das Christentum eigentlich keine prospektive Geschichte mehr kenne, sondern heute nur noch retrospektiv gerichtet sein müsse. Eine solche Auffassung aber hätte zunächst die Annahme zur Folge, daß Paulus und die Urgemeinde in ihrer Geschichtsauffassung einem wesentlichen Irrtum verfallen wären; zum anderen ergäbe sich daraus die Konsequenz, daß das Christentum der Welt keine eigentliche Zukunftsperspektive eröffnen könnte, sondern sie immer nur an die Auferstehung als Erfüllung der Geschichte zurückverweisen müßte. Auch so wäre das Christentum wesentlich eine retrospektive, bewahrende Ordnung, aber keine auf die Zukunft der Geschichte ausgerichtete Macht.

In Wirklichkeit ist es aber schon bei Paulus und der Urgemeinde nicht so, daß sie ganz undialektisch vom Ziel der Geschichte in der Auferstehung dachten. Auch sie wußten um die dialektische Spannung zwischen dem «Schon» und «Noch-Nicht»[113], auch wenn die beiden Pole – Auferstehung und Parusie – enger beieinander liegend gedacht wurden. Daß diese Auffassung bald korrigiert wurde und daß sie heute keine Geltung mehr besitzt, besagt keine grundsätzliche Veränderung der Situation des Christentums; wohl aber bedeutet dieser Wechsel in der Perspektive eine erhöhte Anforderung an die Theologie, die Frage zu klären: Was bedeutet die Auferstehung für eine in unabsehbare Zeiträume weiterlaufende Geschichte; wie ist diese Geschichte im Licht der Auferstehung zu verstehen; welche Impulse ergeben sich aus der Auferstehung für die Gestaltung dieser weiterlaufenden Geschichte?

Trotz der nicht mehr zutreffenden Naherwartung steht das christliche Geschichtsverständnis auch heute in wesentlicher Übereinstimmung mit dem biblischen Denken. Christliches Denken muß auch heute die Auferstehung Jesu aus dem Tode als das Endereignis betrachten, über das hinaus eine wesentliche Steigerung des Welthandelns Gottes nicht mehr möglich ist. Es ist nicht denkbar, daß

[113] Diese Spannung bezeichnet O.Cullmann als «Schlüssel zum Verständnis der neutestamentlichen Heilsgeschichte»: Heil als Geschichte, Tübingen 1965, 147.

dieser Tat Gottes zur Erlösung der Menschheit und zur Verklärung der Welt eine *in ihrem Wesen* noch höhere und werthaftere Tat folgte. Alles, was dieser Tat folgt, kann nur als ihre Ausfaltung, als ihre Auswertung oder als ihre vollständige Veröffentlichung betrachtet werden, auch die Parusie am sogenannten Jüngsten Tage. Deshalb hat O. Cullmann im Anschluß an schon ältere Traditionen von der Auferstehung als dem eigentlichen Entscheidungstag oder als der Entscheidungsschlacht der Geschichte gesprochen[114]. Diesem Entscheidungstag wird zwar noch der Siegestag und die endgültige Siegesfeier, d.i. ohne Bild gesprochen, die Parusie folgen. Aber sie ergibt sich im Wesen aus dem Geschehen des Entscheidungstages heraus und wäre ohne diesen gar nicht möglich. Es ist nicht zu bestreiten: «Das Ende der Geschichte ist mit der Auferweckung Jesu an ihm schon geschehen, obwohl es für uns andere noch aussteht ... Auch das Weltende wird lediglich im kosmischen Maßstab das vollziehen, was an Jesus bereits geschehen ist[115].» Wenn aber das Wesen der Endzeit mit der Auferstehung Christi bereits gegeben und die Entscheidung innerhalb der Geschichte mit dem Osterereignis bereits gefallen ist, darf man von diesem Ereignis aus auch den Sinn der menschlichen Geschichte bestimmen. Er läßt sich im Glauben aus der Abfolge von Schöpfung – Sünde – Menschwerdung – Kreuz und Auferstehung erkennen. Er besteht in der Heimholung der gefallenen Welt in das göttliche Leben durch Überwindung von Sünde und Tod im Zusammenwirken Gottes mit den Menschen, was exemplarisch und prototypisch durch den Gottmenschen Jesus Christus geschehen ist. Das Weltgeheimnis auf der Ebene des Geschichtlichen wird von der Auferstehung her verständlich als Rückführung und als Aufstieg der Menschheit zu Gott durch den gestorbenen und auferweckten Gottmenschen, der die ganze Menschheit vertritt. Das eigentliche Thema der Weltgeschichte ist deshalb nicht, wie Goethe einmal – und nicht ganz unzutreffend – bemerkte, «der Kampf des Glaubens mit dem Unglauben», sondern die Überwindung von Sünde und Tod und die Einbeziehung des Menschlichen in das Göttliche, was sich in der Auferstehung Christi wesentlich schon ereignet hat. Von der Auferstehung her wird so die Geschichte im Glauben deutbar und verstehbar als kämpferische und sieghafte Aufrichtung des «Reiches Gottes», als Inbegriff göttlichen Handelns und übernatürlichen Wirkens an der Menschheit.

[114] O. Cullmann, Christus und die Zeit. Die urchristliche Zeit- und Geistesauffassung, Zürich ²1948, 124.
[115] So W. Pannenberg, Offenbarung als Geschichte, Göttingen ³1965, 104f.

Diese Deutung ist nun allerdings noch nach zwei Seiten zu entfalten und zu vervollständigen. Sie muß noch zwei Fragen berücksichtigen und sie zu beantworten suchen. Es ist einmal die Frage nach der Bedeutung der noch weitergehenden Geschichte, deren Weitergehen, was für den Menschen konkret die am meisten faszinierende Perspektive ist, ja einen Sinn behalten muß, und es ist zweitens die Frage, wie sich zu dieser weitergehenden Geschichte des Reiches Gottes oder des Heils die natürliche Weltgeschichte als Kultur-, Zivilisations- und innerweltliche Vollendungsgeschichte verhält.

Bei der ersten Frage geht es um die *Motivation des Weitergehens einer Geschichte*, die in ihrem Wesen schon entschieden und am Ende ist, die trotzdem aber noch eine zeitliche Erstreckung auf die absolute Vollendung hin besitzt. Die Motivation für diese «Streckung» des Endes ist nicht leicht. Sie kann auch nicht durch Angabe eines einzelnen Motives gelingen. Vom biblischen Denken her werden der theologischen Begründung schon eine Reihe von Argumenten vorgelegt, die beachtenswert sind, aber doch keine vollständige Beantwortung der Frage erbringen. Hier sind wieder die Erscheinungen des Auferstandenen bei den Synoptikern aufschlußreich. In ihnen allen klingt immer wieder das Moment des Apostolats oder der Sendung an (vgl. Mt 28, 18 ff; Lk 24, 48 f). Dieses Motiv zusammenfassend sagt die Apostelgeschichte: «Ihr werdet meine Zeugen sein in Jerusalem, in ganz Judäa und Samaria bis an die Grenzen der Erde» (Apg 1, 8). Daraus ist zu entnehmen, daß die Auferstehung als Botschaft und als Wirklichkeit weitervermittelt und weitergetragen werden soll, daß sie in die Weite und Tiefe der Menschheit hineinwachsen soll. Es ist der Gedanke der missionarischen Ausweitung, der besonders auch im Lukasevangelium anklingt.

Aber der Gedanke der Ausweitung der Auferstehungswirklichkeit und des durch sie entscheidend grundgelegten «Reiches Gottes» scheint doch nur ein quantitatives Moment zu ergeben und ein quantitatives Wachstum zu meinen. Demgegenüber wäre die Frage möglich, ob die größere Ausweitung und konkret das Wachstum der Zahl der Menschen und Völker, denen die Auferstehungsbotschaft gebracht wird und die dann in das «Reich Gottes» einbezogen werden, schon ein völlig hinreichendes Motiv ist, zumal ja diese Zahl immer eine begrenzte sein wird. Deshalb muß zur Motivation dieses Weitergehens auch ein *qualitatives* Moment hinzugenommen werden, das in der Schrift ebenfalls enthalten ist. Es ist das Moment der Intensivierung der Heilskraft und der Heilsmacht der Auferstehung innerhalb einer endlich-geschichtlichen Verfassung von Mensch und Welt.

Einem endlichen Wesen wie dem Menschen und der Menschheit, und das heißt auch einem geschichtlichen Wesen, ist es nicht möglich, die übernatürliche Wirklichkeit der Auferstehung in einer einzigen Tat und in einem einzigen Augenblick voll zu realisieren und anzueignen. Hierzu braucht es Zeit und bedarf es der Geschichte. In dieser Zeit kann nicht nur objektiv der ganze Reichtum dieses Heilsgeheimnisses entfaltet werden, den der Mensch niemals in einem Zuge zu ermessen und zu erfassen vermag; es kann vielmehr der Inhalt dieser Wirklichkeit in der Aneignung beim einzelnen wie in der Menschheit intensiviert, radikalisiert, vertieft werden. Dazu ist die sogenannte «Zwischenzeit» bestimmt und geschaffen.

An diesen Zusammenhängen zeigt sich ein weiterführendes Moment zur theologischen Begründung der sogenannten «Zwischenzeit». Man kann nämlich auch verstehen, daß diese Ausweitung und Intensivierung der Auferstehungswirklichkeit eigentlich *nicht für Gott* von Bedeutung ist, denn für Gott und den Gottmenschen ist das Entscheidende zur objektiven Vollendung des Weltplanes in der Auferstehung schon geschehen. Das Weitergehen der Geschichte auf die Endvollendung hin ist dann vor allem für den geschichtlich verfaßten Menschen von Bedeutung.

Die weitergehende Geschichte ist daraufhin nicht allein eine Veranstaltung Gottes. Wenn es nur um das Handeln und Wirken Gottes ginge, könnte Gott das, was er will und anzielt, auch sozusagen uno ictu, mit einem einzigen momenthaften Akt vollenden. Aber er beabsichtigt das gerade nicht, sondern intendiert die Beteiligung des Menschen. Deshalb ist er in einem ersten Akt auch schon Mensch geworden, um an der Erlösung wie an der Vollendung des Menschen zu beteiligen. Das geht aber nur in einer zeithaften, geschichtlichen Erstreckung. So sind auch die Motive der Ausbreitung und der Intensivierung der Auferstehungswirklichkeit zuletzt in das Moment der Mitbeteiligung des Menschen an der Vollendung eingefügt, eine Mitbeteiligung, die nur in einer Geschichte erfolgen kann.

In diesem Mittun wird der Mensch in einer Hinsicht zum Partner Gottes erhoben. Das ist eine außerordentlich hohe Berufung, die ihm die große Bedeutung seines Daseins aufzeigt, das nur richtig getroffen ist, wenn man es als ein endlich-unendliches Sein versteht, als ein spannungsvolles Paradox. Trotzdem darf sich der Mensch nicht überheben und nicht dem Irrtum verfallen, als wäre er Partner gleichen Rechtes und gleicher Macht. Er ist nur untergeordneter und abhängiger Partner. Das besagt weiter, daß er die Endvollendung nicht aus eigener Kraft zu leisten und herbeizuführen vermag, sondern daß dies letztlich in der Kraft Gottes geschieht, die die menschliche Kraft mitbeansprucht und miteinsetzt. Weil der Mensch aber den Willen und die Kraft Gottes niemals vorausberechnen oder prognostizieren kann, weil er ferner seiner eigenen Kraft nicht ganz sicher ist, bleibt die Erreichung des absoluten Zieles oder der absoluten Zukunft immer an seinen Glauben und an seine Hoffnung gebunden, an die Bewährung dieser Tugenden. Innerhalb der Geschichte, die immer noch unter dem Versagen, unter der Sünde und der Schuld steht wie auch unter dem undurchdringlichen Geheimnis Gottes, gibt es darum kein förmliches Wissen um die Erreichung des Zieles, zumal die Wege zu diesem Ziel im einzelnen unbekannt sind; hier gibt es nur Glaube und Hoffnung. Zunächst ist vom Christen gefordert: das gläubige Festhalten an dem Sinn der Geschichte, der in der Auferstehung Christi verankert ist. Dazu muß das angespannte, erwartungsvolle Sich-Ausstrecken auf die Endoffenbarung erfolgen in der Hoffnung, die sich in allen Katastrophen und Wandlungen der Geschichte zu bewähren hat. Die Auferstehung setzt den Menschen deshalb nicht schon in den ruhigen Besitz des Vollendungszieles, sie stattet ihn aber mit Glauben und Hoffnung aus, die seinen Weg zu diesem Ziel beflügeln. So wird die «Zwischenzeit» vor allem zu einer Zeit der Hoffnung für den Menschen. Er hängt damit aber nicht, wie der *Neomarxismus* meint, dem «Gott Hoffnung» an, er hypostasiert Hoffnung nicht als seinen Gott und als sein Absolutes, sondern er hängt einem *Gott der Hoffnung* an, auf dessen Kraft man hoffen darf, weil sie sich in der Auferstehung schon so gewaltig bezeugt hat.

Diese Hoffnung und diesen Sinn seiner Zwischenexistenz muß der Mensch besonders angesichts des eigenen Todes bewahren, der ihn ja tatsächlich noch einmal mit der Katastrophe des Unterganges seiner eigenen Welt schreckt und die Versuchung zur Verzweiflung am Sinn der eigenen Existenz und der Welt insgesamt heraufführt. Die Verlegenheit, in der sich die Neomarxisten, obgleich sie sich um eine Sinngebung bemühen, gegenüber dem Tode befinden, zeigt, wie bedeutsam die Wirklichkeit der Auferstehung gerade für diesen kritischen Punkt werden kann, in dem noch einmal aller Sinn der Geschichte, aller Glaube und alle Hoffnung auf dem Spiele stehen. Wie die Auferstehungswahrheit diese Dunkelheit zu erhellen vermag, kann sich zeigen, wenn man sie zur Eschatologie in Beziehung setzt.

Das sich hier noch anschließende Problem, wie sich dieser Glaube und diese Erwartung der absoluten Zukunft auch im Handeln auf diese Zukunft hin bewähren, kann mit der grundsätzlichen Forderung beantwortet werden: Die Gewißheit und die Erwartung des Kommens der Königsherrschaft Gottes, in der nach 1 Kor 15,28 Gott «alles in allem sein wird», muß sich durch den Menschen aktivieren in dem Erweis der Kraft, der Gnade, des Geistes und der Liebe Gottes in allen Wirklichkeitsbereichen. Es ist die angespannte Hoffnung, die «wartet auf die Erfüllung der verheißenen Gottesgerechtigkeit an allen, auf die Erfüllung der in seiner Auferstehung verheißenen Totenauferstehung, auf die Erfüllung der in seiner Erhöhung verheißenen Herrschaft des Gekreuzigten über alles»[116]. Diese angespannte Offenheit, die weder als quietistische Passivität noch als menschliche Kraftanstrengung verstanden werden darf, ist freilich nur dann zu rechtfertigen und zu halten, wenn der Auferstandene und seine Auferstehungskräfte wirklich aufgebrochen und in die Geschichte eingegangen sind. Wiederum ist hier zu sagen: Eine Auferstehung, die nur als Wort der Verheißung existiert (wie J. Moltmann nahelegt), muß aus dem Auferstehungsglauben eine vage menschliche Hoffnung und einen anmaßenden menschlichen Kraftakt machen. Sie wäre mehr Gesetz als kraftspendendes und befreiendes Evangelium.

Deshalb ist die Auferstehung als geschichtsmächtige Kraft nur zu halten, wenn Jesus Christus in einem realen und präsentischen Sinne «in die Geschichte hinein auferstanden ist»[117] und hier *in* seinem Geist (und vermittels seiner Kirche) weiterwirkt.

Damit stellt sich freilich noch ein letztes Problem in Form der Frage, *wie sich die zeitlich-relative Vollendung der Welt zur überzeitlich-absoluten Vollendung verhalte,* wie relative innerweltliche Zukunft und absolute, transzendente Zukunft zueinander stehen. Das Problem läßt sich auf dem Boden des Auferstehungsglaubens in einer Reihe von anderen Aspekten und Figuren entfalten, etwa auch in der Frage, wie sich Weltarbeit und Reich-Gottes-Arbeit zueinander verhalten oder in welcher Relation der irdische Endzustand zum endgültigen transzendenten eschatologischen Vollendungszustand steht.

In der heutigen optimistischen Weltsicht des Christentums, die nicht zuletzt durch Teilhard de Chardin bestimmt wird (vielleicht aber auch nur durch eine einseitig optimistische Interpretation einiger

---

[116] So J. Moltmann, Theologie der Hoffnung, 208.

[117] Das ist der positive Sinn der Formel und der Auferstehungstheologie von G. Koch, a.a.O., bes. 106. Allerdings ist diese Formel wie die ganze Theologie an dem Punkte wiederum gefährdet, wo sie Auferstehung als ständig weitergehendes Ereignis zwischen Christus und dem Menschen versteht und damit sowohl den trinitarischen wie auch den ekklesiologischen Aspekt verkürzt, wenn nicht geradezu verdrängt.

zugespitzter Aussagen Teilhards de Chardin[118]), herrscht der Eindruck vor, daß sich die absolute Vollendung oder die absolute Zukunft aus der relativ-immanenten Vollendung ergeben werde, so daß sich – wie Teilhard gelegentlich nahelegt – die Parusie erst im Zustand innerweltlicher Vollendung ereignen kann[119]. Weltentwicklung und Entwicklung des Reiches Gottes gingen dann ineinander über und würden einander bedingen. So würde die innerweltliche Geschichte zu einem Antriebs- und direkten Beförderungsmittel des Gottesreiches. Damit würde die Vollendung der innerweltlichen Geschichte entweder selbst das Reich Gottes herbeiführen oder sie würde zu einer notwendigen Vorbedingung des Erscheinens des Reiches Gottes. Damit aber geriete die christliche Hoffnung in Gefahr, sich einem rein innerweltlichen Fortschrittsoptimismus zu verschreiben. Er drückt sich praktisch darin aus, daß das Gebet um das Kommen des Reiches, wie es die Vater-unser-Bitte verlangt, aufgegeben wird zugunsten der Weltarbeit, die dann – in manchen Erklärungen – auch die Funktion des Gebetes annehmen soll und auch als Gebet deklariert wird.

Es wird hier gleichsam eine «heilige Allianz» zwischen innerweltlichem Fortschritt und Parusie geschlossen, die sehr verführerisch, aber theologisch doch nicht begründet ist. Die Ablehnung dieser Möglichkeit könnte mit mancherlei Argumenten philosophischer und theologischer Art erfolgen, die auf das Verhältnis von Natur und Gnade, von Schöpfung und Erlösung, von Welt- und Heilsgeschichte näher eingehen müßte. In diesem Zusammenhang ist aber vor allem gefragt, warum eine solche «heilige Allianz» von der Auferstehungstheologie her nicht begründet werden kann.

Es geht hier um die Beantwortung der Frage, warum aus der Auferstehung und ihrer unbezweifelbaren Wirkung auf die materielle Welt wie auf die irdische Geschichte doch keine Utopie über die irdische Endvollendung oder über ein irdisches Paradies abzuleiten ist. Man könnte den Unterschied auch auf die Scheidung der Begriffe von weltimmanenter Utopie und transzendenter Eschatologie bringen. Dann erhält dieselbe Frage etwa die Form: Warum ergibt sich aus der Auferstehung eine welttranszendierende Eschatologie, aber keine weltimmanente Utopie? Der tiefste Grund liegt offenbar nicht darin, daß in einer geschichtlichen Welt auch Sünde, Schuld und Gericht weitergehen und eine letzte Erfüllung dieser Geschichte verhin-

---

[118] Vgl. dazu die Korrekturen bei H. de Lubac, Teilhard de Chardins religiöse Welt, Freiburg 1969, 202 und 304.
[119] Der Mensch im Kosmos, 284.

dern. Sonst müßten ja die begnadeten oder gerechtfertigten Menschen und die Heiligen eine innerweltliche Erfüllung erreichen können, eine Annahme, die ebenfalls gegen den christlichen Realismus verstößt. Der tiefste Grund für diese innerweltliche Unerfüllbarkeit ist darin gelegen, daß die Auferstehung der Welt ein überweltliches, transzendentes Ziel aufgerichtet hat. Durch diese Zielausrichtung wird der Mensch zu einem auf das Unendlich-Göttliche ausgerichteten Wesen, das in dieser Welt niemals befriedigt werden kann. Selbst der Zustand vollkommenster irdischer Perfektion würde dem Menschen den Mangel der letzten Erfüllung spürbar werden lassen, so daß es einen irdischen Erfüllungszustand für den Auferstehungsgläubigen gar nicht geben kann. Weil die Sehnsucht nach dem Transzendenten dem Menschen immer verbleibt, kann kein innerweltlicher Zustand als Ziel und Vollendungszustand angesehen werden.

Die Folge davon ist nicht ein Desinteresse des Christen an der Geschichte der Welt und am irdischen Fortschritt. Es bleibt vielmehr seine Aufgabe, die Auferstehungswirklichkeit auch in die Welt hineinzutragen. Aber da keine irdische Verwirklichungsform die göttlich jenseitige Vollendungsform erreichen kann, da zwischen der höchsten irdischen Vollkommenheit und dem transzendenten Endziel immer noch eine unüberschreitbare Differenz liegt, gibt es innerhalb dieser Geschichte nur relative Sinnerfüllungen. Das gibt dem Christen bei aller Verantwortung für diese Geschichte zugleich auch eine letzte Freiheit ihr gegenüber. Diese aber ist notwendig, damit er den Ausblick und die Spannung auf das transzendente Ziel nicht verliert, was dann geschehen könnte, wenn die irdische Geschichte durch Dunkelheiten, Tiefen und Katastrophen führt.

Die sogenannte Zwischenzeit ist, biblisch betrachtet, die Zeit der Kirche. Die Kirche ist diejenige Kraft, die in der Zwischenzeit die Spannung auf die Endoffenbarungen erhalten und so zur Keimzelle der Weltvergöttlichung werden soll. Das führt zur Erkenntnis der ekklesiologischen Bedeutung der Auferstehung.

6. DIE KIRCHE ALS REFLEX
DER AUFERSTEHUNGSWIRKLICHKEIT

a) Auferstehung und Kirche in historischer Betrachtung

Das Bemühen, die Auferstehung als das Zentrum aller Glaubenswahrheiten zu erklären, könnte gelegentlich den Eindruck erwecken, als ob das theologische Denken hier doch stark konstruierend vorgehe und sein Beweisverfahren überspannen würde. Ein solcher Vorwurf könnte sich vor allem angesichts der Ableitung der Kirche aus der Auferstehung einstellen. Wenn man z. B. die Kirche, wie es heute oft geschieht, rein soziologisch versteht und definiert, etwa als Gemeinde, die sich in freier Selbstbestimmung um das Evangelium Jesu schart, wird man einer inneren Verbindung zwischen Auferstehung und Kirche gar nicht ansichtig.

Demgegenüber weist die Schrift schon unter einer rein historischen Perspektive, die von der Exegese genauer ausgearbeitet wird, aus, daß die Kirche erst nach der Auferstehung Jesu entstand. Es gibt zwar sicher kirchenbildende Worte und Handlungen des historischen Jesu, die für die Verwurzelung der Kirche schon in der Geschichte Jesu wesentlich sind. Erwähnt seien nur Mt 16,18; Mt 26,26; Mk 3,13-19 (Auswahl der Apostel); Lk 22,27. Aber es ist genauso sicher, daß die Kirche formell erst nach Ostern in der Kraft des Osterereignisses konstituiert wurde und in der Geistsendung von Pfingsten ihre konkret-sichtbare Geburt erfuhr. Ohne die Auferstehung Jesu und die daraus erfolgende Sendung seines Geistes wären die kirchenbildenden Absichten und Akte des historischen Jesu nicht zum Tragen gekommen. Die Zerstreuung der Jüngergemeinde nach dem Kreuzestod zeigt ja auch, daß weder das *Leben Jesu* noch der *Tod Jesu* hinreichend waren, die Kirche ins Leben zu rufen, sondern daß dazu ein neues schöpferisches Ereignis notwendig war, das sich in der Auferstehung und in den Erscheinungen ereignete und in der Geistsendung vollendete.

Von dem Ereignis der Auferstehung ist aber nicht nur der Ursprung der Kirche zu erklären, sondern auch ihr Bestand und ihr Wesen, wie ja überhaupt Wesen und Ursprung zueinander in Entsprechung stehen. Eine vom historischen Jesus allein gegründete Kirche bliebe im Wesen auch eine historisch-soziologische Größe, mit allen Relativitäten solcher Größen. Auch eine etwa allein vom Ereignis des Kreuzes und seinen Nachwirkungen abhängig gemachte Kirche könnte nur aus der Erinnerung an Jesu Worte und Taten und aus der Nachahmung seines Vorbildes existieren. Sie wäre dann eine von gewissen Denkanstößen Jesu abgeleitete, jedoch wesentlich von Menschen herkommende und begründete Größe, die auch allein vom Willen und vom Leben dieser Menschen getragen würde. Wenn man deshalb die Auferstehung Jesu entwirklicht, wenn man sie nur als Erklärung für die Bedeutsamkeit des Lebens und Sterbens Jesu oder als Ideogramm der Wirkungsgeschichte Jesu gelten läßt, dann macht man aus der Kirche eine rein menschliche Größe, die sich von der Welt nicht wesentlich unterscheidet und die zu gegebener Zeit auch in die Welt hinein aufgelöst werden könnte, wie das etwa der evangelische Theologe R. Rothe schon im vergangenen Jahrhundert forderte [120]. Es ist z. B. überraschend und auf den ersten Blick nicht einsichtig, warum *J. Moltmann*, der dem Christentum eine neue Geschichtsmächtigkeit und Zukunftsgeltung erschließen möchte (und dies nicht zuletzt durch die Verheißung der Auferstehung), so minimalistisch von der Kirche denkt. Er beklagt zwar den Verlust der früheren Gesellschaftsmächtigkeit der Kirche und des Wandels vom «cultus publicus» zu einem «cultus privatus» und einem für die Gesellschaft irrelevanten «Hort der Intimität» [121], in den sich auch die religiöse Ideologie der romantisch-existentialistischen Subjektivität geflüchtet hat [122]. Er bezeugt deshalb auch eine gewisse Sympathie für die modernen Ausformungen des Kirchengedankens zur «Geistkirche» (R. Sohm), zur «pneumatischen Persongemeinschaft» (E. Brunner) und zur unwelthaften «Gemeinschaft im Transzendenten» (R. Bultmann), aber er sieht in all diesen Bildungen doch nur den Ausdruck für die «soziale Stillegung» [123] des Christentums. Andererseits gerät eine institutionalisierte Kirche auch wieder in die Gefahr der «institutionalisierten Unverbindlichkeit». So bleibt der Kirche (oder besser der «Christenheit») nur die Aufgabe, sich als «nicht-assimilierbare und nicht-arrivierbare Gruppe» zu verstehen, die die Gesellschaft in beständiger Unruhe hält. Dies geschieht in der aus der Auferstehung herkommenden Hoffnung auf etwas Zukünftiges und Endgültiges, das aber reine Hoffnung bleiben muß, das sich nicht auf etwas *Bestehendes* gründen darf, sondern sich nur auf etwas *Aus-*

---

[120] Vgl. E. Schott, Richard Rothes These vom Aufgehn der Kirche im Staat (Communio Viatorum) 1959, 257–270.
[121] J. Moltmann, Theologie der Hoffnung, 286.
[122] Ebd., 292.
[123] Ebd., 296.

stehendes richten soll. Deshalb bringt das Wort der Kirche nicht das Heil, sondern kündet es nur an. Dasselbe gilt von den Sakramenten. Taufe und Abendmahl sind nur eschatologische Zusagen auf etwas Künftiges, sie sind auf keinen Fall «mysterienhaft und kultisch»[124] aufzufassen. So ist die Kirche selbst in keiner Weise Heilsorgan oder Sakrament des Heiles. Sie ist nicht die geheimnishaft-gnadenhafte Realität des Leibes Christi. Sie kann das nicht sein, weil zuvor schon die Auferstehung Jesu der Realität, des Leibhaften und des Geschichtlich-Konkreten entbehrt. All diese Momente, vor allem aber der reale und seinshafte Christusbezug der Kirche geht verloren, wenn die Auferstehung nicht als geschichtliche Realität verstanden wird, die zwar immer noch in der Spannung zwischen dem «Schon» und dem «Noch-Nicht» verbleibt, aber doch eben auch *schon* als vorhandene Wirklichkeit anerkannt wird.

b) Die Kirche als Herrschaftsbereich des Auferstandenen

Der neutestamentliche Befund über den auferstandenen Kyrios läßt erkennen: Im Kyriostum, zu dem der Auferstandene erhoben wurde, kommt nicht nur theoretisch die göttliche Majestät und Mächtigkeit Christi zum Ausdruck, sondern auch eine aktuelle Machtausübung. Sie geschieht vor allem in der Kirche, die von früh an deshalb als «*ekklesia kyriakä*» ausgegeben wurde. Nach Kol 1,18.24 ist die Kirche das «Reich Christi», d.h. der gnadenvolle Wirkbereich des himmlischen Christus. Die Kirche bekundet dieses Herrentum Christi vor allem im Gottesdienst, in dem sie die Erfahrung gewinnt, daß der Kyrios anwesend ist, weshalb ihm kultische Verehrung zukommt (Röm 10,9; 1 Kor 12,3; Phil 2,11). Dieses Erfahrungsmoment der Realität des Kyrios beim Gottesdienst steht in direktem Zusammenhang mit den Erscheinungen des Auferstandenen; denn die gottesdienstliche Gemeinschaft mit dem Kyrios ist die Fortführung der Gemeinschaft mit *dem* Jesus Christus, der bereits bei seinen Erscheinungen nach Ostern mit den Jüngern Mahl hielt (vgl. dazu Lk 24,30f; Joh 21,12). So sind diese österlichen Mahlhaltungen mit dem Auferstandenen als «Erscheinungsmahlzeiten» zu verstehen. «Diese mußten die Urgemeinde dazu anspornen, immer wieder neu die Gegenwart des Herrn zu erleben, wenn auch nicht auf so handgreif-

---

[124] Ebd., 301.
[125] So R. Schnackenburg, Gottes Herrschaft und Reich, Freiburg 1959, 211.

liche Weise, wie es während jener ‹vierzig Tage› nach Ostern geschehen war[126].»

So kommt es geradezu zu einer «fundamentalen Identität»[127] zwischen der Herrschaft des auferstandenen Kyrios und der Kirche, wenn auch eine Unterscheidung festgehalten werden muß; denn im Bewußtsein des Urchristentums erstreckt sich, in analogen räumlichen Kategorien ausgedrückt, das Herrschaftsgebiet des Kyrios über den Raum der Kirche hinaus auf die *ganze* Welt. Aber die Kirche bleibt sozusagen der Kernbereich und der zentrale Bezirk, von dem aus sich die Herrschaft des Auferstandenen auf die ganze Welt erstreckt.

Es ist also nicht so, daß in der Kirche, wie heute oft gesagt wird, nur die «Sache Jesu» weitergehe, die auch unter der Annahme eines begrabenen und im Grabe verbliebenen Jesus weitergehen könnte. In den Texten des Neuen Testamentes, die vom Vollzug des Kyrios-Seins Jesu Christi in der Kirche (vor allem beim Gottesdienst) reden, wird zwar verständlicherweise von dem Ereignis der Auferstehung nicht mehr gesprochen und auch nicht von seiner Art oder seinen Umständen. Es sind doch aber alle diese Aussagen so realistisch gehalten und vom lebendigen Christus bestimmt, daß man an gar nichts anderes denken kann, als daß hier die göttliche Person des Sohnes gemeint ist, dem «alle Gewalt gegeben ist im Himmel wie auf Erden» (Mt 28,18), vor dem sich «alle Knie beugen» (Phil 2,10), dem «alles unter die Füße gegeben ist» (1 Kor 15,26).

Hier wird der Auferstandene als der Lebendige erkannt, als eine lebendige göttliche Person. Dabei wird freilich der menschlichen Leiblichkeit des Auferstandenen keine besondere Erwähnung getan. Aber es ist ausgeschlossen, daß sie in allen diesen Aussagen über den Kyrios, der ja identisch ist mit dem historischen und mit dem in den Erscheinungen geoffenbarten leiblichen Jesus Christus, negiert wäre. So ist die lebendige Herrschaft des Kyrios an seiner Menschheit in der Kirche nicht nur als Folge der Auferstehung erkennbar und nur aus ihrer Konsequenz begreifbar, sondern es gilt auch umgekehrt, daß die lebendige Realität der Herrschaft des leibhaften Kyrios für eine real-ereignishafte Auferstehung spricht, die den Gedanken an einen im Grabe verbliebenen Jesus völlig ausschließt.

Wenn hier zuvor einmal im Anschluß an H. von Campenhausen gesagt wurde, daß sich der Auferstehungsglaube in Jerusalem angesichts eines geschlossenen Grabes niemals auch in einem spuren-

---

[126] So O. Cullmann, Die Christologie des Neuen Testamentes, Tübingen 1957, 214.
[127] Ebd., 234.

haften Ansatz hätte bilden können, so ist jetzt ergänzend zu sagen: Es hätte bei geschlossenem Grabe auch niemals zur Ausgestaltung eines Glaubens an den lebendig gegenwärtigen und wirksamen Kyrios in der Kirche kommen können, der immer als identisch mit dem Menschen Jesus erfahren wurde.

Aber es wäre noch zu wenig, nur bei der Betonung dieses Herrschaftsmomentes zu bleiben, um zu erweisen, daß die Kirche eine «*ekklesia kyriakä*», eine Kirche des Auferstandenen und eine Auferstehungskirche ist; denn die Herrschaftsausübung, zumal wenn sie so betont vom gottesdienstlichen Geschehen ausgesagt wird, ist ja doch etwas Aktuelles, Zeit- oder Momenthaftes. D.h.: sie könnte auch rein aktualistisch als je neues Eingreifen und als immer *nur punktuelles* Einwirken des Kyrios in seine Kirche verstanden werden. Das wäre ein aktualistisches Kirchenverständnis, wie es dem jungen K. Barth eignete, wie es aber nicht dem katholischen Kirchenverständnis entspricht. Deshalb ist in weiterer Ausfaltung des Gedankens von der Herrschaft des Auferstandenen in der Kirche zu sagen, daß sie sich als bleibende, objektive und leibhafte Zusammengehörigkeit zwischen dem Auferstandenen und der Kirche erweisen läßt.

c) Die Kirche als Leib des Auferstandenen

Das Verhältnis des auferstandenen Kyrios zur Kirche ist nicht nur hierarchisch und dynamisch zu deuten etwa nach dem Anschauungsmodell, nach dem Christus mit seiner verklärten Leiblichkeit über der Kirche im Himmel thronte und ihr dann und wann seine Kraft zukommen ließe. Demgegenüber besagt die Vorstellung von der Kirche als «Leib Christi» eine tiefinnerliche, bleibende und «organische» Einheit, die nicht mehr nur als Relation des Über-Seins gedeutet werden kann, sondern eine lebensmäßige Verbindung und ein In-Sein Christi in der Kirche meint, obgleich Christus dabei das Haupt des Leibes bleibt.

Diese Vorstellung ist vor allem bei Paulus entwickelt. Dabei kennt Paulus, wie die Exegese zeigt[128], eine doppelte Leibvorstellung bezüglich der Kirche. Die Leibvorstellung des Römer- (Röm 12,5) und Konrintherbriefes (1 Kor 12,12) ist mehr von der populären Stoa beeinflußt und zielt im wesentlichen auf die Kirche als soziales Gebilde, als «communio sanctorum» in Christus, d.h. vor allem in der Solidarität des Glaubens. Dagegen bringt die Leibvorstellung des

---

[128] Vgl. dazu H. Schlier, Der Brief an die Epheser, Düsseldorf 1957, 92 ff; R. Schnackenburg, a.a.O., 212 ff.

Epheser- und des Kolosserbriefes eine seinshafte Vertiefung dieses Gedankens. Es kommt hier zur Erkenntnis eines kosmischen Menschen und eines Organismus, den Christus als Haupt und die Kirche als sein Leib bilden. Das Modell ist hier der Urmensch-Mythos, mit dem der Gedanke ausgedrückt wird, daß die Kirche der Leib Christi selbst ist. Sie ist Christus, der sich die Gemeinschaft der Gläubigen zu seinem Leibe eint und geradezu assimiliert. Auch Exegeten wie R. Schnackenburg nehmen hier keinen Anstand, von einem mystischen Gedanken zu sprechen [129], der weit über eine allegorische Auffassung hinausgeht und durchaus realistisch gemeint ist, der aber von einer Realität spricht, für die wir auf Erden keine Parallele haben.

Dieser Realitätscharakter des «Leibes Christi» läßt sich noch genauer erhellen. Nach Eph 2, 16 sind Juden und Heiden «in einem Leib durch das Kreuz versöhnt». Das bedeutet, daß die Grundlage der Vorstellung von der Kirche als dem Leib Christi zunächst tatsächlich der Gedanke an den individuellen Leib des Gekreuzigten, also den historischen Jesus ist. Aber natürlich kann es bei dieser Grundlage nicht bleiben; denn an einen verstorbenen und im Grab vermoderten Leib läßt sich keine Lebensvorstellung, kein Glaube an ein Leben und Weiterleben dieses Leibes anschließen. Deshalb ist zu verstehen, daß eine integrale theologische Auffassung unter dem «Leib Christi» in einer Ausweitung des ersten Ansatzes «den individuellen Leib des erhöhten Herrn» [130] meinen muß, d. h. den verklärten Leib des Auferstandenen. Von diesem Leib ist aber nach der paulinischen Vorstellung zu erkennen, daß er sich in der Kirche vermittels des Heiligen Geistes gleichsam ausweitet. Nach Eph 5, 23 macht sich in dem berühmten Bild von der Ehe Christus die Kirche durch seine Liebe zu eigen und gestaltet sie sich gleichförmig. Die Kirche ist damit nichts Geringeres als die Ausweitung des himmlischen Christus und seiner verklärten Leiblichkeit im Heiligen Geist auf gläubige Menschen, die ihm dann als Glieder seines Leibes in mystisch-realer Weise zugehören. Die Kirche ist damit als Vergegenwärtigung des auferstandenen und erhöhten Herrn zu verstehen, und zwar auch in dessen vergeistigter Leiblichkeit. Sie kann daraufhin als «Osterkirche» bezeichnet werden [131], die im pneumatischen Sein des Auf-

---

[129] Ebd., 213.
[130] Ebd., 212.
[131] W. Künneth, a.a.O., 201. Treffend sagt auch A. Feuillet, a.a.O., 589: «Le Christ, Verbe incarné, est le sacrement vivant de Dieu; quand le Christ disparaît visiblement de ce monde, c'est alors seulement que l'Eglise avec ses sacrements fait son apparition.»

erstandenen wurzelt, d.h. aber auch in seiner verklärten Leiblichkeit. Es ist freilich nicht leicht zu erklären, was diese Ausweitung auch der Leiblichkeit des Auferstandenen auf die Kirche besagt. Grundsätzlich muß es für die sichtbare Kirche auf Erden eine reale Bedeutung haben, daß sie der Leib des Auferstandenen ist, der beim Vater existiert. Der Bezug des verklärten Christus zu seinem irdischen Leib, der Kirche, ist zunächst so zu denken, daß die Kirche das Instrument oder Organ Christi ist, in dem sich die verklärte Leiblichkeit des Herrn auswirkt. Die eigentliche Auferstehungs- und Verklärungsmacht des himmlischen Leibes Christi aber ist der Heilige Geist. Wenn es einen Bezug des Auferstehungsleibes zum irdischen Leibe Christi gibt, dann hat dies zur Bedingung, daß die Auferstehungsmacht des Geistes von Christus her auf die Kirche übergreifen muß. Diesem Geschehen leistet aber nicht die Vorstellung Genüge, daß der Geist nur in das innere, geistige und verborgene Sein der Kirche eindringt und gleichsam ihre «Seele» wird. Als Kraft der leiblichen Verklärung Christi muß er auch das irdisch Sichtbare, das Äußere und Leibliche der Kirche ergreifen, das z.B. in der Kirche als äußerer Gemeinschaft, als Sozietät von Menschen und als geordneter Struktur gegeben ist. So ist zu schließen, daß die Kirche in der Kraft des Auferstehungsleibes, d.h. in der Kraft des Geistes, in Angleichung an den Auferstandenen ein «*soma pneumatikon*» wird und damit ein «kongeniales» Organ des Auferstandenen. Freilich ist dies nicht so zu verstehen, als ob die Kirche damit schon vollkommen und endgültig zu einem «Geistleib» umgestaltet wurde, wie ihn der Auferstandene besitzt; denn in der irdischen Gemeinde sind die Kräfte der sarx noch nicht ausgetrieben. Das Menschliche und Allzumenschliche der Kirche fordert weiterhin seinen Tribut. Damit ist zugleich gesagt, daß die vom Geist des Auferstandenen ergriffene Kirche keineswegs in einer gloriosen Seinsweise existiert und dies für sich nicht beanspruchen kann. Sie darf aber im Glauben davon überzeugt sein, daß sie objektiv, wenn auch anfanghaft, von der Geistwirklichkeit des Auferstandenen erfaßt ist und diese als Verpflichtung immer tiefer leben und verwirklichen soll.

Das Objektive dieser Geisterfülltheit schenkt der Kirche ein sakramentales Gepräge, das sie zu einer für den Geist durchscheinenden Gestalt und zu einer trotz aller menschlichen Gebrechlichkeit für das himmlische Sein transparenten Größe macht. Dieses sakramentale Gepräge aber aktualisiert sich konkret und förmlich in den einzelnen Sakramenten.

7. DIE AUFERSTEHUNG ALS GRUNDKRAFT DER SAKRAMENTE

a) Der geschichtliche Aspekt

Auch bezüglich dieser Wahrheit kann von einer historischen Feststellung über das Verhältnis von Auferstehung und Sakramenten ausgegangen werden. Es ist ein oft beklagter Umstand, daß in den Evangelien, die vom historischen Jesus berichten, keine förmlichen Einsetzungen für alle Sakramente enthalten sind. Man meint oft, daß höchstens für die Taufe und für die Eucharistie eine Ausnahme festzustellen sei, insofern diese als sakramentale Akte ausdrücklich genannt und auf den historischen Jesus zurückgeführt seien. Aber man dürfte hier sogar noch kritischer verfahren und behaupten, daß, streng genommen, selbst für diese beiden Sakramente die angenommene Aussage nicht gilt; denn bezüglich der Taufe kommt der noch am ehesten als Einsetzungswort zu verstehende Missionsbefehl (Mt 28, 28 f) nicht vom historischen Jesus, sondern vom Auferstandenen. Auch sind diese schon vom lebendigen Liturgievollzug der Gemeinde geformten Worte in dieser genauen Weise wohl auch vom Auferstandenen nicht gesprochen worden. Was weiterhin die Eucharistie betrifft, so sind die bei den Synoptikern und bei Paulus im 1. Korintherbrief enthaltenen Berichte zwar durchaus überzeugend, so daß nur wenige Exegeten, wie etwa W. Marxsen, sie nicht als historische Einsetzungsberichte der Eucharistie anerkennen[132]. Aber diese negative Kritik prallt doch an dem eindeutig überlieferten «Tut dies zu meinem Andenken» ab (Lk 22, 19; 1 Kor 11, 24), auch wenn sich diese Worte in der sogenannten petrinischen Tradition nicht finden. Aber auch gegenüber diesem Tatbestand ist die Frage zu stellen: Hätten sich die Jünger an diesen Befehl, in dem die Einsetzung der Eucharistie auf Dauer eingeschlossen liegt, gehalten, hätten sie sich an ihn überhaupt halten können, wenn Christus *nicht* auferstanden und ihnen nicht erschienen wäre? Das ganze Gewicht der historischen Situation nach dem Tode Christi mit der Zerstreuung, dem Zweifel und der Mutlosigkeit der Jünger drängt zu einer negativen Antwort auf die Frage. Sie besagt, daß selbst das historische Ereignis der Abendmahlsfeier

---

[132] Vgl. W. Marxsen, Das Mahl, a.a.O., 95.

und der Einsetzung dieser Stiftung durch ein Jesuswort *nicht hingereicht* hätte, um das Abendmahl wirklich als Sakrament in der Kirche zu erhalten und weiterzuführen. Das hängt wiederum damit zusammen, daß es ja ohne die Auferstehung keine Kirche gegeben hätte und daß, dogmatisch gesehen, Kirche und Sakramente einen einzigen entfalteten Organismus bilden. Darum liegt die historische Fragestellung bezüglich der Sakramente ähnlich wie bezüglich der Kirche. Auch die Stiftung der Sakramente kann weder allein auf den historischen noch auf den gestorbenen Jesus von Nazareth gegründet werden. Beim historischen Jesus gibt es selbstverständlich eine Reihe von Akten und Worten, die auf die künftigen Sakramente bezogen sind und die für eine historische Kontinuität zeugen. Aber auch hier gilt: Wenn der historische Jesus nicht auferstanden wäre, dann wären auch die Sakramente nicht entstanden, selbst wenn sie sich im Tun und im Willen des historischen Jesus begründet fanden.

Es kann nicht geleugnet werden, daß dieser Sachverhalt für die rein historische Frage nach der Einsetzung der Sakramente durch Jesus Christus gewisse Schwierigkeiten bringt. Was aber, historisch betrachtet, schwierig erscheint, erweist sich unter dogmatischem Aspekt und unter dem Aspekt einer Auferstehungstheologie durchaus als positiv. Er zeigt sich dann nur wieder unter einem neuen Blickwinkel, daß die Sakramente, die entscheidenden Lebensbetätigungen und die Weisen der vollkommenen Selbstverwirklichung der Kirche, ohne die Auferstehung nicht erklärbar sind. Das gilt aber nicht nur für ihren definitiven Ursprung, das gilt auch für ihr Wesen.

b) Das Wesen der Sakramente im Licht der Auferstehung

Das Wesensverständnis des Sakramentes ist nicht leicht zu erfassen. Das beweist das durch die ganze Geschichte der Theologie und des Dogmas gehende Bemühen, das Sakrament immer wieder von neuem und immer wieder anders zu definieren. Dieses Bemühen und der sich darin abzeichnende Wandel im Sakramentsbegriff besagen jedoch nicht, daß es sich hier um einen undurchsichtigen und zweifelhaften Begriff handle, den man nach dem evangelischen Theologen H. Diem heute gänzlich fallenlassen solle, und zwar dies selbst für Taufe und Eucharistie[133]. Hinter solch einer radikalen Forderung steht letztlich

---

[133] H. Diem, Die Kirche und ihre Praxis. Theologie als kirchliche Wissenschaft, München 1963, III, 131.

die dem evangelischen Denken immer naheliegende Gefahr, die Wirklichkeit des Sakramentalen aufzugeben und alles auf die Wirklichkeit des Wortes zu setzen. Das reformatorische Denken hatte in seiner zeitgeschichtlichen, von der Reformationszeit her verständlichen Antithetik gegen den Sakramentalismus immer eine gewisse Schwierigkeit, die Eigenständigkeit und die Eigenbedeutung des Sakramentes zu wahren. Das gibt aber keinen Rechtsgrund ab, den Begriff des Sakramentes oder den Inhalt, trotz seiner Schwierigkeiten und einer gewissen Variabilität, gänzlich preiszugeben.

Dazu neigt z. B. heute auch der evangelische Theologe *E. Jüngel*, wenn er den Vorschlag macht, den Sakramentsbegriff allein auf die Erscheinung des Gottmenschen Jesus Christus anzuwenden und das Sakrament als «Vermittlung Gottes durch das Menschsein Jesu»[134] zu bestimmen. Diese Vermittlung Gottes durch das Menschsein Jesu Christi geht nun aber allein im Wort und im Glauben der Kirche weiter, so daß «Taufe» und «Eucharistie» auch nur «sogenannte Sakramente» sind, von denen nichts anderes zu erwarten ist als allein das Wort des Glaubens. Jüngel macht sich hier selbst den Einwand, ob damit «nicht die alte protestantische Borniertheit einer Theologie des Wortes am Werke sei, die nach einer Ergänzung durch eine massive Sakramentstheologie dann geradezu schreit»[135].

Tatsächlich ist nicht zu sehen, daß er diesen Vorwurf widerlegt. Seine Distanzierung von einer einseitigen Worttheologie geschieht hier nur rein verbal und worthaft. Man kann z. B. nicht recht einsehen, worin sich diese Theologie, die gegen die reine Worttheologie etwa R. Bultmanns angeht, von dieser wirklich unterscheidet, da in ihr ja auch nicht bestritten wird, daß in Taufe und Abendmahl Wort Gottes ergeht und ein Glaubensgeschehen stattfindet. Bultmann begründet seine Ablehnung des Sakramentes eindeutig, wenn er schon im Hinblick auf den bei Paulus vorfindlichen Sakramentalismus sagt, daß es ein magisch-heidnisches Mißverständnis sei, göttliche Kraft an materielle Dinge binden zu wollen[136]. Er ist auch so konsequent, diesen Grundsatz auf die Erscheinung Jesu Christi, auf den Gottmenschen anzuwenden. Er würde deshalb auch sagen, daß selbstverständlich auch die Auffassung von einer Vermittlung Gottes im Menschsein Jesu eine heidnisch-magische sei. Hier ist jedenfalls eine Entsprechung zwischen Jesus und den Sakramenten der Kirche in negativer Weise eindeutig durchgeführt. Sie geschieht etwa in der

---

[134] K. Rahner – E. Jüngel, Was ist ein Sakrament?, Freiburg 1971, 55.
[135] Ebd., 60.
[136] R. Bultmann, Die Theologie des Neuen Testaments, Tübingen ³1958, 312.

Weise, daß man erklärt: Weil Jesus als Gottmensch kein Sakrament war, kann es auch keine sakramentale Kirche geben. Das ist radikal ablehnend gedacht, aber doch konsequent. Es ist in einem formalen Sinne theologisch bzw. ekklesiologisch auch aufschlußreich, weil es den Grundsatz erkennen läßt: So wie die Konstitution Christi gedacht wird, so muß auch die Konstitution der Kirche und der Sakramente gedacht werden. Christologie, Ekklesiologie und Sakramententheologie stehen zueinander in einer Entsprechung, wenn sie auch nicht einfach zusammenfallen. Diesen Konnex sieht Jüngel nicht, wenn er zwar für Christus die Sakramentalität anerkennt und fordert, für die Kirche und ihre entscheidenden zeichenhaften Lebensvollzüge aber nicht.

Die katholische Glaubenslehre ist auch von der Sakramentalität Christi überzeugt und spricht deshalb von Christus oft als dem Ursakrament. Wegen der innigen Verbindung Christi mit der Kirche, die von der Schrift durchaus bestätigt wird, ist die katholische Glaubensauffassung konsequent, wenn sie der Kirche insgesamt ein sakramentales Christusgepräge zubilligt und dementsprechend auch die entscheidenden, wesentlichen Lebensvollzüge als christusförmig und d. h. als sakramental bezeichnet. So kommt sie zur Annahme wirklicher Sakramente und nicht nur, wie E. Jüngel, zu «sogenannten» Sakramenten.

Dabei ist die Deutung von Christus her, der sogenannte christologische Ansatz der Sakramente, für ihr rechtes Wesensverständnis durchaus von Bedeutung. Er verhindert nämlich eine einseitig dinghafte, materielle und statische Auffassung des Sakramentes, der die traditionelle Theologie zuneigte. Sie verstand die Sakramente doch in stark dinghaft-sachhafter Weise als Instrumente der Gnadenvermittlung oder, noch drastischer, als Gefäße einer Gnade, die ebenfalls sachhaft verstanden wurde, nämlich als apersonale Kraft, als übernatürlicher Effekt oder Strom, den Gott verursacht.

Der christologische Ansatz läßt sowohl die Gnade der Sakramente wie auch ihre Zeichenhaftigkeit anders erfassen. Von Christus her werden diese erfüllten und wirksamen Zeichen zunächst rein formal und begrifflich als «Christuszeichen» [137] verstehbar. Das besagt nicht nur, daß sie von Christus herkommen und ihren Ursprung in seiner Autorität wie in seinem Willen haben, sondern daß Christus hinter ihnen steht, daß er ihr Vollzieher und Vollstrecker ist. Dieser Tatsache hat schon die traditionelle Theologie Rechnung getragen,

---

[137] So M. Schmaus, Katholische Dogmatik, München ⁶1964, IV/1, 28.

wenn sie von Christus als dem «minister primarius» aller Sakramente sprach, d. h. ihn als den ersten Spender der Sakramente erkannte. Hierfür steht das berühmte Wort des hl. Augustinus, das tatsächlich den Kern der Sache trifft: «Petrus baptizet, Christus est qui baptizat. Paulus baptizet, Christus est, qui baptizat.» Die Sakramente sind deshalb Handlungen Christi vermittels der Kirche und ihrer Beauftragten. Und dies nicht nur in einem juridischen Sinne, so daß Christus einem Spender nur die Vollmacht dazu verliehe, sondern in einem seinshaften Sinne, bei dem Christus als der den Akt verursachende und führende Auktor tätig ist.

Das ist zwar für das Vernunftdenken keine leichte Annahme, die dennoch aufzuhellen ist; denn das, was im Sakrament bewirkt wird, ist keine neutrisch-dinghafte Gnade, keine sachhafte übernatürliche Kraft, sondern eine Teilgabe an Christi Heilswerk selbst. Die Sakramente wenden dem Menschen in verschiedener Weise das Heilswerk Christi zu und führen es so in der Geschichte fort. Es ist nun einsichtig, daß diese Anteilnahme am Heilswerk Christi nicht ohne eine Anteilnahme Christi, d. h. nicht ohne ein aktives Tun Christi geschehen kann; denn auch das Heilswerk ist nicht als ein deponierter neutraler Schatz zu verstehen, aus dem jeder schöpfen könnte. Es ist vielmehr in seiner tiefsten Realität das Leben des Gottmenschen selbst, das er in den Sakramenten den Gläubigen spendet.

Hier kommt dann noch ein tieferer Bezug der einzelnen Sakramente zum Ursakrament Christus zum Vorschein. Er besagt, daß Christus sich in den Sakramenten selbst dem Menschen in einer dramatischen Handlung – und nicht nur in einem statischen Zeichen hingibt –, daß er in den Sakramenten lebt und Leben gibt. Deshalb lautet ein ebenfalls treffender Ausspruch aus der Väterzeit, von Leo dem Großen stammend: «Was sichtbar war am Herrn, ist in die Mysterien (Sakramente) übergegangen[139].» Da aber das Sichtbare, das Menschliche an Christus der Person des Logos angehört, kann das Gottheitliche vom Menschlichen nicht getrennt werden. Das führt folgerichtig zur Anerkennung der Wahrheit: Bei den Sakramenten ist in dramatischen Zeichen Christus der Ersthandelnde, der den Gläubigen an seinem Erlösungswerk Anteil gibt. Deshalb ist von allen Sakramenten – und nicht nur von der Eucharistie – eine Gegenwart Christi zu behaupten, eine bestimmte reale Präsenz. Sie ist aber im ersten Ansatz – und im Unterschied zur Eucharistie – als eine aktuale Realpräsenz zu bezeichnen. Das meint eine Gegenwart Christi als in

---

[138] Augustinus, In Jo. Nr. 6, nr. 7.
[139] Sermo 74, 2.

den Zeichen und durch sie hindurch Handelnden, der in dieser Handlung die Kraft seines Heilswerkes mitteilt.

Das alles ist Allgemeingut der Sakramentenlehre, die im Grunde nur eine Lehre von dem in der Kirche fortwirkenden Herrn ist, und zwar dem auch in seiner Menschheit fortwirkenden Herrn. Mit dem Hinweis auf die Menschheit des Herrn ist aber der Anschluß dieser Gedanken an die Wahrheit von der Auferstehung gefunden. Die hier gegebene Bestimmung der Sakramente als Handlungen des lebendigen Christus zur Übermittlung seines Heilswerkes ruht auf dem Fundament einer wirklich erfolgten Auferstehung und einer nun verklärten Existenz auch des Leibes Christi beim Vater. Insofern erbringen diese Gedanken nur eine Bestätigung und Ausweitung dessen, was über die Herrschaft des Kyrios über die Kirche oder in der Kirche gesagt wurde. Hier wird nur deutlicher, daß diese Herrschaft nichts mit äußerer oder despotischer Machtausübung zu tun hat. Sie ist vielmehr die Autorität und Machtvollkommenheit, mit der Christus in der Kirche sein Leben weitererhält und fortzeugt, und zwar nun im genaueren Eingehen auf die Realität der Kirche: in den Sakramenten. Das alles aber ist nur möglich, weil dieser Jesus auferstanden ist. Wäre er im Grabe verblieben, so wäre er nicht als Kyrios am Werk, nämlich als derjenige, der als der erhöhte Gottmensch auch und gerade mit seiner verklärten Menschheit am Werke ist. Wenn man nämlich in den Sakramenten ohne den Glauben an den Auferstandenen Gottmenschen doch an eine Wirkung Christi glauben wollte, müßte man dieses Wirken allein auf den göttlichen Logos zurückführen. Es wäre das aber im strengeren Sinne gar kein Erlöserwirken mehr; denn die eigentümliche Kraft der Erlösung kommt nicht zuletzt auch aus der Menschheit Christi, die ja allein gelitten und das Opfer der Erlösung gebracht hat. Wollte man also bei den Sakramenten diese Menschheit des Herrn ausschalten, dann würde man das ganze Erlösungswerk übergehen und geradezu annullieren. Man würde dann an ein gnadenhaftes Handeln des Logos allein denken müssen, das im Grunde nichts mehr mit dem konkreten geschichtlichen Erlösungswerk zu tun hat. Dann wären die Sakramente aber nicht mehr Formen und Weisen, in denen Christus, der Kyrios, sein Erlösungswirken weiterführt und vergegenwärtigt. Ja, man kann sagen: Diese Zeichen wären gar keine Sakramente mehr, wenn in ihnen nicht auch die Menschheit Christi und Christus als Mensch im Handeln wie in der Wirkung zum Zuge kämen. Sie wären reine Epiphanien des Göttlichen, nicht aber Wirkungen des menschgewordenen Gottessohnes.

Selbstverständlich handelt es sich hier bei dem Rekurs auf die Menschheit Christi, die gelitten hat und die das Mittel unserer Erlösung darstellt, nicht um die gestorbene und im Grabe zugrunde gegangene Menschheit. Diese könnte weder handeln, noch auch als Qualität oder Bestimmung irgendwie in die Sakramente eingehen und die Erlösung weitertragen. Es ist hier die auferstandene, erhöhte Menschheit gemeint, der verklärte Leib des Auferstandenen. Bei einem toten Leib, der im Grabe das Schicksal jedes Menschenleibes erlitten hätte und der nicht wieder zum Leben erweckt worden wäre, gäbe es kein Handeln des erhöhten Herrn, kein Weitergeben der Erlösungskräfte, was nicht ohne den Menschen und den Leib Christi zu denken ist. Es gäbe ohne den erweckten Leib Christi keine Sakramente als Handlungen des Erlösers zur Weitergabe seines Lebens. Diese sind nur zu verstehen und in ihrem Sinn wie in ihrer Bedeutung zu halten, wenn Jesus auferstanden ist, und zwar im realistischen Sinne einer Wiederbelebung des Leibes und seiner Erhöhung in die Herrlichkeitsexistenz des Vaters. Deshalb kommt man in der christlichen Theologie, die nicht eine real-geschichtliche Auferstehung des gekreuzigten und ins Grab gesunkenen Jesus von Nazareth glaubt, auch nicht zu einer Anerkennung der Sakramente. Das ist nicht nur bei R. Bultmann der Fall, sondern eben auch bei einem die Erscheinungen Jesu durchaus ernst nehmenden Theologen wie J. Moltmann. Weil er es offenläßt, ob in der Auferstehung wirklich auch etwas am Leibe Christi geschah (was ja tatsächlich noch nicht gesagt ist, wenn man nur an die Realität der Erscheinungen glaubt), und weil er sie nicht als himmlische Erhöhung des *ganzen Christus* versteht, sondern nur als einen Erweis der Treue Gottes zu seinen Verheißungen, kann er den Sakramenten der Kirche nicht gerecht werden. Dann muß man sie sogar als «sakramentale Enthüllung[en] der himmlischen Herrschaft Christi», die es jetzt noch nicht geben darf, ablehnen[140].

Die Bedeutung der Auferstehung für die Sakramente kommt schließlich beim Gipfelsakrament der Eucharistie in besonders deutlicher Weise zum Ausdruck.

c) *Auferstehung und Eucharistie*

Daß zwischen der Auferstehung Jesu und der Eucharistie eine innige und wesentliche Verbindung besteht, ist eine Grundüberzeugung des christlichen Glaubens, die schon im Neuen Testament angelegt ist;

---

[140] Diese Ablehnung vollzieht J. Moltmann, a.a.O., 144.

denn die eucharistische Speise, der Leib (und das Blut) Christi ist selbstverständlich ein lebendiger Leib. Es handelt sich um den ganzen lebenden Christus, der dieses sein Leben aus der Auferstehung empfangen hat. Wenn deshalb etwa auch in den Einsetzungsberichten der Eucharistie auf der Identität der eucharistischen Speise mit dem in *den Tod gegebenen* Christus der Nachdruck liegt, so ist doch der gekreuzigte Leib nicht in seiner Todesverfallenheit gemeint (wie könnte er dann lebenspendend sein?), sondern als der in der Auferstehung zu neuem Leben erwachte Leib. Für Paulus ist die Eucharistie nicht nur der gekreuzigte Leib des Herrn, sondern zugleich auch der auferstandene und verklärte Leib, und das heißt der erhöhte Kyrios selbst, der als solcher «machtvoll erwiesen wurde durch seine Auferstehung von den Toten» (Röm 1,4). Es ist an der Lebendigkeit des jetzt beim Vater existierend (leiblich) verklärten Jesus gelegen, daß er als Kyrios zunächst das eucharistische Mahl halten kann, das ja «des Kyrios Abendmahl» (1 Kor 11,20) ist. Hier ist der Auferstandene in der sogenannten Aktualpräsenz anwesend gedacht, in der er als der eigentliche Mahlhalter tätig ist. Aber er stellt auch die Gabe des Mahles dar, die von ihm selbst den Teilnehmern gereicht wird (vgl. 1 Kor 11,24ff). Freilich kann es sich dabei nicht im «kapharnaitischen» Sinne um den Fleischesleib des Herrn handeln, der über die Erde schritt und der am Ende den Weg alles Fleisches gegangen wäre. Es ist vielmehr der in der Unverweslichkeit, in der Herrlichkeit, in der Kraft und im Geiste existierende Leib des Herrn (vgl. dazu die in 1 Kor 15,42ff angeführten Eigenschaften: unverweslich, herrlich, kraftvoll, geistig) in der Existenzweise des lebendigmachenden Geistes (vgl. 2 Kor 3,17). Deshalb ist die eucharistische Speise auch eine «geistige Speise» und ein «geistiger Trank» (1 Kor 10,3), ohne daß dadurch ihre leibhafte Christuserfülltheit geschmälert würde. Sie bleibt die «Erscheinungsweise des erhöhten Herrn, der in ihr epiphan wird»[141]. Aber es ist nahezu selbstverständlich, daß diese pneumatische Seinsweise des eucharistischen Leibes abkünftig und abgeleitet ist vom verklärten himmlischen Leib Jesu Christi, der wiederum diese seine neue Seinsweise nur aus der Auferstehung und in ihrer Kraft gewann. So ergibt sich eine eindeutige Linie von der Auferstehung zum verklärten Leib des himmlischen Kyrios und zum pneumatischen Leib des eucharistischen Christus, auch wenn der Apostel verständlicherweise das Ineinander dieser Wirklichkeiten, ihre Entstehungsweise und ihren Be-

---

[141] So E. Käsemann, Anliegen und Eigenart der paulinischen Abendmahlslehre: Ev. Theologie 7 (1947) 271.

stand (vor allem bezüglich des eucharistischen Leibes) nicht nach allen Richtungen und denkerischen Belangen hin klärt, was nur Aufgabe einer weitergehenden theologischen Erklärung sein kann. Aber das Fundament dieser Erklärung ist schon bei Paulus grundgelegt. Es besteht in der Tatsache, daß der eucharistische Leib Christi nicht ohne Bezugnahme auf den Auferstehungsleib und auf das Ereignis der Auferstehung existiert und nur aus diesem Bezug gedeutet werden kann. Nur aus diesem Bezug ist auch die Kirche, der gesamthafte Leib Christi, vermittels der aufbauenden Kraft der eucharistischen Speise als Trägerin der Auferstehungswirklichkeit und als geisterfüllte «Osterkirche» zu verstehen, und zwar auch in ihrer irdischen Erscheinungsweise.

Die Beziehung zwischen Eucharistie und Auferstehung, die sogar zu einer bestimmten Einheitsauffassung gebracht werden kann, findet einen ein wenig anders gestalteten Ausdruck im vierten Evangelium, wo in der sogenannten Brotrede (Joh 6, 22–51a) Jesus sich selbst als *das Lebensbrot* bezeichnet (6,35.41.48.51). Freilich ist das Wort vom Lebensbrot, das Jesus auf sich selbst bezieht («Ich bin das Brot des Lebens»), zunächst in einem bildlichen Sinne zu verstehen[142], nämlich als Ausdruck für den eingeborenen Sohn des Vaters (vgl. Joh 1,14), der den Menschen das neue göttliche Leben bringt, damit «sie es in Überfülle haben» (Joh 10,10). Aber zur Deutung dieses bildhaften Brotwortes ist der eucharistische Teil der Rede (Joh 6, 51a–59) heranzuziehen, und dies unabhängig von der Entscheidung der Frage nach der Ursprünglichkeit dieses Teiles, die insofern entschärft werden kann, als die unterschiedlichen Abschnitte doch wohl nicht in einem förmlichen Gegensatz zueinander stehen[143]. Dann aber wird deutlich, daß das «Lebensbrot» das in den Tod gegebene «Fleisch» Jesu ist, das in der Eucharistie empfangen wird. Aber es ist klar, daß damit nicht das im Grab verbliebene «Fleisch» gemeint sein kann, sondern der vom Himmel herabgekommene Gottessohn, der als Mensch in den Tod gegangen ist und (im Ereignis der Auferstehung) wieder in den Himmel zurückgekehrt ist. Nicht zufällig ist in diesem Zusammenhang auch der Titel des «Menschensohnes» angeführt als Inbegriff des himmlischen Lebens- und Vollmachtsträgers Gottes (Joh 6,27.53.62). «So sehr dem Verfasser daran liegt, die Realität des Fleisches und Blutes Jesu zu betonen, will er doch darauf aufmerksam machen, daß die Glaubenden in der Eucharistie nicht das phy-

---

[142] Vgl. zum folgenden R. Schnackenburg, Das Johannesevangelium II, Freiburg 1971, 41 ff.
[143] Ebd., 89.

sische Fleisch und Blut des irdischen Jesus empfangen, sondern das geisterfüllte Fleisch und Blut des himmlischen Menschensohnes. Die Empfänger aber bekennen die Identität des Himmlisch-Gegenwärtigen mit dem Geschichtlich-Gekommenen [144].» Damit ist noch einmal hervorgehoben, daß es sich bei der eucharistischen Speise nicht um das getötete Fleisch Jesu handelt, sondern um das «Fleisch» des erhöhten Menschensohnes, das in die Herrlichkeitsexistenz des Vaters aufgenommen ist. Für Johannes besteht diese Aufnahme in der «Erhöhung» (vgl. 3,13; 8,28; 12,32f), die bereits im Leiden und Kreuz beginnt, aber sich in der Glorie des Vaters vollendet. Auch hier ist also die Auferstehung jenes machtvolle Geschehen, das das «Fleisch» des Erlösers in die Glorie Gottes erhebt und es so erst zur lebendigen göttlichen Speise für den Menschen macht. Nicht zufällig ist deshalb von dieser Speise auch gesagt, daß sie auch für den Menschen das Kraftmittel sei zur Gewährung der Auferweckung am Jüngsten Tage (Joh 6,54), in der auch der Leib am vollendeten Leben Anteil gewinnt und die Verklärung erreicht. Der Menschensohn kann demnach dieses Leben nicht in seiner «fleischlichen» Verfaßtheit spenden, sondern nur weil dieses Fleisch in seiner Erhöhung vom göttlichen Pneuma erfaßt und durchdrungen wurde. So wird hier aus dem Zusammenhang ein eschatologisches Verständnis der Eucharistie erkennbar, das von der Auferstehung Jesu zur Auferstehung der Menschen reicht. Der eigentliche Hintergrund für das Verständnis der Eucharistie als Mittel zum ewigen Leben ist die Auferstehung, in deren Kraft das eucharistische Brot überhaupt erst lebendig, lebenspendend und zur Garantie für das ewige Leben wird.

Diese Einheitsauffassung von Auferstehung und Eucharistie, deren Verbindungsglied genauer in der verklärten Leiblichkeit des Auferstandenen zu sehen ist, schuf eine Spur, die in der christlichen Tradition noch erweitert wurde. Vom johanneischen Geist geprägt, bezeichnet Ignatius v. Antiochien († um 110) die Eucharistie als die «Speise der Unsterblichkeit und das Gegengift gegen den Tod» (Eph 20,2). Auch wenn die hier gemeinte «Unsterblichkeit» *(athanasia)* schon vom griechischen Empfinden (im Gegensatz zum semitischen des vierten Evangelisten) bestimmt ist, bleibt doch die begründende Voraussetzung die gleiche, nämlich die Auferstehung Christi, die zuvor von dem Märtyrerbischof (Eph 20,1) als Schlußpunkt des Heilsplanes Gottes gemeint wird. Ausdrücklich sagt Ignatius an anderer Stelle, gegen die Irrlehre der Doketen gewandt, «daß die Eucha-

---

[144] Ebd., 91f.

ristie das Fleisch unseres Erlösers Jesus Christus ist, das für unsere Sünden gelitten hat» (Smyr 7,1).

Daß die Auferstehung (aller Menschen) durch Christi Fleisch und Blut, d. h. in der Kraft der Eucharistie erfolgt, ist eine von den Vätern häufig ausgesprochene Erkenntnis [145]. Aber in dem hier gefragten Zusammenhang ist der Gedanke entscheidender, daß die Eucharistie diese ihre Heilskraft aus der Auferstehung Jesu Christi empfängt und daß der eucharistische Leib mit dem verklärten Auferstehungsleib in Verbindung steht. Zwar ist, zumal bei den griechischen Vätern, die unmittelbare Verbindung zwischen der *Eucharistie* und der *Inkarnation* stark entwickelt [146], aber der Gedanke der (notwendigen) Dazwischenkunft der Auferstehung tritt doch auch immer wieder hervor. So versäumt der hl. Augustinus bei der Erklärung der Eucharistierede des Johannesevangeliums nicht, zu betonen, daß Christus, das ewige Leben, ins Fleisch kam, um zu sterben, «aber am dritten Tage stand er wieder auf» (in Jo. tract. 26,10). Ebenso vermerkt er im Hinblick auf die Aussage von der Auffahrt des Menschensohnes in den Himmel (Joh 6,63), daß «er nicht in der Weise, wie ihr euch vorstellt, seinen Leib austeilt» (in Jo. tract. 27,3), sondern als der eine Christus im Himmel, «der das Wort, die Seele und das Fleisch ist» (in Jo. tract. 27,4).

Ähnlich erklärt Gregor v. Nyssa († 394) in seiner Katechetischen Rede (37), daß die Eucharistie, «das Heilmittel unseres Leibes ... kein anderes (ist) als der Leib Christi». Aber es ist genauer jener Leib, «der den Tod überwunden hat und die Quelle unseres Lebens ist, und der durch Mitteilung seiner Unsterblichkeitskräfte den Schaden jenes Giftes [der paradiesischen Sünde] wieder aufhebt». Besonders nachdrücklich hat im Bereich der griechischen Patristik Theodor v. Mopsuestia († 428) die Auferstehung Christi (mit der Herabkunft des Heiligen Geistes) zur Verdeutlichung des Eucharistiegeheimnisses herangezogen. Für ihn liegt die Wirkkraft der Eucharistie in der Gewährung der Unsterblichkeit des Leibes und der Unveränderlichkeit der Seele (Hom. cat. 15,2ff). Da sich diese Wirkung vom Leibe Christi ableitet, da der Leib Christi aber erst durch seine Auferstehung die vollkommene Durchgeistigung und Verklärung erlangte, kann auch die Eucharistie nicht ohne den Auferstehungsleib erklärt werden. Auch für Johannes v. Damaskus am Ende der griechischen Patristik († um 750) sind der eucharistische Leib auf Erden und der erhöhte

---

[145] Vgl. M. Schmaus, Der Glaube der Kirche, München 1970, II, 387ff.

[146] Vgl. dazu die Belege bei J. Betz, Die Eucharistie in der Zeit der griechischen Väter I/1, Freiburg 1955, 260ff.

Leib im Himmel eines, «der vergottete Leib des Herrn» (de fide orthod. IV, 13). Es ist eine bis in die moderne Zeit tradierte Überzeugung, daß das «Sakrament die Weise [ist], wie der verklärte Christus gegenwärtig wird», so daß die Gegenwart Christi im Altarssakrament «nicht mehr und nicht weniger [ist] als der verklärte Christus selber mit allem, was in Ihm lebt»[147]. Die verklärte Gegenwartsweise beruht aber letztlich auf seiner Auferstehung, die so als Fundament und Erklärungsgrund in das Eucharistiegeheimnis hineinragt, aus der sich aber auch die angemessenste Erhellung dieses Glaubensgeheimnisses ergibt.

Das gilt im besonderen für die theologische Verständnisbemühung um die leibliche Gegenwart Christi im eucharistischen Opfersakrament. Es kann sich dabei selbstverständlich nur um die Gegenwart des lebendigen Leibes Christi handeln. Dieser Leib ist aber am Kreuz dahingegeben worden, er starb und wurde begraben. Wenn er in der Eucharistie trotzdem gegenwärtig ist und zur Speise oder zur Vereinigung gereicht wird, muß er wieder verlebendigt und d. h. auferweckt worden sein. So setzt eine sakramentale Auffassung der Eucharistie als Herrenleib die Auferstehung im ganz realistischen Sinne voraus, nämlich auch als verwandelndes Geschehen am toten Leibe Christi. Hier korrespondieren Auferstehung und Eucharistie so stark und innig, daß ohne das Ereignis der Auferstehung die Eucharistie als Sakrament des Leibes Christi und seines Opfers auch wieder nicht gehalten werden kann. Es gilt aber auch umgekehrt, daß ohne die Eucharistie als Vergegenwärtigung des ganzen, in Kreuz und Auferstehung kulminierenden Heilswerkes, das Osterereignis (als Tod *und* Auferstehung verstanden) ohne förmliche Repräsentanz in der Welt bliebe. Das würde dem sakramentalen Charakter der Kirche widersprechen, die dann nämlich das höchste Ereignis der Erlösung nicht mehr vergegenwärtigen könnte.

Der Anschluß der eucharistischen Gegenwart an den verklärten Leib und an die Auferstehung erweist seine theologische Bedeutung auch darin, daß er gegen jede doketische oder dualistische Entwirklichung des Leiblichen gerichtet ist und mit hohem Ernst die bleibende Zugehörigkeit des Leibes Christi zum Erlösungswerk in allen seinen Phasen und Erstreckungen vertritt. Hier wird eine einheitliche Linie vom irdischen Leib Jesu Christi über seine Verklärung bis hin zur eucharistischen Seinsweise sichtbar. Es ist jedoch nicht zu übersehen, daß diesem heilsgeschichtlichen Realismus heute gewisse

---

[147] H. Kuhaupt, Die Feier der Eucharistie I, Münster 1950, 116.

Schwierigkeiten erwachsen, die nicht zuletzt mit Argumenten aus dem Bereich des naturwissenschaftlichen Denkens erhoben werden. An sich muß eine dogmatische Besinnung auf das Geheimnis der Auferstehung nicht auf physikalische Theorien zurückgreifen oder gar um eine vollständige Harmonisierung der geheimnishaften Glaubenswahrheiten mit den Belangen des physikalischen Denkens besorgt sein. Wenn aber solche Belange als Gegenargumente gegen eine theologische Erklärung ins Feld geführt werden, muß das dogmatische Denken sich damit befassen, zumal es nicht verleugnen darf, daß die *kosmische* Bedeutung der Eucharistie einer gewissen *kosmologischen* Ausrichtung nicht gänzlich entraten kann. Daß dieser kosmologische Aspekt auch heute noch als bedenkenswert erscheint, zeigt u.a. die schon in anderem Zusammenhang genannte Untersuchung von *E. Gutwenger*[148], die hier vor allem unter dem Aspekt der «neuen Leiblichkeit Jesu» aufgenommen werden soll, der auch den Bezug zum Eucharistiegeheimnis in sich schließt. Diese neue Leiblichkeit wird hier so gedacht, daß sie keinen Zusammenhang mit dem im Grab verbliebenen Leichnam Jesu besitzt. Hierzu wird die aus der Lehre über die allgemeine Totenauferstehung und über die Identität des Auferstehungsleibes bekannte Auffassung des Durandus a St. Porciano († 1334) herangezogen, nach der die Seele zur Herstellung der Identität des Menschen jedwede Materie oder jedweden Materieteil annehmen könne. So braucht auch bei Jesus auf die Identität des sterblichen und des verklärten Leibes kein besonderer Akzent gesetzt zu werden. Es wird nun merkwürdigerweise nicht *bestimmt gesagt*, daß auch Christus eine solche *beliebige* Materie angenommen habe. Es heißt nur, daß «er in neuer leiblicher Wirklichkeit» oder in einem «himmlischen Leib» existiere. Insofern wird nicht ganz klar, ob der Auferstehungsleib Christi überhaupt etwas mit der materiellen Schöpfung zu tun habe. Da aber immer wieder vom Vorbild der Auferstehung Jesu für die Auferstehung aller Menschen gesprochen wird, ist wohl anzunehmen, daß hier die Identität in derselben Weise gedacht wird wie nach der obigen Theorie, die für alle Menschen und ihr Endschicksal gilt. Schon hier wird man deshalb kritisch anmerken müssen, daß damit entgegen der erklärten Absicht *nicht* die *Auferstehung Jesu Christi* zum Prototyp der allgemein-menschlichen Auferstehung genommen ist, sondern gerade *umgekehrt* die allgemein-menschliche Auferstehung den Maßstab für die Auferstehung Christi abgibt, eine gedankliche Umstellung, die das Einzigartige an dem Christusereignis

---

[148] E. Gutwenger, Auferstehung und Auferstehungsleib Jesu, in: ZKTh 91 (1969) 32–58.

von vornherein in ein Allgemeines einebnet. Wenn in diesem Zusammenhang die Tradition (Durandus) herangezogen wird, sollte auch gesagt werden, daß die Theorie von der Annahme irgendeines Materieteilchens in der traditionellen Theologie niemals auf den *Leib Christi* bezogen wurde, weil an dessen Unverwestsein im triduum mortis nicht gezweifelt wurde. Dafür bestand auch ein theologischer Grund, der auch heute noch ernster genommen werden, bzw. wenigstens neu interpretiert werden sollte: der Fortbestand der unio hypostatica mit dem Körper im Grabe. Weil nämlich die menschliche Natur Jesu in einmaliger Weise durch die Annahme geschaffen wurde («ipsa assumptione creatur»), ein solcher Annahmeakt Gottes aber niemals zurückgenommen werden kann, ist (trotz des wirklichen Todes Christi) die Fortdauer der Verbindung des Körpers Jesu mit dem *Wort*, so schwer sie dem rationalen Denken auch eingehen mag, theologisch nicht zu umgehen. Sie führt auch zur Annahme einer einmaligen Weise des Fortbestandes des Körpers des Erlösers im Grabe, entsprechend der einmaligen Weise, in der die Menschheit Christi geschaffen war und aus der Selbstmitteilung göttlichen Seins existierte. Man kann diese Lehrauffassung nicht einfach übergehen, wenn man die Wahrheit von der unio hypostatica nicht entleeren will. Auf jeden Fall ist eine von vornherein angenommene Gleichstellung des Schicksals des Leibes Christi mit dem aller Menschen ein durch nichts gerechtfertigtes Postulat, das weder aus der analogia fidei zu erweisen ist, noch auch im gelebten Glauben und in der Frömmigkeit der Kirche einen Platz hat.

Auch das hier herangezogene Kenosisargument ist nicht stichhaltig. Es wird in die Frage gekleidet: «... warum sollte ein Leib, der der Erde entstammt, nicht auch zur Erde zurückgekehrt sein? Eine Radikalität der Kenosis würde das sogar fordern»[149]. Darauf ist schlicht zu antworten, daß die Kenosis niemals die unio hypostatica aufhob und ferner, daß der bestimmte Grad der Kenosis nicht von der Theologie festgelegt werden kann, zumal, wenn eine solche Festlegung dem Glaubensbewußtsein der Kirche nicht entspricht.

Die mit dieser Auffassung offenbar ebenfalls aufgehobene Verbindung zum eucharistischen Leib wird versuchsweise so wiederhergestellt, daß für die Eucharistie nur die Gegenwart des erhöhten Kyrios verlangt wird, was selbstverständlich zutrifft, was aber nicht viel hergibt, wenn nicht *zuvor* erklärt wird, welche Bewandtnis es mit dem Leib des Kyrios habe. Im Endergebnis «müsse darum folgerichtig die

---

[149] Ebd., 52.

theologische Aussage auf das pure Faktum der Auferstehung Jesu reduziert werden, ohne Seitenblick auf die Eigenart seiner neuen Leiblichkeit»[150].

Die Theorie, die ganz auf das Verständnis des «modernen Menschen» und auf den «heutigen Denkstil» ausgerichtet ist und die darum im Exegetischen wie im Hermeneutischen stark an Bultmann, Ebeling und Marxsen ausgerichtet ist und deren Autorität ohne kritische Sondierung sehr hoch veranschlagt[151], darf vielleicht zuerst von dieser ihrer Zielsetzung her beurteilt werden. Hier darf bezweifelt werden, daß dem «modernen Menschen» eine Erklärung des Auferstehungsleibes (und der Eschatologie insgesamt) leichter annehmbar wird, wenn dessen Identität mit dem Rückgriff auf eine *beliebige* Materie (und nicht auf eine besondere) gesichert wird. Das, was an der Auferweckung als «Rätsel» bezeichnet wird (und was wohl theologisch besser als Geheimnis benannt werden sollte), ist hier gleichsam nur quantitativ reduziert. Daß der Vorgang der Anziehung eines Stückes Materie durch einen Geist weiter ein Geheimnis bleibt, welches nur unter Festhalten an einem Schöpfergott angenommen werden kann, gerät hier außer Blick. Es ist zu erwarten, daß der hier angesprochene «moderne Mensch» diese Erklärung genausowenig verstehen wird wie die Annahme einer Verklärung des Leibes Jesu, zumal sie ja zuletzt auch auf scholastische Doktrin zurückgeht. Ganz gewiß werden diese Theorie aber die angeführten Kronzeugen aus dem Bereich der existentialistischen Theologie ablehnen, weil für sie auch die Annahme eines «himmlischen Leibes» mythologisch ist.

Wesentlicher ist aber die Einlassung auf einige theologische Elemente dieser Theorie (die hier in den exegetischen und hermeneutischen Einzelheiten nicht eigens überprüft zu werden braucht, weil sie sich weitgehend auf schon kritisierte Autoren beruft). Nach ihr liegt «das Wesentliche der Auferweckung Jesu darin, daß er in neuer leiblicher Wirklichkeit existiert und als erhöhter Kyrios den Seinen und der Welt präsent ist»[152]. An diesen Satz ist die gezielte Frage zu richten, wofür das Personalpronomen «er» hier steht oder supponiert. Offenbar doch für jenes Subjekt, das zuvor «Jesus» genannt wird und das sicher den Gottmenschen *vor seinem Tode* und seiner Auferstehung meint. Das sagt, daß nach der Logik dieser Aussage nur der geschichtliche Jesus Christus, der als Mensch ins Grab sank, Subjekt der

---

[150] Ebd., 53.
[151] Vgl. zur Kritik an der Hermeneutik G. Ebelings: H. Albert, Theologische Holzwege, Tübingen 1973, bes. 95–106.
[152] E. Gutwenger, a.a.O., 52.

Auferstehung sein kann. Mit dieser in dem betreffenden Satz implizierten logischen Behauptung stimmt aber die tiefste Intention der Theorie nicht überein. Diese geht dahin, entgegen der jüdischen Apokalyptik, die «nur eine Auferstehung aus dem Grabe kenne», eine Auferstehung anzunehmen, die keine «Auferstehung aus dem Grabe» sei. Deshalb wird auch dem leeren Grab keinerlei Bedeutung für das Auferstehungsgeschehen zugesprochen, was allein schon vom Standpunkt des Historikers angreifbar ist.

Wer ist dann aber das Subjekt der Auferstehung, die sich *nicht* am gestorbenen Jesus ereignete? Die Seele oder das Geistprinzip kann dieses Subjekt nicht abgeben, weil es nach begründeter philosophischer Überzeugung und nach dem katholischen Glauben nicht dem Tod anheimfällt. Die Gottheit, sei es als Natur oder als Person des Logos gedacht, ist ebenfalls kein subiectum capax für eine Auferstehung. Trotzdem geht die Theorie in diese Richtung, insofern behauptet wird: Das Wesentliche der Auferstehung bestehe darin, daß Christus als Kyrios in neuer Leiblichkeit existiere! Man muß daraus folgern, daß Auferstehung, insofern sie nicht «Auferstehung aus dem Grabe» sein darf, nur eine Veröffentlichung des Kyriostums Jesu Christi sein kann, der dann nachfolgend irgendein Materieteilchen an sich zieht. Aber weder die Offenbarung des Kyrios noch das Aufgreifen eines Stückes Materie durch ihn kann ernstlich als «Auferstehung» bezeichnet werden. In dieser Auffassung von Auferstehung gibt es tatsächlich, so merkwürdig es klingen mag, keinen Auferstandenen. Es ist hier nicht klar, wer oder was aufersteht.

So bleibt nur die Möglichkeit, Auferstehung auf den Leib, bzw. genauer auf den leblosen Körper des Menschen Jesus zu beziehen. Dieses Erfordernis einer nüchternen theologischen Logik, das seit Tertullian[153] durch die ganze Tradition geht (aber nicht erst von ihr seine Beweiskraft empfängt), zwingt dazu, entweder am Auferstehungsbegriff im Sinne des «resurget igitur caro»[154] festzuhalten, oder ihn resolut aufzugeben und in denkerischer Konsequenz zu sagen, daß man etwas völlig anderes meine, nämlich eine Verbindung der leibfreien Seele mit irgendeiner Materie. Thomas ist hier präzise, wenn er von einer solchen Deutung erklärt: «... nec dicetur resurrectio, sed magis novi corporis assumptio»[155]. Auf einen modernen Begriff gebracht, wäre eine solche Deutung genauer als *Reinkarnation* der Seele Christi zu bezeichnen, aber nicht als *Auferstehung* Christi.

[153] Tertullian, Adv. Marcionem V, 9.
[154] Tertullian, De resurrectione carnis, 73.
[155] S. Th. Suppl. q. 79 a. 1.

Ein so eindeutig konzipierter Begriff der Auferstehung bezieht allerdings auch schon klare Stellung zu der im Hintergrund stehenden Frage nach der Identität des Auferstehungsleibes mit dem irdischen Leib oder mit dem «corpus, quod post mortem cadit»[156]. Es ist zu sehen, daß es im Kern der Auferstehungsproblematik vor allem um diese Frage geht, die durch eine unzureichende Konzeption des Begriffes der resurrectio auch schon vorentschieden ist, und zwar in einem negativen Sinne. Das gilt selbst dann, wenn rein verbal die Identität des Leibes Christi vor und nach der Auferstehung behauptet wird. Es ist jedenfalls nicht dieselbe Identität, die im Falle des strengen Begriffes der resurrectio quoad corpus angenommen wird. Rein formal wird man sagen dürfen, daß ein anderer Auferstehungsbegriff zu einem anderen Identitätsbegriff führen muß. Deshalb war die Tradition schon seit Tertullian davon überzeugt, daß der rechte Begriff der resurrectio schon die Identität des Auferstehungsleibes mit dem irdischen garantiere, welche Identität das eigentliche Beweisziel einer das Dogma der Kirche interpretierenden Theologie ist. Dieses Beweisziel ist nicht erreicht, wenn man nur das Argument des Durandus hervorholt (Annahme irgendwelcher Stoffteile durch die Seele) und es unter Hinweis auf die aus dem modernen Naturwissen kommenden Schwierigkeiten (ständiger biologischer Zellwandel, der Leib als «fließendes System») als das einzig annehmbare empfiehlt. Auch hier ist ganz schlicht zu sagen, daß die Aufnahme «irgendeines Stoffes», etwa gar «einer neuen, jenseitigen, nicht näher bestimmbaren Materie»[157] auch nur zu «irgendeiner Identität» oder zu einer «nicht näher bestimmbaren Identität» führen kann, was eben keine wahre Identität ist.

Erst recht hat man die Identität preisgegeben, wenn man von einer «jenseitigen Materie» spricht, die mit dem Wesen und Geschick der diesseitigen Welt und Schöpfung offenbar nichts zu tun haben kann. Hier wird bereits ein deutliches Desinteresse am irdisch Leiblichen bekundet, das seine genaue Entsprechung in einem ebensolchen Desinteresse an der Auferstehungsleiblichkeit besitzt; denn es wird auch gesagt, daß man die Auferstehung auch «ohne Seitenblick auf die Eigenart seiner [Christi] neuen Leiblichkeit» auffassen und sie «auf das pure Faktum der Auferstehung Jesu reduzieren»[158] müsse. Kann eine solche Reduktion, die weder die diesseitige noch die jenseitige Leiblichkeit ernst nimmt, etwas anderes sein als ein metaphorischer

---
[156] Ebd., Suppl. q. 79 a. 1.
[157] E. Gutwenger, a.a.O., 47.
[158] Ebd., 53.

Ausdruck für ein numinoses göttliches Präsens, das man als Kyrios benennt? Rückt damit nicht schon der Doketismus in der ganzen Heilslehre nahe, von dem ja auch die existentialistische Theologie mitgeprägt ist? Ein ernsthaftes Bemühen um den Erweis der Identität des irdischen und des auferstandenen Leibes Christi steht aber vor schweren denkerischen Problemen, über die die moderne Theologie gelegentlich doch nur mit geistvollen Kombinationen von philosophischen, anthropologischen und naturwissenschaftlichen Einzelbeobachtungen gefällig hinweggleitet. Ein solches Bemühen, dessen tiefstes Anliegen die Erhaltung der «Leibhaftigkeit» der Erlösung durch Jesus Christus entgegen allen Spiritualisierungstendenzen ist, wird auch ganz anders als eine existentialistische Theologie mit einer letzten Geheimnishaftigkeit dieser Zusammenhänge rechnen und sich daraufhin den Vorwurf gefallen lassen müssen, daß mit dem leibhaftigen Verständnis von Auferweckung nur «ein Rätsel als Rätsel zur Sprache gebracht und keine befriedigende Lösung des Ostergeheimnisses angeboten wird»[159]. Als wenn das Ostergeheimnis je einer «befriedigenden Lösung» zugeführt werden könnte! Gerade wenn man von vornherein mit seiner Geheimnishaftigkeit rechnet, wird man die «befriedigenden Lösungen» beargwöhnen und oftmals feststellen, daß es sich gar nicht um Lösungen des Rätsels handelt, sondern um seine faktische Ausmerzung unter Festhalten an einer Worthülse, die danach mit beliebigem Inhalt gefüllt werden kann. Dabei kann dem kritischen Betrachter auch nicht entgehen, wie denkerisch salopp selbst die naturwissenschaftlichen Argumente zuweilen gebraucht werden. Wenn so z.B. gesagt wird, daß die Vereinigung der Seele «mit irgendeiner Materie» schon die Identität des Leibes garantiere, so ist doch zu fragen, ob dann der menschliche Leib aus «irgendeiner Materie» bestehe, so daß sich die Seele z.B. ihren Leib aus einem Sandkorn bilden könnte.

Hier waren die Patristik und die Scholastik, die im übrigen die Probleme des biologischen Umbaus im Körper *der Sache nach* auch schon kannten[160], im Grunde problembewußter, wenn sie erklärten, daß der Stoff aufgenommen werden wird, «der zur Wahrheit der menschlichen Natur gehört»[161] und zwar zur Wahrheit der indivi-

---

[159] Ebd., 53.
[160] Das frühe Zeugnis dafür findet sich wohl in der Auseinandersetzung des Epiphanius mit Origenes: Haeres. 84.
[161] Vgl. dazu J.B. Heinrich, Dogmatische Theologie X (fortg. durch C. Gutberlet) Münster 1904, 860.

duellen menschlichen Natur oder Person. Allerdings konnte sich dieser für das Verständnis des Leiblichen und Materiellen beim Menschen so fruchtbare Ansatz nicht entfalten wegen der einseitig vertretenen aristotelischen Körperlehre, die im Grunde gegenüber der Materie abwertend gehalten war. Ihr galt ja die materia prima nur als das rein Potentielle und Bestimmungslose «nec quid, nec quale, nec quantum». «Die moderne Naturwissenschaft läßt aber für eine rein potentielle Materie keinen Raum[162].» Das hat für die ontologische Sichtweise zur Folge, daß die Materie als akthaft, aktuell und konstitutiv für das konkrete Seiende zu begreifen ist. In dieser «konstitutiven Auffassung»[163] der Materie wird sie ein koexistentielles Mitprinzip beim Aufbau des Seienden, das im Leibe zu einer gewissen Partnerschaft des Geistes erhoben wird. Der Geist vollzieht an der Materie einen «ontologischen Ausdruck», den der Leib darstellt. Das besagt, daß die Materie in der Einheit des Leibes auch eine gewisse Bestimmungsfähigkeit ausübt. «So verleiht sie dem menschlichen Geist Ausdrucksmacht, Erdverwurzelung, Strahlkraft, Kommunikationsfähigkeit, Geschichtlichkeit, Welthaftigkeit, Sinnerfüllung..., die der Geist ohne die Materie nicht oder nicht in dem Maße besäße[164].» Bei einer solchen aktuell-konstitutiven Auffassung der Materie wird sie in einem bestimmten individuellen Leib geradezu zum «Mitspieler» und «Schicksal» des Geistes, das der Mensch nicht einfach abstreifen kann, um gleichsam in ein neues, ihm rein äußerliches Gewand zu schlüpfen. Diesem Tatbestand wird gerade bezüglich des für die Erlösung so wichtigen materiellen Leibes Jesu Christi nur eine Auffassung gerecht, die für den Auferstehungsleib des Erlösers auch eine bestimmte Identität des Materiell-Leiblichen fordert.

Trotzdem braucht diese Identität keine totale und absolute zu sein. Es genügt hier eine relative Identität, die nur gewährleistet, daß der Leib das Wesentliche der von ihm gestalteten und auf ihn zurückwirkenden Materie aufnimmt. Der Einwand, der hier sogleich mit dem Hinweis auf die im biologischen Weltprozeß durcheinanderwirbelnden Atome antwortet (und der prinzipiell nicht von höherer Qualität ist als die Probleme der Patristik und Scholastik um die Anthropophagie), kommt eben von einem einseitig aristotelischen Materieverständnis. Er kann nicht unterscheiden zwischen den an der Materie haftenden Phänomenen des Massenhaften, des Widerständigen und Trägen und ihrem letzten metaphysischen Sein als Aus-

---

[162] H. E. Hengstenberg, Mensch und Materie, Stuttgart 1965, 28 f.
[163] Ebd., 31.
[164] Ebd., 37.

drucksmedium des Geistes mit eigener Aktualität auf den Geist hin und mit einer von ihm eingeprägten Individualität, die im Wesen nicht verlorengehen kann. Deshalb spricht die neuere Theologie gelegentlich auch von einer «substantiellen Identität»[165]. Im übrigen ist die aus der rein massenkörperlichen Betrachtungsweise kommende Problematik des Wechsels der Massenteilchen im Grunde bei der Frage nach der Auferstehung Jesu Christi weithin entschärft oder geradezu aufgehoben, wenn man mit den biblischen Berichten vom leeren Grabe und der kurzen Grabesruhe ernst macht. An diesem Faktum prallen natürlich die gravierendsten physikalisch-biologischen Einwände ab. Es mag nicht der letzte Grund für die Aversion gegen das leere Grab sein, daß bei seiner Anerkennung ein Großteil der von der Naturwissenschaft (und zwar immer nur einer bestimmten Provenienz) erhobenen Einwände gegen die relative Identität des Auferstehungsleibes mit dem irdischen Leib Christi hinfällig würden. Aber ein geflissentliches Übersehen dieses Faktums kann weder von der Historie noch von der Theologie her verantwortet werden.

Die relative Identität des Auferstehungsleibes mit dem irdischen Leibe Christi ist auch der tiefste Grund, warum im eucharistischen Opfersakrament der am Kreuz hingegebene irdische Leib, der jetzt verklärt im Himmel lebt, wirklich gegenwärtig sein kann. Obgleich man die sakramentale Gegenwart Christi in der Eucharistie nicht in «kapharnaitischer» Weise mit der naturalen Leiblichkeit des irdischen Jesus und des himmlischen Christus gleichsetzen darf, wäre doch auch die Meinung wiederum ungenügend, die behauptet, daß «für die Messe ... nicht die Gegenwart des historischen Leibes und Blutes Christi» notwendig sei, «sondern sein historischer Tod am Kreuz und seine Gegenwart als erhöhter Kyrios»[166]. Aber hier ist die Gegenfrage zu stellen, wie denn der erhöhte Kyrios zu seinem am Kreuz dahingegebenen und ins Grab gesunkenen Opferleib stehe? Wenn zwischen diesem keinerlei materiell-leibliche Identität besteht, die z.B. in den Erscheinungsberichten an den Wundmalen angedeutet wird (Lk 24,39; Joh 20,20.27), dann kann auch der eucharistische Leib nicht die Opfergabe vom Kreuz und die Messe keine wirklichkeitserfüllte Repräsentation des einen und einzigen Opfers Christi sein. Da für das vollendete Opfer, das sich im Kreuzestod vollzog und in der Auferstehung angenommen wurde, die Gegenwart eines lebendigen Leibes notwendig ist, kommt die Erklärung der eucharistischen Gegenwart ohne die Rückbindung an die Auferstehung und an die

[165] A. Winklhofer, Das Kommen seines Reiches, Frankfurt 1959, 254.
[166] E. Gutwenger, a.a.O., 53.

Auferstehungsleiblichkeit gar nicht aus. Die Auferstehungsleiblichkeit garantiert dabei nicht nur die numerische Identität mit dem einen, unersetzlichen Opferleib Christi, sie entzieht das Verständnis der Existenzweise dieses Leibes zugleich jeder grobsinnlichen, «kapharnaitischen» Auffassung. Sie bildet damit zugleich auch die Brücke zum Verständnis der Existenz des eucharistischen Leibes, der zwar im Wesen mit dem verklärten Leib identisch ist, aber in der Existenzweise von ihm doch auch wieder unterschieden werden muß; denn anders würde der individuelle Leib Christi vervielfacht, wo es sich doch im Sakrament nur um eine besondere In-Beziehung-Setzung zum Raume und um eine neue Seinsweise, eben die sakramentale handeln kann. Aber diese neuartige Relation zum Raume und die neue geistförmige Seinsweise in der Eucharistie wären nicht zu erhellen, wenn sie nicht zum verklärten Leibe Christi in Beziehung gebracht würden (ungeachtet der sich hier stellenden Sonderfrage, wie die sakramentale Daseinsweise im Abendmahlssaale zustande kam, wo Christus in rein irdischer Weise präsent war); denn es ist jetzt der präexistente, verklärte Christus, der in den Gestalten gegenwärtig wird. So ist auch der geheimnisvolle Vorgang der Seinsverwandlung von Brot und Wein dem Verständnis näher zu bringen. Es ist ein in der Kraft des Auferstandenen vollzogener Akt der Neuschöpfung, in welchem irdisches Sein nicht zerstört, sondern in den pneumatischen Leib Christi umgewandelt und dem verklärten Leib Christi assimiliert wird.

So bezeugen Auferweckung Christi und eucharistische Wandlung von neuem eine Parallelität bezüglich der weitergehenden Schöpfung Gottes. In beiden Fällen wird Materiell-Leibliches in einen aus den Kräften des Geschöpflichen selbst unerklärbaren Vollendungszustand gehoben. Das geschah bei der Auferweckung der Materie des Leibes Christi genauso wie bei der Erhebung der Brot- oder Weinmaterie in den verklärten, vergeistigten Leib Christi. Es ist deshalb aufschlußreich, daß Teilhard de Chardin seine Auffassung über die fortlaufende Vergeistigung oder «Christifizierung» der Materie vor allem auch an die Eucharistie anschließt und aus der Stellung Christi in der Eucharistie folgert (und nicht nur aus Menschwerdung und Auferstehung)[167]. Sein Bild von Christus als der «kosmischen Hostie» will sagen, daß in Konsequenz der eucharistischen Wandlung Christus gleichsam durch eine kosmische Transsubstantiation die Schöpfung langsam wandelt und der Vollendung entgegenhebt. Obgleich der Gedanke

---

[167] Der göttliche Bereich, 147.

naturwissenschaftlich nicht bewiesen werden kann und auch theologisch in Grenzen gehalten werden muß, ist er in seinem gläubigen Kern zutreffend: daß nämlich die eucharistische Wandlung auch die materielle Welt auf ihrem Vollendungswege weiterbringt. Nur können wir über das «Wie» und den «Modus» dieses Ausgreifens der eucharistischen Wandlung auf die Materie keine dezidierten und empirisch verifizierbaren Aussagen machen.

Diese innerwesentliche Verbindung zwischen Auferstehung und Eucharistie, zwischen Auferstehungsleiblichkeit und eucharistischer Daseinsweise Christi, die freilich nur einem Denken eingehen wird, welches das Mysterium ernst nimmt und es nicht nach den rationalen Regeln des Vernunftverständnisses mensuriert, sondern umgekehrt diesem neue Lichter aufsetzt, kann sozusagen an einer Gegenprobe indirekt verifiziert werden. Sie besteht in dem Hinweis auf die Ausfallerscheinung, die sich in der Eucharistieauffassung einstellen muß, wenn die heilsrealistische Auffassung der Auferstehung nicht angenommen wird. Es ist gewiß kein Zufall, daß die radikale Entobjektivierung und Entgeschichtlichung des Auferstehungsereignisses auch zu einer Entleerung der Eucharistie führen muß. Das geht bei W. Marxsen, dem radikalsten Kritiker der Auferstehung als Heilstatsache so weit, daß er der Eucharistie jeglichen sakramentalen Charakter abspricht und den Glauben an eine irgendwie realistisch gedachte Gegenwart des Leibes Christi als heidnisch-hellenistische Materialisierung einer menschlich-religiösen Idee abtut. Auch hier setzt sich das existentialistische Denken wiederum über jede historische Problematik hinweg, wenn es sogar die Feier des Abendmahls durch Jesus in Zweifel zieht und erklärt: «Ob Jesus am Vorabend seines Todes das Abendmahl ausdrücklich eingesetzt hat, ist ..., historisch geurteilt, mehr als unwahrscheinlich [168].» Was die Jünger in Erinnerung an den historischen Jesus feierten, waren Fortsetzungen und Wiederholungen der religiösen Mahlgemeinschaften ihres Meisters mit Zöllnern und Sündern, wie sie im Judentum üblich waren. Die Eucharistie kann demnach auch heute nur ein weltliches Gemeinschaftsmahl sein, das im Gedanken an den historischen Jesus die Brüderlichkeit und Mitmenschlichkeit fördert.

Hier wird am Gegenbild deutlich, daß Auferstehung und Eucharistie entweder zusammen gehalten oder zusammen aufgegeben werden müssen. Der letzte Grund für diesen Konnex liegt darin, daß man keinen toten Leib vergegenwärtigen und dann gar zum Inhalt eines

---

[168] W. Marxsen, Das Mahl. Vorstellungen und Wandlungen: Kontexte I, Stuttgart 1965, 95.

Mahles machen kann. An dieser Stelle erweist sich die Auferstehung Christi von neuem als das Zentrum, von dem die Möglichkeit und Existenz einer sakramentalen Eucharistie abhängt. Ein nicht eucharistisches, nicht sakramentales Gemeinschaftsmahl aber wäre nichts spezifisch Christliches. So darf man sagen, daß die Verbindung von Auferstehung und Eucharistie gleichsam eine Grundachse des Christentums darstellt, ohne die die ganze Konstitution von Christentum und Kirche zusammenfällt oder jedenfalls nur noch im Sinne einer rein diesseitigen, idealistischen oder existentialistischen Humanitätsreligion gehalten werden kann, die kein göttliches Mysterium mehr kennt. Diese Achse aber hat ihren heilsgeschichtlichen Endpunkt in der endzeitlichen Auferstehung der Toten.

8. AUFERSTEHUNG ALS ENTHÜLLUNG DES ESCHATOLOGISCHEN VOLLENDUNGS-ZIELES

Weil Christus wirklich «in die Geschichte hinein»[169] auferstanden ist, konnte die Auferstehung bereits als die übernatürliche Triebkraft auf die Vollendung der Geschichte hin ausgegeben werden. Aus ihr erwachsen jene Impulse des Glaubens und der Hoffnung, die die Geschichte der Welt und des Heils vor der Stagnation bewahren, die sie mit einem absoluten Sinn versehen und sie ihrem welttranszendenten Vollendungsziel entgegentragen.

Das alles gehört in die eschatologische Valenz der Auferstehung mit hinein und ist bereits in dem ältesten Auferstehungszeugnis grundgelegt, wo gesagt wird, daß ohne die Auferstehung Jesu Christi der christliche Glaube «eitel» wäre (1 Kor 15,14), aber auch die christliche Hoffnung leer würde, so daß wir «bejammernswerter [wären] als alle Menschen» (1 Kor 15,19).

Im heutigen Bemühen um das Verständnis der Auferstehung tritt oft die Auffassung zutage, daß die geschichtliche und eschatologische Bedeutung dieser Gottestat schon erschöpfend getroffen sei, wenn man sie nur als die auf die Weltvollendung drängende Glaubens- und Hoffnungskraft ausgebe. Das ist zwar insofern bedeutsam, als ohne eine solche Kraft der Weg zum Ziel nicht begangen werden könnte und der Lauf zur Vollendung zum Stillstand kommen müßte.

Und doch genügt es nicht, die Auferstehung als Hoffnung und als entelechiale Kraft der Geschichte der Welt wie des einzelnen zu verstehen, ohne um das Ziel selbst zu wissen und dieses zu erkennen. «Eschatologie» ist nicht nur das Denken über die Impulse und Antriebsmittel eines Weges nach vorn, der als solcher auch ein Weg ins Ungewisse werden könnte, sondern sie ist gerade auch das Bedenken des Zieles selbst, soweit das im Geheimnis des Glaubens erkannt werden kann. Es ist etwas anderes, Kräfte für den Weg zu sammeln und zu bemessen, und etwas anderes, das Ziel des Weges zu wissen. Beides muß in der Ordnung des Wirklichen zusammenliegen und zusammengeschehen. Wenn das Ziel nämlich nicht gewußt oder erkannt ist, sind alle Bemühungen um den Weg und seine Bewältigung müßig. Wenn deshalb die eschatologische Bedeutung der Auferstehung Christi nur

---

[169] So G. Koch, a.a.O., 154. Zur Verbindung von Auferstehung und Parusie vermittels der johanneischen Aussage über die Freude (Joh 16,22) vgl. auch Feuillet, a.a.O., 590.

darin gelegen wäre, dem Menschen allgemeine Hoffnungen und Zukunftsperspektiven zu eröffnen, dagegen das eigentliche Ziel im unklaren zu belassen und keinerlei Licht auf dieses zu werfen, dann würde diese ihre Bedeutung zuletzt doch wieder entleert und ausgehöhlt. Es ist deshalb ungemein bezeichnend für die Ausgewogenheit und Nüchternheit des biblischen Denkens, daß es in dem urtümlichen Auferstehungszeugnis nicht nur von der Auferstehung als Kraft des Weges spricht, sondern daß es von ihr her auch das Ziel erhellt und ausleuchtet, indem es vom Endzustand des einzelnen wie des Ganzen spricht (vgl. 1 Kor 15, 51 ff), obgleich solche Aussagen an die Grenze menschlichen Denk- und Sprechvermögens heranreichen und sich in ein Mysterium hineinziehen, in das die menschliche Anschauung nicht hineinträgt. Trotzdem sind solche Aussagen nicht zu umgehen, wenn die Auferstehung nicht eine ins Ziellose schießende Kraft sein soll, die den Menschen schließlich enttäuschen muß. Der innere theologische Grund dafür, warum das gläubige Denken trotz der sich ihm hier entgegenstellenden Schwierigkeiten solche Aussagen machen darf, liegt darin, daß die Auferstehung in sich schon das Endereignis der Geschichte ist. Als solches ist sie bereits der Vorentwurf des endgültigen Zielzustandes, an dem das Wesentliche der Vollendung mit den Augen des Glaubens ersehen, wenn auch nicht in seiner Tiefe durchdrungen werden kann.

a) Die universale Vollendung im Licht der Auferstehung

Es muß auffallen, daß heute trotz der vielberufenen Hoffnungskraft, die von der Auferstehungsbotschaft abgeleitet wird, das Ziel dieser Hoffnung wenig erörtert und erschlossen wird. Damit hängt auch zusammen, daß das Eschatologische im Zusammenhang mit der Auferstehung zwar als Atmosphärisches, als Feld und Struktur des Christentums häufig benannt wird, aber «Eschatologie» im Sinne einer begründeten Glaubensaussage über den Endzustand von Welt und Mensch unterentwickelt bleibt. Charakteristisch für diese wiederum vom Existentialismus geprägte Situation ist die geradezu programmatische Aussage: «Die christliche Hoffnung weiß, *daß* sie hofft, sie weiß aber nicht, was sie erhofft[170].» Man sollte sich von diesem einfallsreichen Wortspiel nicht beeindrucken lassen, sondern feststellen:

[170] R. Bultmann (u.a.), Die christliche Hoffnung und das Problem der Entmythologisierung, Stuttgart 1954, 58.

Eine Hoffnung, die nicht weiß, worauf sie zu hoffen hat, ist leer. Es handelt sich hier nicht mehr um Hoffnung, sondern um eine existentiale Stimmung, die in der Nähe des stoischen Gleichmutes bezüglich des Zukünftigen liegt. Dieser Ausdruck ist hier nur eine wortgewandte Verkleidung für die in einem solchen Christentum nistende Unsicherheit bezüglich der Sinnfrage des Lebens und der Geschichte, die der Existentialismus tatsächlich aufgrund aller seiner denkerischen Voraussetzungen von der prinzipiellen Ungesichertheit der menschlichen Existenz nicht überwinden kann. Für den Stand der gegenwärtigen Haltung der christlichen Verkündigung ist auch die Ansicht D. *Sölles* kennzeichnend, die in ihrer «nichttheistischen Theologie» ausdrücklich bekennt, daß es eine sogenannte «postmortale Existenz» des Menschen nicht gibt und es sich hierbei um ein Relikt des antiken und mittelalterlichen Weltbildes handelt [171]. Der Sinn des Lebens liegt deshalb nur in einer offenen Geschichte, die durch den Menschen selbst gesteuert wird, wobei es aber keine Garantie gibt, daß die Geschichte nicht in einem Chaos endet. Ein Denken, das um das Ziel der Geschichte nicht weiß und sich dennoch dem Zug der Geschichte ins Offene hinein überläßt, steuert nach einer Marke, die am Bug des eigenen Schiffes befestigt ist. Es vermag nicht auszuschließen, daß die ganze geschichtliche Bewegung nur in einem Kreis verläuft und auf der Stelle verbleibt: der fatale Ausdruck für eine christlich verbrämte Sisyphusexistenz.

Über das Versagen einer solchen Eschatologie und ihre Folgen für Theologie und Kirche hat schon in der Vergangenheit der realistische E. Brunner das Wort gesprochen: «Eine Kirche, die nichts über das Zukünftig-Ewige zu lehren hat, hat überhaupt nichts zu lehren, sondern ist bankrott [172].» Es ist nur zu verständlich, daß in einer Situation, in der die christliche Verkündigung das übernatürliche Endziel des Schöpfungsganges nicht mehr zu bestimmen vermag, als Surrogate innerweltliche Zielangaben dienen müssen; denn offenbar kommt das natürliche menschliche Denken ohne eine bestimmte Zielangabe nicht aus. So wird das Feld der Eschatologie beinahe zwangsläufig einer rein humanistischen Futurologie und den utopischen Spekulationen immanentistischer Weltauffassungen überlassen. Dabei bleibt merkwürdigerweise unbeachtet, wie diese utopischen Zukunftsentwürfe zusehends negativer werden und einem immer deutlicheren Pessimismus zuneigen, wie etwa das Bekenntnis B. Russels beweist:

---

[171] D. Sölle, Stellvertretung. Ein Kapitel Theologie nach dem Tode Gottes, 196.
[172] E. Brunner, Das Ewige als Zukunft und Gegenwart, Zürich 1953, 237.

«Der Mond führt uns vor Augen, worauf die Erde zusteuert: auf etwas Totes, Kaltes, Lebloses. Eine solche Ansicht sei deprimierend, sagt man uns, und manche behaupten, sie könnten nicht weiterleben, wenn sie daran glaubten.» Aber: «In Wahrheit macht sich niemand viel Gedanken darüber, was in Millionen von Jahren sein wird [173].» Die Diagnose und Aufarbeitung dieses Phänomens im Hinblick auf eine den Menschen innerlich betreffende und aufrüttelnde Eschatologie wäre für die christliche Verkündigung eine große Chance, von der man allerdings nicht sieht, daß sie heute wahrgenommen würde. Denn selbst diejenigen Versuche, die eine christliche Eschatologie neu aufrichten möchten, stehen nicht selten unter dem Zwang des existentialistischen und immanentistischen Denkens, dem es nicht gelingt, den Punkt zu finden, an dem das eschatologische Hoffnungsstreben festgemacht werden kann. Das ist z. B. über den eschatologischen Entwurf *J. Moltmanns* zu sagen, der als Exponent dieser Denkrichtung angesehen werden darf. Wenn man Moltmanns Zukunftsaussagen näher analysiert, wird man betroffen feststellen, wie stark innerweltlich sie gehalten sind und wie wenig sie auf die entscheidenden eschatologischen Fragen eingehen: die Fragen nach dem Schicksal des Menschen nach dem Tode und die Frage nach dem Schicksal der Geschichte an ihrem Ziel, an dem sie über sich hinausdrängt. Moltmanns Angaben über den Sinn der Geschichte als «Menschwerdung des Menschen», als «Humanisierung des Menschen», als «Sozialisierung», als «Frieden der ganzen Schöpfung» [174] sind so gehalten, daß sie ein spezifisch Christliches nicht zum Ausdruck bringen.

So erfährt man auch nicht, was die vielberufene «universale Zukunft des Reiches» [175] eigentlich bedeuten soll. Über eine Fortexistenz des Einzelnen nach dem Tode wie auch über eine Erfüllung der Geschichte an einem geschichtsüberhobenen Transzendenzpunkt wird nicht reflektiert. Interpretiert man J. Moltmanns Eschatologie, die im Grunde auf dem alttestamentlichen Standpunkt stehenbleibt, nach strengstem Maßstab, so läßt sich sagen: Hier bedeutet das entscheidende Ereignis des Eschatons, nämlich die Überwindung des Todes (im individuellen wie im universalen Verständnis) nur Überwindung der *Angst vor dem Tode*, wie vor dem Ende der Schöpfung. Überwindung der Angst vor einem bedrückenden Geschehen ist aber wiederum etwas gänzlich anderes als die Beseitigung dieses Geschehens selbst. Das erste ist wiederum nur etwas Existentiell-Subjektives,

---

[173] B. Russel, Warum ich kein Christ bin, München 1963, 24.
[174] J. Moltmann, Theologie der Hoffnung, 303.
[175] Ebd., 309.

das zweite etwas Seinsmäßig-Objektives. Auch hier muß man die Frage stellen, ob der Verzicht auf die radikale Änderung im seinshaftobjektiven Bereich überhaupt die Angst im subjektiven Bereich nehmen kann, oder ob es sich letztlich doch nicht wieder nur um eine Selbstsuggestion des Menschen handelt, auf die die existentialistische Theologie hinausläuft. Deshalb wirkt auch Moltmanns Auseinandersetzung mit E. Bloch und seinem «Prinzip Hoffnung» so lahm und schwunglos. Es ist keine Antwort auf Bloch und erst recht keine denkerische Überwindung, wenn Moltmann dem Neomarxisten nur dies zum Vorwurf macht, daß seine Bereitschaft zum Tode nicht aus der Liebe komme[176]. Die christliche Hoffnung zur Todesüberwindung dagegen komme aus der Liebe. Ausdrücklich wird gesagt, daß die Identität, die sich bei der Wandlung vom Leben zum Tode durchhält, nicht im Menschen liegt. Sie liegt vielmehr in der Liebe, die sich bis in den Tod entäußert. Das ist alles durchaus schwebend und unbestimmt gesagt, so daß es nicht ganz eindeutig gemacht werden kann. Es spricht aber vieles dafür, daß hier eine wirklich «postmortale Existenz» des Menschen und eine transzendente Verwandlung der ganzen Welt nicht mehr behauptet, jedenfalls nicht mehr mit ganzer denkerischer Kraft durchleuchtet und mit der Überzeugung eines sich auf ein Geheimnis einlassenden Glaubens verkündet wird. Der Fehler liegt schon in einer unzureichenden Bestimmung der Realität der Auferstehung Christi, die offenbar nicht getroffen ist, wenn man nur an gewissen Erscheinungen Jesu vor den Jüngern festhält. Darum erklärt sich auch der Realitätsschwund bezüglich der allgemeinen Auferstehung des Fleisches und der transzendenten Vollendung der Welt. Wer die Auferstehung Jesu nicht als Heilstatsache mit realen Wirkungen in dieser Welt versteht, sondern nur als «Verheißung», kann ihr auch kein reales und festes Ziel voranstellen. Sie bleibt auch so eine Chiffre für die menschliche Existenzdialektik.

Eine Auferstehung dagegen, die als schöpferische Tat Gottes an dem gestorbenen Christus verstanden wird, kann, ohne sich auf apokalyptische Vorstellungen einlassen zu müssen, die Vollendung der Welt als geheimnishafte Wirklichkeit verstehen und in analogen Begriffen deuten. Das kann hier nicht in einem vollständigen Entwurf über die «Auferstehung des Fleisches» und die «Vollendung des Kosmos» dargeboten werden. Es kann aber im strengen Rückgang auf das, was bei der Auferstehung Christi schon geschehen ist, deutlich gemacht werden, daß die Herrlichkeit, die in der Auferstehung

---

[176] Ebd., 329.

am «Erstgeborenen aller Schöpfung» (Kol 1,15) aufleuchtete, die ganze Schöpfung umgestalten und jenen «neuen Himmel und jene neue Erde» schaffen wird, «worin die Gerechtigkeit ihre Stätte hat» (2 Petr 3, 12f; vgl. auch Apk 20, 11). Wie die Auferstehung Christi die totale Annahme des Gekreuzigten und seines Opfers durch den Vater und die Verwandlung in dessen Herrlichkeitsexistenz erbrachte, so wird ihre Durchsetzung in der Parusie auch die vollkommene Hineinnahme der Schöpfung in das Leben und die Liebe Gottes erbringen. Hier erst wird sich das Reich Gottes, das in der irdischen Verfaßtheit immer erst «im Kommen» war, in seiner vollendeten Gestalt und Mächtigkeit enthüllen: in der Unterwerfung aller Unheilsmächte (Eph 4, 10; Phil 2, 10), in der Durchlichtung alles Geschaffenen durch die «Klarheit Gottes» und das «Licht des Lammes» (Apk 21, 23), in der Unmittelbarkeit der Gottverbindung der Gerechten und ihrer vollkommenen Gemeinschaft untereinander in einem «ewigen Leben» (1 Tim 6, 12), welches keine unendliche zeitliche Erstreckung meint, sondern die Aufhebung der Zeit durch die Teilhabe an der Überzeitlichkeit Gottes.

Ein solcher Ausblick auf die Realität des «neuen Himmels und der neuen Erde» mag einem rationalistischen oder existentialistischen Denken leer erscheinen. Aber vom Auferstandenen her, der in sich die «summa creaturae» darstellt, ist sie als kosmische Auswirkung des Osterereignisses dem Glauben annehmbar und in etwa verstehbar. Über den Modus dieser vollendeten Kosmizität und erfüllten Geschichte der Welt kann das anschauliche Denken freilich keine distinkten Aussagen machen. Es geht einfach um die aus der Kraft der Auferstehung fließende Heilswahrheit von der Vollendung der Schöpfung zu einer pneumatischen Existenz, in der alles gott- und christusförmig oder in der «Gott alles in allem wird» (1 Kor 15, 44). Die Tatsache dieser Wandlung und dieser Existenz zu betonen, ist heute nicht nur wichtig im Gegensatz zu jeder Spiritualisierung der Heilswirklichkeit, sondern auch im Gegensatz zur modernen Auffassung, daß es zwar für den einzelnen Menschen eine absolute Zukunft in einer transzendenten Seinsweise geben könne, nicht aber für die Welt und für die Geschichte im ganzen. Es entspricht deshalb weder der Lehre der Kirche noch den Ansprüchen des Denkens, wenn gesagt wird: «Es würde dem Glauben nicht widersprechen, wenn die Vollendung der Geschichte in einem unendlichen dynamischen Prozeß bestehen würde[177].» Abgesehen davon, daß ein unendlicher dynamischer Pro-

[177] So in: Neues Glaubensbuch (hrsg. v. J. Feiner und L. Vischer), Freiburg [10]1973, 543.

zeß nicht als vollendet gedacht werden kann und der idealistischen oder materialistischen Lehre vom ewigen Kreislauf naherückt, ist hier gerade auch die Auferstehungstat in ihrer Tiefe nicht erfaßt; denn als nicht mehr steigerungsfähige göttliche Neuschöpfung setzt sie der Geschichte ein Ziel und eine Vollendung, über die hinaus jede weitere Entwicklung nur in einer «schlechten Unendlichkeit» enden müßte.

Zudem könnte ein endloses Weitergehen der Geschichte auch die Vollendung des Einzelmenschen in der individuellen Auferstehung nicht erbringen; denn als geschichtliches Wesen ist der Mensch an die Gemeinschaft, an die Gesamtgeschichte und an die Erkenntnis ihres Sinnes gebunden. Dieser kann aber erst zum Austrag kommen, wenn die Geschichte ihr endgültiges Ziel erreicht. Deshalb ist es ein tiefer biblischer Gedanke, daß die individuelle Auferstehung mit dem Erreichen des Zielzustandes der Welt in eins fällt.

b) Die Auferstehung als Erhellung der individuellen Vollendung

Schon das paulinische Urzeugnis über die Auferstehung des Herrn (1 Kor 15) läßt erkennen, daß es allein diese Gottestat ist, auf Grund deren der Gläubige die Zuversicht bezüglich seiner eigenen Todesüberwindung und seiner ganzmenschlichen Vollendung im «Sein mit Christus» (Phil 1, 23) und in der Gleichgestaltung mit seinem verherrlichten Leibe (Phil 3, 21) gewinnen kann. Die Zuversicht des reinen «Daß» dieser Verwandlung der menschlichen Existenz durch den Tod hindurch wird aber immer wieder durchkreuzt und entkräftet von den Widerständen, die die Einbeziehung des Materiell-Leiblichen in dieses Ereignis der Neuschöpfung auslöst. Die «Griechen» vermochten diese Widerstände nicht zu überwinden wegen ihrer dualistischen Abwertung der Materie, die Moderne nicht aus einem beinahe gegenteiligen Affekt, nämlich aus ihrer positiv-wissenschaftlichen Hochschätzung der Materie heraus, die ein religiös-metaphysisches Denken von ihr angeblich nicht möglich macht. So ist der moderne Naturwissenschaftsglaube, zumal wenn er in vulgäre Formen schlüpft, der große Widersacher des Glaubens an die leibliche Auferstehung des Menschen geworden, der sich sogar im Bewußtsein der Christen durchzusetzen beginnt, wenn man einigen neueren Umfrageergebnissen trauen darf.

Man wird dieser für den christlichen Schöpfungs- und Erlösungsglauben lebensbedrohenden Schwierigkeiten nicht Herr, wenn man die materiell-leibhaften Momente dieses Glaubens immer mehr spiritualisiert, indem man etwa sagt: «Nicht ein biologisches Gebilde ‹Körper› wird auferweckt, die *Person* wird auferweckt[178].» Diese Aussage enthält eine doppelte Unklarheit und vermag so keinen ungebrochenen Glauben an die persönliche Auferstehung zu begründen. Sie unterstellt nämlich eine «Auferstehung der Körper», wo es der Kirchenlehre und der Theologie im Grunde um etwas anderes geht, nämlich um die «Auferstehung des Leibes»; und sie verwendet keinen Gedanken darauf, wie eine menschliche Person ohne die ihr zugehörige Leiblichkeit gehalten werden kann, was dann besonders widerspruchsvoll ist, wenn man an die Vollendung dieser Person glauben möchte. Hier gerät dann wie auf einem weiten Umwege das Denken doch wieder in die Nähe des Spiritualistischen und Gnostischen, das dem reinen Existentialismus mit seiner Entgegenständlichung alles Objektiven grundsätzlich nicht ferne liegt.

Aber auch eine agnostizistische Antwort, die sich mit der Feststellung begnügt, daß der Mensch es nach dem Tode eben weiter mit dem liebenden und treuen Gott zu tun haben werde, ist der Frage nach der Auferstehung des Leibes nicht angemessen. Es ist bezeichnend, daß das biblisch-paulinische Denken einen solchen Agnostizismus nicht kennt, wenn es die Frage nach der Beschaffenheit des Auferstehungsleibes aufgreift (1 Kor 15,42–45). Freilich sind die betreffenden Aussagen im einzelnen nicht als theologische oder philosophische Erklärung des «Wie» des Auferstehungsleibes zu werten. Und trotzdem ist das ihnen zugrunde liegende Prinzip noch heute beachtenswert. Es ist die Glaubensüberzeugung, daß dem Materiell-Leiblichen im Lichte der Auferstehung Christi neue Dimensionen seiner Verwirklichung erschlossen werden. Wo die grob-sinnliche Auffassung an der Materie nur das Träge, das in sich Verschlossene und das dem Geist Widerständige feststellt, erkennt die heilsrealistische Auffassung von der Auferstehung am Auferstandenen und an seinem Leib die Durchlässigkeit des Materiellen für das Geistige, die Möglichkeit ihrer Entschränkung von Raum und Zeit, ihren medialen Charakter für den Anruf des Geistes und eine neuartige Kommunikationsfähigkeit, die für die Vollendung des Menschen als Gemeinschaftswesen von tiefer Bedeutung ist.

An diesem Punkt aber gibt es eine Berührung zwischen der Glaubensaussage und einem naturphilosophischen Denken, welches davon ausgeht, daß die Materie nicht nur für die massenhaft-körperliche Bindungsform bestimmt ist, sondern daß sie als Ausdrucksmedium

---

[178] Ebd., 541.

dem Geist geöffnet ist und von ihm zu höheren Gestaltungen geführt werden kann, die die empirische Erscheinungsform der Massenhaftigkeit, der Körperlichkeit, der zwanghaften Ausdehnung im Raum und der bloß quantitativ-summativen «Und-Verbindung» der Teile weit überschreiten [179].

Schon die konstitutive Bindung der Materie in einem physischen oder lebendigen Ganzen bedeutet eine Befreiung ihres rein körperhaften Ausgeliefertseins an Raum und Zeit, insofern in einem solchen Ganzen räumliche und zeitliche Veränderungen kompensiert werden können und eine gewisse Überhobenheit über Raum und Zeit eintritt [180]. Sie zeigt sich besonders in der Einbeziehung der Materie in die Konstitution des menschlichen Leibes, in dem Materie nicht mehr nur körperhaft als Gewicht, Masse und Ausdehnung fungiert, sondern als Medium und Spiegel des Geistes, der die feinen Schwingungen des Geistes in Bewegung, im Gestus und im Rhythmus wiedergeben kann. Hier zeigt sich an der Materie die Fähigkeit zur Aufgabe ihrer Resistenz gegenüber dem Geist. So vermag sie sein Instrument zu werden, aus dem er in einem Wechselspiel gleichsam «übermaterielle» Wirkungen hervorholt. Diese anfanghafte «Vergeistigung» der Materie, die sie schon im Leibe des Menschen erfährt, erlaubt nun den Schluß, daß die Materie in dieser Schöpfung auf einem Vollendungsweg begriffen ist, der sie immer mehr der Verhaftung an Körperlichkeit, Massigkeit und Starre entzieht [181]. Dem entspricht die rein physikalische Feststellung, daß «die kleinsten Einheiten der Materie ... tatsächlich nicht physikalische Objekte im gewöhnlichen Sinne des Wortes sind; sie sind Formen, Strukturen oder – im Sinne Platos – Ideen [182]». Nach einem von Heisenberg zur Verdeutlichung herangezogenen Worte Plotins ist die Materie «Erscheinung» des Einen und seines ewigen Glanzes [183].

Wenn man die Materie in dieser Weise als Erscheinung und «Bild» oder «Wort» eines Geistigen versteht, dann wird man sie nicht in eine einzige, etwa die körperhafte Erscheinungsform einpressen können.

[179] In diese Richtung weist u.a. B. Schuler, Die Materie als lebende Kraft, Paderborn 1960, 142 ff; besonders auch H. E. Hengstenberg, Der Leib und die Letzten Dinge, Regensburg 1955, 65 ff; ders., Mensch und Materie. Zur Problematik Teilhard de Chardins, Stuttgart 1965, 31–48.
[180] Ebd., 100 ff.
[181] H. E. Hengstenberg, a.a.O., 59.
[182] So W. Heisenberg, Das Naturgesetz und die Struktur der Materie: Schritte über Grenzen, München ²1973, 236.
[183] Ders., Die Bedeutung des Schönen in der exakten Naturwissenschaft: a.a.O., 289.

Für das naturphilosophische Denken ist dann sogar die Annahme «unkörperlicher Materien» möglich, die «sich hemmungslos durchdringen können»[184]. Von hier aus ist die Anerkennung einer besonderen Erscheinungsform der Materie bei den Erscheinungen des Auferstandenen dem modernen physikalischen Denken nicht widersprechend. Wenn nämlich die Materie auf einem Vollendungsweg von körperlichen zu unkörperlichen Verbindungsformen steht, ist auch die Möglichkeit eines verklärten Zustandes beim Auferstehungsleib Christi wie beim verklärten Leib des Menschen kein Denkwiderspruch mehr.

In diesem Zusammenhang können die paulinischen Bildaussagen über den Auferstehungsleib durchaus wieder ihre Bedeutung empfangen: die incorruptio, gloria, virtus und spiritualitas dieses Leibes (1 Kor 15,43 ff). Obgleich diese Angaben in ihrem Wortlaut nicht zu pressen und als physikalische Bestimmungen zu verstehen sind und obgleich an dieser Stelle mehr das Anliegen Pauli als sein begrifflicher Ausdruck zu werten ist, bleibt doch auch von seiten der Exegese (deren Auslegungen hier im einzelnen differieren) zu sagen: «das soma pneumatikon ... ist ein durch das pneuma bestimmtes»[185] und jedenfalls «völlig anders geartet als die irdische Leiblichkeit»[186]. Die positive Form und Inhaltlichkeit dieser Leiblichkeit kann freilich auch ein von der Theologie herangezogenes physikalisches Denken nicht bestimmen, zumal der Auferstehungsleib nicht aus der Fortsetzung des natürlichen Stufenweges der Materie zu verstehen ist, sondern aus einem in der Kraft des Übernatürlichen stehenden Umbruch. Andererseits kann das Verständnis der verklärten himmlischen Leiblichkeit aus der Analogie unkörperlicher Materieform ahnungsweise erschlossen werden. So kann der verklärte Leib in der Kraft der Gnade als völlig durchscheinend für den Menschengeist gedacht werden, als hochempfindliche Membrane für alle Schwingungen der Seele, als kongeniales Instrument für den vollkommenen Selbstausdruck der Person. Erst in dieser höchsten Anverwandlung des Materiellen durch den Geist findet das leibgeistige Sein des Menschen seine volle Harmonisierung und Beselung. Aber da der Leib für den Menschen immer auch das Kontaktorgan für den Bezug zur Umwelt und zum Nächsten ist, wird der verklärte Leib auch zum vollkommenen und von allem Hemmenden befreiten Kommunikationsmittel für

---

[184] ThWNT VI, 419 (Art. pneuma: E. Schweizer); H. Conzelmann, Der erste Brief an die Korinther (Meyers Kommentar V) Göttingen 1969.
[185] So Fr. Mussner, Die Auferstehung Jesu, 118.
[186] J. Moltmann, 334.

die Welt und die Mitgeschöpfe. So wird die Gemeinschaft der Seligen nicht zuletzt durch die verklärte Leiblichkeit intensiviert und vollendet. Aber als von der Gnade durchlichtete Leiblichkeit wird er ebenso auch zum Transparent des göttlichen Geistes. Darum wird zuletzt erst in der Verklärung die Leibhaftigkeit des Menschen vollkommen «für Gott» da sein. Das aber ist der Vollbegriff der Erlösung des Menschen, die erst dann geschieht, wenn auch der Leib von der Verklärung erfaßt ist. Hier erst wird «der Leib für den Herrn und der Herr für den Leib sein» (1 Kor 6, 13). Das sagt Paulus in strenger Abhängigkeit von der Auferstehung Christi; denn «Gott hat nicht nur den Herrn auferweckt, sondern er wird auch uns durch seine Kraft auferwecken» (1 Kor 6, 14). Weil der Leib «der Angelpunkt des Heiles» (Tertullian) ist, kann die Erlösung erst dort vollendet sein, wo sie den Leib ganz in den Bereich des Göttlichen aufnimmt. Eine solche Hoffnung auf ein transzendentes Ziel der Vollendung ist etwas anderes als ein abstraktes «Prinzip Hoffnung», das sich in einer vagen «Phantasie der Liebe ins Offene und Mögliche hinein» erschöpft. Dieses vom Glauben an die Auferstehung Jesu vorgestellte Ziel ist keine «Phantasie» und auch kein menschlich «Mögliches», sondern eine von Gott geschenkte geheimnishafte Realität. Sie mag zwar dem positivistischen und immanentistischen Denken sehr viel abverlangen. Aber es erscheint nicht unmöglich, auch ein solches Denken davon zu überzeugen, daß die Ausrichtung auf die Realität der zukünftigen Herrlichkeit in Christus seiner tiefsten Hoffnung besser entspricht als das phantasievolle Spiel mit weltimmanenten Erwartungen, die eher eine Erwartungsneurose züchten als den Menschen wirklich erfüllen können. Die Hoffnung, die um kein wirklichkeitserfülltes transzendentes Ziel weiß, ist wie ein Brückenschlag ohne den jenseitigen Pfeiler. Allein die das Ziel des ewigen Lebens in Christus erkennende Hoffnung ist sicher gegründet und zwischen den zwei Pfeilern verspannt: der Auferstehung Jesu Christi und der Auferstehung vom (eigenen) Tode.

SCHRIFTSTELLEN

ALTES TESTAMENT

Genesis		Psalmen		Ezechiel	
1,1	174	16,8	39	1,3	202
2,4	174	36,10	177	17	39
2,24	174	104,7	153	24	39

Exodus		Jesaja		Daniel	
16,7	202	26,7	39	12,1	39
16,10	202	26,19	142		
24,15	202	51,9	153		

				Joel	
1. Buch der Könige				3,1	206
8,11	202			3,5	206

NEUES TESTAMENT

Matthäus					
16,18	253	3,13	253	24,11	89, 99
17,1	123, 209	3,19	253	24,13	90
17,13	123, 209	6,14	40	24,26	201, 232
26,26	253	8,28	40	24,30	255
28,2	81, 115	14,28	77, 78	24,31	90, 126
28,4	81, 115	16,1	117	24,33	92
28,5	81	16,5	81	24,34	133, 148, 152
28,6	89	16,7	77, 78	24,35	133, 148
28,7	152	16,8	77, 117	24,36	95
28,9	83			24,37	98, 113, 114, 167
28,10	126	*Lukas*			
28,11	81	4,14	204	24,38	98
28,15	81	4,18	204	24,39	98, 99, 113, 279
28,16	84, 87, 145	4,19	204		
28,17	84, 99	7,11	143	24,41	98
28,18	216, 247, 256	7,17	143	24,43	96
28,19	81	11,20	204	24,48	93, 244, 247
28,20	84, 87, 113, 145	22,19	260	24,53	92
		22,27	253		
28,28	260	24,1	88	*Johannes*	
		24,4	116	1,14	268
Markus		24,5	89	2,18	98
1,9	204	24,6	89	3,13	269
1,13	204	24,7	89	3,14	145
		24,8	89	4,48	98

6,22	268	7,55	125	15,1	129, 130
6,27	268	9,1	131	15,3	129, 130
6,30	98	9,7	131	15,4	130
6,51	268	9,10	131	15,6	130
6,53	268	10,10	125	15,8	125, 130, 133
6,54	269	10,16	125	15,12	138
6,59	268	10,34	204	15,14	19, 20, 283
6,63	270	10,43	204	15,15	23, 149
7,40	213	17,16	178	15,17	19, 20
8,28	269	17,22	42	15,19	21, 22, 283
10,10	268	17,34	42, 178	15,20	138, 142, 145
11,38	143	22,7	131	15,22	201
11,46	143	22,17	125	15,23	21
12,32	269	23,8	39	15,25	217
12,34	145	26,12	131	15,26	256
14,16	205	26,15	213	15,28	21, 201
14,23	177	26,17	131	15,35	121, 138, 144, 235
16,7	205				
16,16	98	*Römerbrief*		15,42	267, 290
19,34	100	1,4	213, 267	15,43	292
20,1	95	1,18	22	15,44	95, 139, 232, 235, 288
20,3	96	2,16	22		
20,7	205	4,17	202	15,45	139, 204, 290
20,12	97	4,24	213	15,47	175
20,14	87, 97	5,5	232	15,50	139, 144
20,18	95, 126	6,1	230	15,51	284
20,19	93, 95, 97	6,4	232	15,53	138
20,20	113, 114, 279	8,9	177	16,22	214
20,21	113	8,11	139, 201, 204		
20,22	97, 99, 113	8,16	232	*2. Korintherbrief*	
20,23	96	8,20	232, 235	3,17	204, 267
20,24	113	8,21	235	4,4	19
20,27	99, 225, 279	10,9	255	4,14	201
20,29	96, 97, 100, 113	12,5	257	5,1	139
		14,9	213	5,8	177
20,31	101	15,16	232	5,17	152, 227, 235
21,1	96			12,1	125
21,12	255	*1. Korintherbrief*			
21,14	152	1,2	232	*Galaterbrief*	
		1,23	38	1,1	201
Apostelgeschichte		3,11	217	6,5	152
1,8	247	6,13	293		
1,22	149	6,14	213, 293	*Epheserbrief*	
2,11	164, 225	7,29	245	1,20	201, 213
2,17	206	9,1	125, 137	1,22	213, 215
2,22	41	10,3	267	2,4	230, 231
2,36	41	11,20	267	2,16	258
3,15	152, 201, 202	11,24	260, 267	4,10	288
4,10	201	12,3	255	4,24	152
5,36	210	12,12	257	5,23	258

Philipperbrief	*1. Thessalonicherbrief*	*2. Petrusbrief*
1,23 289	4,13 139, 142	1,4 203
2,5 174, 209, 218	4,16 177	3,12 288
2,10 256, 288	4,17 139	
2,11 174, 209, 218, 232, 255	*1. Timotheusbrief*	*1. Johannesbrief*
3,21 289	6,12 288	3,1 232
	6,16 177	3,2 234
Kolosserbrief	*2. Timotheusbrief*	4,13 177
1,15 288	2,8 213	
1,18 255		
1,24 255	*1. Petrusbrief*	*Apokalypse*
2,12 201, 230	3,15 11	1,18 86
3,1 230	3,18 204	20,11 288
3,3 233	3,22 217	21,23 288

PERSONEN

Albert, H. 68, 274
Althaus, P. 119
Ambrosius 240
Aristoteles 177
Ascher, P. 66
Äschylos 178
Augustin, H.W. 200
Augustinus 46, 193, 264, 270

Balthasar, H.U.v. 18, 61, 102, 115, 137, 145, 162, 163, 195, 201, 205, 206, 232
Bar Kochba 210
Barth, K. 59, 60, 61, 162, 163, 225, 257
Bartsch, H.W. 163
Beck, H.W. 190
Benoit, P. 50, 92
Berten, J. 62, 161
Bertram, G. 225
Betz, J. 270
Blank, J. 137
Bloch, E. 21, 287
Bode, E.L. 79
Bonhoeffer, D. 18, 86
Bornkamm, G. 212

Bousset, W. 56, 214
Boutin, M. 63
Braun, F.M. 96
Braun, H. 157, 186, 200
Brun, L. 78
Brunner, E. 59, 60, 254, 285
Bruno, G. 175
Bucher, Th.G. 30, 44
Bundscherer, N. 190
Bultmann, R. 26, 32, 41, 50, 61, 63, 64, 66, 147, 157, 162, 163, 173, 175, 176, 186, 192, 200, 207, 211, 219, 237, 242, 254, 262, 266, 274, 284
Buren, P.v. 18

Campenhausen, H.v. 118, 129, 256
Celsus 42
Cobb, J.B. 62, 225
Conzelmann, H. 19, 22, 125, 130, 292
Cullmann, O. 61, 210, 212, 214, 245, 246, 256

Deissmann, A. 225
Demokrit 177

Dettloff, W. 47
Dibelius, M. 30, 175
Diem, H. 261
Dinkler, E. 61
Dodd, C.H. 96, 146
Döllinger, I.v. 47
Durandus a St. Porciano 272, 273, 276
Durrwell, Fr. X. 50, 96, 203

Ebeling, G. 230, 242, 274
Ebert, H. 102
Eltester, W.E. 45
Engels, Fr. 179
Ernst, J. 92, 213

Feiner, J. 49, 288
Feld, H. 213
Feuerbach, L. 218
Feuillet, A. 96, 101, 123, 212, 258, 283
Fichte, I.H. 154
Frank, R. 59
Friedrich, G. 27
Fuchs, E. 35, 64, 65, 67, 75, 96, 120, 165, 200, 237, 238, 242

Gaechter, P. 80, 115
Galilei 50, 175
Geffré, C.H. 224
Geiselmann, J.R. 19, 50
Gesché, A. 48, 158, 161
Glässer, A. 242
Gogarten, Fr. 59, 60
Goppelt, L. 202
Grass, H. 78, 79, 80, 83, 84, 96, 117, 122, 126, 146, 202
Gregor v. Nyssa 270
Gutberlet, C. 277
Güttgemanns, E. 19
Gutwenger, E. 80, 96, 115, 121, 128, 191, 243, 272, 274, 276, 279

Haardt, R. 45
Hahn, F. 61, 210, 212, 214
Hamilton, W. 62
Harbsmeier, G. 30, 65, 66
Harnack, A.v. 43, 106
Hegel, G.W.F. 54, 86, 208, 211, 221

Heinrich, J.B. 277
Heinzmann, R. 47
Heisenberg, W.K. 291
Hengel, M. 30, 40, 107, 117, 124, 151
Hengstenberg, H.E. 278, 291
Hennemann, G. 190
Heraklit 42
Herrmann, J. 204
Hieronymus 240
Hilarius 240
Hirsch, E. 57, 58, 78, 82, 83, 104, 105, 112, 117, 187, 190
Hoffmann, P. 139
Homer 178
Hornig, G. 53

Ignatius v. Loyola 269
Ihmels, L. 59

Jacob, E. 105
Jaspers, K. 173, 176
Johannes v. Damaskus 270
Jordan, P. 33
Jossua, J.-P. 46
Jüngel, E. 262, 263

Kähler, E. 202
Kant, I. 208
Käsemann, E. 31, 212, 225
Kautzsch, E. 142
Kessler, H. 208, 217
Klappert, B. 61, 162, 224
Koch, G. 61, 79, 80, 83, 87, 122, 145, 191, 195, 202, 250, 283
Kolping, A. 126, 164, 165, 166, 193, 194
Kopernikus 175
Kösler, H. 61
Köster, H.M. 146
Kremer, J. 79, 80, 83, 84, 87, 89, 94, 95, 96, 98, 101, 130, 138, 195
Kuhaupt, H. 271
Küng, H. 191
Künneth, W. 35, 61, 65, 66, 67, 68, 75, 96, 156, 162, 165, 167, 183, 190, 197, 200, 258
Kuss, O. 70, 71, 78

Leaney, A.R.C. 133, 138
Lehmann, K. 15

Leo d. Große 240, 264
Léon-Dufour, X. 31, 50, 119, 126, 193
Lessing, G. E. 54
Lohfink, G. 92, 143
Lubac, H. de 240, 251
Lucian 179
Luther 52

Maier, G. 30
Marsch, W. D. 221
Marshall, H. 95
Marxsen, W. 17, 25, 26, 39, 64, 70, 80, 83, 88, 93, 108, 109, 110, 111, 112, 113, 114, 119, 122, 126, 138, 140, 147, 149, 150, 159, 163, 164, 165, 166, 184, 185, 186, 190, 219, 242, 260, 274, 281, 287
Michaelis, W. 78, 123, 126
Moltmann, J. 61, 71, 220, 221, 222, 223, 224, 225, 250, 254, 266, 286, 292
Monden, L. 193
Mouson, J. 123
Mühlen, H. 203
Mussner, Fr. 19, 39, 98, 126, 139, 206, 213, 292

Nauck, W. 80, 122
Nolte, J. 213

Oepke, A. 142, 179
Origenes 42, 277

Pannenberg, W. 61, 62, 107, 119, 160, 161, 162, 224, 246
Paulus 19, 20, 21, 22, 23, 36, 38, 42, 44
Pax, E. 124
Peel, M. Lee 45
Pesch, R. 18, 30, 40, 41, 135, 137, 146, 210, 219
Petrus v. Capua 47
Pfammatter, J. 88, 109, 126
Platon 179, 291
Plotin 291
Porphyrius 43
Pseudo-Xenophon 179

Rahner, K. 17, 50, 262
Ratzinger, J. 144

Reimarus, H. S. 53, 54, 112, 117
Reissinger, W. 59
Renan, E. 57
Rendtorff, H. 70
Rengstorf, K. H. 126
Ritschl, A. 55, 208
Robinson, J. M. 61, 62, 200, 224
Rothe, R. 254
Ruckstuhl, E. 88, 109, 126
Russel, B. 285, 286

Seidensticker, Ph. 78, 80, 83, 84, 85, 86, 93, 95, 96, 134
Semler, J. 52, 53
Sohm, R. 254
Sokrates 210
Sölle, D. 22, 285
Sophokles 179
Spörlein, B. 22, 44, 130, 138
Surgy, P. de 31

Scheffczyk, L. 19, 35, 213
Schelkle, K. H. 19, 41, 78, 123, 213
Schenke, L. 79, 117
Schleiermacher, D. Fr. 55, 59
Schlier, H. 61, 123, 126, 138, 144, 145, 147, 202, 219, 231, 257
Schmaus, M. 47, 200, 263, 270
Schmithals, W. 186, 211
Schmitt, A. 40
Schmitt, J. 92, 132, 137
Schmitz-Valckenberg, G. 47
Schnackenburg, R. 61, 101, 255, 257, 258, 268
Schneider, C. 46
Schniewind, J. 202
Schoeps, H. J. 45
Schoonenberg, P. 27
Schott, E. 254
Schrey, H.-H. 173
Schröder, R. A. 68
Schubert, K. 40
Schuler, B. 197, 291
Schütz, Chr. 183, 190
Schütz, P. 33, 224
Schweitzer, A. 56
Schweizer, E. 292

Staudinger, H. 32, 111, 114, 118, 166

Stauffer, E. 146
Strauss, D. Fr. 54, 112, 117
Stuhlmacher, P. 67, 107, 117, 146
Teilhard de Chardin 238, 239, 240, 241, 242, 243, 250, 280, 291
Tertullian 46, 242, 275, 293
Theodor v. Mopsuestia 270
Thomas v. Aquin 48, 154, 275
Thüsing, W. 203
Troeltsch, E. 56

Vischer, L. 288
Vögtle, A. 61
Wanke, J. 92
Weiss, J. 56
Wellhausen, J. 117
Wilckens, U. 29, 31, 83, 136
Winklhofer, A. 279

Zwergel, H. A. 18
Zahrnt, H. 71

SACHEN

Agnostizismus 290
Aktualpräsenz 267
Alte Kirche 45
Ambivalenz d. Geschichtlichen 51
Analogieprinzip 31, 139, 156, 206, 220
Anthropomorphismus 53
Anthropozentrik 63, 237
Apokalyptik 39, 61, 107f, 121, 177, 275, 288
Apologetik 11, 94, 117, 236
Apostolikum 15
Apostolische Autorität 136
Archäologie 165
Areopagrede 178
Auferweckung des Lazarus 144
Aufklärung 43
Auslegungshorizont 24

Bedeutsamkeit 28, 63
Bibelwissenschaft 11
Biblische Verkündigung 18
Botschaft, christliche 17, 142
Buddhisten 164

Chiffre 68
Christentum 16, 17, 18, 23, 46, 58f, 105, 207
Christliche Existenz 19, 21
Christologie 35, 55

Christusglauben 19, 20, 24, 58, 179
Christusliebe 68

Damaskuserlebnis 131f, 139, 140
Deismus 198
Dialektische Theologie 59f, 63
Diesseitigkeit 23
Dogma 34
Dogmatik 29, 34ff, 48f, 75f
Doketismus 44, 277
Dualismus 42, 47, 289

Eidetik 194, 202
Empirie 53
Endgericht 222
Engelerscheinungen 79, 115f
Entmythologisierung 53, 175
Epiphanien 123, 133
Ereignishaftigkeit 27, 62
Erscheinungen (des Auferstandenen) 83ff, 122ff, 130ff, 141ff, 159ff, 204ff, 220, 222, 236, 247, 255, 281
Erhöhung 145, 218
Eschatologie 21, 58, 142ff, 156, 162, 217, 220f, 223, 233, 244ff, 251, 255, 283ff
Eucharistie 266ff
Evangelische Theologie 65, 69, 125, 156, 187

Evolution 197, 240ff
Exegese 10, 24, 29ff
Existentialtheologie 28, 63ff, 119, 142, 146f, 164f, 184ff, 207, 215f, 219f, 237, 242, 288, 290

Formgeschichte 35
Fortschritt 251, 252
Fragen zur Auferstehung 25, 26, 29
Fraktionsbildungen 69
Frauen als Zeugen d. Auferst. 77, 83, 96
Fundamentaltheologie 168

Gebet 66
Gefühlstheologie 55
Gegenwartsinteresse 103
Geheimnis 18, 156, 186
Geist Hl. 203ff
Geschichte 28, 163ff, 244ff, 104, 157
Geschichtliches Denken 49
Geschichtstatsachen 28
Glauben 9, 15, 20, 27f, 31ff, 41, 100, 160f, 163ff, 178f, 184f, 200, 230, 234, 249
Glaubensstandpunkt 31
Glaube und Geschichte 28, 166ff
Glaubensverkündigung 11
Glaubensvielfalt 16
Gnostizismus 44f
Gottesglauben 66, 200ff
Gottesknecht 39
Gottesreich 57
Gotteswort 35
Gottmensch 17, 54ff, 198
Grab (leeres Gr.) 80ff, 96f, 116ff, 133, 151, 275, 279
Grablegung 146
Griechentum 48f, 180

Heidentum 58
Heil 230f
Heiligkeit 232f
Heilsgeschichte 9, 21, 48f, 64, 251
Heilstatsachen 28, 31, 33, 47, 63, 166
Hellenisten 214
Hermeneutik 10, 24, 61, 102ff
Herrlichkeit 202, 232ff, 287f
Hierarchie der Wahrheiten 15f

Himmelfahrt 32, 53
Historie 157ff
Historiker 34
Historischer Jesus 71, 209, 212
Historisch-kritische Methode 29f, 32
Historisch-kritisches Denken 52ff, 61
Historismus 56f
Historizität 28, 62, 63, 79
Höllenfahrt 32
Hoffnung 21ff, 223ff, 229f, 234f, 244, 249ff, 283ff
Hoheitstitel 212
Horizontverschmelzung 104
Humanismus 216, 286
Humanum 21
Hypostatische Union 47

Idealismus 35, 45, 216
Identität des Leibes 277f, 279
Indifferentismus 55
Inkarnation 48, 222
Interpretament 64, 108ff, 141ff, 205
Interpretationsversuche 21, 102
Iranische Religion 41
Irrationalismus 154

Jerusalemische Gemeinde 214, 256
Judentum 38, 39, 41, 123, 142, 143
Junges Christentum 44, 206

Kampfcharakter 153
Kanon 76
Katharer 46f
Kenose 273
Kerygma 19, 175
Kirche 33, 69, 193, 215, 252ff
Konservative 30
Kosmischer Christus 239ff, 280
Kosmos 21, 241, 272
Kreuz 20, 38, 64, 67, 211, 218ff
Kurzformel des Glaubens 17f
Kyrios 208ff, 255ff, 267, 274f, 279

Leben Jesu 49
Legenden 82, 104, 112
Legitimationsformel 134ff, 141
Lehrtendenz 92
Leib Christi (Kirche) 258ff

Leib-Seele 57, 119
Leiblichkeit (des Auferstandenen) 91, 93, 95, 127, 138 ff, 196
Letztes Abendmahl 114, 262
Liberale Theologie 56, 65
Liebe 67 f, 71
Lutheraner 57

Maria 15, 47
Martyrium 40
Materie 197, 240, 280, 291
Menschenwort 35
Menschwerdung 209
Messianität Jesu 134, 135, 212
Metaphysisches Denken 47, 53
Methode 29, 30
Mirakel 165
Missionsbefehl 86
Mittelalter 47, 240
Modalität d. Auferst. 155
Moderne Theologie 66
Modernität 38, 62, 172, 194, 274
Mysterium 9, 45, 49 f
Mythologie 21, 53 ff, 56, 105
Mythos 28, 33, 106, 112, 153

Naherwartung 245
Nachtragskapitel 96
Natürliche Analogien 46
Naturalisierung 161
Naturordnung 190, 193, 197
Naturwissenschaft 33, 52, 56, 68, 128, 173, 189, 192, 197, 278
Neuplatonismus 43
Neuschöpfung 153, 198
Neuscholastik 48
Nichtchristen 58

Offenbarung 177 ff
Ökumenismus 15
Opfer 271, 279 f
Origenismus 46
Osterberichte 77 ff
Osterfrömmigkeit 50
Osterproblematik 84, 276
Ostermysterium 50

Partner Gottes 248
Patristik 240, 270, 277
Parusie 246

Passionsberichte 43
Person Jesu 18, 48, 127, 210, 213, 217
Personale Beziehungen 207
Pietismus 70
Planetisationsprozeß 241
Pluralismus 70, 173
Pneumatologie 203 ff, 259
Polemik 45, 77, 238
Politische Theologie 208
Positivismus 35, 157
Protestantismus 52
Psychologie 188

Qumrantexte 39, 40

Rationalismus 115
Realismus 23, 72, 99, 197
Realität d. Auferst. 26
Rechtfertigungslehre 229
Reich Gottes 246 f, 250 f
Religionsgeschichtliche Schule 56, 106
Religionsphilosophie 43
Religionswissenschaft 41, 42
Rückschlußtheorie 150 f

Sache Jesu 17, 110, 111, 145, 150, 256
Sakramente 17, 35, 259 ff
Schöpfung 54, 153, 197, 227, 235 ff
Schöpfungsglaube 179 ff
Scholastik 277
Schriftinterpretation 24
«Sehen» des Auferstandenen 100, 109, 126, 134, 137, 149
Sendung 87, 147, 247
Sinn 244 ff, 285 f
Soteriologie 218 ff, 227 ff, 265
Spekulation 45, 47
Stoiker 164
Supranaturalismus 21
Systematisches Denken 34, 35, 36, 75, 87, 199

Taufe 231, 262
Theologische Motive d. Erscheinungsberichte 80 ff
Theologie 9, 10, 24, 29
Theophanien 123

Totenerweckungen 39, 40, 161
Tradition 27, 28, 46, 79
Traditionelle Theologie 81f, 95
Traditionsgeschichte 35
Transzendenz 21, 180, 196
Trinität 200ff
Trostgefühl 68, 69, 70

Übergeschichtliches 160, 162, 163
Übernatürlicher Charakter 161, 193
Unausgeglichenheit d. Evv. 79, 114
Unausweisbarkeit 27
Unglaube 29, 31
Unio hypostatica 47, 273
Universalgeschichte 61, 161
Universum 238
Unterscheidungslehre 69
Ursächlichkeit Gottes 195
Urchristentum 256

Vaterschaft Gottes 200ff
Vaticanum I 156
Vaticanum II 15
Vergeschichtlichung 50
Vergöttlichung 48
Verheißung 220ff, 225, 250
Verkündigung 19f, 25

Verstehenshorizont 61, 106, 108
Verwandlung 144, 147, 235
Vision 123ff, 150
Vollendung 21, 57, 227, 250, 283ff
Vorverständnis 24, 30, 106

Wahrheitsfrage 70
Welt 21
Weltanschauung 127, 172
Weltbild 38, 52, 104, 172ff
Weltgeschichte 161, 246
Welthaftigkeit 227
Weltimmanenz 22, 23
Weltziel 180
Wesensfrage 152ff
Wirklichkeit 53, 159
Wissenschaft 35, 69
Worttheologie 60
Wunder 9, 32, 53f, 127f, 147, 156, 163, 183ff, 212

Zeichen 98ff, 101, 122, 127, 163
Zeitgeist 21, 69
Zeugen d. Auferst. 110, 137, 149, 151
Zukunft 244ff
Zweifel an d. Auferst. 85, 89, 90, 95